天安門

中國的知識分子與革命

THE
GATE OF HEAVENLY
PEACE

The Chinese and Their Revolution

1895—1980

史景遷
Jonathan D. Spence

溫洽溢——譯

史景遷作品集
5

我們對於這樣一個能夠順時應變而又喜好追求真理的民族還能要求什麼呢？對於這片風調雨順而且豐饒的土地，除了由明智而忠誠的人來構成賢明的民族，擁有先知、聖者和高貴的人物，又能要求什麼呢？我們認為距離收穫的時間還有五個月，其實連五個星期也用不著了；舉目向田觀看，莊稼已經熟了，可以收割了。

——約翰．彌爾頓，*Areopagitica*

目次

豐子愷的〈聽〉。

余英時序

我的朋友史景遷的名著《天安門》即將由時報文化出版公司刊行中譯本，這是一件很令人高興的事。承林總編輯馨琴的雅意，要我為此書寫一短序，我覺得義不容辭，因此雖自感力不勝任，還是一口答應了下來。

史景遷在中國近代史領域的重大貢獻早已舉世皆知，用不著我來介紹。一九七七至一九八七年，我在耶魯大學歷史系任教，和史景遷幾乎天天見面，成為終身的朋友，對他的治學與為人都有比較親切的認識。我不但欽佩他的史筆文才而且也敬愛他的高雅和溫厚的人品。現在讓我以老朋友的資格，稍稍說一說他作為一位傑出史學家的最大特色所在。

我沒有向他直接求證過，但是我相信他的中文姓名「史景遷」，也許是他早年師事過的房兆楹先生和夫人杜聯喆給他取的。房、杜二老都精熟明、清史事，他們和恆慕義（Arthur W. Hummel）、富路德（L. Carrington Goodrich）先後合作編寫的《清代名人傳略》和《明代名人傳》是兩部有長久價值的參考書，西方治明、清史者往往從此二書入門。史景遷在撰寫博士論文期間曾在房、杜門下受過一番很嚴格的薰陶；論文（《曹寅與康熙帝》）出版之後即一舉成名。房、杜二老慧眼識英才，早就看出他不同凡響，因此才把他和司馬遷連在一起。

無論我上面的推測是否準確，史景遷的著作必須劃入《史記》的類別之內，則是無可爭議的。《史記》不但是中國史學的傑作，而且也是中國文學的最高典範。四十年來史景遷寫了一部又一部的史學專著，上起明末（如《利瑪竇的記憶之宮》〔*The Memory Palace of Matteo Ricci*〕）下至二十世紀的終結（如《天安門》）。一九九〇年他寫了一部最暢銷的中國近現代史通論，始於晚明，終於一九八九年天安門民主運動，這是他一生教學和研究的全部範圍，先後跨越了四個世紀。他在其中每一個世紀都選擇了一、兩個專門題目，寫出生動的敘事（narrative）長篇，從正面或側面勾勒出一個時代的精神面貌。這是史學家的真本領，也是史學的最後歸宿。就我閱覽所及，在並世研究中國近現代史的學者之中，好像祇有史景遷一人具有這一特殊的本領。為什麼呢？我想這是因為他不但史學的功夫深厚，而且文學的造詣也超出儕輩。「才兼文史」正是司馬遷在中國史學史上所開闢的一條大路。

史學必須與文學融化為一體，然後才能產生雅俗共賞的敘事作品，當然不是中國所獨有的觀念，西方也有同樣的傳統。我們首先便想到英國的麥考萊（Thomas Babington Macaulay, 1800-1859）；他的五卷本《英國史》（*The History of England from the Accession of James II*）曾在英語世界風行了幾十年。據說辜鴻銘（一八五七—一九二八）早年留學蘇格蘭，對於這部《英國史》已達到了熟讀成誦的地步，曾多次在北京大學表演過。這個傳說是否可信，我不敢確定。但由此可知十九世紀下半葉《英國史》在英語世界的地位已和《史記》在傳統中國差不多。與麥考萊同時的德國蒙遜（Theodor Mommsen, 1817-1903），是古史大師，最以開拓史料的疆域著稱於世。但他的三卷本《羅馬史》（*The History of Rome*）卻是文學的傑作，一九〇二年獲得諾貝爾文學獎；他認為史學家毋寧更近於藝術家，而不應僅僅是一個學究。麥考萊對於他理想中的史學家曾列舉了許多特徵，我現在要特別介紹以下幾項：

第一、他的作品具體而微地展示出一個時代的性格和精神。第二、作品中所敘述的事實和其中人物的言行，其真實性無不建立在充足的文獻根據之上。第三、通過對史料的精心取捨和安排，他用小說家的巧妙手段，說出整個故事的真相，讀來津津有味。第四、在他的敘事中，用墨或濃或淡，或隱或顯，一切都遵守著適當的章法。第五、在人物描寫方面，幅度的大小或輕重並不以他們的身分或地位之高下為標準，而是看相對於闡明當時的社會狀態和一般人性而言，他們究竟可以發揮多少作用。第六、對於人物的處理，他並不僅僅止於外在的描寫，而是讓讀者對他們有親切的認識，有如曾接晤過其人一樣。

我特別挑選出這六項特徵，是因為它們恰恰都在《天安門》一書中充分地體現了出來。《天安門》寫的是近八、九十年來（一八九五—一九八〇）劇烈變動中的中國。史景遷想通過形形色色的知識人怎樣在這個大變動中自處，以窺測其整體的趨向。在過去一個世紀中，中國知識人一方面是激起巨變的一股原動力，另一方面又毫無例外地被巨變的浪潮所一一吞沒。這是中國史上空前甚至絕後的一場悲劇，但在雄偉悲劇的演出過程中，隨時隨地又透顯著無奈而自嘲的喜劇意味。他當然不可能把所有知識人都蒐羅在一部敘事之中，所以必須精選少數最有代表性的人物作深入的探討，然後交織成一幅中國精神面貌的整體圖像。康有為、魯迅、丁玲是貫穿《天安門》的主線，可以稱之為原書的「經」；秋瑾、沈從文、瞿秋白、徐志摩、聞一多、老舍六人也橫插在各個不同的階段，構成了全書的「緯」。在經緯交錯之中，還有無數有關的人物隨時進進出出，其中包括鄒容、梁啟超、蔡元培、陳獨秀、李大釗、郭沫若、茅盾、林徽音、胡風、王實味等等；甚至外國訪者如羅素、泰戈爾、蕭伯納等也點綴其間。

《天安門》全書是根據作者胸中的全面構想組成的。所以無論是「經」是「緯」還是偶然出場的人物，都服從於全面構想的需要而苦心設計。例如三位「經」的人物不但代表了三個世代，而且有男有女。若從身分、地位來看，丁玲的分量自然遠不能與康有為、魯迅相提並論，但是沒有她，敘事便無法溯源循流，上接清末的鑑湖女俠，下引一九七九年的傅月華了。六位「緯」的人物則顯然代表了背景各異的知識人的典型。作者在自序中說，他的「經」、「緯」安排純粹是就敘事的方便而設，並不表示「緯」中六人在整個敘事中的意義小於「經」中三人。這一點尤與上舉麥考萊的第五項若合符節。

全書終於一九七九年魏京生和傅月華的入獄。以當時的社會地位而言，兩人都是「小人物」：一個是有軍人背景的青年，要求「第五個現代化」——民主；另一個則是北京建築單位的年輕女工，控訴上司對她的強暴。但是在史景遷筆下，這兩個小人物出現在天安門前卻具有重大的意義，象徵了中國歷史的新動向。史景遷作為一位史學家的深刻洞察力在這裡顯露得最清楚。全書命名為《天安門》，說明他已敏銳地察覺到：天安門廣場的歷史功用正在發生驚天動地的變化，甚至可以說，他已預見十年以後天安門前的屠殺慘劇。中共在一九四九年以後擴展天安門廣場，是為了把它變成莫斯科的紅場，從而宰制全中國的老百姓。「文革」時期毛澤東一而再、再而三地在天安門上接見數以百萬計的紅衛兵，把廣場的宰制作用發揮到了極致。然而天道好還，物極必反，一九七〇年代以來天安門廣場已一變而為反宰制的舞台，至一九八九年而全面演出。一九九〇年史景遷寫《追尋現代中國》（*The Search for Modern China*）便止於一九八九年六月四日的悲劇*，他在全書結尾處指出：

儘管中國政府運用思想和政治的鎮壓，我們並沒有半點理由相信：一九八九年的抗議是最後的一次。

十七年過去了，我仍然相信史景遷的判斷是正確的。

二〇〇七年一月八日於普林斯頓

---

*編按：繁體中文版的《追尋現代中國》翻譯的是英文新版，加了一章，講述期間至一九九〇年代末。

繁體中文版序

當我在一九八〇年寫作《天安門》時，從未逆料到天安門會在一九八九年六月初成為世人眼中血腥鎮壓的象徵。我反倒將天安門視為一種概念性的入口，藉以踏進中國的漫長革命，一場揉雜了思想、統治方式與情感的革命。晚清的思想家康有為和梁啟超、五四運動時代麇集北京的師生、反日的示威運動、人民共和國的締造、文化大革命期間高唱口號的群眾、一九七六年春天抗議政府鐵石心腸的憤怒市民，以及中國新生代的詩人和大字報、小冊子的撰寫者，他們天真而坦率地想回應鄧小平於一九七八年底倡議的思想開放。這些人、這些事，似乎都被革命串連成一氣。我無從得知，一九八九年六月在同一個角落附近，新世代的異議分子已準備好要對抗自己人軍隊的坦克，以及自己領導人的大肆醜詆。

我也難以想像隨後會在真實生活中會晤書裡描述的人物，他們依年歲長幼分別是沈從文、徐志摩仳離的前妻張幼儀、丁玲，乃至北島和魏京生。當有那麼多與他們親近的人已然過世或遇害，命運卻讓他們倖免於難，對我而言這仍然是種奇蹟。

中國歷史依然令我心往神馳，就如同我在一九五九年初學之時。誠如我在《天安門》的英文版序中所言，因為中國歷史不是「一場能讓舞台兩旁的人安然無恙、不受牽連的戲。」無論是福是禍，我認為這句話仍然和我當初寫下時一樣正確。

史景遷，二〇〇六月十二月十二日於耶魯大學

序

天安門拱衛著北京故宮的南方通衢。一九一二年中國末代王朝傾覆之前，人們相信這是皇帝行使天威的主軸線。當皇帝端坐宮中，南面而王，其凜凜威儀穿越宮殿群的深深庭院和曲蜒流水，輻射而出，播及天下萬民。同一個世紀的前二十年間，天安門顯見的防禦和象徵功能不復存在，默然見證開始左右中國人生活的種種新弔詭：天安門之北，遜帝的腐敗朝廷仍在高牆環抱的幽微宮殿內，苟活於動盪的軍閥政權之間；天安門前，則有政治活躍分子、學生、工人群眾以之為地標和集會場所，發聲抗議虛有其表的共和政體無力抵擋外國帝國主義的劫掠，但換來的唯有槍聲大作或棍棒齊飛的驅離。

第二次世界大戰結束和一九四九年共產黨取得政權之後，紫禁城闢為博物館區。天安門前錯落的胡同一概夷為平地，改建成壯觀奪目的遊行廣場；偌大的廣場中央矗立著質樸的紀念碑（人民英雄紀念碑）以追思革命先烈，兩側則有新肇建人民共和國的公共建築，風格肅穆、樸實。一九六六年文化大革命期間，天安門牆上懸掛毛澤東主席的巨幅彩色畫像，吸引眾人的目光，城樓上則搖身一變成為校閱台，檢閱數逾百萬的紅衛兵。一九七〇年代末，隨著毛主義者的口號看板一一摘除，新生代的示威者麇集於天安門與存放毛澤東遺體的毛主席紀念堂之間的廣場上，抗議毛澤東繼位者的政府箝制思想和行動。於是，天安門之名以其豐饒的歷史迴聲和對永恆超越政治之境域的召喚，穿越十九世紀，為夢想逃離現狀的中國黎民帶來撫慰的許諾。然而，同一時期的天安門卻又執拗地代表國家的權力：面對無法逆料的人民力量，國家時而阻絕這般的夢想，時而吸納他們，時而躊躇不決。

從一八九〇年代到一九八〇年代這段期間，中國不因內部分崩離析或外國勢力攻擊而動盪的年頭，屈指可數。同時，無論樂見與否，只有極少數中國人感受不到鼎故革新的迫切性。中國人所生存的世界，意識型態眾聲喧嘩，政治杌隉不安，經濟民窮國敝，設若不願隨波逐流，而想有創造性地圖存於天地之間，需要的是適應力和勇氣。

回顧二十世紀，想要將中國革命匯聚在單一焦點上，看來是難有所得；確切地說，應當視之為交相重疊的尋尋覓覓，其中有的在得到之前許久便已捨棄，有的則是眼看伸手可得，但終究功敗垂成，即便有的確實在手了，卻是一閃而逝或者已然改頭換面。從一八九五到一九〇〇年這段期間，中國維新之士前仆後繼的壓力，驅策清廷以千年未有的激烈手段改造政府和教育體制；而林立的憲政改革和政治革命陣營，確實導致了清朝於一九一二年覆亡；隨著清朝傾頹而產生的探索動機，催生了政治的新架構及文藝的新風格。同時，喚醒的激情唯有透過暴力才能予以澆息，爾後國民黨與共產黨鬥爭的大悲劇，主宰了一九二四至四九年間的中國歷史。國、共相爭期間，面對國土的淪陷，儘管有紛至沓來的抗議聲浪，兩大政黨卻逆勢而行，益趨心胸狹隘、黨同伐異，視野囿限在組織的需要之上，運用檢查、騷擾、恫嚇、奪命作為武器。

一九四九年之後，海峽兩岸仍繼續使用這些武器：在中國，一九五〇年代初實施野心勃勃的計畫，將土地重分配給貧農和沒有土地的農工，不旋踵又大逆轉（或者說「過渡到更高階段」）推行農村集體化運動，在五〇年代末終結了土地的私有產權，社會內部醞釀的緊張態勢已難單靠政策勸服的方式來解決。共產黨不得不改弦更張發動群眾運動，彷彿時光倒流，將知識分子、工人、農民，終至黨幹部本身，拋向烏托邦希望和殘暴威迫交織而成的新循環之中。

本書關照的是一小群中國的男男女女，他們被捲入暴力和重生的過程中，筆者期盼藉由勾勒他們的人生，能讓讀者瞭解一連串不尋常的事件，而世人往往籠統地認為這些事件堆疊構成了所謂的「中國革命」。書中觸及的每個人物，總有其獨特的生命風貌和生命力量，遠非時下盛行之「集體傳記」（group biography）的風格所能呈現。筆者希望傳達的，毋寧是某種人們作日常抉擇時面對的艱難，他們身處的迷惘境況，他們原想置身事外、卻又橫遭牽連的事件，以及他們偶爾痛下決心、採取大膽行動而引起的外界反應。

書中訴說個人故事的中國人，都不是左右近代中國歷史的政治領袖。儘管不免論及國民黨的領導人如孫中山、蔣介石，以及共產黨的領導人如毛澤東、周恩來，但筆者個人偏好的關注對象另有其人，雖然他們的生命在革命進程中並非光彩奪目，還是以其獨特的敏銳度描繪自己的希望和悔恨，同時其個人閱歷也有助於界定他們經歷過的時代特質為何。本書的敘述主線由三個人物構成。第一位是碩儒康有為，他飽讀傳統儒家典籍，更是十九世紀末清朝激進改革的代言人，在政治挫敗、流亡海外之後，潛心追索烏托邦的大同世界，聊以撫慰心中的悲痛。第二位是魯迅，他青年時代負笈東瀛學醫，志趣轉向文學領域之後，成了一九二〇年代學生、同胞最有力的代言人，為他們失落的憧憬發聲。第三位是丁玲。清朝覆亡之後，丁玲作為接受教育的女性，投入「新中國」的解放世界。她集作家和政治運動家於一身，卻也感受到自己的創作天賦和國民黨、共產黨先後制定之藝術生活的判準，存在難以彌合的鴻溝。

康有為、魯迅、丁玲的生命歷程，橫跨了整個近代中國的歷史。康有為出生於一八五八年，一九二七年辭世，時值共產黨為爭奪農民起義和城市工人罷工的領導權，而與國民黨展開第一輪的大對決。魯迅，一八八一年生，一九三六年殞逝，是時共產黨正遭逢國民黨的重創，隨後經由長征遠抵磽瘠的中國西北苟延殘喘，而日本的侵華行動亦蓄勢待發。丁玲生於一九〇五年，有幸在一九三〇年代的軟禁、一九四〇和六〇年代的「勞動改造」、一九七〇年代的牢獄之災後存活下來，在一九七九年鄧小平副總理平反之後重返政治領導崗位。筆者依年代序列的架構來編排這三人的故事，間或穿插其他相關人物，雖不是本書敘述的主角，但不減其重要性。譬如早期的革命女俠秋瑾，軍閥世界裡的小兵沈從文，青年馬克思主義者瞿秋白，濡染歐風美雨的詩人徐志摩和聞一多，諷刺小說家老舍，一九七〇年代的年輕異議分子魏京生。

總體觀照，書中人物的所作所為，展現出中國人在回應我們的時代危機時如何富有彈性、如何充滿勇氣，又是如何靈巧敏銳。筆者期盼能以他們為例，生動呈現成千上萬擁有類似才華和閱歷，但書中略去不談的中國人可能會有的行為模式：明知危險可期，仍然義無反顧地投入某些政治行動；當希望渺茫時也不動搖；為了在分崩離析、殘酷的世界奮力求生，發揮純然的活力與冒險犯難的精神——所有這些特質反覆出現在筆者論及的中國人身上，或許有助於破除西方人積習已久的迷思，一掃中國人冷漠、短視的陳腔濫辭。

書中的中國人都是某種形式的知識分子，他們的思想、文字、行動構成本書的核心，他們雖然不能直接為工人或農民發聲，但也絕非單純的旁觀者。在他們彼此脣槍舌劍或者無力回天的時刻，某種程度上確實可以將之比為希臘戲劇中的歌隊，或悚懼或神迷地注視著舞台中央早已成定局的人神交戰。然而，這些中國人的文化論調時而尖銳刺耳，身段時而拘泥形式，但畢竟有別於傳統的敘事者歌隊，依然擁有必要的力量，得以讓他們離開原來的走位，走向舞台中央。不過，這樣的人物著實也容易較別人早一步捐軀——簡言之，他們乃是「時代的先行者」；但不可否認，他們往往流露出令人讚嘆的睿智。這樣的智慧，屬於已經洞穿這齣獨特劇碼伏流歸向的人，他們理解到，這不是一場能讓舞台兩旁的人安然無恙、不受牽連的戲。

第一章　鼓天下之氣

一八九五年初春，日軍在大沽外登上一艘中國汽輪，還大肆搜查。甲午戰爭從一八九四年八月打到一八九五年二月，日本勢如破竹，重挫了中國海軍、陸軍，之後像登船搜索這類蠻橫無理的舉動就有如家常便飯。表面上，這場戰爭是中、日兩國因爭奪朝鮮半島的勢力範圍而起，日本以脫胎換骨之後的經濟與工業基礎為後盾，打造了現代化的鐵衛雄師，初試身手就令人刮目相看。

康有為是當時那艘汽輪的乘客，對於朝廷威信橫遭如此冒犯，心中自是憤慨難平。將近這十年來，康有為多次條陳上奏朝廷，籲請著手經濟軍事制度之改革，然而當道充耳未聞，如今，康有為所憂心且極不樂見者，已然成真：「日人來搜船，當頗憤。」康有為後來在一八九五年寫道：「以早用吾言，必無此辱也。」康有為的心中確實憤慨，這個出身南方的儒生師傅既非朝廷命官，又無族人位居要津，但他還是一心相信朝廷當道會採納他的陳請。康有為想的沒錯，清朝雖然在一六四四年就已一統江山，但是日本的勝利足證清朝有覆亡之虞。放眼天下，卻無人敢公開議論這種事，不過康有為倒是告訴此番隨行的廣州萬木草堂的門生，中國必會步上土耳其的後塵：兩個都是大國，也都積弱不振，雖有傲人的傳統，然而在列強環伺之下，只能任憑宰割。[1]

康有為進京參加會試，途中卻碰到日軍搜船，對他的衝擊尤大。會試每三年舉行一次，目的在網羅秀異儒生，以為朝廷效力。康有為最後終於到了京城，所見所聞卻讓他嗤之以鼻：考棚蕪穢，考官索賄，金榜早已內定的流言沸沸揚揚，學子若是來自廣州，索價更高；就連抬考生赴考場的轎夫也是漫天要價，伺機偷竊糧食財物。[2] 放眼京華，盡是人性墮落：「京師四方觀望。」康有為在那年五月寫道：「乞丐遍地，其他孤老殘疾，無人收恤，廢死道路，日日而有。公卿大夫，車聲隆隆，接軫不問，直省亦然。」[3]

一八九五年那一年，康有為三十七歲。他一路走來，過程可說和當時中國很多富人家子弟頗為類似。康有為受業於私塾先生與既慈且嚴的祖父，十歲能背四書五經；十五歲取得地方功名，苦讀準備鄉試；十八歲娶了長他三歲的妻子，這門親事在康有為七歲時，父母就已訂下；康有為常常遊歷廣州附近的城鎮，有所見聞則發而為詩；八股文拘泥形式，但是要登科及第，非得寫一手好八股文才行，偏偏康有為不喜此道，於是退而涉獵考據之學，或浸淫在佛學冥想的寧謐世界。[4]

於是，康有為的性格發展也走上一條不尋常的路，命運帶給他常人所無的傷痛，也給他常人所無的機會。康有為十歲那年，父親染上肺炎，臥病在家一整年。在一般人家，做父親的往往為了仕宦經商而長年離家，而康有為的父親卻是鎮日有子相伴。康有為後來回想起一八六七年這一年，父親大咳不止，他在蚊帳內為父親執仗端盂，驅蚊止癢，不覺恍然「如夢」。這年七月，康有為的幼弟廣仁出生，七個月後，父親辭世。康有為是康家仍健在的長子，謹守儒家古禮執喪，年紀還小就得眼見家道衰敗，榮景不再。[5]

康有為潛心博覽經史數載，至弱冠之年，已蘊育出一身必能有所立，天下必有可為之處的自信，可「超然立於群倫之表」，「與古賢豪君子為群」[6]，也開始相信自己注定是繼往開來的聖賢。一八七七年，康有為一心敬畏的祖父意外溺斃，於是轉而鑽研佛經，觀想工夫精進：「常夜坐彌月不睡，恣意游思，天上人間，極苦極樂，皆現身試之。始則諸魔雜沓，繼則諸夢皆息，神明超勝，欣然自得。」[7]這種自得也讓康有為的社會責任感漸增：「既念民生艱難，天與我聰明才智拯救之。乃哀物悼世，以經營天下為志。」[8]一八七九年，康有為第一次去了香港（香港從一八四二年之後成為英國殖民地），眼界大開，尤其是香港「宮室之瓌麗，道路之整潔，巡捕之嚴密」。之後康有為去了上海，心中對西方的影響力更有好感。上海是清廷在一八三九至四二年鴉片戰爭敗於英國之後，成為條約口岸，此時已是蓬勃發展的國際都會了。於是康有為開始涉獵西學譯本，以西方政治、經濟學說，提出救亡圖存的方案。[9]

當時不少中國士大夫已有採納西方軍事、工業、科學技術以圖「自強」的計畫，但是康有為吸收前人見解，又能加以超越，融會出一套自己的藍圖。康有為到了一八九五年進京的時候，已經想好知、行兼備的計畫：他幾度書陳大計、上書請願，疾呼朝廷重臣、皇帝修築鐵路，改良軍事體制；痛陳慈禧太后挪移朝廷亟需之軍事款項，作構築休憩林園之用；辦地方團練清剿盜賊；創「不裹足會」，呼籲廢止纏足陋俗。康有為辦過幾間學堂——他多次在廣州尋覓更寬敞的講堂，所以學堂搬過幾次，最後找到了府學宮仰高祠，一租十年，才有了他期盼的空間、地位，作長久的打算。康有為在這過程中也吸引了一批忠心的弟子。這些學子讀的也是四書五經，若是寒窗苦讀，說不定也能通過科考，取得功名；但他們同時隨康有為以大膽創新、破除權威的方式來讀經典，而有了一八八六至八九年間寫成的《孔子改制考》。此書意在點出儒家原典本就相信變革有其必要，只可惜遭不肖後人篡改扭曲。康有為作如是解讀，用意在指出西方列強帶來的新制度及科學，倒不必為了保有中國的「純粹」而拒斥在外，因為老祖宗早有先例。[10]

廣州和各方碩儒容不下康有為這番議論，罵他「邪誑，天地難容」，但是門生卻認為康有為乃是明師，令人茅塞頓開，總能改變他們看待世界的方式。康有為也一心想要這些傑出門生對他的讚譽；他公開徵求有決心的良才，助他「大道完成」，對於不幸早逝的門生則痛如喪親。[11]康有為與門生經過一番苦思，找出一套在儒學架構之內融入西方科學的課程，也鼓吹以佛家和西方天文學來作大膽的理論推演。康有為從顯微鏡而感悟大小齊一之理；讀電學光速之研究而領略速緩如一之則，進而想像至大之外尚有大者，至小之內仍包小者，剝一而無止盡，以及他所謂的「根元氣之混侖，推太平之世」。康有為在一八九五年底寫了一段文字，總結此說之內涵，以及他個人的知識脈絡：

其道以元為體，以陰陽為用，理皆有陰陽，則氣之有冷熱，力之有拒吸，質之有凝流，形之有方圓，光之有黑白，聲之有清濁，體之有雌雄，神之有魂魄，以此八統物理焉。以諸天界、諸星界、地界、身界、魂界、血輪界，統世界焉。以勇禮義智仁五運論世宙，以三統論諸聖，以三世推將來，而務以仁為主，故奉天合地，以合國合種合教一統地球。又推一統之後，人類語言文字飲食衣服宮室之變制，男女平等之法，人民通同公之法，務致諸生於極樂世界。

及五百年後如何，千年後如何，世界如何，人魂人體遷變如何，月與諸星交通如何，諸星、諸天、氣質、物類、人民、政教、禮樂、文章、宮室、飲食如何，諸天順軌變度，出入生死如何？奧遠窅冥，不可思議，想入非無，不得而窮也。合經子之奧言，探儒佛之微旨，參中西之新理，窮天理之變，搜合諸教，披析大地，剖析今故，窮察後來……。

故日日以救世為心，刻刻以救世為事，捨身命而為之，以諸天不能盡也，無小無大，就其所生之地，所遇之人，所親之眾，而悲哀振救之，日號於眾，望眾從之，以是為道術，以是為行已。[12]

一八九五年初春齊聚京城的數千名考生，年紀大抵在二十歲出頭到五十多歲之間，因為要能狀元及第往往得花個幾十年的工夫，所以當時三十七歲的康有為並不算太老。他們或許沒有康有為那麼恢弘的胸懷，但都是生逢國勢衰頹、連番挫敗的時代，個個焦心於時局，滿腹屈辱挫折，這點與康有為並無二致。中國在一八四二年受挫於英軍，一八五六至六〇年敗於英法聯軍，一八八四年再敗於法軍，如今又在一八九四年成了日本的手下敗將。三十多年來，各級官員紛紛上奏摺，各陳因應列強威脅的對策。其中包括設立兵工廠、培訓外語人才、遴選放洋留學生、發展海軍艦隊等議已經著手進行，但是諸多不順，進展遲緩。守舊臣僚雖然採行，但多認為變革會敗壞良善風俗；加上慈禧太后垂簾聽政已有十五年，而光緒皇帝雖然親政在即，有心振興經濟，力抗列強，卻得罪不起那些慈禧拉拔起來的滿漢樞臣。[13]

不管這群新一代的儒生是如何有耐心、如何克己，但是當中、日兩國在馬關簽訂條約，條款內容在一八九五年四月十五日電傳至北京時，他們也按捺不住心中怒火，一片譁然：中國被迫割讓南滿（即遼東半島）和台灣給日本，同意支付白銀二萬萬兩的巨額賠款，准許日本工業進入富庶的長江流域。消息傳到康有為耳裡，不到幾個時辰就夥同幾個密友上書拒罷議和，數日之內寫就一萬八千字的萬言書，聯合十八省舉人共千餘人具名，以奏摺形式進呈皇帝。這群舉人在北京松筠庵會商，又趕往面見都察院官員，在衙署之外大排長龍，傳達心聲。此時這群舉人彼此還在競逐功名，卻公開表達反朝廷的立場，無怪乎當時有人說這展現的愛國情操乃是自古以來所未見的。康有為在自訂的年譜裡寫道：「至此千餘人之大舉，尤為國朝所無。」梁啟超曾是康有為的門生，日軍登艦搜查時，他也在船上。他花了三十六小時，不眠不休謄寫這份文件，自知人生路途此後將為之改觀；康有為的幼弟亦謂其自此棄絕從學。[14]

康有為的這份奏摺疾呼須有變革，既是向年輕的光緒皇帝喊話，也是對真正掌握實權的慈禧太后和朝中大吏呼籲。康有為雖然下筆謹慎，措辭委婉，但訴求的卻是徹底改造中國經濟與教育體制。康有為先是回顧讓十九世紀的天朝黯然蒙塵的種種挫敗，但從歷史就可知道未來猶有可期。康有為指出，歷朝歷代的賢君從不拘泥於祖宗法制；漢朝（公元前二〇六年）、明朝（公元一三六八年）、清朝（十七世紀中葉）的開國君主都是順應局勢，創建新制，從官僚體系的常軌之外啟用新人。日本在一八六〇、七〇年代明治維新的作為，與此就頗為類似。

康有為寫道，這種人事、制度的彈性應可「鼓天下之氣」，而遷都則能「定天下之本」。北京臨海孤險，禦守不易，常使皇帝向列強屈服——「以區區十里之城，棄千里之地。」歷朝皇帝曾改過官制，出於天下大計也遷過都城。以一八九〇年代的清朝而言，康有為考慮過遠北、西、南之地，認為西安似乎正是上選；西安地處內陸，曾是秦朝（公元前三世紀）故都，隋、唐（在六世紀到九世紀之間）兩代都城長安的舊址，設重兵深固護衛，憑天險重開漕運，安穩盤據，日軍一定不敢深入涉險。[15]

康有為在另一段開頭提到「強天下之勢」，疾呼重返中國自古「以民為兵」的理想，而今臨大西洋諸國強盛之基也在於此。大清需要年少力強的常備精兵（康有為說康熙皇帝在兩百年前就有「老將氣衰不能用」之語），再配合地方團練，以結合成真正能發揮作用的軍事體系。而經過革新的軍力還須有精利的軍事科技：兵丁宜配備輕型武器、步槍，如德國毛瑟槍、法國沙士鉢槍、英國亨利馬梯尼槍、美國哈乞開司槍及林明敦槍；而火砲營則應有克虜伯公司製造水準的重炮。若中國無力自製之器械，宜向香港等國外之地多方探查價格，而非任由國內浮報。中國亦應注意軍事科技變革之速：一八七〇至七一年的普法戰爭，槍每分鐘發十餘響；到了一八八〇年代，俄國攻土耳其，槍每分鐘發三十餘響；而今（中國付出慘痛代價學到），日本的槍每分鐘發六十餘響。中國若是沒有足夠的科技人才，就應號召旅居南洋諸島的四百萬華人。南洋華人從海外旁觀中國割地賠款之辱，感受尤深，但他們仍然心向中國，也願出力重振天朝威信。[16]

就算朝中守舊大臣這三十年來聽了不少革新之議，但康有為開章直言，想必他們讀來也不免心驚；而且康有為指出，種種獻策只是臨兵應敵的權宜之謀。中國未來唯一的希望，在於痛下猛藥行「自強之策」，從根本來改造國家的結構。常言道：「物久則廢，器久則壞。」因此皇帝務必在六大要務上大膽改革。第一，朝廷須提高稅賦，充盈國庫。如今戶部歲入僅白銀七千萬兩，就算全數拿去支付日本戰勝的賠款，也要三年才能付清。若是對富商巨戶誘之以利，廣開官辦銀行，通暢運輸網絡，則歲入必達白銀萬萬兩。第二，中國為求固守邊防，開墾沿邊，利於商賈往來，須遍築鐵路網絡。第三，朝廷須獎勵器械、輪舟製造。第四，中國須開墾礦藏，如雲南銅礦、山西貴州煤鐵、山東湖北鉛礦、江西湖南錫礦，以及四川富藏的各類礦產，否則「我若不開，他人入室。」第五，統一、穩定幣制。第六，須開辦利國便民的郵政。[17]

走筆至此，康有為突發警語，行此六大要務，中國就不患匱乏，但還不足以起黎民百姓於貧困。

> 中國生齒，自道光時（一八二〇至五〇年）已四萬萬，今經數十年休養生息*，不止此數。而工商不興，生計困蹙，或散之他國為人奴隸，或嘯聚草澤蠹害鄉邑，雖無外患，內憂已亟。夫國以民為本，不思養之，是自拔其本也。[18]

康有為於是導入最後一部分，也就是他所謂的「養民」四法。論農業，即使是中國向來專擅者如絲，則面臨義大利、法蘭西、日本等國的挑戰，而茶葉又在印度、錫蘭栽種成功，競奪中國之利，康有為大力主張鼓舞新法務農，以保有國際市場的競爭優勢。中國須廣設農會、農學會，振興農業技術，多方開發林業、漁業，培育新苗。論工業，中國須以西洋列強為師，制辦汽輪、鐵路、電報，西方列強國力之所以蒸蒸日上，緣由便在於此。同時，制辦器械之道須超越一八六〇、七〇年代曾國藩等人片面的革新，且應銳意創設考工院新

*中國從一八三九年之後就飽經內憂外患，康有為其實是委婉帶過罷了。

制，培訓現代工業技術人才。各地考工院遴選學童入院修習機械、算學。這種創新發明與教育學習彼此之間的助長，以美國的成果最為斐然，每年工業創新發明多達一萬三千件，反觀我國只不過百餘件而已。[19]

至於外貿，顯然中國必須自行開發產品，發展中國企業，學習西人商務之法，迻譯西方商學之書，傳授「商學」之道，才能趕上西方列強及日本的競爭。中國每年進口紡織品所造成的貿易失衡遠勝於鴉片，不能老以鴉片貿易作為市場機制效率不彰的託辭。康有為對西方科技的盛讚，在官式文牘中是不曾見過的，他還把中國在一八九〇年代自西方購買的商品列了一張清單，供皇帝御覽：

豈知洋紗、洋布，歲耗凡五千三百萬。洋布之外，用物如洋綢、洋緞、洋呢、漳絨、羽紗、毡毯、毛巾、花邊、鈕釦、針、線、傘、燈、箱篋、磁器、牙刷、牙粉、胰皂、火油，食物若咖啡、呂宋煙、夏灣拿煙、紙捲煙、鼻煙、洋酒、火腿、洋肉脯、洋餅、洋糖、洋鹽、藥水、丸粉、洋千果、洋水果，及煤、鐵、鉛、銅、馬口鐵、材料、木器、鐘錶、日規、寒暑針、風雨針、電氣燈、自來水、玻璃鏡、照相片，玩好淫巧之具，家置戶有，人多好之，乃至新疆、西藏皆銷流，耗我以萬萬計。

中國須建立自身的工業基礎，以遏止資本外流之勢。[20]

康有為在提出扶持貧農的計畫時，也舉了幾個國外的例子——從西伯利亞到密西西比河流域、婆羅洲、巴西、加拿大來討論屯墾計畫，或以獲罪流放，或是自願經商，都可收拓墾邊疆之效。這類政策能扭轉中國貧民迫於生計而移民海外的模式，移居美國*或淪為苦力，受盡剝削，而移居澳大利亞、東南亞的華人則讓當地的華人無家可居、無事可做。對於作姦犯科之人，應教以工藝技能而使之重生；對於鰥寡孤獨、老弱殘疾者，則由善堂收留恤養。

康有為這篇長達萬餘言的上奏，頗有應考會試的架勢，最後以縱觀中國教育的問題來結尾，從科考形式僵化到圖書經費偏低，都在康有為非議之列。他又舉了不少外國事例——印度、英國、俾斯麥（Bismarck）的普魯士、日本，但又彷彿意識到自己舉了太多國外的例子，於是高聲肯定儒學的道德價值，以及其對再造盛世的重要性。康有為自己的儒學造詣頗高（雖然他是以反抗傳統、立異論而為人所知），甚至建請皇帝派傑出儒士出使西方諸國——以扭轉西方傳教士絡繹不絕、一心要把中國人變成基督徒的現象。康有為或許有所不知，欽羨中國儒學價值的萊布尼茲（Leibniz）約莫在兩百年前就提過幾乎一模一樣的看法。但是，康有為更勝萊布尼茲。他除了建議廣傳儒家「道學」之外，還主張應在海外建立

---

*一八八二年，亞瑟（Chester A. Arthur）總統首先通過法案限制中國勞工移民美國，爾後哈里森（Benjamin Harrison）總統在一八九二年又通過更嚴苛的限制法案。

儒學學堂——凡開設學堂招聚門徒千人者，應授給世襲爵位。[21]

這份奏書直言無諱又富新意，卻頗經波折。一八九五年的軍機大臣兼兵部尚書是孫毓文，此人是朝廷一幫貪官汙吏之首，力主朝廷與日本媾和議約。他公開反對康有為聯合各省舉人署名上書之舉，派人造謠，阻止舉人署名，在京城一帶大肆張貼告示，誣攻拒罷和議之人。所以當康有為在五月二日向都察院投遞奏書，以呈皇帝御覽時，都察院衙吏也拒絕代遞。不過，顯然署名人士並未受到懲處，因為即使當道早已知道這些人的名字，但是很多署名者，包括康有為在內，都已金榜題名。五月底，康有為將這份奏書潤飾增補之後，再度上呈。這次終於上達天聽，光緒皇帝在六月初親覽，諭令抄錄數份，轉呈慈禧太后，其餘轉發朝中重臣，一份則存檔勤政殿備覽。康有為眼見皇帝眷顧，又在七月上呈倡議全盤改革之奏書，但守舊大臣百般阻撓，從中作梗，這篇奏書終究沒能轉呈光緒御前。

康有為在京城待了三個多月，鼓吹新政變法不遺餘力：他刊印報紙，發送京官，引介國外軍事、政治、教育要務；籌組「強學會」；與帝師翁同龢一番長談，知道此人有變法之心；會晤望重一方的英籍傳教士李提摩太（Timothy Richard），他也提倡改革；向英、美駐北京公使勸募洋書；囑友人赴上海添購西書，因自己遍尋北京琉璃廠書肆，發現竟然沒有一幅地球全圖，不由得痛心。這種種舉措看起來也沒什麼值得大驚小怪，但還是無法見容於當道，康有為深怕被人以滋生事端入罪，被迫於十月初離開京城。回顧康有為在京城奔走數月，提出建言無數，也只有一項輾轉於官僚體系而被採納：康有為注意到京城街道蕪穢，上書請修街道。光緒諭令允行，但是掌管此事的工部會同八旗及順天府街道廳會議卻是羈延推委，後來又有都察院百般刁難；等到最後付諸實行時，卻只修宣武門附近一段而已。[22]

說來出乎意料，康有為奏書裡，還有一個想法居然被給事中褚成博所採納；康有為非常討厭他，甚至還罵他是「朝中最是傲慢之人」。褚成博或許是受到康有為引海外華人為國效力的觀念所影響，在一八九五年七月上書光緒，奏請恩准華商接管過去三十年來陸續興辦的兵工廠、造船廠，以使其營運能有所創新，業務蒸蒸日上。光緒皇帝興致很高，在一八九五年八月表示，允許東南亞、澳大利亞、美國西部的華人籌組公司，既可採承租朝廷的企業，也可透過購買來參與營運。海外華人若是有意願，也可以向朝廷貸款以設立新廠。光緒的解釋是：「一切仿照西例，商總其事。」雖然利用海外華人為國效力的觀念並不是什麼創見，但如此大力支持，卻顯得不尋常；此後幾年間，清廷開始有系統地遊說海外華人，引進巨額資本來發展還在起步中的中國工業。[23]

孫中山看待海外華人的方式跟康有為很不相同。孫中山小康有為八歲，雖也在廣州附近出生，但孫、康兩人的社經地位卻是天差地別。孫中山是農家出身，家鄉人口稠密，土地貧瘠，謀生不易。近半世紀以來，此地百姓大量移民東南亞及美國；孫中山的兩個叔叔就客死加州淘金熱，長兄則是移居夏威夷。由於父親赤貧，得身兼農工、裁縫、村裡的更夫好幾份差事，所以孫中山前往投靠在夏威夷經商致富、頗有影響力的長兄。孫中山若是留在廣東，是不可能接受正規教育的。他到夏威夷之後，先入英籍人士創辦的意奧蘭尼書院（Iolani School），後進奧阿厚書院（Oahu College）；一八八六年離開夏威夷，返國學習西醫，先是就讀於廣州美籍博士主持的醫書院，後來又入英國人在香港創辦的學校。[24]

到了中日甲午戰爭之時，孫中山已經過多國文化的洗禮：他讀過的中國傳統經典不多，是個醫術純熟的外科醫生，受洗的基督徒，會說英語，打板球。他在夏威夷、香港、澳門等華洋交雜之地人面很廣，也認識很多洋醫生、傳教士，而且也和廣東的鄉親、宗族保持密切關係。孫中山對家鄉的迷信反應激烈，也中止了他和家鄉的接觸——他有次返鄉，砸了當地廟宇的神像，不過他還是很想能貢獻所學，為國效力。孫中山相信，西方強盛之道在於人盡其才，貨暢其流，積極開拓天然資源，而不是單靠船堅砲利，於是他在一八九四年上書李鴻章，抒發己見。但是李鴻章此時正忙於甲午戰爭的善後，無暇理會。孫中山對清廷應對日本的怯懦感到痛心，而英國人的行事效率與目標感又讓他印象深刻，所以，到了一八九四年底，他對自己未來要怎麼走下去已經茫然無緒了。

康有為打定主意，要盡力說服皇帝變法，如此就能賡續大清國祚，又能富國強民，但是孫中山走的是完全不同的路，認為滿清一日不滅，中國就不能躋身強國之林。一八九四年，孫中山邁出推翻滿清的第一步，在夏威夷建立名為「興中會」的革命組織。孫中山所擬的宣言以推翻滿清政府、引進西方科學、工業技術、促使國家富強為宗旨，還主張建立共和體制，不過這一點並未刻意強調。（夏威夷曾在一八九四年夏天建立共和體制，孫中山或許受此啟發。[25]）到了一八九五年夏天，孫中山已經吸收一百二十名會員，每人繳交入會費五銀元，又發行「革命債券」集資七百銀元，承諾待成功推翻滿清之後，將以面額的十倍贖回。有少數會員賣了店鋪、土地，孫中山亦可從長兄處得到一些協助，但是要用這些錢來起義，恐怕還是杯水車薪。

孫中山似乎主要靠祕密會社的支持。在中國，這類半公開乃至祕密的會黨組織，或因宗教信仰、或因經濟利益、或因同鄉情誼而群聚，有時也從事非法犯罪的勾當，但還是承襲傳統，以驅逐外族（包括滿人與洋人）、恢復漢人統治為務。到了一八九五年年中，這些會社似乎特別值得結盟，因為許多成員曾加入清軍，投入對日作戰，如今卻遭解散，且往往只領了幾個月的餉。他們蓄積成一股良莠不齊、心懷不滿、難以捉摸的力量。孫中山得到六名來自夏威夷的興中會會員之助，與香港當地祕密會社的當家密謀，打算在十月於廣州策動起義，屆時將會延燒全天下，逼得滿清滅亡，建立共和。但是廣州官府事先獲悉密謀，不費一槍一彈，就大肆逮捕、處決謀叛分子。孫中山逃走，先往澳門，後到香港；英國政府迫於清廷壓力，將孫中山驅逐出境，他途經日本、夏威夷，於一八九六年夏天（持假證件，謊稱在夏威夷出生）抵達舊金山，設法籌款、徵募會員。[26]

康有為是在一八九五年十一月回廣州，但是從他寫的文章或是留下的談話紀錄來看，他對孫中山的起義未成隻字不提，而是把心力放在續成《孔子改制考》一書，著手各項新計畫，其中一項是要以日本明治維新為題著書，也計畫在巴西開發「新中國」——因為巴西緯度高低與中國相近，地廣而沃，人口稀少，尚未全面拓墾，看在康有為眼裡，是未來中國移民的理想去處。[27] 他和幼弟廣仁遊歷香港，在澳門創辦《知新報》；到桂西旅行，設法建議官府在桂林城修現代街道，未果；返回京城之後，先與廣東同鄉創粵學會，上書建請將同文館群書頒發各省會館；德國侵占山東膠州作為海軍基地，中國又面對新的軍事、外交變局，康有為又與友人籌組「知恥會」；康有為已轉而佩服日本的效率與英國國力鼎盛，建議朝廷聯合英、日，拒俄、德；與北京友人聯名上書，建請將經濟學、自然科學列為科考之科目。[28]

康有為的日子不外乎讀書、論辯，但有時也有意外的波瀾。譬如一八九八年一月某日，康有為接獲總理衙門告知，次日於西花廳召見他，問他對憲政改革的意見。一見面，榮祿就說：「祖宗之法不能變。」照康有為的自述，他答以：「祖宗之法，以治祖宗之地也，今祖宗之地不能守，何有於祖宗之法乎？」[29] 康有為花了一些時間，大略勾勒出財政、教育體制改革，並承命以奏書形式繕寫。三月，奏書上呈光緒皇帝。但朝廷這個時候又在應付新的列強威脅——英國強索山東半島的威海衛為海軍基地，俄國豪奪遼東半島之大連、旅順兩港，康有為的建言被冷落一旁，於是就又號召進京參加會試的各省舉人。在幼弟康廣仁、門生梁啟超的協助下，康有為於京城籌設「保國會」。雖有京官從中阻撓，但是消息傳到光緒皇帝耳裡，皇帝認為保國會愛國赤忱可嘉。但是康有為心裡慢慢明白，留在京師不太能再有什麼作為，於是預計一八九八年六月中旬回廣州授業著述。

康有為認為人生無常，非人力所能左右，所以總是試著接受命運突然來的打擊，他曾寫道：「余嘗自謂『福禍相依，順天俟命。』」[30]就在康有為動身離京之際，接獲人在廣州的女兒來信，說家鄉疫癘流行，最好在京城多留幾天。剛巧就在多留的這幾天，皇帝降旨，召康有為到頤和園覲見。康有為趕快寫信給女兒，還差送一百銀元給妻小，信中提及去年發生的巧事：「去年歸期為宰相所留，今年歸則為上所留矣，亦奇甚！」[31]

康有為六月覲見光緒，心中留下深刻的印象。照理說，光緒身為滿人皇帝，滿清的貪腐無能，他脫不了干係；也有很多人——包括孫中山在內，開始覺得必須要推翻滿清，中國才能再與世界各國平起平坐。但康有為卻是自此一生尊崇光緒，不改其志。他認為光緒頗思振作，而光緒若要振作，就必須有膽違抗向來反對變法的慈禧太后。對康有為來說，光緒在北京西郊的頤和園召見他，而不是直接在紫禁城見他，就是別有含意。圓明園早在一八六〇年英法聯軍為報復中國殺害、圈禁其外交使節，占領北京時所燒毀。慈禧太后不惜耗費鉅資舉債，在圓明園廢墟之旁大興土木，修葺頤和園，讓原已困難的國庫更形空虛。康有為向光緒皇帝痛陳中國當前困境，用如此方式來開頭，實在是與頤和園再切合也不過了：

譬如一殿，材既壞敗，勢將傾覆。若小小彌縫補漏，風雨既至，終至傾壓，必須拆而更築，乃可庇託。然更築新基，則地之廣袤，度之高下，磚石楹桷之多寡，窗門檻檽之闊窄，灰釘竹屑之瑣細，皆須全局統算，然後庀材鳩工，殿乃可成，有一小缺，必無成功，是殿終不成，而風雨終不能禦也。[32]

康有為在這兩個半小時裡，一再反覆他一八九五年奏書裡的要點，還說放眼滿朝大臣，盡是老耄守舊，不識外國局勢，如果要靠他們來變法，「猶緣木以求魚也。」[33]

康有為見了光緒之後，寫了一封簡信向母親稟告，語氣激動，說像他這樣地位卑微的人竟能蒙皇帝召見，實在是千古難有的機緣：「召見，此是咸豐以後所無之事，離家半年，思老母念切，然計母親聞此至慰。若次數？不歸家，則留京奉母來矣。男甚平安（溥在京亦平安）（譯按：「溥」即「有溥」，康廣仁之名）。」[34]

約在此時，康有為和幼弟廣仁到北京近郊的西山，此地風光明媚，兩人在此長考接下來要怎麼走。康有為和弟弟康廣仁兩人的感情很好。康有為十歲喪父，得父親臨終遺命，開始照顧七個月大的康廣仁。廣仁自幼體弱多病，康有為悉心照顧，也教他讀書，看著他長大，成了一個心直口快的青年，從不怕「放言闊論」所見的真相。康廣仁曾在英美教會合辦的廣州博濟醫院附設醫校（孫中山也曾讀過這所學校）學習西醫，後來還試圖自力在上海辦一所醫學校。康廣仁正是康有為心目中新中國所出的人才，既勤奮，又有理想，不過對政治活動的興趣不像康有為那麼大。[35]兄弟倆知道自己的處境相當危險：顯然守舊勢力已準備跟光緒皇帝唱反調；而慈禧太后也不斷有跡象，要重新聽政。慈禧一方面部署心腹榮祿擁華北重兵，另一方面免除翁同龢軍機大臣、總理衙門大臣、戶部尚書的官職。康有為本人也有被暗殺之虞，不斷有密監跟蹤。康廣仁與族人往來了幾封信，在信中建議族人情態若是有變，可能得及早計畫逃到澳門的路線。他們也和住在加拿大維多利亞（Victoria）的朋友聯繫。[36]

覲見光緒的後續發展恐怕也讓康有為大感意外。一八九八年夏天，康有為被封為「總理衙門章京上行走」，各項改良方案，令人眼花撩亂，且多是之前康有為所建議的。皇帝諭令廢八股，開京師大學堂，把各地淫祠改為學舍，在地方上設職司，推廣清國商業，立機關以開發農、工業。康有為把明治天皇在日本維新的過程中作出的驚人成就形諸文字，以鼓勵光緒繼續變法。康有為還舉了波蘭王室為例，說他們受愚昧之保守勢力誤導（這是康有為自己的解讀），以致波蘭遭到俄羅斯、普魯士、奧地利等國瓜分。[37]隨著維新改革開展，種種建言紛紛進呈光緒御前，也有公然張貼陳情者，類似後來革命時常見的大字報，康有為提到時語帶詼諧，但顯然也是支持這種作為：上呈的建言，「有野民漁人上書，紙用兩尺長條，稱及皇上亦不抬頭，」光緒眼見如此無禮之舉，也只是一笑置之，並不以為忤。光緒面對維新乃變亂祖法的詆譭時，不願加以箝制：「當廣開言路之時，不必有所譴責以塞之。」這讓康有為大為欽佩。[38]

新政如火如荼，皇帝也需要新人輔弼朝政；但是不管有沒有慈禧太后施壓，破格重用都可能受層層官僚體系牽制，光緒為了免生事端，就起用年輕的維新之士擔任軍機處的「章京」。品第雖輕微，但軍機處是決策中樞，可隨時與康有為備詢與聞朝廷大事。其中包括時年三十三歲的譚嗣同，他曾在廣東主持「維新會」，學問極好，且精於武學，醉心西方科學、算學。譚嗣同很佩服康有為，也是梁啟超的好友，曾在湖南設立以改革為宗旨的社團，辦報紙，使長沙成了鼓動創新思維的重鎮。譚嗣同直言無諱，經歷又奇，所以在湖南極受熱血青年擁戴，但見疑於老一輩的官員。[39]

譚嗣同接到皇帝諭令，在九月離開湖南瀏山，遠赴京城，他一心想輔佐皇帝，推動新政；但此時無論是在京、在省，反對聲浪已經愈來愈大。譚嗣同抱著「殺身成仁」之志奉召入京，但是這群年輕新進都不知道如何在複雜的宮廷政治中周旋；康有為也擔心維新派力量單薄，擔不起肩上的重責大任。[40] 維新派怕政敵步步進逼，更怕慈禧太后會出手不利於光緒和他們，所以打算發動政變，先發制人。維新派冒著被出賣的奇險，若是計畫未成，那都是要殺頭的大逆之罪，他們設想若是光緒與慈禧太后決裂，可爭取到哪些將領。康有為作了最壞的打算，力勸光緒以巡幸之名出走京城。康有為說北京已「城崩屨次，塵土坌天，泉惡脈壞，王氣已絕。」又「舊黨彌塞，下則市儈吏胥，中則瑣例繁禮，種種皆亡國之具，不易掃除。」所以光緒最好是遷都——但不是遷到康有為在一八九五年時所建議的西安，而是上海。上海雖然是西方勢力的根據地，但也是活力蓬勃的港口，科技變革、創新觀念都匯聚於此，以康有為告訴光緒的話來說，上海乃「通達」之地也。[41]

這類計畫都需要從長計議，但還沒付諸實行，守舊勢力即全面展開反撲。忠於慈禧太后的將軍率兵直入京城；康有為得友人報信，在一八九八年九月二十日避走天津，搭上英國輪船，經上海直奔香港。二十一日，光緒被幽禁於宮中瀛臺。當日下午，北京步軍統領率兵包圍康有為和一些廣州友人平時聚會的南海會館，發現康有為已逃逸無蹤，但是抓到康有為的弟弟康廣仁。九月二十二日，梁啟超想透過日本公使館營救康黨未果，於是逃離京城，登上日本巡洋艦「大島號」；當天京城加強戒備，逃亡路線全遭封堵。譚嗣同不願離開京師，他留下的詩句讓後來好幾代的中國人傳誦不絕：「有心殺賊，無力回天。死得其所，快哉快哉！」他和大刀王五設法謀救幽禁瀛臺的光緒皇帝，未成，在二十四日遭到逮捕。康廣仁、譚嗣同和另外四名獲重用的維新派——楊銳、林旭、楊深秀、劉光第，於九月二十七日開堂審問，便依圖謀叛逆之罪議處。到了下午四點，忽有命令傳到——應是慈禧太后之命，不必再行審訊，即刻依典正法。當晚，六君子便人頭落地了。[42]

康有為悲憤胞弟之死，遂喟然有「折翼」之痛。康有為的悲傷事出多因，我們僅能大略推斷：首先，是康有為要康廣仁暫時留在北京，好收拾他倉促逃逸沒來得及帶走的書籍與家當，這可說是有違父親好好照料廣仁的遺命；其次，康有為任由廣仁與他個人的激進形象合而為一，也是理由之一；而且，廣仁之死毫無道理，他只不過是這場不明不白的革命中無謂的祭品；就算維新派有什麼大逆不道，康廣仁與此也沒什麼干係。康廣仁問斬時，年僅三十二歲，遺下一個八歲女兒，無子。康有為也無子嗣，反而成了康家唯一的男丁。康有為寫了一首痛切的七言絕句，表達自己未能親手好好安葬胞弟的哀傷：

奪門白日閉幽州，東市朝衣血倒流。
百年夜雨神傷處，最是青山骨未收。[44]

康有為念著自己與家人的安危，無法把胞弟的遺體運離北京——南海會館的一個忠僕把康廣仁的首級與屍身大致縫在一起，先暫時下葬。康有為的原配、二夫人與一雙女兒接獲北京電傳示警之後，於九月二十五日動身前往澳門；其他友人則在二十七日將康母接到香港，三日之後，康廣仁遺孀同女兒也趕到。康家家產房舍，以及康有為龐大的藏書都被官府抄沒。康有為在一個月後寫到一家人遭逢變故重逢：「（老母）僅與一女僕相對隱泣吞聲，悽惶萬狀。既見，告知為不孝未能救天下，幾危老母，雖天幸得全，而貽以大憂，不孝之罪，上通於天。」[45] 康有為和家人為了不讓老母過於悲傷，隱瞞了康廣仁的死訊，說他已經出家為僧。[46]

雖然康有為自己、近親，還有光緒皇帝都飽受打擊，但康有為似乎依然滿懷希望。香港當地同情康有為的華人富室歡迎他，不吝伸出援手（現金餽贈）。一八九八年十月，日本首相大隈重信拍來電報，邀康有為訪日，許諾提供協助。康有為大受鼓舞，也讓他更加敬重這曾擊敗祖國的國家，從中也印證了維新派多麼輕易就能讓現代化歸現代化，民族主義歸民族主義。孫中山這時人在日本，想盡辦法要和康有為會晤，但為康有為所婉拒，理由應是康有為以效忠光緒皇帝的忠良自居，而孫中山在一八九五年舉事，顯見孫乃亂臣賊子。

康有為原本寄望日本助他一臂之力，輔佐滿人皇帝重新親政，沒想到他抵達日本五天之後，大偎內閣就在十月三十一日垮台，康有為的希望落空了。[47]所以，一八九九年春，康有為在橫濱乘日本輪船，遠赴華盛頓遊說麥金利（McKinley）總統支持光緒皇帝復權。但是康有為沒有美國簽證，而美國政府又要求清國提供官方擔保，證明康有為人格清白，清國自然不可能應允，康有為於是轉往加拿大維多利亞港登岸。英屬哥倫比亞（British Columbia）代理省長接見康有為，溫哥華當地華人社區盛情歡迎，總理在渥太華以茶款待，加拿大總督敏托伯爵（Earl of Minto）邀請他參加舞會。但是加拿大無法提供康有為實質幫助；康有為於是轉往英國，結果也差不多。康有為在五月底抵達倫敦，自由黨黨魁狄爾克爵士（Sir Charles Dilke）將英國是否介入中國內政的動議提交下議院討論。歷經八小時的你來我往，有議員形容慈禧太后及其一干心腹乃「腐敗昏庸之輩」，亦有議員深信外界指控，認為康有為犯了「貿然行事」的錯誤，而藉由強大、現代化的中國以遏制俄國在遠東的野心，是否有其戰略上的需要，值得慎重考慮。該項提案最後僅以十四票之差，未能通過。[48]

康有為向國際高層尋求支持就此結束。康有為這時已經阮囊羞澀，別無選擇，只能轉向海外華人社會求援，有時甚至還得放下身段，沿途籌募勤王經費，這條路孫中山已經走了三年。一八九九年夏，康有為又從英國回加拿大，心情不佳，但是他在維多利亞如魚得水，籌組了一個團體，經過支持者一番熱烈討論之後，起名為「保皇會」，以凸顯擁護光緒皇帝締造現代化君主立憲政體的目標。但是康有為不能不對眾多支持者的商業利益有所交代，於是把發展、保護海外華人商業團體納入保皇會章程。康有為也不能漠視組織森嚴的海外華人幫會（即所謂「堂」，而孫中山在一八九六年奔走各地，已與各地堂口建立良好關係）。加拿大人與美國華人關係密切，他們無視美國排外法案的存在，時常非法偷渡華人越過美、加邊境。所以康有為還接受勢力龐大之「哥老會」給他的「龍頭」封號，得到超過七千美元的捐款，還有一座小島可任他使用。[49]

康有為的海外生活如此開展，可說是波瀾壯闊。他向來欽羨外國並且形諸文字，也印證了他相信清廷必須善用海外華商。一八九九年八月，康有為在加拿大賦詩一首，遙向受幽禁的光緒皇帝恭賀壽辰，詩中處處勾勒出他自己及中國所處的弔詭困境：

海外初瞻壽域開，龍旗披拂白樓臺。
白種碰盞椅堂至，黃種燃燈夾巷來。
上帝與齡憐下士，小臣泣拜倒蒿萊。
遙從文島瞻瓊島，波繞瀛臺夢幾回？[50]

註釋

1 康有為，《康南海自編年譜》，頁一二九；羅榮邦（Lo Jung-pang）編，《康有為：傳記和綜論》（*K'ang Yu-wei: A Biography and a Symposium*），頁六十三。

2 見《京報》，光緒二十一年，頁八、五十五、七十一、七十二，以及《清德宗景皇帝（光緒朝）實錄》，二十一年。日後的中國共產黨總書記陳獨秀亦曾栩栩如生地描述晚清科舉考試的種種趣事。見卡根（Richard Clarl Kagan），〈中國托洛斯基主義運動與陳獨秀〉（The Chinese Trotskyist Movement and Ch'en Tu-hsiu），頁一九三至一九六的附錄。

3 康有為，《康南海自編年譜》，頁一四六。

4 蕭公權（Hsiao Kung-chuan），《近代中國與新世界：康有為變法與大同思想研究》（*A Modern China and a New World: K'ang Yu-wei, Reformer and Utopian, 1858-1927*），頁九，註三十六；羅榮邦編，《康有為：傳記和綜論》，頁二十八至三十三。

5 康有為，《康南海自編年譜》，頁一〇九；羅榮邦編，《康有為：傳記和綜論》，頁二十六至二十七。

6 羅榮邦編，《康有為：傳記和綜論》，頁三十一。

7 前引書，頁三十四。

8 前引書，頁三十五。

9 前引書，頁三十六至三十七。

10 前引書，頁五十四至五十六。

11 康有為對曹泰的評論，見羅榮邦編，《康有為：傳記和綜論》，頁五十七、六十二；對陳千秋的評論，見前引書，頁六十三。

12 康有為，《康南海自編年譜》，頁一一七至一一八；羅榮邦編，《康有為：傳記和綜論》，頁四十至四十二。

羅榮邦編，《康有為：傳記和綜論》一書提到這段文字寫於光緒二十一年。

13 有關中國自強運動這段歷史卷帙浩繁的資料，可參考費正清（John K Fairbank）主編《劍橋中國晚清史：一八〇〇至一九一一年》（*The Cambridge History of China, vol. 10*）一書的扼要敘述。另，薛芳春（音）（Sue Fawn Chung）在〈慈禧太后的形象〉（The Image of the Empress Dowager Tz'u-Hsi）一文中以較為正面的觀點，重新評價這位大權在握的皇太后對於改革政策的看法。

14 《戊戌變法》，第二冊，頁一五四至一五五；丁文江編，《梁任公先生年譜長編初稿》，頁二十三；康有為，《康南海自編年譜》，頁一三〇；以及羅榮邦編，《康有為：傳記和綜論》，頁六十三至六十六。

15 康有為，《康南海自編年譜》，頁一三五至一三七

16 前引書，頁一三八至一三九。有關康有為作此決定時的技術性條件，見康念德（Thomas Kennedy），〈毛瑟槍與鴉片貿易〉（Mausers and the Opium Trade），特別是頁一二〇至一二一論速射砲的生產。

17 康有為，《康南海自編年譜》，頁一四〇至一四三。

18 前引書，頁一四三。

19 前引書，頁一四三至一四五。

20 前引書，頁一四五。

21 前引書。康有為及晚清改良派有關儒學「學堂」（以及其與西方大學的比較）的倡議，可參考汪榮祖（Wong Young-tsu），〈晚清改良主義的大學理念〉（The Ideal of Universality in Late Ch'ing Reformism），頁一五〇至一五四。有關萊布尼茲的類似觀點，可參考萊區（Donald Lach）的《萊布尼茲之「中國近事」的序言》（*The Preface to Leibniz Novissima Sinica*），頁六十九；以及賴希文（Adolf Reichwein），《中國與歐洲》（*China and Europe*），頁八十至八十一。張之洞早在一八八六年已有在海外設立儒學學堂之議，見嘉德烈（Michael Godley），〈晚清東南亞華人的求婚〉（The Late Ch'ing Courtship of the Chinese in Southeast Asia），頁三六六。

22 康有為這時期的生活，可參考羅榮邦編，《康有為：傳記和綜論》，頁六十八至七十四。

23 褚成博的奏摺與光緒皇帝的回應，見《清德宗景皇帝（光緒朝）實錄》，卷三六九，頁二十二b，卷三七一，頁六b至七，以及《京報》，光緒二十一年，頁一〇九，標明日期是八月十一日。光緒對於褚成博的觀感，可見羅榮邦編，《康有為：傳記和綜論》，頁七十三。海外華人與清廷合作的例子，可參考嘉德烈，〈作為改良者的海外華人企業家〉（Overseas Chinese Entrepreneurs as Reformers），頁四十五至五十三；以及嘉德烈的〈晚清東南亞華人的求婚〉，尤其是頁三六三論丁日昌、頁三六七論薛福成的部分。

24 史扶鄰（Harold Z. Schiffrin），《孫中山與中國革命的起源》（*Sun Yat-sen and the Origins of the Chinese Revolution*），第二章。關於康有為、孫中山家鄉廣東省的海外移民模式，可參考梅俊（音）（June Mei），〈移民的社會經濟根源〉（Socioeconomic Origins of Emigration），特別是頁四七五。

25 史扶鄰，《孫中山與中國革命的起源》，第三章。

26 史扶鄰，《孫中山與中國革命的起源》，第四章；以及艾曼妥瑪（M. B. Armentrout-Ma），〈西半球的華人政治，一八九三至一九一一年〉（Chinese Politics in the Western Hemisphere, 1893-1911），頁一二六至一四〇。有關孫中山謊報出生證明，見沃登（Robert L. Worden），〈康有為、孫中山等與移民局〉（K'ang Yu-wei, Sun Yat-sen, et al. and the Bureau of Immigration），頁六至七。德飛齡（Fei-ling Davis）《中國的原始革命黨人》（*Primitive Revolutionaries of China*）一書的第五、七章，對這類祕密會社的入會及儀式作了出色引介。有關革命期間這類祕密會社的一般性角色，可參考盧斯特（John Lust），〈祕密會社、群眾運動與辛亥革命〉（Secret Societies, Popular Movements and the 1911 Revolution），頁一七七至一八四。

27 羅榮邦編，《康有為：傳記和綜論》，頁六十三至七十五。

28 前引書，頁七十六至八十三。

29 前引書，頁八十三至八十四。這位滿人即是大學士、兵部尚書榮祿。

30 前引書，頁七十四。

31 康有為給女兒的信，見康有為，《萬木草堂遺稿外編》，頁七七六。亦可見羅榮邦編，《康有為：傳記和綜論》，頁七十九；康有為，《康南海自編年譜》，頁一四四。康有為在信中提到挽留他的宰相就是翁同龢。

32 羅榮邦編，《康有為：傳記和綜論》，頁九十五；康有為，《康南海自編年譜》，頁一四五。

33 羅榮邦編，《康有為：傳記和綜論》，頁九十八。

34 康有為，《萬木草堂遺稿外編》，頁七七六。

35 參見康有為，《康南海先生詩集》，卷五，頁九十九至一〇一，以及羅榮邦編，《康有為：傳記和綜論》，頁一四八，註二十二。

36 羅榮邦編，《康有為：傳記和綜論》，頁一〇一、一〇三；康廣仁與家人的書信往來，見康有為，《萬木草堂遺稿外編》，頁七七三至七七五、七七七。

37 羅榮邦編，《康有為：傳記和綜論》，頁一〇四、一一五。

38 康有為，《康南海自編年譜》，頁一五六；羅榮邦編，《康有為：傳記和綜論》，頁一一七。（康熙朝與太平天國亦可發現類似的大字報）。汪榮祖在〈光緒皇帝對於戊戌變法的意義〉（The Significance of the Kuang Hsu Emperor to the Reform Movement of 1898）一文中大略評估光緒皇帝的動機。

39 有關譚嗣同的生平及著作，見鄺兆江（Luke S. K. Kwong），〈對近代中國轉型面向的反思：作為改革者的譚嗣同（一八六五至一八九八年）〉（Reflections on an Aspect of Modern China in Transition: T'an Ssu-t'ung (1865-1898) as a Reformer），以及謝克（Richard Shek），〈譚嗣同思想中的西方因子〉（Some Western Influences on T'an Ssu-t'ung's Thought）。譚嗣同關於學會的著作，可見羅貝爾（Ronald Robel）在〈譚嗣同論學會〉（T'an Ssu-t'ung on Hsueh Hui or 'tudy Associations'）一文中頁一七二至一七六的譯文；有關「仁學」的出色評論，見魏斐德（Frederic Wakeman, Jr.），《歷史與意志：毛澤東思想的哲學透視》（*History and Will: Philosophical Perspectives of Mao Tse-tung's Thought*），頁一二八至一二九。黃彰健（Huang Chang-chien）在其〈論百日維新〉（On the Hundred Days Reform）的文章中亦指出譚嗣同「仁學」的排滿傾向。廣東改良派的青年領導人是林旭。有關林旭以及其他被拔擢為襄贊之士的資料，見蕭公權，《近代中國與新世界：康有為變法與大同思想研究》，頁二七〇，註二十三。

40 酈兆江，〈對近代中國轉型面向的反思：作為改革者的譚嗣同（一八六五至一八九八年）〉，頁一八九；羅榮邦編，《康有為：傳記和綜論》，頁一二一。

41 康有為，《康南海自編年譜》，頁一五九；羅榮邦編，《康有為：傳記和綜論》，頁一二二至一二三。

42 康有為對這些事件的慷慨陳述，見羅榮邦編，《康有為：傳記和綜論》，頁一二六至一四二的譯文。譚嗣同的絕命詩文及反省，見《戊戌變法》，第四冊，頁三四九。黃彰健，〈論百日維新〉，頁三〇八至三〇九，分析康、梁的確策動反擊的證據。老舍在其戲劇《茶館》中的第一幕生動地重建了當年京城裡的氛圍；見許芥昱等（Hsu Kai-yu and Ting Wang）編，《中華人民共和國的文學》（Literature of the People's Republic of China），頁七四九至七六一。

43 羅榮邦編，《康有為：傳記和綜論》，頁一三五。

44 康有為，《康南海先生詩集》，卷四，頁七。

45 康有為，《康南海自編年譜》，頁一六七；羅榮邦編，《康有為：傳記和綜論》，頁一三八。

46 羅榮邦編，《康有為：傳記和綜論》，頁二二六；李雲光，《康有為家書考釋》，頁二。

47 羅榮邦編，《康有為：傳記和綜論》，頁一七八、二五三至二五五。

48 前引書，頁二五五至二五六。有關康有為無法踏上美國國土，可見沃登，〈康有為、孫中山等與移民局〉，頁三。

49 艾曼妥瑪，〈西半球的華人政治，一八九三至一九一一年〉，頁九十八、一四二至一四八；羅榮邦編，《康有為：傳記和綜論》，頁二五六。

50 康有為，《康南海先生詩集》，卷四，頁五十四。

第二章　願景與暴力

菁英子弟在一八九五年表露出的挫折與憤怒，到了一八九〇年代末已延燒舉國上下。在這個過程中，重要價值也有所轉變。雖然中國依然亟待東山再起，但是對西方或日本的西化模式敵視愈來愈深，尤其是有些中國人認為洋人不但蠶食商機，鯨吞領土，也腐蝕了中國的傳統道德，而跟著鴉片商、軍隊後面進入中國的洋傳教士更是罪魁禍首。一八九八年，列強相繼侵擾華北，所積之怨與這種反基督教的情緒合流，又融入了傳統中國武術修練與民間信仰的潮流，孕育出所謂的義和團。義和團起於山東、直隸兩省，官府雖有彈壓拳亂之責，卻又在背後暗中鼓動，之後還得到朝廷的公開表揚（雖然義和團最先是以反清為號召），於是在一九〇〇年舉事暴動，掠奪教堂，殺害傳教士及中國信徒；六月，義和團將北京外國使館區團團圍住，持續到八月中旬，八國聯軍進入京城方為酣息。

康有為、孫中山都把拳亂視為實現一己抱負的良機。康有為離開加拿大，在日本、香港短暫滯留之後，這年年初到了新加坡，他有不少有錢的支持者在此。謠言傳來，說慈禧太后有意廢黜幽禁宮中的光緒皇帝，另立年幼的滿族親王取而代之。康有為大驚，於是透過保皇會，動員數萬名海外華人支持者以電文表達抗議。一九〇〇年春，康有為不斷與梁啟超，東南亞、加拿大、美國的擁護者，以及中國的友人通信之後（康有為透過上海一家照相館的職員與中國的同黨聯絡），決意興兵舉事。他也怕孫中山在家鄉廣東起義可能成功，更增加了他內心的急迫感；康有為先發制人，決心在武漢三鎮的漢口及安徽等地起義。梁啟超原本並不覺起義可行，他曾在寫給康有為的信上說「欲飛無翼」，但是海外華人捐資（超過三十萬美元）給康有為，這個消息使得中國幾個幫會領袖捨孫中山而就康有為，更讓梁啟超大受鼓舞。[1]

康有為選了湖南的唐才常領導起義行動，他是譚嗣同的好友，曾與梁啟超及幾位一八九八年遇難的改良派共事推動教育大計。唐才常雖然同意為康有為效力，但是他難以兼顧地方的盤算、革命的抱負，以及康有為要維護、恢復光緒皇帝權力的一貫主張，尤其是拳亂發生之後，光緒皇帝與慈禧太后避走西安，唐才常的處境更是艱難；康有為經驗闕如，原先想以香港工具公司及同夥設於上海的照相館為掩護，私藏軍火物資挾帶進入中國未果，以致唐才常失敗。八月初，安徽革命黨人約定在零時起兵發難，結果時間未到即有人開始行動，密謀敗露。八月二十一日，包括唐才常在內的三十名漢口首領，還來不及放一槍便遭官府逮捕，就地處決。[2]

雖然康黨人士在漢口一一伏誅，但孫中山還是照樣籌畫在廣州東方一百五十哩的惠州，發動另一場武裝起義。孫中山從一八九五年廣州起義失敗之後，就不斷在鞏固海外華人及中國祕密結社的支持。一八九六年，清廷駐倫敦使館人員在孫中山前往倫敦募款時，企圖綁架孫回國受審、處決，結果孫中山逃過一死。其中曲折過程經過英國媒體披露，孫中山頓時聲名大噪，舉世皆知，一吐一年前受的屈辱。孫中山這段客居倫敦的歲月，也在大英博物館博覽群書，為興中會的理念奠下更為融貫的根基，超越了原來反滿與共和主義的宗旨，擴及防止土地兼併的政策目標。孫中山深受亨利·喬治（Henry George）平均稅賦、土地重新分配之社會主義理論的啟發，而且他在一八九九年間與梁啟超、流亡日本的中國激進分子往還辯論，也完善了自己這套理論。[3]

孫中山以日本、臺灣為根據地，但是在拳亂與康有為一九〇〇年底起義未成之後，他已經沒什麼機會去宣揚這些學說，而是把心力都放在鼓動惠州三合會幫眾。他們在一九〇〇年起事，英勇對抗官軍。三合會幫眾從孫中山的革命黨人那裡得到部分金援、軍需物資與作戰策略，但主要還是靠擄獲自官軍的槍械，用自己的方式、標舉自己的口號來作戰。他們高唱「保洋滅清」，刻意與義和團的「扶清滅洋」區隔，並承諾「倘若將來成功設立更革之事，開通中國，與世界通商。」他們的力量雖不足以拿下惠州，卻是訓練有素，小型對戰尚能應付，並得到農民廣泛支持。假使孫中山能一言九鼎，提供三合會幫眾鉅款及槍械，起義的範圍或許還能遍布廣東全境，甚至及於福建；但是孫中山為居間仲介所騙，在臺灣的日本支持者又搖擺不定，他受此誤導，無法通盤為三合會研擬可行、可久的策略，最後眼睜睜地看著這次起義被瓦解消滅。有些參與舉事的人逃過一死，但是身分已為官府所知，無法返鄉，只好在十月底搭舢板逃到香港。[4]

孫中山雖然屢戰屢敗，但他反而更努力尋找起義的契機，開拓新的資助來源。只是此事愈來愈難，因為康有為在海外華人中享有碩儒的聲望，而孫中山的追隨者不斷流失，轉而投效康有為的保皇會，就連孫中山在夏威夷的長兄也曾參加保皇會。然而康有為卻太把漢口、安徽舉事失利放在心上，也拿不定政治方向，以致無法決心追求自己的目標。康有為在一九〇〇年底寫了一首詩，哀悼唐才常英年早逝（死時年僅三十三歲）——康有為一直覺得弟弟康廣仁的死，他自己要負一部分的責任，顯然唐才常讓他想起去世的弟弟。[5]保皇會的章程基本上著眼於國家主義與文化主義，目的不在排滿，而是恢復中國在世界上既有的平等地位，促進中國人的商業、法律地位，使中國人臻至「與諸文明國家並駕齊驅」的地位，而其總體政治目標則是「復政以得中國」。[6]

漢口起義不成，引發康黨人士之間的摩擦，更甚於惠州兵敗後孫中山追隨者彼此的心生嫌隙。對康有為而言，漢口起義失敗讓他開始考慮是否要與國內的祕密會黨繼續合作；而一九〇〇年後，康有為似乎已向加拿大華人的壓力屈服，欲把保皇會發展成商業組織，包括海外銀行業、房地產、交通運輸業。長遠來看，這是為了恢復光緒皇帝的權位；但乍看之下，則讓人覺得康有為這夥人唯利是圖。梁啟超雖然是康有為倖免於難的門生兼副手，但是康、梁二人彼此甚為不同。唐才常被捕、處決之後，梁啟超曾說要出家為僧，但反而在一九〇〇年底向澳大利亞的華人發表系列演講，主張在共和革命之後，光緒皇帝仍可為國效力——他大概是把光緒皇帝定位為共和政權的總統，而非君主立憲體的皇帝。[7]這種說法顯然是針對保皇會舉棋不定而發。

而且，康有為在新加坡的根基也有危險：邱菽園甚受英國政府官員的禮遇與保護，是康有為最有力的支持者，捐款二十五萬新幣支持漢口起義一事眾所皆知，但他卻在起義失敗後不再與康有為往來。邱菽園認為康有為之所以失敗，是因為他仍然忠於朝廷，而朝廷也報之以高官厚祿，而邱菽園身邊幾個最有影響力的人也批評康有為不足成事、盜用捐款，轉而支持孫中山。[8]

一九〇〇年夏天之後，康有為就相信（或是假裝相信）孫中山買了人要來殺他。由於朝廷懸賞花紅十四萬兩白銀（一兩白銀時價相當於一盎士白銀）緝拿康有為，所以他的疑慮也並非全然無據。新加坡總督支持康有為，也抓了幾個孫中山的黨人，關押在牢裡。後來孫中山親抵新加坡策動營救，康有為竟說服了總督，將孫驅逐出境，五年內不准再踏上新加坡一步。[9]但就算孫中山被迫不得入境，也不減他在新加坡華人社會的影響力，這全歸功於孫中山借重的親興中會人物很有手腕，不斷宣揚反滿思想。像廣東人尤列是在惠州起義失敗之後流亡新加坡，他打著孫中山的旗號吸收會員，非常成功。不僅是因為尤列辯才無礙，也因為他醫術高明，又為人免費治療性病，因此在當地吸收為數眾多的貧苦華工、幫會成員及妓女。孫中山的支持者有時假藉「教育」活動之名，有時直接說服，廣為宣揚反滿與共和理念，而剛設計好的「青天、白日、滿地紅」革命旗幟，從吉隆坡到檳榔嶼，在每一次集會上迎風飄揚。[10]

這段期間的康有為既累又病、意志消沉，從新加坡搬到檳榔嶼也沒讓他寬心些。於是康有為在一九〇一年十二月，帶著女兒康同璧到印度一遊。父女倆四處遊歷了幾個星期，在大吉嶺落腳租了一間別墅，就在喜瑪拉雅山腳下，是英國駐印官員及家屬的度假勝地。康有為與康同璧一起在山間散步、騎馬，呼吸新鮮空氣，眺望壯麗的雪景。但中國的種種問題依然在他心頭：梁啟超與很多之前支持康有為的人如今正在呼籲排滿，甚至鼓吹在南方建立革命政府，或是在廣東另立獨立政權。康有為分別寫了兩封用語謹慎的長信給梁啟超和海外華人，信中重申中國若是要免於西方列強與日本瓜分，就必須採漸進主義的改革模式。雖說皇帝是滿人，但若能復辟，只要他與滿漢大臣齊心協力，也能打造一個有力又有名分的政府。康有為寫道，從君主制直接跳到共和政體，天下勢必大亂，經過一年多的苦思，或許終將走上民主一途，但也不能一步登天，必須循序漸進。

康有為的觀點有部分參酌法國大革命與英、美政府體制的演進，一方面也引了儒家對人類歷史發展進程的看法。從孔子的時代（西元前五世紀）以降，中國的歷史敘述與分析在結構上就傾向於循環論，以朝代更迭循環的觀念作為政治模式，強調自陰入陽、由陽返陰，流轉運動生生不息，而非辯證式的發展。但是千年下來，也偶有學者取材古籍，譬如《春秋》與《禮記》，而勾勒出不同於循環論的圖象。從〈公羊傳〉即可見孔子相信有跨越時間與歷史的宏觀推移，人將逐步從「據亂世」經「升平世」，再進入「太平世」。在《禮記》〈禮運篇〉

也可找到跡象，說明孔子設想的「大同」世界中，已無家庭傳統與國家制度了。康有為扣緊這些文獻，既是用來闡釋人類歷史的演變，也是反對追隨他的人耐不住性子，政治立場日漸躁進。康有為重新詮釋孔子思想，指出孔子所描述的發展還待未來實現；照康有為的解釋，中國已走過「據亂世」的階段，但須先入日本與西方列強之林，一步一步走過「升平世」，才能邁向「太平世」的境界。雖然在心中琢磨大同世界，就可開始歸畫未來的太平盛世，但要達到大同世界，並無終南捷徑。[11]

康有為帶著女兒在大吉嶺一帶的山區散步時，也將儒家思想、佛教傳統與西方討論烏托邦的著作共冶於一爐，自成體系。西方有些構設烏托邦的作品當時也已譯成中文，如卡貝特（Etienne Cabet）於一八四〇年出版的《伊卡里亞之旅》（*Voyage to Icaria*），傅蘭雅（John Fryer）於一八八五年以中文出版的《佐治芻言》（*Homely Words to Aid Government*），以及貝拉米（Edward Bellamy）於一八八八年在美國出版、一八九二年譯成中文的《回顧》（*Looking Backward*）。在康有為的思想中都可看到這些著作的痕跡。[12]（康有為雖未提到貝拉米，但是門生譚嗣同、梁啟超在一八九〇年代已讀過《回顧》的中譯本；譚嗣同曾說貝拉米所構想的世界「殆彷彿禮運大同之象焉」，而梁啟超也說貝拉米的著作是他所讀過西方最重要的著作之一。[13]）康有為在一九〇二年底完成了驚世駭俗的《大同書》，地點就在大吉嶺。

在這美麗的山間別墅消磨時光（這段期間的開銷或許有部分是來自一九〇〇年漢口起義的捐款，康有為的政敵說他從來沒把這點交代清楚），也讓康有為心情舒緩。康有為自言，弟弟死於百日維新已有四年餘，如今他在這裡終於得空寫一首長詩來憑弔亡弟；[14]康有為也是在此將未來形諸文字，同時思索在他心中盤據數十年的陰沉幻象，根源何在。康有為在《大同書》的序言裡寫道，他一直覺得「蓋全世界皆憂患之世而已，普天下之人皆憂患之人而已，普天下之眾生皆戕殺之眾生而已；蒼蒼者天，摶摶者地，不過一大殺場一牢獄而已。」[15]康有為把這種陰沉念頭的根源歸於他十幾歲時看的影戲，普魯士軍在色當（Sedan）大敗法軍之後「屍橫草木，火焚室屋」的景象，讓他意識到，人是透過分得世界之苦痛，方與世界合而為一。[16]康有為隨著年歲增長，學問漸深，想像日恣，這種人我一體之感也日漸滋長：

生於大地，則大地萬國之人類皆吾同胞之異體也，既與有知，則與有親。凡印度、希臘、波斯、羅馬及近世英、法、德、美先哲之菁英，吾已噉之飲之，葄之枕之，魂夢通之；于萬國之元老碩儒、名士美人，亦多執於接茵，聯袂分羹而致其親愛矣；凡大地萬國之宮室服食，舟車什器，政教藝樂之神奇偉麗者，日受而用之，以刺觸其心目，動蕩其魂氣。其進化耶則相與共進，退化則相與共退，其樂耶相與共其樂，其苦耶相與共其苦。誠如電之無不相通矣，如氣之無不相周矣。[17]

康有為以為，大凡世界之苦有六，即人生之苦、天災之苦、人道之苦、人治之苦、人情之苦、人所尊尚之苦。如果再進一步細究推敲每一類悲苦的性質，則可發現這都是出自人類在彼此之間所作的分別——即家庭、性別、階級、國別、職業、法律的藩籬；人類若能消除這些分別，就能臻至大同境界。[18] 人類靠著技術和遠見，或許能一一破除這些分別。

透過逐漸走向聯邦體制，國界終有消泯的一天（康有為認為美國、德國是由小國進而合為大邦的典範），不必兵戎相見，訴諸物競天擇較為粗暴的一面。民主政體與獨裁統治截然相對，乃是一大美兆，因為民主政體遍行，工會、社會主義式組織日興，就有望於擺脫國家中央集權。小國本來就會逐漸統合為大邦，譬如俄國合併東歐諸國，巴西合併其餘拉丁美洲國家，德國吞沒瑞典、丹麥、荷蘭、瑞士，回教帝國由土耳其、波斯、印度熔鑄而成。然而這幾個大聯邦不可能彼此永久相隔；有「公議會」經濟約制，有海軍艦隊巡弋，還有音樂家和語言學家共同制定「全地語言」，在此壓力下，這幾個大聯邦勢必逐漸趨於合併。這幾股趨勢再加上各國全面裁軍廢武，便可登臨大同境界。（康有為認為諸星體、星雲並非人力操控所及。他接受十九世紀各家理論的說法，此時火星正是戰火四起，外太空各星球也是如此，不過這些戰端雖然沒有停息的一天，卻不致波及地球。[19]）

大同世界並無階級之分，奴隸、種姓體系或貴族、封建制度的殘餘將蕩然無存。但是世界既已進入工業生產，工廠益發龐大，交通網絡日益複雜，問題將會更形棘手，「貧富不均遠若天淵」。康有為認為，貧富之爭既然無可避免：「夫人事之爭，不平則鳴，乃勢之自然也；故近年工人聯黨之爭，挾制業主，騰躍於歐美，今不過萌蘗耳。又工黨之結聯，後此必愈甚，恐成釀鐵血之禍，其爭不在強弱之國，而在貧富之群矣。從此百年，全地注目者必在于此。故近者人群之說益昌，均產之說益盛，乃此後第一大論題也。」[20]康有為主張，消弭貧富衝突唯一的辦法，就在於摒棄家庭制度，如此一來，人心便能擺脫私產之論的宰制。

各地的統治者會循序漸進，破除當今隔閡世界的種族差別，不分黑、棕、白、黃種，一體視之。康有為沒有一廂情願，以為光是透過立法就可以解決種族之別：「故放黑人之高義，林肯能糜兵流血以為之；而至今美國之人，不肯與黑人齒，不許黑人同席而食、同席而坐，不許黑人頭等之舟車，不許黑人入客店。黑人之被選擇為小吏者，美國猶共擠之。」[21]康有為認為黑人之所以遭人嫌惡，原因就在於其形貌令人生畏，體臭不可聞，行為舉止詭異難測；要泯除人種之間的嫌惡，唯一的辦法就是透過地理遷徙之法，改變人種形貌、膚色，鼓勵全球種族大通婚。至於性情暴烈或染有惡疾之徒，應該餵以斷嗣之藥，絕其後代。經過這種大融合、大滅絕的過程，最後的大同世界只有一個種族；康有為明白表示，天擇鐵律演化而成之人種將具有白種人的形貌與黃種人的心智。[22]

既然沒有國家，國界也就隨之而破了。全世界依經緯度精準畫分（目的在於取消國界分別之後，加速社會的互動），人類透過「大同公政府」所管理的複雜通信網絡來相互聯絡。大同公政府設於高山山巔，空氣清新健康，但如何籌組這個政府，倒是個問題：康有為聽到關於政治選舉的種種，但是並不心動，反而說選舉是「大昏博夜」，動輒密謀相攻、動刀行刺，或是用酒食討好選民，結果當選的人未必稱職，徒然壞人心術、連根腐敗而已。[23]值得放在心上的是，康有為對選舉的懷疑，完全不同於他對西方政府體系行政管理的看法，因為中國過去沒有選舉，未來也不太可能辦選舉。康有為對選舉的惡感，或許是受到湖南進步團體維新人士黃遵憲的影響。他曾在一八八〇年代出任清廷派駐舊金山的領事，卸任後賦詩描述了美國的選舉：

某日戲馬臺，廣場千人設。
縱橫烏皮兒，上下若梯級。
華燈千萬枝，光照繡帷撤。
登場一酒壺，運轉廣長舌。
盤盤黃鬚虬，閃閃碧眼鶻。
開口如懸河，滾滾浪不竭。
笑激屋瓦飛，怒轟庭柱裂。
有時應者者，有時呼咄咄。
掌聲發雷響，拍拍齊擊節。
最後手高舉，明示黨議決。[24]

康有為提出的解決方法是用電話進行二十個部院首長人選的選舉；被推舉的人選先要再三推辭，以弘揚讓賢之美德，但最後必須出任。大同公政府各部院的名稱大多是依職掌來命名（如「衛生部」、「工部」等），但從獎智部、講道部、極樂部這三部的名稱，則可看出康有為對人類精益求精的願景。[25] 各部院有的掌理特定資源之分配，有的提供免費義務教育到年滿二十歲為止，有的鼓勵鄉村自治農場的經濟生活及技術創新，而這獎智等三部的主要宗旨則在於增長人類智慧：消除城鄉間可憎的差距，預防對某些個人的過度崇拜，杜絕人類與生俱有的懶散與競爭本能。[26]

康有為苦思大同世界如何破除「形界」（性別偏見）、「家界」（家庭之私的藩籬），可能是最令人動容（也是最有創見）的部分。康有為雖然對家庭的保育功能有同感，也知道宗族制使中國得以繁衍、涵泳了孝道的觀念，但卻覺得家族已經起了負面作用，在社會中造成嚴重的經濟、社會藩籬，也阻礙了標準化教育的實施與子女的教養。在大同世界裡，家庭功能將由一系列社會機制取而代之，從出生到死亡都涵蓋在內。從「人本院」開始，孕婦在此得到悉心教導，並由女醫師妥善保健。之後則有育嬰院、慈幼院、小學院、中學院、大學院之設置，一直到臨終，則有恤貧院、醫疾院、養老院以看護貧疾者，往生之後則有公共「考終院」以安頓遺體火化等殯葬事宜。[27]

大同世界的結構蘊含了男女平權的主張，男女之間的界限也是康有為一心要破除的。我們可以推想，康家際遇多變故，而康有為對女性所受的苦和蘊含的潛力有很深的體會，所以他在此所言多是發自內心，而不只是對未來的規畫而已。譬如父親過世後，康有為的年歲已大到可以看到母親的困頓生活，他自己也受父親臨終託付，照顧尚在襁褓中的弟弟廣仁；而廣仁犧牲之後，遺孀與幼女也是康有為一家負責照顧。康有為有三個姊妹，其中一人兩歲就夭折；二姊逸紅年紀小小就被迫嫁給惡疾纏身之人，丈夫婚後十九天就病死了，逸紅膝下無子，守了四十三年的活寡，家產則被亡夫族人敗光；三妹瓊琚也守寡，年紀輕輕就窮困潦倒而死，遺下三個幼子嗷嗷待哺。「憂勞既甚，竟以殞命，」康有為這麼寫道：「吾長妹兩歲，至相友愛，妹聰明強記，端靜寡言，好學不倦，以貧而死。吾遠遊無成，竟不之救。」[28] 康有為與弟弟廣仁年輕時都積極倡導廢除婦女纏足的陋習，還發起成立社團，支持那些也不想纏足的人家。康有為以身作則，也不讓一雙女兒同薇、同璧裹小腳，正因為當年的決定，同璧如今才有辦法隨侍康有為漫遊山間，而不是跟母親住在香港。康有為雖然依媒妁之言娶了張妙華，但小倆口新婚燕爾，卻是不勝繾綣；他們育有五子，其中三人（二女一男）早夭，只留下一雙女兒。一八九七年，康有為將屆四十歲的時候，納梁氏為妾；梁氏在檳榔嶼生下一個兒子。[29] 康有為出國旅行這段期間，元配張妙華留在香港侍奉婆婆，康有為雖然沒提到梁氏，但是她可能也一同去了印度。康有為在大吉嶺時常寫詩，流露對女兒同璧的喜愛，顯然同璧很得康有為寵溺。但康有為還是痛下決定，割捨親情，把年僅十七歲的同璧送到歐美讀書。「美歐幾千里，幼女獨長征，」康有為在一首送別詩裡寫道：「女權新發軔，大事汝經營。」（但康有為自己卻還是要人侍奉，於是馬上把二女兒同薇召來為伴。[30]）

康有為的《大同書》有一段寫到女性，可謂淋漓盡致，背後正有他的家族際遇為底蘊：

> 若夫經歷萬數千年，鳩合全地萬國，無量數不可思議之人。同為人之形體，同為人之聰明，且人人皆有至親至愛之人，而忍心害理，抑之、制之、愚之、閉之、囚之、繫之，使不得自立，不得任公事，不得為仕官，不得為國民，不得預議會；甚且不得事學問，不得發言論，不得達名字，不得通交接，不得預享宴，不得出觀遊，不得出室門；甚且束其腰，蒙蓋其面，刖削其足，雕刻其身，偏屈無辜，偏刑無罪，斯尤無道之至甚者矣。而舉大地古今數千年，號稱仁人義仕，熟視坐睹，以為當然，無為之訟直者，無為之援救者，此天下最奇駭不公不平之事，不可解之理矣。吾今有一事，為過去無量數女子呼彌天之冤；吾今有一大願，為同時八萬萬女子拯沉溺之苦；吾今有一大欲，為未來無數不可思議女子，致之平等大同自立之樂焉。[31]

康有為把平等當作終極目標，為了達此目標，每個人在法律、選舉、受教育、服公職之前，都是絕對平等的——不過女性在服公職之前必須先在人本院、育嬰院或養老院服務。男女在公會場合穿的都是同樣的禮服，以避免人為歧視。男女年滿二十歲，完成教育之後，就可以訂定「交好之約」——契約期限最短須滿一個月，最久不得超過一年，期滿之後可再行續約。同性戀者也可以彼此訂約。康有為想到女性接受高等教育、找到好工作之後，可能選擇不生小孩，會威脅到人類的繁衍，所以主張應盡一切可能，讓懷孕變成一件快樂而滿足的事：在懷孕之初，孕婦可能還有愛侶，所以要提供美好的環境，分娩之後，小倆口若有意思，也可使用情趣用品。大同世界承認人慾無時無處不在。[32]

雖然康有為把大同世界寫得天花亂墜，猶如近在眼前，而且一心付諸實踐，但是他在真實的政治世界中身不由己，無法將大同世界的思想與現實的運作結合在一起。康有為寫完了《大同書》，於一九〇三年春離開大吉嶺，遊歷東南亞、歐洲、加拿大，也到了美國——他在一九〇五年終於以教師、記者的身分，自稱「康教授」而取得美國的觀光簽證。康有為繼續鼓吹海外華人支持光緒，在中國締造有心改革的君主立憲政體；[33]也在公眾場合不斷尊孔，稱自己的大同理念「遠邁時代」，只能讓少數門生與聞，而不願全書付梓刊行。[34]康有為要是讓世人更清楚他在宣揚這種大同理念，一定能吸引到一批新一代的激進學生。因為從一九〇〇年義和團之亂、八國聯軍攻占北京之後，激進的學生忿恨歷久難消，公開探討共和體制、社會主義、女權等議題。以康有為的學術聲望、他在一八九八年百日維新的領導地位，還有他對工業化和資本主義的關注，向來就得到海外富有華人和保守人士的支持。但是孫中山以社會革命議題為訴求，卻開始打動人心。孫中山舉歐洲社會為對比，提出解釋，由於中國「既未以施於地」，同時「作生財之力尚恃人功，而不盡操於業主之手」，中國或許不必歷經他在歐美所目睹的貧富懸殊，就能有一番扭轉乾坤的變革。[35]

康有為的門生梁啟超在一九〇三年滿三十歲，歧路徬徨，不知如何依歸自己的理念。康有為在大吉嶺著書之時，梁啟超卻是流亡扶桑，開始醞釀如何透過重塑民族國家的精神，凝聚全體公民的力量，以救中國。這個世界是由西方帝國主義所主宰，需要發展出在傳統儒家思想與中國皇權影響下前所未見的新形態：梁啟超看出近代歷史發展的動力已經變成「國民之爭自存，以天演家物競天擇優勝劣敗之公例推之」；想要在生存競爭中求勝，就要在政治上積極動員人民的力量；盧梭的言論擲地有聲，矯正了傳統的專制主義以及中國人的「奴性」。梁啟超在風雨飄搖的一九〇〇年寫了一封信給康有為：「自由云者，正使人自知其本性，而不受箝制於他人。今日非施此藥，萬不能癒此病。」[36]

孫中山的支持者應該也會接受這種態度，但是梁啟超並沒有把這個想法告訴他們。梁啟超在一篇文章中寫道，從日本的明治維新來看，社會革命不一定要推翻王權，而孫中山卻是非要排滿革命不可，於是梁啟超在一九〇二年替死在斷頭臺上的羅蘭夫人（Mme. Roland）寫了一篇傳記，把她刻畫成法國大革命的英雄，她的自由理想和生命一同被革命的黑暗力量所吞噬。梁啟超的看法是，革命猶如潰堤之洪水，把善與惡一起沖垮。[37]

梁啟超終於在一九〇三年到了美國，而他心中對民主的崇敬也就此煙消雲散；他看到這套制度被朋比為奸、坐地分贓的行徑所把持：選舉太多、太腐敗，太重視民眾的近利，所以出不了有遠見處理大問題的領袖。有才能的俊傑之士對政治是避之唯恐不及，而當上總統之人大多為平庸之輩。美國民主與當地盤根錯節，要移到其他國家並非易事。[38]梁啟超後來又去了舊金山的唐人街，他發現在這個一八六〇、七〇年代的華人移民潮所形成的聚落，處處可見中國人家族主義、自私、暴民的劣根性。梁啟超的結論是，像這樣的民族還不夠格全盤實施民主；他們需要強大的國家來統治、指引他們。梁啟超在結束訪美行程時寫道，中國人大可忘了盧梭、華盛頓，他們應該從嚴刑峻罰的法家傳統，或者像斯巴達的萊庫古斯（Lycurgus）、英格蘭的克倫威爾（Oliver Cromwell）等領袖身上去想辦法。[39]就在康有為變更行程，去了兩個世紀前俄國彼得大帝曾學習造船技術的荷蘭船塢之時，梁啟超在精神上又回到康有為，寫到俄國的改革經驗說明了獨裁體制的效率，並認為社會達爾文主義的觀念支持國家權力集中。梁啟超此時論及，社會達爾文主義不僅不是摧毀中國的蒙昧主義，反倒是進步的力量。[40]他甚至更富反思性地說道：「法蘭西自一七九三年獻納犧牲以後，直至一八七〇年始獲饗者，猶非其所期也。今以無量苦痛之代價，而市七十年以後未必可得之自由。即幸得矣，而汝祖國更何在也？」[41]

就算梁啟超由激進偏鋒又回到康有為的觀點，認為中國還沒作好劇變的準備，而君主立憲乃是通往現代化與發展的穩健之道——若有必要，可仍由滿人統治。但是康、梁的昔日友人多不能再接受這種觀點，也無法應和康、梁對俄國專制政體的心儀。

到了一九〇三年，俄國革命運動的相關細節，尤其是虛無主義者（nihilist）及無政府主義者的主張，已見諸日本國內；這類資料與主張透過日文譯作再傳入中國。這類作品蘊含了赫爾琴（Herzen）、車爾尼雪夫斯基（Chernyshevsky）、巴枯寧（Bakunin）等人的基本觀點，並勾勒出他們激烈的信念：暴力與理想主義必然是並存的；[42]很多中國青年對這類信念似乎特別敏感，感覺到俄國帝國主義對中國（尤其是對東北）的圖謀。歐榘甲曾是康有為的門生，積極參與過一八九八年的百日維新與一九〇〇年的漢口起義，還寫了小冊子《新廣東》，鼓吹華南各省獨立；歐榘甲一如梁啟超，嚴詞批評中國人的奴性與逆來順受；一九〇二年之後，歐榘甲表面上在舊金山為康有為的保皇會奔走，私底下卻在宣揚華南漢人優越性的菁英觀點，將加州保皇會導向更為激進的革命方向。[43]還有一個年輕的活動分子秦力山。他在一八九八年之前是長沙改良派的學生，當時梁啟超與譚嗣同就在長沙講學，鼓吹維新理念。康有為在一九〇〇年策畫的漢口起義，有一隊就是由秦力山率領。俄國知識分子在一九〇一年率領群眾罷工暴動，在莫斯科和聖彼得堡反抗沙皇的事蹟讓秦力山非常醉心。他以生動的文筆呼籲中國知識分子也應以類似的態度掌握自己的命運。但是康有為不願和沒讀過書的平民百姓同謀大計，讓秦力山看不過去，不斷打擊康有為在東南亞華人圈的地位。[44]韓文舉在一八九一年也跟康有為讀過書，一九〇〇年漢口舉事時，曾以澳門為據點，負責張羅，後來也走上極端排滿的立場。他在一九〇三年寫了一篇很長的文章，評論中國第一本以無政府主義及革命為主題的小說；韓文舉指出，很多虛無主義者的觀念都從黑格爾、馬克思、聖西門（Saint-Simon）得來，也近於《禮記》〈禮運篇〉中大同世界的思想（康有為也以《禮記》〈禮運篇〉為藍圖來構思自己的烏托邦）。韓文舉明白鼓吹革命以推翻滿清統治：

「天下種種腐敗混亂事情，沒有一件不是從專制政體生出來。譬如身上被繩子綑了幾十度，這專制政體就是根總繩子，要把它割斷，則其餘不解自去。若留著它，便解一百天還解不脫哩。」[45] 韓文舉這裡提到「一百天」，或許也有諷刺康有為的意思，但他的重點是俄國的無政府主義者索菲亞．佩羅夫絲嘉雅（Sofya Perovskaya）。她因參與暗殺沙皇亞歷山大二世而被處決，顯然韓文舉很稱許她的行為。

在早期的中國革命人士心中，佩羅夫絲嘉雅是一個叫人無法抗拒的典範。她出身富裕家庭，父祖兩代高居要津，卻先後在聖彼得堡的讀書會、查雅柯夫黨徒（Chaykovists）的公社吸收激進派學生「另組家庭」。佩羅夫絲嘉雅曾憑著高明的喬裝和機智，騙過沙皇鷹犬，她與克魯泡特金（Kropotkin）的智識切磋影響深刻，也為農民接種天花疫苗，教貧窮工人如何在惡劣的條件下討生活；她在一八七三年初次被捕又逃脫，過程驚險，最後投身恐怖組織「人民意志黨」（Narodnaya Volya）。佩羅夫絲嘉雅的一生充滿自我犧牲與冒險犯難，她在暗殺沙皇亞歷山大二世行動中的表現，聞者無不動容：亞歷山大二世臨時改變預定路線，佩羅夫絲嘉雅仍設法埋伏殺手；當沙皇的雪橇在哥薩克騎兵護衛之下，順著冰封的運河疾行之時，佩羅夫絲嘉雅沉穩揮舞著白手絹，擲出第一枚炸彈，並未命中；格倫維特斯基（Grinevitsky）引爆第二枚炸彈，把自己炸死，但沙皇也身負重傷；佩羅夫絲嘉雅被捕，受審時神色自若；最後被絞死在愛人、農奴之子安卓．澤亞波夫（Andrey Zhelyabov）的身旁，年僅二十七歲。[46]

關於暗殺手段的論辯在世紀之交的中國很常見，就連支持改良派的人士也認為暗殺行動能使上位者作出有利眾生的變革。康有為在弟弟廣仁死後，心緒低落，似乎也跟人討論過暗殺慈禧太后的可行性；梁啟超也認為在某些情境下，暗殺手段是有用的。一九〇四年，一個跟長沙改良派（楊守仁、章士釗）讀過書的學生萬福華，因為前廣西巡撫王之春在滿洲權利一事採取親俄立場，預謀行刺。要不是萬福華一時情急，忘了打開左輪手槍的保險，否則王之春便性命不保；康有為有個好友在一九〇六年企圖暗殺慈禧太后未果被捕，死於獄中。[47]

這個團體還有一名成員，把他所理解的俄國模式更往前推了一步，招募留日中國學生組織暗殺隊，與一個來自廣州、當時人在橫濱的化學家研製炸彈。此人回中國之後，吸收一個名叫吳樾的學生，吳樾似乎模仿格倫維特斯基，在一九〇五年攔下清廷五大欽差，投擲炸彈。慈禧太后派這五位欽差出國考察憲政體制。結果有兩位欽差受傷，吳樾則當場斃命。他在行動之前已寫好遺書，申明他此舉無意針對這五位欽差，而是要激出朝廷用更殘暴的手段來鎮壓，以激發愛國志士揭竿起義。[48]

上海《蘇報》是另一個走極端的例子，方式雖然不同，但在某些層面又不無呼應之處。此時有很多關心改革、現代化與國際新聞的新報刊，慢慢改變了中國人的知性生活，《蘇報》就是其中之一。在一八九九到一九〇二年這段期間，康有為、梁啟超的文章常登在《蘇報》；《蘇報》也討論像是保護光緒皇帝對抗慈禧太后、敦促起草中國憲法等重要議題。到了一九

○二年，慈禧太后為了化解對她的反對，諭令改革教育體制，在新式學堂引進西學課程，但《蘇報》的編輯還是開始投此時入學的新生代激進學生之所好。上海愛國學社和剛設立的上海愛國女子學校成為華中地區討論革命理論的重鎮，而《蘇報》到了一九○三年也已成為上海愛國學社的半機關報。隨著《蘇報》的名氣愈來愈大，也開始受到各地讀者的歡迎。一九○三年的夏天，《蘇報》登了幾篇文章，公開稱讚俄國虛無主義的暗殺手段，並呼籲殺掉旗人；《蘇報》的文章認為，只要四萬萬漢人結成「摧枯拉朽」之勢，推翻滿人皇帝是易如反掌。《蘇報》還有一篇文章（即章炳麟撰〈駁康有為論革命書〉）批評康有為一貫擁護滿人的立場，還直呼皇帝載湉的名諱，把他說成是「小丑」。[49]

這類排滿宣傳再怎麼偏激，只要是在上海的租界區做的，就安全得多，這是西方帝國主義在中國最大的諷刺之一。清廷巡捕在未取得外國領事官員及上海工部局的許可前，是不能逕入租界區強行搜捕的。一九○三年，批評朝廷最力的鄒容，就是在上海租界刊行《革命軍》。鄒容原籍四川，曾東渡日本進修一年，他和《蘇報》幾位激進的作者（張繼、章炳麟、章士釗）結拜，也極為佩服「戊戌六君子」之一的譚嗣同，但他對康有為的改革論調興趣不大。[50] 鄒容寫《革命軍》的時候年僅十八歲，他在書中以梁啟超要中國青年忘卻的華盛頓、盧梭為楷模；鄒容鼓舞同胞勇於追求自由，奪回錦繡河山，擺脫滿人兩百六十年的統治：

巍巍哉！革命也。皇皇哉！革命也。

吾於是沿萬里長城，登崑崙，遊揚子江上下，溯黃河，豎獨立之旗，撞自由之鐘，呼天籲地，破顙裂喉，以鳴於我同胞前曰：嗚呼！我中國今日不可不革命；我中國今日欲脫滿洲人之羈縛，不可不革命；我中國欲獨立，不可不革命；我中國欲與世界列強並雄，不可不革命；我中國欲長存於二十世紀新世界上，不可不革命；我中國欲為地球上名國，地球上主人翁，不可不革命。革命哉！革命哉！我同胞中，老年、中年、壯年、少年、幼年、無量男女，其有言革命而實行革命者乎？我同胞其欲相存、相養、相生活於革命也。吾今大聲疾呼，以宣布革命之旨於天下。

革命者，天演之公例也。革命者，世界之公理也。革命者，爭存爭亡過渡時代之要義也。革命者，順乎天，而應乎人者也。革命者，去腐敗而存良善者也。革命者，由野蠻而進文明者也。革命者，除奴隸而為主人者也。[51]

鄒容嘲笑同胞奴性深重，就這麼接受了滿人的統治：他們比娼妓還不如，因為妓女還有機會遇著好心的恩客，贖身從良。但漢人跟馬差不多，馴服於主人胯下；又好似牛，感激主人「豢養」，卻不知這「豢養」不過是漢人做牛做馬的萬分之一而已。那些侍奉滿人而居高位的漢人，尤其是那些在十九世紀中葉助滿族鎮壓漢人舉事的人，就是屠戮同族的「劊子手」。漢人蓄髮垂辮，頭戴頂戴花翎，身穿滿服，已成了世人的笑柄。即使是「吾同胞小便後，滿洲人為我吸餘尿，吾同胞大便後，滿洲人為我舔餘糞」，[52]都不足以報漢種數百年來所受的侮辱。

鄒容為讀者探究了英、法、美的革命成就，並慷慨陳詞，指出黃種人與白種人不免終須一戰。鄒容和康有為一樣，認為黃種人與白種人在人類演化過程中是兩大山頭，但鄒容比康有為更進一步，把漢族與其餘黃種人（西藏族、交趾支那族、蒙古族、通古斯族、土耳其族）分別看待，與白種人抗衡，「地球之有黃、白二種，乃天予之以聰明才武，兩不相下之本質，使之發揚蹈厲，交戰於天演界中，為亙古角力較智之大市場，即為終古物競進化之大舞臺。」[53]鄒容在最後一段呼籲漢人驅逐滿族，殺清帝，締造由普選產生的議會，實施徵兵制，維護男女平權，保障言論、思想、出版自由，對於侵犯人民權利的政府，人民有權以武力推翻，仿美國體制之典範以制定憲法、聯合地方自治政府。[54]漢族應以被稱作「黃禍」為榮，鄒容最後寫道：「爾有種族之勢力。爾有政治，爾自司之；爾有法律，爾自守之；爾有實業，爾自理之；爾有軍備，爾自整之；爾有土地，爾自保之；爾有無窮無盡之富源，爾須自揮用之；爾實具有完全不缺的革命獨立之資格。」[55]

一九〇三年春，《革命軍》在上海公共租界出版發行，問世不久，《蘇報》就給予好評。官府惱羞而怒，視《革命軍》為大逆不道之書，於是要求將鄒容與《蘇報》編輯人員一干人等交由官府鞫訊懲治；英國官員在一九〇〇年也碰過類似的要求，當時是因為唐才常在漢口起義失敗後，向英租界尋求政治庇護。但是到了一九〇三年，洋人抗拒清廷施壓的態度更為堅定；這時洋人也剛好獲悉唐才常有個記者好友，在北京獄中竟遭清廷巡捕嚴刑拷打致死。所以，洋人堅持把鄒容交由公共租界的會審公廨審問，清廷只能派員列席，一切按西洋法律程序行事。按大清律來判的話，鄒容一定會處以極刑，但結果也只以散發煽動文字而被判兩年監禁。但是鄒容身體不好，就算是輕判兩年也難以負荷，而在一九〇五年死於獄中。[56]

鄒容死時年僅十九歲，而英年早逝讓他的名氣更是遠播。孫中山尤其看出鄒容文字的力量與用處，他的支持者（中國同盟會新加坡分會副會長張永福）還在新加坡印了數千本的《革命軍》（書名改為《為生存而戰》〔*The Fight for Survival*〕），廣為散發。一九〇四年，孫中山到舊金山，又翻印了一萬一千冊的《革命軍》。[57]

鄒容的文字極具渲染力，訴諸動員四萬萬漢人爭取自由，驅逐滿族及外國強權。康有為也呼籲全世界八萬萬婦女同心一志，掙脫身上的枷鎖。一九〇四年，有個名叫秋瑾的年輕女子，眼見中國兩萬萬女性的悲慘境遇，自然將民族大義與婦女權益結合在一起。

秋瑾寫了一篇文章，於一九〇四年秋登在日本一份激進的新中文刊物上（《白話》雜誌），以她自己的遭遇，描述了中國婦女的處境：

唉！世界最不平的事，就是我們二萬萬女同胞了。從小生下來，遇著好老子，還說得過；遇著脾氣雜冒、不講情理的，滿嘴連說：「晦氣，又是一個沒用的。」恨不得拿起來摔死。總抱著「將來是別人家的人」這句話，冷一眼、白一眼的看待。

沒到幾歲，也不問好歹，就把一隻雪白粉嫩的天足腳，用白布纏著，連睡覺的時候，也不許放鬆一點，到了後來肉也爛盡了，骨也折斷了，不過討親戚、朋友、鄰居們一聲「某人家姑娘腳小」罷了。這還不說，到了擇親的時光，只憑著兩個不要臉媒人的話，只要男家有錢有勢，不問身家清白，男人的性情好壞、學問高低，就不知不覺應了。到了過門的時候，用一頂紅紅綠綠的花轎，坐在裡面，連氣也不能出。到了那邊，要是遇著男人雖不怎麼樣，卻還安分，這就算前生有福今生受了。遇著不好的，總不是說「前生作了孽」，就是「運氣不好」。[58]

在這篇文章裡，秋瑾抗議存在了千百年的不公不義，而她抗議的性質及姿態，則說明了另外幾股中國革命浪潮匯流的結果。女子學校數目的增加，西洋傳教士及中國改良派的影響，專為女性設立的女子會館，鼓吹迎娶天足婦女的聯誼社，從海外大學畢業的女子返回中國，探討女性議題的刊物及報紙，翻譯西方女權領袖的著作——都對當時激進的民族主義起了推波助瀾的作用。[59] 秋瑾在別的文章裡訴諸羅蘭夫人、佩羅夫絲嘉雅及凱薩琳・畢琪（Catharine Beecher），而在秋瑾數十首詩作中，可以見到她強調女性要有新的精神。但秋瑾也跟康有為一樣，設法不過於倚賴西方典範，而在中國歷史中尋找這股精神的共鳴，所以她特別推崇中國歷史上的英勇女性，鬚眉所無之膽識，卻見於粉黛。[60]

秋瑾一九〇四年的這篇文章所流露的情緒，既是時代的產物，也出於她個人的經驗。從一些文獻來看，秋瑾的父親對這個女兒甚為寵愛，但秋瑾在文中批評因襲守舊的父親，似乎也不全然在舞文弄墨。我們從秋瑾寫於一九〇五年的一封信中，可以揣摩她對亡父的不滿。秋瑾在信中提到，若不是人子為盡孝道，料理身後事罄耗家產，秋家也不致於落得三餐不繼了。[61]對於纏足一事，秋瑾的情緒更是激憤，似乎是從小就纏腳，而幾首詩也暗指她後來把腳放了；秋瑾寫道：「算弓鞋三寸太無為，宜改革。」[62]至於媒妁之言的婚姻，秋瑾曾告訴大哥，她的不幸多因無法自己挑丈夫，嫁了個無狀之徒。[63]父母逼她嫁給湖南的生意人，心中的嫌惡在她拋夫、遺棄一雙兒女時表露無遺。一九〇四年夏天，秋瑾想盡辦法湊了盤纏，搭船東渡日本。[64]離開北京後，她寫了一首七言律詩，就名為〈有懷——遊日本時作〉，回顧了她二十六載的生命：

日月無光天地昏，沉沉女界有誰援？
釵環典質浮滄海，骨肉分離出玉門。
放足湔除千載毒，熱心喚起百花魂。
可憐一幅鮫綃帕，半是血痕半淚痕。[65]

秋瑾如今發現，留學日本的中國學生處境矛盾。他們去國留學，等於拒絕了傳統的儒家教育體系；有很多學生是由朝廷大員從家鄉省份選出來的，只要他們進得了正式的日本學校，按部就班學習，就能領取優渥的津貼，返國之後，也一定能有一官半職。留學生的舉止須守法度，也受到朝廷派駐日本代表的嚴密監視；但同時他們又身受各種新思維、新體驗的洪流所激盪，很清楚清廷的積弱怯懦，遠不如日本的明治政府。當日軍在一九〇四至〇五年的日俄戰爭中擊潰俄軍，遏阻俄國勢力向滿洲推進，這些中國學生對日本更是崇拜得無以復加。日本的勝利擺在眼前，證明了明治維新讓國家強盛；一個亞洲國家終於擊敗了歐洲強權，讓中國人大受鼓舞，而在甲午戰爭敗於日本的恥辱也一掃而空。秋瑾還寫了一首詩，文氣雄渾，盛讚日本打贏「陰鷙大無信」、不顧各國抗議仍占領中國河山的狡俄；相較之下，日本則是團結一心，女子自願參加紅十字會，與男子共赴前線。[66] 秋瑾也是在日本認識一些流亡的排滿運動領袖。庚子拳亂事發之時，秋瑾人在北京，親眼目睹了八國聯軍入京的恥辱；如今，她讀了留日中國學生發行的雜誌，便為文慷慨陳詞，批評滿人是不如漢族的劣等人種，高呼以暗殺為手段，喚醒國人投身革命，歌頌佩羅夫絲嘉雅的事蹟。秋瑾與盧騷、波蘭愛國志士爭自由的精神相應和，也稱讚吳樾謀刺朝廷五欽差，並試圖喚醒中國人的精神，直是「二百餘年漢聲死」。[67]

留日中國學生常以地域來組織同鄉會；秋瑾生在浙江，嫁給湖南人，生了小孩之後又住在北京，所以她和這些地方的同鄉會都有來往，積極參與活動。名義上，秋瑾就讀東京實踐女學校，但她的時間大多花在自稱「十人團」的祕密會社上，積極參與以追求女性平權為宗旨的進步社團，又為《白話》寫稿。這份雜誌是由東京的中國留學生所辦，目的是發展成一方園地，散播激進觀念，以與康有為派的改良主義主張相抗。秋瑾還加入三合會設於橫濱的海外分會，一九〇五年夏天又參加同盟會。這是孫中山所成立的革命組織，好幾個彼此競爭的排滿革命團體都有其成員。[68]

秋瑾此時還不太確定怎麼拿捏當個女革命志士的分寸。她一方面很佩服男同志的武術、槍法和製造炸彈的能耐，但在詩作中又感同身受地提及幾個女性友人及她們的渴望與抱負。秋瑾在東京曾扮男裝拍了照片。她身穿有三個鈕釦的深色西裝、大翻領襯衫、無邊軟帽、灰色便鞋，倚著手杖。秋瑾有詩一首，回首凝視自己，語帶苦澀：

儼然在望此何人？俠骨前生悔寄身。
過世形骸原是幻，未來景界卻疑真。
相逢恨晚情應集，仰屋嗟時氣益振。
他日見余舊時友，為言今已掃浮塵。[69]

秋瑾在日本找到立命之道，心中興奮莫名，但是手頭始終拮据，與家人分隔，亦感悽楚。大哥秋譽章以家族之名寫信給秋瑾，顯然是回應她的抑鬱，勸她回國跟丈夫重圓。秋瑾回信（日期為一九〇五年六月十九日），語氣激烈，把前夫的性格數落了一遍：

子芳（譯按：秋瑾夫婿王廷鈞之字）之人，行為禽獸之不若，人之無良，莫此為甚！即妹之珠帽及珠花亦為彼篡取，此等人豈可以人格待之哉？彼以待妹為無物，妹此等景況，尚思截取此銀及物，是欲絕我命也；況在彼家相待之情形，直奴僕不如！怨毒中人者深，以國士待我，以國士報之；以常人待我，以常人報之，非妹不情也。一聞此人，令人怒髮衝冠；是可忍，孰不可忍！

囑二妹討取此銀時，不妨決裂。蓋妹思之熟矣，為人奴隸，何不自立？後日妹當可自食其力，何必為人之婦者？況仇怨已深，斷無好結果。況一年之久，未通一函，即視我母兄，彼何曾一置念耶？聞早娶婦矣。

待妹之情義，若有虛言，皇天不佑。妹得有寸進，則不使彼之姓加我姓上；如無寸進，不能自食，則必以一訟取此兒女家財，不成，則死之而已。[70]

一九〇六年初，秋瑾的確回到中國，但是並沒有回到前夫或家人身邊。秋瑾到了上海，跟幾個革命黨人成了好友，上海蓬勃的智識及政治環境，令秋瑾自信能覓得革命知音。鄒容與《蘇報》的撰稿人受審並未澆熄人民對激變的企盼，這在各個層面、各個新式學堂都可見到。上海有一撮激進的教師、知識分子，其中有些人曾在日本念過書，他們串連協調上海各大反清勢力整合組織而成光復會。在此脈絡之下，所謂「光復」，復的是人民與國家的主權，革命之音，意在弦外，與康有為仍在為「復」辟光緒皇帝奔走沒有關連。上海的革命黨人，其目標基本上是排滿的，這從革命黨人的歃血誓詞「光復漢族，還我山河。以身許國，功成身退」就可看出（也與十二世紀宋人驅逐女真人的豪語遙相呼應）：一九〇五年，光復會會眾積極參與抵制美國貨的運動，以抗議老羅斯福（Theodore Roosevelt）總統批准限制華人移民美國的嚴苛法案。一九〇五、〇六年間，光復會透過聯繫其他黨派，將勢力擴及浙北一帶；一九〇五年底，光復會的許多黨人在日本加入孫中山的同盟會，秋瑾也是其中之一。[71]

秋瑾自返國之後，內心便天人交戰，一方面是要以漸進改革提高女權，一方面又要追求翻天覆地的革命，兩股力量有時彼此應和，但基本上是背道而馳的。秋瑾曾向閨中密友、也是女書法名家的吳芝瑛表示，她覺得自己和其他的年輕革命黨人不同：「女子當有學問，求自力，不當事事仰給男子。令新少年動曰『革命、革命』，吾謂革命當自家庭始，所謂男女平權是也。」[72]秋瑾因為有這層認識，所以在上海創辦《中國女報》，自己寫稿，且在上海附近一所女子學校教書，從日文選譯一些看護學的教程——看來秋瑾也接受自己的估算，若是透過教育來提升女性的社會地位，恐怕要花幾十年的時間。[73]但同時秋瑾又嚮往將暴力革命付諸行動，受那些高喊「革命」的青年所吸引，深怕蹉跎光陰，一無所成。我們從秋瑾寫的一首詩看到，她才二十七歲就已言老，痛心自己「於世尚無補」。[74]

秋瑾走到這一步，便與表兄徐錫麟有了交集。徐錫麟是紹興人，一九〇六年的時候是三十三歲，半生漂泊，閱歷豐富，他去過日本，參加了光復會，但拒絕加入孫中山的同盟會，後來還進入軍事、巡警機關。光復會的領袖急於在浙江舉事，認為徐錫麟、秋瑾應該足堪大任。徐、秋二人也作如是想，因為這兩個人都是天不怕地不怕，在任何革命中一定有這種人的身影：這種無畏並不是不計一切後果的無畏（要把武力組織起來投入戰爭，需要這種勇氣），也不是為了突破重重封鎖、破壞路障的那種奮不顧身，而是想過各種後果的無畏，即使會招來搜捕嚴懲，也傷不了他們似的。雖然徐錫麟、秋瑾在浙江能策動的所謂「革命勢力」，不過是由受過西化薰陶的讀書人、幾個留日學生、與鹽梟勾結之當地祕密會黨，或許還有一些屯駐浙江境內心懷不滿的兵丁組成的鬆散聯盟，但是他們彷彿勝券在握，朝廷則是無計可施一般。[75]

實際上，滿清的力量仍然很大。滿清雖然在《蘇報》一案受挫，但在各大城市、農村的軍警仍能有效運作；同時，滿清自一九〇一年起，開始師法西方國家，組建「新軍」，更新操練、後勤補給、彈藥配備，的確已大幅提升戰力。吳樾謀刺未成之後，朝廷照舊派欽差出國考察憲政制度，又另外選了兩位大臣替補，前往歐美諸國，並於一九〇六年返國報告考察結果，雖然用語多所保留，但仍建議先行君主立憲政體以作為過渡的形式，同時也計畫成立各省及全國性的議會機制。一九〇五年，朝廷廢科舉，廣開大門，改革全中國的學制與課程內容，在京師設立一所新式大學堂，並由政府獎掖學生出國深造。很多地方的政府對經濟的控制亦有所強化，成立了不少官督商辦的企業，鐵路網絡逐漸延伸。徐錫麟、秋瑾唯一能從這些改革得利之處，只在於他們以此說服民族志士反對從長計議，徐圖革命，因為從長計議有可能讓滿清以新的技術與資源，重建地位。[76]

秋瑾就在這樣的狀況下，演完了她人生最後的一幕戲。舞台就搭在大通學堂。這所學堂設於紹興城西的一個小村落，因為此地恰好有廢棄的備荒穀倉可供利用，正是浙江革命勢力有勇無謀的明證。徐錫麟在一九〇五年春天從上海買了武器彈藥，便在這年夏天創辦大通學堂，以掩人耳目。成立之後的第一個計畫便得到官府認可，為農村鄉勇實施為期六個月的訓練課程，並兼授英語、日語、體育、美術。大通學堂盡量向紹興一帶同情革命之祕密會黨的會眾招收「學生」。[77]

徐錫麟在一九〇五年底離開大通學堂，之後學堂頻頻換人負責，又生了許多事端，因而大不如前，於是秋瑾在一九〇七年接下學堂督辦一職，並結合紹興當地一所女子學校及體育會，然後利用這個體育會與浙江新軍聯絡情誼。[78]秋瑾不似一般教席，她跨坐騎馬，身穿西式男裝，鼓勵女學生參加軍事訓練，常引起當地保守仕紳的側目。秋瑾奉命協調祕密會社與革命黨人的起義行動，並與徐錫麟保持聯繫。但這項工作阻力重重，因為徐錫麟遠在皖西的安慶當巡警學堂會辦。但秋瑾倒是為軍事組織擬了詳細的計畫，甚至連革命軍的制服、旗幟等細節都設想周全——秋瑾設計的旗幟以白色為底，中央用黑色寫了一個大大的「漢」字。[79]秋瑾還開過幾次會，籌措經費，試圖差人與其他革命黨保持聯繫。但是，秋瑾對於如何接觸可能支持革命的一般群眾，卻沒有任何經驗。說不定秋瑾最接近中國勞苦大眾的經驗，就是在一九〇四年夏天東渡日本，她與苦力擠在三等船艙內；據她告訴密友吳芝瑛，當時匕首總是不離身。[80]秋瑾寫過一首詩，戲稱她前生想必是「水芝」，否則怎能「濁流縱處身原潔」，由此不難窺見她不與常人隨波逐流的意識。[81]浙江的社會暴力之氣蓄積醞釀，頗有一觸即發之勢：農民連年挨餓，加上大批難民湧向浙江，民生更是凋敝，光在一九〇七年，紹興就發生兩次窮人搶糧的暴動，只是秋瑾難以超脫地方祕密會黨領袖的層次，接觸到百姓。[82]

此時，官府早有警覺。一則因謠傳大通學堂有不軌之圖——官府為此還在一九〇七年春、夏多次查探大通學堂，一則因為安慶也可能出事。一九〇七年六月底，身為巡警學堂會辦的徐錫麟竟然接到一份名單，要他將之一網成擒，他自己的化名也赫然在列，讓他驚覺事態嚴重。徐錫麟的對策是鼓動安慶巡警學堂採取暴力革命行動。七月六日，他在巡警學堂的畢業典禮上槍殺了安徽巡撫恩銘，但是只有三十餘人跟隨他起事。徐錫麟等人激戰四小時，旋即就擒，草草審訊後，全被處死。在恩銘家人的強烈要求之下，挖了徐錫麟的心以祭亡靈。[83]

秋瑾從上海報紙得知安慶事發，明知自身凶多吉少，卻拒絕逃離大通學堂。官兵也的確在七月十三日到了大通學堂，秋瑾與幾名學生仍試圖抵抗，但旋即被逼入死角就縛。秋瑾遭到嚴刑拷打，在七月十五日斬首。[84]這一年，祕密會黨及鹽梟也多次舉事，戰況激烈、死傷慘重，也全遭鎮壓。浙江的舉事跟這九年來孫中山、康有為的諸多努力一樣，全都付之流水。秋瑾早年的詩作常有「秋」字，以隱喻風雨，或與風雨二字連用，令人聯想到秋天的蕭瑟，並與她自己身為年輕已婚女性的坎坷境況前後呼應。後來這段期間，秋瑾對於身為女性的角色更有自覺意識，卻也讓她的革命情緒更為高亢。然而最後秋瑾在臨刑之前，手書「秋風秋雨愁煞人」，不僅又回到之前常見的主題，更因為這詩句散發悽愴，秋瑾悲愁的形象，而非理智尚武的那一面，更鮮活地烙印在同胞的記憶中。[85]

註釋

1 史扶鄰，《孫中山與中國革命的起源》，頁二一八至二一九；羅榮邦編，《康有為：傳記和綜論》，頁一八二至一八六；丁文江編，《梁任公先生年譜長編初稿》，頁一〇三。

2 關於唐才常的角色，可參考劉易士（Charlton M. Lewis），《中國革命的序曲：湖南省觀念與制度的轉變》（*Prologue to the Chinese Revolution: The Transformation of Ideas and Institutions in Hunan Province*），頁一〇〇至一〇四；蕭公權，《近代中國與新世界：康有為變法與大同思想研究》，頁二三六，註一五二；羅榮邦編，《康有為：傳記和綜論》，頁一八四至一八六、二六三、註十九；包華德（Howard Boorman）與霍華德（Richard Howard）合編，《中華民國傳記辭典》（*Biographical Dictionary of Republican China*），卷一，頁九十三a，卷二，頁三四七至三四八。唐才常的被捕，可能與對康有為的政治策略、創新詮釋儒學不表苟同並公然譴責其敗行的保守士紳有所牽連。見劉易士，《中國革命的序曲：湖南省觀念與制度的轉變》，以及包華德與霍華德合編，《中華民國傳記辭典》，卷四，頁三十六b，引葉德輝為證。有關葉德輝，亦可參考麥克唐納（Angus W. McDonald, Jr.），《農村革命的城市根源：中國湖南的菁英與民眾，一九一一至一九二七年》（*The Urban Origins of Rural Revolution: Elites and Masses in Human Province, China, 1911-1927*），頁六十三至六十七。

3 史扶鄰，《孫中山與中國革命的起源》，第五章；伯納爾（Martin Bernal），《一九〇七年前的中國社會主義》（*Chinese Socialism to 1907*），頁五十六至五十七。孫中山對干預式之國家社會主義與私人資本同時並存的信念，以及他在工業遲滯的環境中對民族主義動力的信心，可參考葛雷格（James A. Gregor）等，〈國家法西斯主義與孫中山的革命民族主義〉（Nazionalfascismo and the Revolutionary Nationalism of Sun Yat-sen），頁二十二至二十八。

4 史扶鄰，《孫中山與中國革命的起源》，第五章，對惠州起義作了詳細的解釋。所引口號，見史扶鄰，前引書，頁二四二、二四四。亦可參考路康樂（Edward Rhoads），《中國的共和革命：廣東個案研究，一八九五至一九一三年》(*China's Republican Revolution: The Case of Kwangtung, 1895-1913*),頁四十三至四十六。

5 康有為,《康南海先生詩集》,卷五,頁三十八。

6 轉引自艾曼妥瑪,〈西半球的華人政治,一八九三至一九一一年〉,頁一五九。

7 前引文,頁一八〇,註七十二,及頁二〇五至二〇六。

8 顏清湟,《海外華人與辛亥革命:特別關於新加坡與馬來亞兩地》(*The Overseas Chinese and the 1911 Revolution, with Special Reference to Singapore and Malaya*),頁五十六、八十、註一三二;史扶鄰,《孫中山與中國革命的起源》,頁二一九、二二三;羅榮邦編,《康有為:傳記和綜論》,頁一八六至一八九。至於其他的例子,可參考嘉德烈,〈作為改良者的海外華人企業家〉及〈晚清東南亞華人的求婚〉兩篇文章。

9 顏清湟,《海外華人與辛亥革命:特別關於新加坡與馬來亞兩地》,頁三十九至四十;羅榮邦編,《康有為:傳記和綜論》,頁二六四至二六五,註二十二。

10 顏清湟,《海外華人與辛亥革命:特別關於新加坡與馬來亞兩地》,頁四十一至四十五。有關孫中山的得力助手尤列,可參考史扶鄰,《孫中山與中國革命的起源》,頁三〇三至三〇四。

11 有關「公羊」與「禮運」傳統,可參考蕭公權(Hsiao Kung-chuan)著,牟復禮(F. W. Mote)譯,《中國政治思想史》,頁一二四至一四二;鮑吾剛(Wolfgang Bauer),《中國人的幸福觀》(*China and the Search for Happiness*),頁三〇二至三〇三;以及羅榮邦編,《康有為:傳記和綜論》,頁一九〇至一九二。康有為關於這種漸進式演化過程的討論,可參考康有為,《萬木草堂遺稿外編》,頁一八七至一八九。康有為及其門人自然受惠於其他學者的啟發,其中最著名者,或許應屬同樣推崇公羊派詮釋的龔自珍;見懷貝克(Judith Whitbeck),〈龔自珍思想中三個文化英雄的圖像〉(Three Images of the Cultural Hero in the Thought of Kung Tzu-chen),頁二十六至二十七。「公羊」與「禮運」的主要議題,亦可參考魏斐德,《歷史與意志:毛澤東思想的哲學透視》,頁一三〇至一三六的分析及有益的圖解。孔飛力(Philip A. Kuhn),〈民國時期的地方自治:控制、自主和動員的問題〉(Local Self-government under the Republic: Problems of Control, Autonomy and Mobilization),

頁二七二至二七五，討論康有為對地方議會與代表的關注。

12 蕭公權，《近代中國與新世界：康有為變法與大同思想研究》，頁四九七至五一三。

13 伯納爾，《一九〇七年前的中國社會主義》，頁二十二至二十八。

14 康有為，《康南海先生詩集》，卷五，頁八十四至八十五。

15 康有為，《大同書》，頁二；湯普森（Lawrence G. Thompson）編譯，《大同書：康有為的大同哲學》（*Ta T'ung Shu: The One World Philosophy of K'ang Yu-wei*），頁六十三。

16 康有為，《大同書》，頁三。

17 前引書，頁四至五，湯普森編譯，《大同書：康有為的大同哲學》，頁六十五至六十六。

18 湯普森編譯，《大同書：康有為的大同哲學》，頁七十三至七十五。

19 前引書，頁七十九至一二七。

20 康有為，《大同書》，頁三五五至三五六；湯普森編譯，《大同書：康有為的大同哲學》，頁二一三。湯普森，前引書，頁二二九，註十，認為「鐵血」一詞乃刻意參照俾斯麥（Bismarck）的政策。

21 康有為，《大同書》，頁一八〇；湯普森編譯，《大同書：康有為的大同哲學》，頁一四三。

22 湯普森編譯，《大同書：康有為的大同哲學》，頁一四〇至一四八。

23 蕭公權，《近代中國與新世界：康有為變法與大同思想研究》，頁四〇二，以及湯普森編譯，《大同書：康有為的大同哲學》，頁二三四至二三五。

24 黃遵憲，《人境廬詩草箋註》，卷四，頁一三二，羅鄂文（Irving Y. Lo）等，〈中國末代王朝的詩人與詩文〉（Poets and Poetry of China's Last Empire），頁三五三。黃遵憲的傳記，見恒慕義（Arthur W. Hummel）編，《清代名人傳略》（*Eminent Chinese of the Ch'ing Period*），頁三五〇至三五一；另見嘉德烈，〈晚清東南亞華人的求婚〉，頁三六八，論黃遵憲的民族主義。

25 康有為，《大同書》，頁三九〇，譯文見湯普森編譯，《大同書：康有為的大同哲學》，頁二三四。

26 湯普森編譯，《大同書：康有為的大同哲學》，頁二三六至二六〇。
27 湯普森編譯，《大同書：康有為的大同哲學》，頁一六九至一八六，總體性的論述，以及頁一八七至二〇九，論個別的制度。
28 羅榮邦編，《康有為：傳記和綜論》，頁五十。
29 康有為的子女與妻妾，見李雲光，《康有為家書考釋》，頁二，註四；以及羅榮邦編，《康有為：傳記和綜論》，頁四十二至四十三、五十三。
30 康有為，《康南海先生詩集》，卷六，頁三十八；蕭公權，《近代中國與新世界：康有為變法與大同思想研究》，頁九至十一。
31 康有為，《大同書》，頁一九三；湯普森編譯，《大同書：康有為的大同哲學》，頁一四九至一五〇。
32 湯普森編譯，《大同書：康有為的大同哲學》，頁一五一、一六七、一九一、一九四、二四八至二五二。
33 前引書，頁二十六。
34 康有為在這個階段的遊歷，見羅榮邦編，《康有為：傳記和綜論》，頁一九三至一九九。李雲光，《康有為家書考釋》，頁二一六，收錄了康有為赴美遊歷的兩頁複印照片。
35 孫中山在一九〇三年給學生的信，轉引自伯納爾，《一九〇七年前的中國社會主義》，頁五十八；史扶鄰，《孫中山與中國革命的起源》，頁一三七。
36 張灝（Chang Hao），《梁啟超與中國思想的過渡，一八九〇至一九〇七年》（*Liang Ch'i-ch'ao and Intellectual Transition in China, 1890-1907*），頁一三七；史華慈（Benjamin Schwartz）在其《追求富強：嚴復與西方》（*In Search of Wealth and Power: Yen Fu and the West*）的書中出色描述了中國輸入社會達爾文主義。
37 張灝，《梁啟超與中國思想的過渡，一八九〇至一九〇七年》，頁一九三、二二一至二二二。
38 前引書，頁二三九至二四〇。
39 前引書，頁二四二至二四三。

40 賈士杰（Don C. Price），《俄國與中國革命的根源，一八九六至一九一一年》（*Russia and the Roots of the Chinese Revolution, 1896-1911*），頁一三〇；另見前引書，頁一三一及頁二五一註三十九。

41 前引書，頁一三〇。

42 前引書，頁一二二至一二三，討論煙山專太郎的作品。（譯按：煙山專太郎著有《近世無政府主義》一書，楊篤生即透過煙山專太郎的書，得知俄國革命志士從事暗殺的情況，而協助湖南學生領袖黃興於一九〇五年成立第一支暗殺隊——「北方暗殺團」。）

43 艾曼妥瑪，〈西半球的華人政治，一八九三至一九一一年〉，頁二一五至二二〇；羅榮邦編，《康有為：傳記和綜論》，頁一三六、一八四及頁二六〇註十一；路康樂，《中國的共和革命：廣東個案研究，一八九五至一九一三年》，頁四十七至四十八。

44 賈士杰，《俄國與中國革命的根源，一八九六至一九一一年》，頁一〇六至一〇七；羅榮邦編，《康有為：傳記和綜論》，頁二五九註十；顏清湟，《海外華人與辛亥革命：特別關於新加坡與馬來亞兩地》，頁五十五至五十六。

45 賈士杰，《俄國與中國革命的根源，一八九六至一九一一年》，頁一二五。有關韓文舉，見羅榮邦編，《康有為：傳記和綜論》，頁五十三、一八四、一九一。（譯按：這段引言實出自嶺南羽衣女士《東歐女豪傑》章回小說中，韓文舉化名為「談虎客」對這部書的評論。）

46 布羅依多（Vera Broido），《化身為恐怖主義分子的使徒》（*Apostles into Terrorists*），頁七十五至八十一、一八三至二〇五。中國在一九〇七年流行一本索菲亞的傳記，見李又寧、張玉法編，《近代中國女權運動史料》，頁三四六至三五〇。威特克（Roxane Witke），〈近代中國五四運動時期對女性態度的轉變〉（Transformation of Attitudes toward Women During the May Fourth Era of Modern China），頁五十三至五十四，對索菲亞及其他女英雄的探討。

47 有關康有為與暗殺行動的討論，見艾曼妥瑪，〈西半球的華人政治，一八九三至一九一一年〉，頁一四三；

梁鐵君謀刺慈禧太后，見羅榮邦編，《康有為：傳記和綜論》，頁二〇四；萬福華謀刺廣西巡撫王之春，見蘭欽（Mary Backus Rankin），《中國早期的革命家：上海和浙江的激進知識分子，一九〇二至一九一一年》（*Early Chinese Revolutionaries: Radical Intellectuals in Shanghai and Chekiang, 1902-1911*），頁一〇二。

48 賈士杰，《俄國與中國革命的根源，一八九六至一九一一年》，頁一四九至一五一；蘭欽，《中國早期的革命家：上海和浙江的激進知識分子，一九〇二至一九一一年》，頁一〇六至一〇八。組織暗殺團的是楊篤生。

49 蘭欽，《中國早期的革命家：上海和浙江的激進知識分子，一九〇二至一九一一年》，頁六十八至八十一，引言，頁八十；慕義編，《清代名人傳略》，頁七六九；有關早期的教育改革，見路康樂，《中國的共和革命：廣東個案研究，一八九五至一九一三年》，頁五十至五十六。

50 有關鄒容的生平，見盧斯特（John Lust）編，《鄒容：革命軍》（*Tsou Jung, The Revolutionary Army*），頁十八至二十一；慕義編，《清代名人傳略》，頁七六九。

51 鄒容，《革命軍》，頁一至二；盧斯特編，《鄒容：革命軍》，頁五十八。有關鄒容的總體評述，見嘉思特（Michael Gasster），《中國知識分子與辛亥革命》（*Chinese Intellectuals and the Revolution of 1911*），頁三十七至四十二。

52 盧斯特編，《鄒容：革命軍》，頁七十八至八十；轉引自鄒容，《革命軍》，頁二十。有關一九〇〇年代中國種族主義思想脈絡中的鄒容，可參考福格爾（Joshua A. Fogel），〈中國史料中的種族和階級〉（Race and Class in Chinese Historiography），頁三六二至三六五。

53 盧斯特編，《鄒容：革命軍》，頁一〇六。

54 前引書，頁一二三至一二四。

55 前引書，頁一二六。

56 慕義編，《清代名人傳略》，頁七六九；盧斯特，〈蘇報案〉（The Su-pao Case）；汪一駒（Y. C. Wang），〈蘇報案〉（The Su-pao Case）。

57 顏清湟，《海外華人與辛亥革命：特別關於新加坡與馬來亞兩地》，頁五十九至六十三；艾曼妥瑪，〈西半球的華人政治，一八九三至一九一一年〉，頁二八〇。

58 《秋瑾集》，頁四至五；亦可參見李又寧、張玉法編，《近代中國女權運動史料》，頁四二三。類似的用語及梁啟超對女性主義思想的影響，見畢翰（Charlotte L. Beahan），〈中國女性出版刊物的女性主義和民族主義，一九〇二至一九一一年〉（Feminism and Nationalism in the Chinese Women’s Press, 1902-1911），頁三九〇至三九一。

59 畢翰，〈清末中國的女性運動和民族主義〉（The Women’s Movement and Nationalism in Late Ch’ing China）對這些發展作了出色的概述；路康樂，《中國的共和革命：廣東個案研究，一八九五至一九一三年》，頁五十五至五十六、六十四至六十五；柯文（Paul A. Cohen）和石約翰（John E. Schrecke）編，《十九世紀中國的改革》（*Reform in Nineteenth-Century China*），頁二四五至二五一。

60 《秋瑾集》，頁七十二、九十二、九十七、一〇六；蘭欽，〈清末女性的崛起〉（The Emergence of Women at the End of the Ch’ing），頁五十二至五十三。有關中國女性作家的傳統，見柯立克（Marian Galik），〈論一九一七年前中國女性的文學創作〉（On the Literature Written by Chinese Women Prior to 1917）；羅溥洛（Paul S. Ropp），〈變革的種子：反思清初、中葉女性的地位〉（The Seeds of Change: Reflections on the Condition of Women in Early and Mid Ch’ing）。威特克，〈近代中國五四運動時期對女性態度的轉變〉，頁五十五至六十二，對此亦有所論及。

61 《秋瑾集》，頁三十六。

62 前引書，頁一〇六；柯立克，〈論一九一七年前中國女性的文學創作〉，頁九十三。

63 《秋瑾集》，頁三十六。

64 恒慕義編，《清代名人傳略》，頁一六九至一七〇；蘭欽，〈清末女性的崛起〉，頁四十七至五十，以及《中國早期的革命家：上海和浙江的激進知識分子，一九〇二至一九一一年》，頁四十至四十二。秋燦芝，《秋瑾革命傳》，頁三十至三十一、一五六至一六一。

65 《秋瑾集》，頁八十五。

66 前引書，頁七十三。黃宗智（Philip Huang），〈梁啟超：新民觀與明治日本的影響〉（Liang Ch'i-ch'ao: The Idea of the New Citizen and the Influence of Meiji Japan），頁七十六至七十九，論留日的學生。

67 《秋瑾集》，頁七十八至七十九，秋瑾賦詩盛讚吳樾。有關留日浙江學生所辦的刊物，以及對索菲亞和暗殺行動的推崇，見賈士杰，《俄國與中國革命的根源，一八九六至一九一一年》，頁二一〇，以及史卡拉皮諾（Robert A. Scalapino），〈馬克思主義的序曲：留日中國學生的運動，一九〇〇至一九一〇年〉（Prelude to Marxism: The Chinese Student Movement in Japan, 1900-1910），頁一九六、二〇〇。

68 蘭欽，《中國早期的革命家：上海和浙江的激進知識分子，一九〇二至一九一一年》，頁四十一、二五四，註九十九、一〇〇；秋燦芝，《秋瑾革命傳》，頁三十四。

69 《秋瑾集》，頁七十六。

70 前引書，頁三十三。（這是秋瑾寫給兄長秋譽章系列信函之中的第一封信。）

71 蘭欽，《中國早期的革命家：上海和浙江的激進知識分子，一九〇二至一九一一年》，頁一〇四，尤其參照蔡元培與陳其美的行動；蘭欽，〈在日本的革命運動〉（The Revolutionary Movement in Japan），頁三三一至三三四。入江昭（Akira Iriye）在〈輿論與外交政策〉一文探討了這種抵制美國貨運動的理論基礎，特別是頁二二四。

72 《秋瑾集》，頁一八五至一八六；秋燦芝，《秋瑾革命傳》，頁九。

73 《秋瑾集》，頁一六三至一六五、一八六。蘭欽，〈清末女性的崛起〉，頁五十三至五十七，概述秋瑾在上海的歲月。

74 《秋瑾集》，頁八十三。畢翰，〈中國女性出版刊物的女性主義和民族主義，一九〇二至一九一一年〉，頁四〇〇至四〇二，探討了這種政治行動主義與女性主義的矛盾；威特克，〈近代中國五四運動時期對女性態度的轉變〉，頁六十至六十一，對此亦有所論及。蘭欽，〈清末女性的崛起〉，頁五十七至五十八，探討秋瑾以五位女性起義友人為主題的小說草稿。

75 蘭欽，《中國早期的革命家：上海和浙江的激進知識分子，一九〇二至一九一一年》，頁一〇四，引人入勝地介紹了另一位無政府主義者、實業鉅子的支持者張人傑。

76 路康樂，《中國的共和革命：廣東個案研究，一八九五至一九一三年》，第四章，以及芮瑪麗（Mary C. Wright），《革命中的中國：第一階段，一九〇〇至一九一三年》（*China in Revolution: The First Phase, 1900-1913*）的第三、四、八章討論了這些改革。有關浮現中的社會力，可參考魏斐德，《中華帝國的崩潰》（*The Fall of Imperial China*），頁二三〇至二三九。清廷與新軍的關係，見麥金農（Stephen R. Mackinnon），〈北洋軍、袁世凱和近代中國軍閥主義的起源〉（The Peiyang Army, Yuan Shih-k'ai, and the Origins of Modern Chinese Warlordism），頁四〇六至四〇九；以及歐伯年（Anita O'Brien），〈中國的軍事學堂，一八八五至一九一五年〉（Military Academies in China, 1885-1915）。

77 蘭欽，《中國早期的革命家：上海和浙江的激進知識分子，一九〇二至一九一一年》，頁一六四至一六六。

78 前引書，頁一六九至一七三、一七七、二八五、註十一。

79 《秋瑾集》，頁二十一至二十五。

80 前引書，頁一八六。

81 前引書，頁六十四。

82 蘭欽，《中國早期的革命家：上海和浙江的激進知識分子，一九〇二至一九一一年》，頁一七四至一七五。

83 前引書，頁一八三至一八四。

84 前引書，頁一八〇至一八四。

85 《秋瑾集》，頁九十一。

第三章　彷徨

秋瑾是從上海的報紙得知徐錫麟的死訊；魯迅則是自東京的報紙聞悉徐錫麟、秋瑾雙雙就義的消息。魯迅也是紹興人，所以他對這則消息不可能心無所感。魯迅出席由浙江學生在東京召開的大會，追悼兩位烈士在天英靈，也公開痛陳朝廷手段的無情。經過一番激辯，與會學生決定致電北京，抗議朝廷如此行刑，有失人性。[1] 學生此舉雖勇敢，但也失之鹵莽，因為朝廷若是不滿學生的行為，自可中斷津貼，下令將之遣送回國。魯迅對徐、秋二人的殉難並沒有很深的同情：他親眼見過徐錫麟在一九〇五年帶著學生赴日，對他們的行為相當反感；他也覺得徐錫麟這人表裡不一，嘴上唱的是革命高調，人到了日本還把妻子的三寸繡花鞋帶在身邊。秋瑾在東京讀書的時候，魯迅也跟她有過一番討論，但對她沒留下什麼印象。魯迅認為，秋瑾之所以在紹興貿然行動，全是因為前一年秋瑾在日本公開演講時，獲得在場留學生滿堂喝采，把秋瑾給過度偶像化。魯迅就曾向朋友說，秋瑾是給「捧殺的」。[2]

魯迅這話說得很諷刺、很露骨，也很深刻。這三個特徵也見於魯迅後來寫文化、寫政治變遷的文字之中。魯迅生於一八八一年，年紀比秋瑾小幾歲，二十一歲赴日求學。魯迅早年的教育既有傳統以應試為目的的家學，也讀了很多章回小說、傳奇，還在西化的江南水師學堂下過苦功學英文，在南京路礦學堂讀地質學、礦物學。在南京的時候，正是康梁的思想風起雲湧之時，魯迅躬逢其盛，還讀了赫胥黎（Thomas Huxley）的名著《天演論》（*Evolution and Ethics*）。此書是由嚴復以文言文意譯而成，當時魯迅還在求學。他是這麼追憶那段十八、九歲的日子：

> 星期日跑去到城南去買了來，白紙石印的一厚本，價五百文正。翻開一看，是寫得很好的字，開首便道：「赫胥黎獨處一室之中，在英倫之南，背山而面野，檻外諸境，歷歷如在機下。乃懸想二千年前，當羅馬大將軍凱撒未到時，此間有何景物？計唯有天造草昧。」[3]

魯迅入了迷，一口氣讀完《天演論》。這本書把魯迅引入一個生死搏鬥的世界，由物競天擇的原則所主宰。此外，他也對歐洲文化的各個層面有所接觸，此時晚清作家林紓以文言文體翻譯的作品剛出版，魯迅因而接觸到福爾摩斯（Sherlock Holmes）、哈葛德＊以及小仲馬（Alexandre Dumas）《茶花女》（*La Dame aux Cam lias*）的世界。[4]

在日本，魯迅懷疑起自己、懷疑起中國文化的認同，也懷疑起中國的前途，彷徨其間，無所適從，當時在日本的中國學生也多受此所困。魯迅獨自摸索出路，他起初很受梁啟超的看法所吸引。梁啟超很看重文學在社會中扮演的角色，從一八九六年之後就提倡老嫗能解的白話小說，稱這類小說「上之可以借闡聖教，下之可以雜述史事，近之可以激發國恥，遠之可以旁及彝情，乃至宦途丑態，試場惡趣，鴉片頑癖，纏足虐刑，皆可窮極異形，振厲末俗。其為補益豈有量耶！」[5]（魯迅的祖父因科場賄賂案被判處死刑，葬送了大好宦途——魯迅自己也找人代為應試，父親則染上芙蓉癮，母親因放了纏腳而淪為笑柄，梁啟超這段話或許會讓魯迅心有同感。[6]）一八九八年，百日維新失敗之後，梁啟超流亡東瀛，轉而堅信「政治小說」的重要性；李頓（Bulwer-Lytton）和迪斯雷利（Disraeli）的作品引進日本，首開政治小說的先河，廣受一般讀者好評；有幾位富影響力的日本公眾人物在一八八〇、九〇年代也在這個寫作文類試身手。梁啟超說不定是受公眾人物結合政治小說所啟發，因為他在一九〇二年於橫濱創辦《新小說》雜誌，疾呼小說的力量能「革新」德行、宗教信仰、行為舉止、藝術，以及民族性。[7]

魯迅受到這類政治小說的鼓舞，在浙江學生創辦的雜誌《浙江潮》上寫了一篇〈斯巴達之魂〉，以黎河尼佗（Leonidas）率軍在德爾摩比勒（Thermopylae，溫泉門）抵禦波斯雄師為

---

*譯按：哈葛德（Rider Haggard），一九〇〇年在中國的名氣已經很大；他的小說《迦茵小傳》（*John Haste*）於一九〇五年出版，更是家喻戶曉。林紓曾將哈葛德與莎士比亞並列為「偉大文明國度的不世天才」。

情節主軸；同時，也呼應梁啟超強調科幻小說的重要性，從日文節譯了凡爾納（Jules Verne）的《月界旅行》（*From the Earth to the Moon*）、《地底旅行》（*Journey to the Center of the Earth*）兩書。魯迅又以略帶學術風格的筆調，寫了兩篇文章，一論地質學，一寫居禮夫人發現鐳的過程（這兩篇文章分別是〈中國地質略論〉、〈說鈤〉）。[8]就我們所知，魯迅在日本並未加入任何中國人設立的革命組織，但他出入各種集會，聽到中國激進分子出言嘲諷慈禧太后與中國駐日公使，結果被驅逐出境。[9]魯迅剪掉了辮子。

滿人在一六四〇年代入關之後，強迫漢人薙髮留辮，表明接受滿人統治。對於十九世紀末的漢人而言，留辮雖然已有兩百多年的歷史，如今卻成了一種恥辱的象徵，身處國外的漢人尤有此感。魯迅譏諷留日中國學生把辮子盤在頭上，「頂得學生制帽的頂上高高聳起，形成一座富士山」[10]，但魯迅自己也知道，留學生若是剪掉髮辮回國，可能會被視為革命黨的同路人。（蔣介石年輕時把髮辮剪掉，在軍校就得格外小心；民族志士章炳麟在上海一處集會上公開剪掉髮辮，後來因《蘇報》一案而與鄒容一同入獄；孫中山的革命同志黃興為求順利回中國，在日本時決定繼續留辮子。[11]）魯迅後來堅稱，他剪掉辮子既不是追求美觀，也不是為了革命，純粹只因為辮子「不便」*；但此時的魯迅，顯然對自己毅然剪掉髮辮的行動很有感觸。秋瑾易男裝穿西服，而短髮的魯迅也馬上拍了一張照片，還在照片背後題了一首詩給幾位好友：

靈臺無計逃神矢，
風雨如磐闇故園。
寄意寒星荃不察，
我以我血薦軒轅。

魯迅這首詩採七言絕句，頗有民族主義的情感，而詩中「矢」的意像，則取自他當時正在讀的浪漫詩人拜倫（Byron）的詩作〈拉羅〉（Lara）。[12]

魯迅的日文到了能讀能寫的程度，就決定留在日本學醫。懸壺濟世曾吸引過康廣仁和孫中山。他們習醫的動機似乎都是希望習得專業技能，來幫助中國現代化。魯迅在某種程度上也有類似的想法。他後來寫道：「我的夢很美滿，預備卒業回來，救治像我父親似的被誤的病人的疾苦，戰爭時候便去當軍醫，一面又促進了國人對於維新的信仰。」[13]然而，魯迅之所以選擇學醫，背後還有更深的原因。他的父親不僅被誤診，還臥病多年，抓藥須花不少錢，以致青年魯迅不得不上當舖典當來支付藥錢。據說，魯迅年輕時牙痛得厲害，郎中診斷此乃腎虧上火所致，等於是暗示魯迅的牙疾是因為手淫過度。[14]這種訛誤不僅有

＊譯按：魯迅在〈因太炎先生而想起二三事〉中提及，他剪辮子的理由是：不便於脫帽，不便於體操，盤在腦門上令人氣悶，而非革命的理由。

害，也讓人面子掛不住，或許更堅定了魯迅破除盲從無知的決心。隨著現代化的開展，魯迅也眼見母親敢於反抗家庭與眾人眼光而不願纏足一事。[15]在他與友人的對話之中，不斷說到治療「中國人疾病」[16]之道，已經點出了中國現代化過程的癥結。

秋瑾人在日本時，對於日本在日俄戰爭中大勝一事大為欣喜，魯迅卻從中意識到凶兆隱然成形，惴惴難安。一九〇四年，魯迅不想再與中國留學生為伍，便選擇入本州北方的仙台醫學專門學校就讀（也因為此校學費全免）。然而這個選擇帶來的卻是孤獨。仙台是日本大軍與軍備屯駐的所在，魯迅可以感受到日本學生對他滿懷敵意；他的語言溝通有障礙，住宿也一直出問題，同學甚至說他是串通教授才通過入學考試。魯迅雖然每一科都及格（解剖學優，生理學佳，大體解剖及德語稍遜），但還是在學醫的第二年（一九〇五年）決定退學。[17]他自述作此決定的那一刻：

> 第二年添教黴菌學，細菌的形狀是全用電影來顯示的，一段落已完而還沒有到下課的時候，便影幾片時事的片子，自然都是日本戰勝俄國的情形。但偏有中國人夾在裡邊：給俄國人做偵探，被日本軍捕獲，要槍斃了，圍看著的也是一群中國人；在講堂裡的還有一個我。
>
> 「萬歲」，他們都拍掌歡呼起來。
>
> 這種歡呼，是每看一片都有的，但在我，這一聲卻特別聽得刺耳。此後回到中國來，

我看見那些閑看槍斃犯人的人們，他們也何嘗不酒醉似的喝采，——嗚呼，無法可想！但在那時那地，我的意見卻變化了。

到第二學年的終結，我便去尋藤野先生，告訴他我將不學醫學，並且離開這仙台。他的臉色彷佛有些悲哀，似乎想說話，但竟沒有說。

「我想去學生物學，先生教給我的學問，也還有用的。」其實我並沒有決意要學生物學，因為看得他有些淒然，便說了一個安慰他的謊話。[18]

三十年前，康有為看了色當戰役的影片，有如當頭棒喝。如今，這些照片也讓魯迅深受震撼。但是魯迅感嘆的不只是苦難本身：中國人臉上的冷漠與麻木不仁讓他感嘆莫名。魯迅在另一篇文章裡解釋這一刻。照片中的同胞讓他深信，醫術不再如他過去認為的那麼重要了：

凡是愚弱的國民，即使體格如何健全，如何茁壯，也只能做毫無意義的示眾的材料和看客，病死多少是不必以為不幸的。所以我們的第一要著，是在改變他們的精神，而擅於改變精神的是，我那時以為當然要推文藝，於是想提倡文藝運動了。在東京的留學生很有學法政理化以至警察工業的，但沒有治文學和美術。[19]

但就在魯迅發起這場文藝運動之前，他於一九〇六年回老家紹興，竟順從母命，與一個素昧平生的女子成婚，婚禮全依古禮行之。魯迅嘲笑了秋瑾的死，但要是秋瑾在世，也一定會諷刺魯迅的。這整件事予人怪誕之感，因為新娘的個頭實在太矮，有如畸形，魯迅雖然行禮如儀，但也只是虛應故事而已，可能始終沒有圓房。當然，魯迅也不曾在作品裡提過半句這樁婚姻。這對夫妻膝下無子，魯迅甚至把這位妻子的名字視為禁忌，作品中完全不見她的名字，有如古人避諱皇帝名號一般。[20]

新婚不久，魯迅就和胞弟返回日本，獨留妻子守空閨。魯迅訂了一個精挑細選、包羅甚廣的讀書計畫，尤其重視兩類作品：一類是其國家曾為外國占領或飽受瓜分之虞，另一類是其國家展現堅強韌性和過人意志力。

弱國面臨強國主宰的世界，時時刻刻處於分崩離析或瓜剖豆分的威脅，康有為、鄒容、秋瑾一直提及這點，或直陳或迂迴，提出警告，中國若不能改革，在列強的壓力之下，很可能解體。此時白話文雜誌、報紙如雨後春筍競出，向心繫民族的廣大讀者喊話，探討的主題包括俄國、普魯士、奧地利三國在一七七二至九五年間如何瓜分波蘭；猶太人的命運及猶太復國主義運動的前景；以及美國黑人所面臨的困境，甚至還細論如阿拉巴馬州圖斯克基學院（Tuskegee Institute）的工讀計畫這類相當特定的議題。[21]魯迅兄弟受到這股潮流的衝擊，特別留心俄國、東歐、巴爾幹半島的文學，細細翻譯（通常是自德文譯本轉譯）了波蘭詩人密茨凱維茲（Adam Mickiewicz）、匈牙利詩人裴多斐（Sándor Petőfi）的作品。[22]每逢週日，魯迅兄弟都參加激進分子章炳麟的私人講書，他們對這些國家的一些瞭解，就是從他身上得來的。章炳麟是《蘇報》的主筆，口若懸河，對滿人敵意極深，也討厭康有為的漸進主張和親滿態度。章炳麟曾與鄒容等人因上海《蘇報》案入監，服刑三年期滿，於一九〇六年出獄。魯迅雖然認為章炳麟的文風深奧難解，但是對他向鄒容致意的詩非常推崇*。這幾首詩是章炳麟（太炎）寫於獄中，後來在東京發表，魯迅全都背了起來。[23]魯迅的弟弟回憶在東京聽章炳麟講書：「章（太炎）先生正鼓吹排滿，他講學也是如此。後來又留心民族革命文學，便得到和弱小民族的文學接近的機緣。各種作品，如芬蘭、波蘭、猶太、印度等國的，有些是描寫國內的腐敗的情形，有些是描寫亡國的慘痛的，當時讀起來很受到許多影響，因而也很高興。」[24]

弱者承受的威脅也有積極的作用，可激盪出個人意志的新面貌，一如秋瑾透過自己的生命，或其他作家透過其生命或作品所展現的那般。魯迅在一九〇七、〇八年這段期間寫於日本的文章，細論「立意在反抗，指歸在動作，而為世所不甚愉悅者」的歐洲作家。魯迅稱他們是「摩羅」詩人，認為這類詩人擁有像佛經天摩那般具毀滅性、反抗的驚悚力量。[25]

*譯按：魯迅在〈關於太炎先生二三事〉一文提到他銘記在心章太炎作於獄中的詩〈獄中贈鄒容〉：「鄒容吾小弟，被髮下瀛洲。快剪刀除辮，乾牛肉作餱。英雄一入獄，天地亦悲秋。臨命須摻手，乾坤祇兩頭。」

密茨凱維茲、裴多斐自然屬於這類詩人，但魯迅心目中摩羅詩人的原型是拜倫；其餘如雪萊（Shelley）、普希金（Pushkin）、萊蒙托夫（Lermontov）、果戈里（Gogol）、恩斯特．阿蘭德（Ernst Arndt）、卡爾．柯勒（Karl Kőrner）等人也都屬摩羅詩派。魯迅對尼采（Nietzsche）、易卜生（Ibsen）的解讀，以及他感到自己活在一個理智與情感均衡已不可得的世界，影響了他對摩羅詩人的思考。人因而須將自己置於可得自感性領域的「超人意志力」之後，追求道德與美感、而非物質的價值。「誠若為今立計」，魯迅寫道：「所當稽求既往，相度方來，掊物質而張靈明，任個人而排眾數，人既發揚踔厲矣，則邦國亦以興起。奚事抱枝拾葉，徒金鐵國會立憲之云乎？」[26] 魯迅在這篇文章（〈摩羅詩力說〉）的最後問道：「今索諸中國，為精神界戰士者安在？有作至誠之聲，致吾人於美善剛健者乎？有作溫煦之聲，援吾人出荒寒者乎？吾國荒矣，而賦最末哀歌，以訴天下貽後人之耶米利（Jeremiah），且未之有也。」[27]

從魯迅這段時期的文章可看到，他既不相信康有為工業化、立憲主義的籌畫，也不附和孫中山在同盟會綱領中所揭櫫之趨向於民主、社會主義意味，在政治領域允許普羅大眾的聲音。西方國家受惠於今世物質文明昌盛，也已嚐到物質主義的苦果。魯迅寫道：「或靈明以虧，淪溺嗜欲。」同時，因為「樸素之民，厥為純白？」所以就必須「排眾數」；民眾只有俯首順從的份，雖然可寄望從民間傳統而對自然有更純粹的理解，及對絕對精神的深邃抱負——其質樸、深邃的程度起碼遠邁於傳統中國的仕紳階級。[28]

魯迅超越了醫學的層次，也超越了政治的層次。他認識不少光復會和同盟會的成員，但並不想加入哪一邊。他一心只想喚醒潛伏在中國人心底的超人意志，以勇猛奇魅的魔力鼓動國人扭轉命運。魯迅雖然努力精進，卻總是事與願違：他特別跟了一個老師學俄語，結果老師自殺未遂，他的俄語課程因而中輟；他創了一份文學刊物，以但丁（Dante）的愛情詩篇《新生》（*Vita Nuova*）為名，沒想到創刊號還沒付梓就胎死腹中；為了多掙一點錢，便從事校對工作，也因印刷廠經營不善而告結束；為了改造中國人的意識，精心編了兩部譯自德文、俄文等來源的小說集，編得很雅致，在一九〇八年出版，印了一千五百冊，但是在東京和上海都只賣了二十幾本而已。[29]

一九〇九年，魯迅捨棄日本的工作，埋葬他的希望，回杭州謀教職，但不久又從杭州回老家紹興，成了一個頗受歡迎的老師，卻嚴禁學生剪掉辮子。魯迅不畏世俗眼光，大膽在生理學課堂上探討有性生殖的問題。但是他沒有動筆寫作。

梁啟超也相信寫作是改造中國民族性之道。在這世紀之交，也是魯迅初抵東京之時，梁啟超著手寫了一本名為《新中國未來記》的小說。在形式上，梁啟超這部小說走的是未來派政治諷刺的風格，揉雜各家之言，包括貝拉米的《回顧》（梁啟超已讀過貝拉米書的中譯本），以及當時風行日本的未來派小說；梁啟超也有可能受到康有為在《大同書》中所闡發的烏托邦所啟迪。梁啟超把這本小說的背景定在一九六二年，這時中國人正在歡度「新秩序」

五十週年慶。小說中，年事已高的敘述者將思緒拉回一九〇二年，回顧當年甫自歐洲返國的兩位青年，一個是立憲派青年，一個是革命黨人，正在激辯中國的未來。梁啟超寫了四章之後，顯然寫不下去——這也不令人意外，因為他與康有為此時正面對孫中山衝著他們來的攻擊，梁啟超擱筆，專心於政治事務及編輯、出版政治刊物。[30]

康有為在一九〇三年下大吉嶺，一直到清朝於一九一二年傾覆為止，康有為、梁啟超在這段期間一直想辦法化解改良派和革命派之間糾纏的歧異，但是局面愈來愈難：孫中山抨擊康有為的追隨者是「走狗」，是親滿人的「漢奸」，而滿人自己對於實施改良政策舉棋不定，也讓康有為無法自圓其說，難以反駁孫中山。此外，改良派時常缺錢，錢乃維繫希望所必須的條件。雖然康有為打心底對保皇還是念茲在茲，但顯然「保皇會」的稱號非改不可了，在美、加的華人社會，康有為改用「中華維新會」。一九〇六年，清廷有意改變，派五大臣出國考察各國立憲政體，康有為不得不順應時勢，採取「國民憲政會」這個名稱。梁啟超和康有為站在同一邊，但是他更中意「帝國憲政會」；結果，保皇會之名棄而不用，而這三個名號則在海外華人社會流傳。讓人更心生混淆的是，梁啟超最先以東京為據點，另外成立名為「政聞社」的團體，旨在成立國會、建立強而獨立的司法體系、擁有更多的地方自治，以及維護中國外交關係的對等權利。康有為也認同這樣的政綱，但梁啟超等人希望能由國內領導這個組織，而仍流亡在外的康有為及梁啟超都不具備這個條件。於是由另一位維新派（馬相伯）任政聞社「總幹事」，並在地方商賈、學者贊助下，於一九〇八年初在上海成立。然而康、梁也並非沒有競爭者，當時中國已有幾個名稱類似、立意相仿的會社和組織相繼成立，由實業家、仕紳階級領導。[31]

一時之間，康有為的海外組織作風強勢，財源豐沛。這從一件事就可看出。保皇會總部毀於一九〇六年舊金山大地震，在短短幾個月內，就已經向一百五十餘位捐款人募足重建經費，捐款數額從五美元到四百美元不等；其中包括廣州銀行的創辦人、夫勒斯諾（Fresno）賭場界的華裔鉅子，以及「戰堂」的要角之一。[32]中華維新會之所以能迅速獲得熱情支持，是因為它開辦了幾所軍校，力量至少及於全美二十一個城市。中國學員身穿戎裝，配備國民兵淘汰下來的武器，每週定期集會，高唱（康有為譜寫的）校歌，在美籍教官的口令下進行軍事操演。在洛杉磯，西部軍事學校（Western Military Academy）的華裔學員和他們的「將軍」荷馬・李（Homer Lea）昂首走在帕沙第納（Pasadena）舉行的玫瑰花車遊行錦標賽行列中；這位荷馬・李是個浮誇的作家兼軍事理論家。康有為在一九〇五年的這趟旅行，在紐約的馬特街（Mott Street）校閱了「中國第三兵團」（Third Chinese Regiment），之後還坐著白馬拉的馬車前往「華爾道夫——亞斯多麗亞大飯店」（Waldorf-Astoria）出席歡迎會。[33]康有為在一八九五年上書時，曾倡議開辦儒學院，也曾想過在西方辦學。如今，有個哥倫比亞大學的華裔畢業生在紐約市創建了「孔教會」，廣傳聖人教誨，彷彿呼應了康有為的夢想。（孔教會會務昌盛，後來先後遷至上海與北京。怪的是，孔教會把「終生會員」（life member）的殊榮授予重要捐獻者，只不過居然捨中文尊稱不用，而把英文直接音譯為中文。[34]）

康有為積極活動，試圖影響美國政府所通過的排華法案，而美國總統老羅斯福也答應康有為面議此事；最後雖然徒勞一場，但康有為等人在海外華人社會與中國成功發起抵制美貨的運動，極為成功，也展現了中國民族主義的力量。秋瑾的友人支持上海發起的抵制美貨運動，一直持續到一九〇七年。後來美國也開始抵制華人經營的生意，華人這股抵制美貨的熱情才逐漸消褪。[35]

康有為寫了不少文章書籍來闡揚改良理念。他尤其關注革新官僚組織與甄拔人才，中國人的科學教育及地方自治的架構。一九〇八年夏天，康有為和梁啟超以全球兩百個城市華人社區的名義向清廷發表宣言。這篇宣言可視為康有為總結流亡海外見聞的政治思想精髓：召開國會，落實立憲政體；慈禧太后歸政，撤宦官以防杜把持國政；用人無分滿、漢，一視同仁，不再獨厚滿人；光緒皇帝復位，以為立憲君主；遷都江南；廢行省督撫制度，以較小之地方行政區取而代之，以利中央政府有效控制；設專責機構治理滿洲、蒙古、西藏、新疆等邊陲地帶，實施徵兵制、發展海軍、建兵工廠，以提升軍力。康、梁設於上海的前線組織政聞社熱烈擁護宣言，清廷則是逮捕了幾名政聞社成員，並諭令查禁該社。[36]

我們或許會認為，除了光緒皇帝復位一條之外，宣言列舉的主張大致應能得到海內外中國人的響應，但是這幾年來，康有為與孫中山的擁護者之間愈趨緊張，心結恐怕難以化解。康、孫兩派不僅在宣傳冊子、報章上交鋒，戰線還延燒到報紙經營權的爭奪。譬如，康有為的支持者奪取了孫中山在新加坡辦的一份報紙，孫中山的支持者則是回敬以將康系人馬逐出舊金山的一家報社。[37] 雙方還爭奪美國軍校華裔學員組織的領導權，競逐世界各地華人社會的捐款，爭相贏取外國人與外國政府的支持，並奪占祕密會社與慈善基金會的控制權。一九〇六年，孫中山的支持者甚至指控人在康乃狄克州哈特福德市（Hartford）求學的康同璧，蓄意欺騙海外華人。康有為命人在香港狀告孫中山黨人誹謗，結果勝訴。[38] 康有為的組織比較有錢，在美、加兩地尤其活躍，保皇會及中華維新會所屬企業在這兩地經營得有聲有色，在墨西哥投資的房地產業、銀行、貿易、餐飲業也大發利市。但康有為不計資本在各地創辦學校、報紙，投資過度樂觀，包括中國的鐵路、墨西哥托瑞昂市（Torreón）的電車專利權。一九一〇年墨西哥總統狄亞茲（Porfirio Díaz）政權垮台，由於康有為沒去留心，或是因為他個人的揮霍，以至於在墨西哥的資產幾乎化為泡影。[39]

康有為在一九〇四至一〇年間周遊世界的花費難以計算，但想必是一大筆錢：赫基雷尼亞（Herculaneum，位於義大利西南部的古城）、龐貝、羅馬；米蘭、巴黎、柏林、哥本哈根；西點（West Point）、黃石公園、鹽湖城、蒙特卡羅、阿爾漢布拉宮（the Alhambra）、菲茲（Fez）；烏帕撒拉（Uppsala）和壯德海姆（Trondheim）；康狄（Kandy）、盧克索爾（Luxor）、耶路撒冷、君士坦丁堡——這只不過是康有為去過的幾個地方而已，而且他下榻之處大都是豪華飯店。何以康有為要周遊列國？一部分是因為康有為常有無家漂泊之感，這點他曾向梁啟超承認，一部分也是因為康有為在一九〇七年認識了一位芳齡十七的女孩（何旃理）。她來自廣東，隨家人移民美國，看了康有為的照片一見傾心，甘願屈就如夫人（這也符合康有為希望女性具備的自主精神），成為康有為的第三位妻子、伴侶兼祕書。（兩人一同周遊世界，還在康有為買在瑞典沿岸的島嶼小住，後來在一九〇八年十二月生了個兒子。）[40] 但是，康有為遊歷世界的主因想必是他有意無意想要師法孔子。西元前五世紀，孔子隨意之所至，周遊列國，欲訪仁君擇良木而棲之，但終究無法如願，於是將餘生投注在傳道、授業、解惑上，思索亂世中的人生、政治課題。康有為每到一地，總會寫典雅的古體詩，且往往滔滔不絕。不僅詠景，也發思古幽情，探索可借鑑啟發之處。[41] 康有為乘熱氣球，俯臨巴黎的驚異之旅，勾起他對命運及拿破崙的懷想；造訪荷蘭，追念彼得大帝當年學習造船技術的往事；君士坦丁堡的景致，一方面令他喜見鄂圖曼帝國以立憲政體重建，另一方面也激發他心生恨鐵不成鋼之慨，中國竟無法成就如此立憲大業；正午時分，懺悔者齊聚耶路撒冷的哭牆旁，他同感人類的悲苦，想到弱小或分裂國家的處境，而中國亦有可能在不久的將來步上後塵，康有為想到自己的未竟之志：

築者所羅門，於今三千年。
城下聚男婦，號哭聲咽闐。
日午百數人，曲巷肩駢連。
憑壁立而啼，涕泪湧如泉。

珍寶移羅馬，痛心亦難諠。
正當吾漢時，渺茫何足云。
吾國兩千載，亡國破京頻。
劉石亂中華，洛陽慘風雲。

吾未免為人，多請猶為牽。
吾為有國故，身家頻棄捐。
哭弟哀友生，柴市理冤云。
哭墓已不獲，先骸掘三墳。

國籍不能棄，大鑒不能穿。
猶是中國人，臨睨蓋鄉園。
睊睊涕被席，耿耿傷我神。
願告愛國者，猶太是何人。[42]

孫中山也在日本、東南亞、歐洲、加拿大以及美國各地四處奔波。他抨擊滿清政權的力道比康有為更為堅定。秋瑾、徐錫麟送命的安徽、浙江兩次起義，同盟會並未全力介入，除此之外，在一九〇五至一〇年之間，孫中山與滿洲、廣東、廣西、湖南等地的革命行動都有關連。由於經費多寡不一、地方權力的結構組合有別，以及官府作出回應的速度快慢不等，所以每次參與武裝行動的力量也不盡相同。同盟會及激進學生在地處湖南與江西兩省交界的萍瀏醴，計畫在一九〇六年十二月，介入並領導當地心懷不滿的礦工、祕密會社的成員、有異心的兵勇舉事；這次若是成功，便可結合成一個跨階級的聯盟，令人不能小覷，可惜官府的地方兵力壯盛，而發動起義的組織渙散。[43] 一九〇七年春天，在滿洲有個年輕人支持孫中山，意欲糾合中國、朝鮮邊境山中的綠林好漢，反遭官軍剿滅。[44] 一九〇七年十二月，孫中山及一批帶槍入黨的新同志試圖自河內附近的根據地進發，與盤據廣西山間的游擊勢力會盟，結果以失敗收場，孫中山遭法國人驅逐出境。[45] 一九〇八年三月，另一股同盟會黨員夥同兩百人在廣東西部起義，結果也一敗塗地。四月，革命黨人又想結合雲南境內的一小撮反清勢力，同樣遭到官軍彈壓，法國人將殘餘的同盟會黨人悉數驅逐出境。一九〇八年十一月，同盟會黨人滲透到廣東新軍之後，打算趁光緒皇帝、慈禧太后崩殂的騷亂不安，在廣州一帶興兵舉事，攻下廣州以作為革命勢力的大本營。但是響應起義的人數稀落，效忠清室的軍隊仍足以擊敗革命勢力。[46]

同盟會內部對連番挫敗也有意見，不少人開始要求孫中山去職，或由他人取而代之，光復會的一些重要成員也不支持孫中山。這些起義失敗促使有些革命黨人回頭相信，透過暗殺朝廷要員，才能激發報仇雪恨之心，掀起革命波濤。同盟會老將劉思復就是在這種態度下，暗殺廣州水師提督李準，李準失去了左手五根手指，但是人沒死；而孫中山的朋友汪精衛意圖在北京行刺滿清攝政戴灃（還沒動手就遭到逮捕，但未處決）。[47]

但孫中山不屈不撓的韌性，使他能不斷吸引新的追隨者，也總是有辦法從海外華人身上——無論是來自新加坡、夏威夷或溫哥華，募到足夠的經費，使幾份宣揚革命的報紙能繼續發行流通，支持者的武器供應不斷絕。尤其是在一九〇八年，光緒皇帝與慈禧太后相繼去世，滿人權貴以兒皇帝溥儀之名義監國攝政，擁戴滿人君主統治的主要理由不再，康有為在美國的支持勢力也隨之瓦解。這對孫中山很重要。以往，康有為在美國的組織占上風，孫中山總是屈居於下，如今，換成孫中山來填補康有為勢力渙散之後的真空。一九〇九年，親孫中山的青年黨在舊金山成立，讓孫中山得到學生、勞工、教師的支持新血；這年十月，孫中山到了紐約，忠實支持者大筆捐輸，使孫中山得以拓展基層的革命組織，與波士頓祕密會社的首領及芝加哥親革命的華裔基督徒搭上線。此外，還爭取到一名任職加拿大移民局的華裔翻譯，孫中山的黨人得以輕易進出北美地區。[48]

仍有為數不少的祕密會社效忠康有為，服膺他所主張之溫和的政治和商業手段，而孫中山還是忌憚這些勢力龐大的地下組織，但是一些年輕的支持者透過剛創辦的激進刊物興師問罪，痛斥老一代的改良主義者「如鼠似牛」。他們呼應女性主義的主張，贊助由女性所寫、為女性而寫的戲劇，並以秋瑾為榜樣。由其言論來看，顯然是站在孫中山這一邊：對民主政體深信不疑，民族主義色彩鮮明，支持某些社會主義理論，視康有為為寇讎。[49]一九一一年年初，孫中山自美、加兩地的華人募集了七千餘美元。以他這十年來連番挫敗來看，這筆錢為數不少；孫中山將錢匯到香港，當地志士正在籌畫舉事，其規模與圖謀都超過之前的行動。同盟會黨人在一九一一年四月的起義仍循故計，與廣州新軍中同情革命勢力的人裡應外合，共同舉事，強攻兩廣總督衙署，展開激鬥，但起義行動的風聲敗露，許多同情革命勢力的新軍又遠在城外未加入戰局，革命黨人遭到效忠官府的軍隊蕩平。近百名革命黨人遇害，革命黨人在廣東境內的組織網絡遭到摧毀。[50]

年年舉事，歲歲起義，正凸顯許多中國人心中對清廷已不抱信心。中國積弱不振，在國際間淪為魚肉，令中國人深感挫折，認為這是滿清政府昏聵使然。他們也警覺到，溥儀皇帝的滿人攝政所扶持的軍隊和制度：新軍雖已被同盟會黨人滲透，但可望成為清廷的權力基礎，剛組織的內閣仍由滿人權貴把持，省級政府可能很快又要為滿人所壟斷；滿人計畫要集中管理控制鬆散、效率不彰的鐵路網絡。這項措施或許是必要的明智之舉，卻遭到抵制，認為這表示滿人決意削弱地方權力，甚至約制中國新興實業家階級的影響力。民間充滿焦慮憤怒，孫中山趁勢站上這個浪頭。但是同盟會勢單力薄，無法兼顧學生、地方仕紳、商人、女性及海外華人種種對立的利益，更遑論包容了。[51]

孫中山面對新一波反滿情緒，因應對策是放棄「南方策略」，不再利用香港、河內、新加坡作為鼓動中國境內革命風潮的根據地。遂於一九一一年中下令北進，在上海成立同盟會組織，吸收的成員主要為來自湖南、湖北等華中的革命分子，其使命是在這些成員的家鄉舉事起義，尤其是武漢（由漢口、漢陽、武昌構成的三聯市）地區，與此地新軍保持密切聯繫。然而，孫中山的影響力畢竟有限。一九一一年十月十日，一次意外的炸彈爆炸事件後引起巡捕的警覺，當時武昌地區並無同盟會的要員，革命黨人擔心事跡敗露遭逮捕，於是在武昌起義。等到同盟會的要角喬裝成紅十字會工作人員抵達武昌時，才發現指揮革命黨人的竟然是名前朝廷軍官。雙方激戰兩週，外國租界、商業中心漢口市宣告失守。與清軍又激戰三週之後，工業重鎮漢陽市也易手了，但是武昌起義掀起全國各地的譁變、暴動、變節浪潮，最後把清朝給推翻了。[52]

孫中山是在搭火車自丹佛前往堪薩斯市籌款的途中接獲武漢三鎮舉事的消息，但他並未立即動身趕回中國，反倒是前往歐洲，鼓起三寸不爛之舌，向歐洲各國解釋中國的境況，防止歐洲各國政府支持清廷，此舉凸顯了歐洲動向對中國的重要性。孫中山的歐洲之行一路受到監護，他倒覺得這表示他受到歐洲各國的支持。他在十月二十五日返抵上海，受到盛情歡迎。一週之後，前往南京；一九一二年一月一日，當選為中華民國臨時大總統。

孫中山的返國自是難和列寧於一九一七年到芬蘭車站相提並論，兩人雖然都是長期流亡海外的革命黨領袖，也在他們領導的黨推翻王室之後返抵故土。同盟會確曾與各行各界有過接觸：包括新軍官兵、祕密會社頭子、商會的有力人士、學生、一九〇九年正式成立的各省諮議局代表。但是孫中山身為領袖，卻無法駕馭隨著武昌起義之後舉國蔓延的各方奪權勢力。譬如在華南，雖然廣東是由同盟會黨人或由同情同盟會的軍人所控制，鄰省廣西卻完全受制於土匪出身的軍隊。這支軍隊其實還鎮壓過同盟會的舉事；雲南都督是梁啟超的學生，對梁啟超甚為忠心，也一心服膺日本人的尚武精神。[53]

華中局勢亦一片混沌。在湖南，立憲派誅殺策動起義的同盟會黨人之後，權力隨即落入溫文儒雅的湖南諮議局議長之手。湖北省新任都督是一介武夫，長期以來就壓制同盟會活動，是在脅迫之下才同意領導革命勢力。上海總算是由幹練的軍官陳其美控制。他在東京時加入同盟會組織，但向來不願與其他激進派人士合作，尤其是光復會成員，甚至在一九一二年初派人暗殺光復會最重要的發言人。[54]（在這動盪不安的歲月，中國未來的領導人都還只扮演微不足道的小角色：蔣介石生在浙江寧波，在東京入軍事學校受教育，對鄒容的《革命軍》極為傾心，並加入同盟會組織，跟著陳其美而竄出頭，一九一一年成為團長時，年僅二十四歲。毛澤東則是湖南農家之子，一九一一那年十八歲，在長沙讀書，入湘軍從軍，不過沒經歷什麼戰役，只目睹革命黨人被新崛起的共和軍當街梟首。[55]）

北方各省或直接、或間接，都為袁世凱所控制。袁世凱是前清最驍勇善戰、最現代化之北洋軍的統帥，一八九八年領軍搜捕維新派黨人，廢黜光緒權柄。一九〇八年光緒皇帝、慈禧太后相繼駕崩，兒皇帝溥儀的滿族監國攝政假借袁世凱足疾不癒、難以克盡厥職為由，剝奪了袁世凱的職務。但是華北各營新軍將領私下都聽命於袁世凱，等到一九一一年武昌亂起，朝廷號令發兵前往討伐，這些軍隊拒從；袁世凱也以足疾難癒為藉口，「謙」辭不就朝廷授予他湖廣總督一職。北洋軍按兵不動，朝廷迫於無奈，只好答應所提的條件：召開國會，組織責任內閣，宣布大赦，解除黨禁，讓袁世凱總綰兵權，寬予軍費。等到北洋軍自革命黨人手中收復漢口、漢陽兩市，袁世凱在北京獲命為內閣總理大臣；這時，華中各省代表在革命勢力掌握之下的南京，推舉孫中山為臨時大總統。於是，袁世凱、孫中山、滿清攝政三方之間展開微妙冗長的折衝；最後的結論是滿清皇帝於一九一二年二月十二日遜位，孫中山隨之於翌日辭去臨時大總統，由南京參議院於二月十五日推舉袁世凱為臨時大總統，任期到憲法頒布及全國舉行大選之日。[56]

一九一一年夏天，康有為在梁啟超位於日本兵庫縣的寓所（譯按：梁啟超的年譜記為須磨浦之雙濤閣，康有為則記為甫須磨雙濤園）再度見到梁啟超。康有為寫了一首詩，描述相逢的情景，題為「與任甫離居者十三年，檳榔嶼、香港再見，亦於今八年矣。兒女生於日本，皆不能識。相見如夢寐。」重逢自是喜悅：康有為有年輕的夫人為伴，見到亡弟女兒考上日本女子大學，心中悲欣交集。[57]但是十月武昌革命的消息傳來，隨之而來的暴亂令他心頭大驚，也粉碎了他衷心期盼和平過渡到君主立憲政體的希望。康有為這麼回信給電告他武昌起義的友人：

> 大變若此，憂心如焚，欲握管相告而不及也。武漢軍初變，不能長驅北陷，以為政府陸海立湊，不日可撲，豈政府疑新軍無一敢調，又無軍械，並乏兵餉，故十餘日不能出師，汽車又不能載炮，遂令各地響應，全國沸變。[58]

康有為向來善舉國外為例，這次也是如此。他發覺有三個歷史案例彼此印證：法國的例子顯示對革命懷抱期望過高，於事無補；印度的例子表明國家分裂陷入的困境；而美國共和政府雖能運作，但究其原因，康有為承認，乃是美國革命之初人口少，而英國的民主傳統又深植美國社會，但中國從來就不具備這兩大條件。[59] 所以，康有為又寄望於自我克制。十六年前，康有為曾向皇帝示警，欲託非人以求變法圖強，就好比緣木以求魚。如今，康有為寫道，中國以革命手段驟行民主，等於讓野蠻之人開飛機。[60]

梁啟超雖然知道孫中山有別於其他的同盟會黨人，但他與康有為都心存懷疑，怕中國步上最近爆發的墨西哥革命後塵：馬德羅（Francisco Madero）成功罷黜墨西哥總統狄亞茲，最後卻又與札帕塔（Emiliano Zapata）爭鬥。[61]

接下來的幾個月，康、梁二人奮力為中國的漸近改革方案作最後一搏。由於完全採君主立憲政體不合於當前的革命潮流，於是康有為另闢蹊徑，精心打造「虛君共和」的理論。在這套制度之下，君主以世襲方法延續國祚，但君主形同「冷廟之土偶而已」，並無任何實權。康有為認為，無論是幼帝溥儀，或是生來就世襲衍聖公的孔子直系後裔，都可扮演虛君的角色。康有為曾寫信給革命黨領袖及南、北友人，促他們採納這套虛君共和的制度。[62]

梁啟超想出的方案更細瑣：策反京城衛戍軍隊發動宮廷政變，擁立幼帝溥儀的叔父、也就是先帝光緒的弟弟為內閣總理大臣，處決離間漢族仕紳和朝廷官員的漢族官員，皇帝下「罪己詔」，滿人採行漢族姓氏。同盟會黨人眼見一個大一統政府在望，當不願見到兵災連年，生靈塗炭，至少康、梁所珍視之中國，也有部分能保存下來。一九一一年十一月，在北洋軍中部分激進軍官的施壓下，朝廷解除康、梁二人的放逐令，梁啟超便星馳趕赴滿洲，與軍事將領商討這些理念。其中有些將領曾是留日的激進學生，與梁啟超共事。結果此行充滿挫折與危險：梁啟超一位重要的聯絡人遭暗殺，其他幾位欲在華北策動兵變的軍官也被處決，南滿奉天一帶又有盜賊為患。友人警告梁啟超速速離去，所以梁才到了不過十天，就不得不回日本。而他在廣東組建忠於康、梁的武裝力量的腹案，結果也以挫敗收場。[63]

等到清室於一九一二年二月遜位，康有為似乎已坦然接受這個現實。康有為寫信告訴海外支持他的華人，他對流血慘劇深表痛心，但中國終究已行共和體制；他們應該參與新成立的國民黨，積極獻身於建國工作。康有為還鼓勵海外僑界友人，排除萬難爭取新國會的席次。然而康有為並未回中國，而是待在日本繼續研究和反思。此時，康有為與梁啟超的關係相當緊張。梁啟超斷然拒絕袁世凱在清廷命祚將盡之際延攬他入閣的邀請，但力勸他與康有為劃清界線的信件始終不斷，要他回中國來為襁褓中的共和效命。到了一九一二年春，梁啟超將作出決定之際，他與康有為可說已經公開決裂了；終於，他痛下決定，於一九一二年十月離開日本，回到中國。[64]

梁啟超終於回到他魂牽夢繫的神州故國，但這趟歸鄉旅程卻令人相當不快。梁啟超離開日本的旅途甚為艱辛，與乘客擠在一艘小船的狹窄船艙裡，連上甲板去吹吹海風也不可得。這艘船還因風浪太大，進不了淺水的大沽港，只能停泊港外，一停就是三天，梁啟超只能隔海遠眺故國海岸。到了第三天，他寫了封信給女兒：

今日初八了，吾儕猶在大沽口也。十五年前，倉皇去國，在此地錮閉十一日……望歸國，望了十九年，商量歸國，又商量了幾個月，萬不料到此後，盈盈一水，咫尺千里，又經三日矣。何時能進，尚如捕風，此種港灣，大約除我堂堂大國外，全球更無他地可擬，終日錮在此丈室中，世界上事百無聞見，亦不知京師曾否鬧到天翻地覆，亦不知世界上已亡了幾個國，惟覺日長如年，惟以葉子戲度日。[65]

這乃折煞人之兆也，預示梁啟超等人終歸徒勞一場，希望宛如鏡花水月；對於聚在岸邊等著迎接流亡人士返國的人來說，也著實折騰了一番。

魯迅此時在紹興教書。剛鬧革命的時候就開始寫革命的事，雖然這時可寫的題材還不多。浙江省城杭州的事態發展跟其他省城也差不多。經過兩天的零星戰鬥，屯兵杭州的官軍便在十一月六日向革命軍投降。省諮議局是唯一有組織的民間機構，以仕紳和商賈利益為主體，領銜宣布浙江省獨立；隨後加入了新軍分子（他們原本就是同盟會黨人）、當地祕密會社的力量，聯手解除官軍武裝，控制浙江的鐵路運輸網絡。諮議局選出新任都督（湯壽潛），此人是個素孚眾望的仕紳，曾成功帶頭反抗朝廷在浙江的鐵路政策。此後，軍事、財政、教育、工業等各部門職司亦相繼就緒。除了少數小城鎮由杭州派人前往替代解職的前清官吏之外，大部分地區是由晚清勢力即已日漸坐大的地主和仕紳階級聯手把持地方政務。在紹興，出任新政府的父母官其實是前清縣令。商賈左右了重組政府的工作，激進派分子則大多與之前的大通學堂有所交往。紹興周圍鄉間治安嚴重惡化，百姓認為有必要另外推舉一名帶兵的都督。出線者叫王金發，是祕密會社的頭子，秋瑾在一九〇七年起義時與他有過聯繫。[66]

魯迅描述了他留日時期的友人（范愛農）頗有興致，來找他出去瞧瞧「光復」紹興的情景：

我們便到街上去走了一通，滿眼是白旗。然而貌雖如此，內骨子是依舊的，因為還是幾個舊鄉紳所組織的軍政府，什麼鐵路股東是行政司長，錢店掌櫃是軍械司長……這軍政府也到底不長久，幾個少年一嚷，王金發帶兵從杭州進來了，但即使也不嚷或者也會來。他進來以後，也就被許多閑漢和新進的革命黨包圍，大做王都督。在衙門裡的人物，穿布衣來的，不上十天也大概換上皮袍子了，天氣還並不冷。[67]

魯迅在一九一二年初寫了一則短篇故事，試圖勾勒一幅革命的景象。這場革命並未發生，但對革命的企盼和忐忑卻是如此真實。這篇魯迅未曾定名的故事（譯按：魯迅全集中題為〈懷舊〉），主要是從一個九歲孩子的角度來描述起義：他對事件的瞭解，部分出自他的觀察，部分則是從故事中兩個人物身上聽來的。其中一個是教他經書的先生，是個好賣弄學問又飽經世故的學究，人戲稱為「禿先生」。另一個是「王翁」，是孩子家的門房，為人有耐性又和氣，從前「長毛」逆賊（即一八六〇年代起兵作亂的太平軍，因太平軍拒從滿人蓄髮垂辮而得名）一度占領紹興城時，王翁還曾目睹。

某個夏日傍晚，一小撮人坐在屋外，驚聞「長毛且至」的消息。這個孩子自然瞭解，來的不可能是真正的太平軍，他們早在多年前就已殲滅、屍骨無存；只因他們和長毛同樣都是「髮逆」——無論是哪種髮逆。一提到他們將到來，就足以讓百姓嚇得魂飛魄散，不知所措。

余竊道上，人多於蟻陣，而人人悉函懼意，惘然而行。手多有挾持，或徒其手，王翁語余，蓋圖逃難者耳。中多何墟人，來奔蕪市，而蕪市居民則爭走何墟。王翁自云前經患難，止吾家勿倉皇。[68]

王翁的意見肯定是基於昔日的經驗。王翁對這個孩子說：「唉！長毛來，長毛來，長毛初來時良可恐耳，顧後則何有？」[69]然而，魯迅並未對這「老叟之聰慧」或類似的老調多所同情；我們從敘述者口中得知，從前王翁的父親因供輸家鄉的長毛逆賊而大發利市，後來王翁的父親和村民又攜鍬帶鋤，追捕潰敗的太平軍，爭相強奪落荒而逃的逆賊來不及帶走的賊贓。王翁對生存的看法與禿先生實無二致，魯迅在文中表露了這個看法，也流露他對傳統仕紳的輕蔑；終魯迅一生，他在作品裡一直反覆琢磨對腐儒的輕鄙：

人謂遍搜蕪市，當以我禿先生為第一智者。語良不誣。先生能處任何時世，而使己身無幾微之痡。故雖自盤古開闢天地後，代有戰爭殺伐治亂興衰，而仰聖先生一家，獨不殉難而亡，亦未從賊而死，綿綿至今，猶巍然擁皋比（即任教）為余頑弟子講七十而從心所欲不逾矩。若由今日天演家言之，或曰由宗祖之遺傳，顧自我言之，則非從讀書得來。70

到了最後，魯迅告訴我們，逆賊並沒有出現。或許，壓根就沒有甚麼逆賊，或者，這不過是劫後餘生的難民所散播的蜚言蜚語。時候不早了，語調也顯得有氣無力，孩子與奶媽回到臥房。她是個熱心腸的老傭人，名叫李媼。魯迅以一段夢囈來結束他第一篇重要的虛構作品，夢中髮逆顯然是暗喻中國、暗喻一九一一年：

雨益大，打窗前芭蕉巨葉，如蟹爬沙，余就枕上聽之，漸不聞。

「啊！先生！我下次用功矣……」

「啊！甚事？夢耶？……我之噩夢，亦為汝嚇破矣……夢耶？何夢？」李媼趨就余榻，拍余背者屢。

「夢耳……無之……媪何夢？」

「夢長毛耳……明日當為汝言，今夜將半，睡矣，睡矣。」71

註釋

1 魯迅著，楊憲益（Yang Hsien-yi）、戴乃迭（Gladys Yang）譯，《選集》（*Selected Works*），卷一，頁四一〇至四一一。「魯迅」是周樹人終身使用的筆名，有關魯迅的生平，見包華德與霍華德合編，《中華民國傳記辭典》，卷一，頁四一六至四二四。

2 魯迅對徐錫麟的評述，見魯迅著，楊憲益、戴乃迭譯，《選集》，卷一，頁四一四；對秋瑾的評述，見萊爾（William A. Lyell），《魯迅的現實觀》（*Lu Hsun's Vision of Reality*），頁八十三至八十四、一八三。

3 魯迅，《魯迅全集》，卷二，頁四〇五，據萊爾，《魯迅的現實觀》，頁四十七至四十八，以及李歐梵（Leo Ou-fan Lee），〈作家的誕生：關於魯迅教育經驗的註解，一八八一至一九〇九年〉（Genesis of a Writer: Notes on Lu Xun's Educational Experience, 1881-1909），頁一七〇、四二六、註四十五。嚴復關於赫胥黎（Huxley）的著作，見史華慈，《追求富強：嚴復與西方》，頁九十八至一一二。

4 夏志清（C. T. Hsia），〈作為新小說的鼓吹者嚴復和梁啟超〉（Yen Fu and Liang Ch'i-ch'ao as Advocates of New Fiction），頁二四四、註二十六，以及頁二四五、註二十八。李歐梵，《現代中國作家的浪漫主義世代》（*The Romantic Generation of Modern Chinese Writers*），頁五十一至五十六。魯迅早年的教育與與閱讀計畫，詳見周作人，《瓜豆集》，頁二一二至二二四。

5 夏志清，〈作為新小說的鼓吹者嚴復和梁啟超〉，頁二五六。

6 詳見萊爾，《魯迅的現實觀》，頁十二至二十、四十五至四十六。

7 夏志清，〈作為新小說的鼓吹者嚴復和梁啟超〉，頁二二二至二二三。

8 萊爾，《魯迅的現實觀》，頁六十五至六十八。魯迅論斯巴達，見《魯迅全集》，卷七，頁三七四至三八四。梁啟超在日本時的思想變化，詳見黃宗智，〈梁啟超：新民觀與明治日本的影響〉，頁八十一至九十五。

9 魯迅描述聆聽吳稚輝的演講，見《選集》，卷四，頁二七四。

10 魯迅著，楊憲益、戴乃迭譯，《選集》，卷一，頁四〇二。

11 包華德與霍華德合編，《中華民國傳記辭典》，卷一，頁三一九，論蔣介石；劉易士，《中國革命的序曲：湖南省觀念與制度的轉變》，頁九十八，論章炳麟；魯迅著，楊憲益、戴乃迭譯，《選集》，卷四，頁二七六，論黃興。

12 黃新秋（音）譯，《魯迅詩集》（*Poems of Lu Hsun*），頁一、六十一，亦可參考萊爾，《魯迅的現實觀》，頁五十六，以及李歐梵，〈作家的誕生：關於魯迅教育經驗的註解，一八八一至一九〇九年〉，頁一七三；有關「拉羅」，見萊爾，《魯迅的現實觀》，頁五十六、註十一。魯迅提及蓄留辮子不便一事，見魯迅著，楊憲益、戴乃迭譯，《選集》，卷四，頁二七六。

13 魯迅著，楊憲益、戴乃迭譯，《選集》，卷一、頁二，以及林毓生（Lin Yu-sheng），《中國意識的危機：五四時期激進的反傳統主義》（*The Crisis of Chinese Consciousness: Radical Antitraditionalism in the May Fourth Era*），頁一〇六。

14 林毓生，《中國意識的危機：五四時期激進的反傳統主義》，頁一〇九、註十一。

15 萊爾，《魯迅的現實觀》，頁二十。

16 林毓生，《中國意識的危機：五四時期激進的反傳統主義》，頁一〇八。從朱熹經梁啟超迄於毛澤東，有關「病」的一般性隱喻，見魏斐德，《歷史與意志：毛澤東思想的哲學透視》，頁三十五至三十七的探討。

17 魯迅的學習過程，見萊爾，《魯迅的現實觀》，頁七十二。

18 魯迅著，楊憲益、戴乃迭譯，《選集》，卷一，頁四〇七至四〇八。

19 前引書，卷一，頁三。

20 萊爾，《魯迅的現實觀》，頁三十二至三十三、頁九註二、頁一〇五。

21 伊愛蓮（Irene Eber），〈被壓迫民族的圖像及中國現代文學〉（Images of Oppressed Peoples and Modern Chinese Literature），頁一二九，及伊愛蓮，《遠方之聲：現代中國作家論被壓迫民族及其文學》（*Voices from Afar:*

Modern Chinese Writers on Oppressed Peoples and Their Literature），頁二十四至三十三。

22 萊爾，《魯迅的現實觀》，頁八十、八十六、九十一；伊愛蓮，〈被壓迫民族的圖像及中國現代文學〉，頁一三〇；韓南（Patrick Hanan），〈魯迅的小說技巧〉（The Technique of Lu Hsun's fiction），頁五十七至五十八。

23 魯迅著，楊憲益、戴乃迭譯，《選集》，卷四，頁二六七至二六八，有關他對章炳麟的總體印象；福格爾，〈中國史料中的種族和階級〉，頁三四七，討論魯迅與章炳麟的風格。嘉思特，《中國知識分子與辛亥革命》，第六章，詳細討論章炳麟對中國知識分子與辛亥革命的觀點。

24 引自伊愛蓮，〈被壓迫民族的圖像及中國現代文學〉，頁一三〇。

25 有許多學者曾探討過「摩羅」（Mara）詩人這個議題，其中包括福克瑪（D. W. Fokkema），〈魯迅：俄國文學的撞擊〉（Lu Xun: The Impact of Russian Literature），頁九十；李歐梵，〈作家的誕生：關於魯迅教育經驗的註解，一八八一至一九〇九年〉，頁一八一；彌爾斯（Harriet Mills），〈魯迅：文學與革命——從摩羅到馬克思〉（Lu Xun: Literature and Revolution—From Mara to Marx），頁一九二；以及萊爾，《魯迅的現實觀》，頁九十一至九十二。

26 魯迅：《魯迅全集》，卷一，頁四十一；彌爾斯，〈魯迅：文學與革命——從摩羅到馬克思〉，頁一九二，以及李歐梵，〈作家的誕生：關於魯迅教育經驗的註解，一八八一至一九〇九年〉，頁一八一。

27 彌爾斯，〈魯迅：文學與革命——從摩羅到馬克思〉，頁一九二。

28 前引書，頁一九二至一九四；引言，頁一九二、一九三。彌爾斯在頁一九四指出，魯迅在此體現了托爾斯泰思想。亦可參考萊爾，《魯迅的現實觀》，頁九十二至九十三。

29 萊爾，《魯迅的現實觀》，頁九十五至九十六；李歐梵，〈作家的誕生：關於魯迅教育經驗的註解，一八八一至一九〇九年〉，頁一四四、註二十一；周作人，《瓜豆集》，頁二三三至二三六；在東京分別賣出二十一與二十冊，分別印了一千與五百冊。預計出版的第三、四部夭折。魯迅原定使用瓦特思（George Watts）「希望」作品中的女人圖像作為《希望》期刊的封面，見藤井省三（Fujii Shozo），〈魯迅文學與哲學的根源〉，頁十至十二。

30 張灝，《梁啟超與中國思想的過渡，一八九〇至一九〇七年》，頁二二二至二二四；夏志清，〈作為新小說的鼓吹者嚴復和梁啟超〉，頁二五二至二五四，及二五二註四十四，論梁啟超與貝拉米。有關梁啟超與大同觀，見康有為，《康南海先生詩集》，卷一，頁三。

31 有關政聞社，見羅榮邦編，《康有為：傳記和綜論》，特別是頁二七三、註四十二；入江昭，〈輿論與外交政策〉，頁二二六至二二七，注意到與商人團體的關係。有關易名之議及其他團體，見艾曼妥瑪，〈西半球的華人政治，一八九三至一九一一年〉，頁二六九至二七〇、三〇三。

32 艾曼妥瑪，〈西半球的華人政治，一八九三至一九一一年〉，頁三〇〇至三〇一。

33 羅榮邦編，《康有為：傳記和綜論》，頁一九九、二七一註三十三及三十四；艾曼妥瑪，〈西半球的華人政治，一八九三至一九一一年〉，頁二八五至二八六，記康有為的洛杉磯之行，以及頁二九三至二九七與荷馬．李的交惡。康有為譜寫的歌，見蕭公權，《中國政治思想史》及《近代中國與新世界：康有為變法與大同思想研究》，頁二四二至二四三。亦可參考康有為，《康南海先生詩集》中的愛國詩作。

34 羅榮邦編，《康有為：傳記和綜論》，頁二〇七、二七三註三十九。

35 入江昭，〈輿論與外交政策〉，頁二二七、二三五；羅榮邦編，《康有為：傳記和綜論》，頁二七〇註三十二；艾曼妥瑪，〈西半球的華人政治，一八九三至一九一一年〉，頁二九九。

36 羅榮邦編，《康有為：傳記和綜論》，頁二一三，論康有為的政治主張；楊承恩（Ernest P. Young），〈謀叛的改良派：梁啟超與辛亥革命〉（The Reformer as a Conspirator: Liang Ch'i-ch'ao and the 1911 Revolution），頁二四三，論及清廷諭令查封政聞社對梁啟超的劇烈衝擊。

37 羅榮邦編，《康有為：傳記和綜論》，頁二〇〇。

38 前引書，頁二七二註三十七。

39 有關康有為資產的細節，見前引書，頁二〇二至二〇八、二一五。

40 前引書，記載康有為的遊歷。有關何旃理，見前引書，頁二一〇、二一四；蕭公權，《近代中國與新世界：康有為變法與大同思想研究》，頁十；李雲光，《康有為家書考釋》，頁二。

41 有關巴黎之行及熱氣球，參見康有為，《康南海先生詩集》，卷七，頁七十一至七十四；有關荷蘭及君士坦丁堡之行，見羅榮邦編，《康有為：傳記和綜論》，頁一九七、二一二。

42 康有為關於哭牆的長詩，見康有為，《康南海先生詩集》，卷十一、頁四十九至五十六。羅鄂文等，〈中國末代王朝的詩人與詩文〉，頁三五七至三五八。

43 周錫瑞（Joseph Esherick），《中國的改良與革命：辛亥革命在兩湖》（*Reform and Revolution in China: The 1911 Revolution in Hunan and Hubei*），頁五十八至六十五；包華德與霍華德合編，《中華民國傳記辭典》，卷三，頁二一一；劉易士，《中國革命的序曲：湖南省觀念與制度的轉變》，頁一八五至一九〇。

44 劉吉祥（K.S. Liew），《為民主而奮鬥：宋教仁與中國辛亥革命》（*Struggle for Democracy: Sung Chiao-jen and the 1911 Chinese Revolution*），頁六十一至六十五，有關計畫與經費的細節。這次行動是由宋教仁策畫的。

45 路康樂，《中國的共和革命：廣東個案研究，一八九五至一九一三年》，頁一一〇至一二一，以及包華德與霍華德合編，《中華民國傳記辭典》，卷二，頁一九四（「黃興」條）。

46 路康樂，《中國的共和革命：廣東個案研究，一八九五至一九一三年》，頁一八六至一八九，以及包華德與霍華德合編，《中華民國傳記辭典》，卷二，頁一九四。

47 路康樂，《中國的共和革命：廣東個案研究，一八九五至一九一三年》，頁一一四、一九六。

48 艾曼妥瑪，〈西半球的華人政治，一八九三至一九一一年〉，頁三四四至三四七，論孫中山勢力的擴張，以及頁三五九記華裔翻譯。

49 前引書，頁三七二至三七五。

50 路康樂，《中國的共和革命：廣東個案研究，一八九五至一九一三年》，頁一九七至二〇三；惠州的三合會等祕密會社，見謝文蓀（Winston Hsieh），〈三合會、鹽梟與地方作亂〉（Triads, Salt Smugglers, and Local

Uprisings），頁一四八、一六四。

51 有關辛亥革命的精粹分析，參見芮瑪麗在《革命中的中國：第一階段，一九〇〇至一九一三年》的導論。鐵路路權國有化政策，見費維愷（Albert Feuerwerker），《中國早期的工業化：盛宣懷（一八四四至一九一六年）與官辦企業》（*China's Early Industrialization: Sheng Hsuan-huai [1844-1916] and Mandarin Enterprise*），頁六十六至七十、八十至八十二；魏斐德，《中華帝國的崩潰》，頁二三七至二三九、二四七至二四八。有關晚清改良重鎮長沙的社會和經濟衝突，見羅森鮑姆（Arthur L. Rosenbaum），〈仕紳權力與一九一〇年長沙的搶米風潮〉（Gentry Power and the Changsha Rice Riot of 1910）；有關葉德輝在這場暴動中的角色，見前引文，頁六九七、七〇七。

52 有關武漢三鎮的起義及其政治社會背景，見周錫瑞，《中國的改良與革命：辛亥革命在兩湖》，第六章；有關這場革命的每日情事，見達特（Vidya Prakash Dutt），〈革命的頭一週：武昌起義〉（The First Week of Revolution: The Wuchang Uprising）。

53 有關廣西的革命情勢，見包華德與霍華德合編，《中華民國傳記辭典》，卷二，頁四四七（「陸榮廷」條），及李友華（Diana Lary），《地區與國家：中國政治中的桂系，一九二五至一九三七年》（*Region and Nation: The Kwangsi Clique in Chinese Politics, 1925-1937*），頁二十七至二十九；雲南部分，見包華德與霍華德合編，《中華民國傳記辭典》，卷三，頁二八六（「蔡鍔」條）。

54 有關湖南部分，見包華德與霍華德合編，《中華民國傳記辭典》，卷三，頁二二一（「譚延闓」條）；麥克唐納，《農村革命的城市根源：中國湖南的菁英與民眾，一九一一至一九二七年》，頁二十二至二十四。湖北部分，見包華德與霍華德合編，《中華民國傳記辭典》，卷二，頁三四六（「黎元洪」條）；達特，〈革命的頭一週：武昌起義〉，頁四〇四至四一三。上海、浙江部分，見蘭欽，《中國早期的革命家：上海和浙江的激進知識分子，一九〇二年至一九一一年》，頁一九八、二一〇、二一七。齊錫生（Ch'i Hsi-sheng），《中國的軍閥政治，一九一六至一九二八年》（*Warlord Politics in China, 1916-1928*），第一章，分析地方割據現象的蔓延。

55 有關蔣介石，參見羅必恭（Pichon P. Y. Loh），《蔣介石之初：其人格與政治的研究，一八八七至一九二四年》（*The Early Chiang Kai-shek: A Study of His Personality and Politics, 1887-1924*），頁二十至二十六；蘭欽，《中國早期的革命家：上海和浙江的激進知識分子，一九〇二至一九一一年》，頁二二一、二九七註三十九，以及羅必恭，《蔣介石之初：其人格與政治的研究，一八八七至一九二四年》，探討蔣介石自動請纓協助陳其美暗殺光復會的要角。毛澤東在長沙的活動，見施拉姆（Stuart Schram），《毛澤東傳》（*Mao Ze-tung*），頁三十二至三十四。

56 見楊承恩，〈袁世凱的總統之路〉（Yuan Shih-k'ai's Rise to the Presidency）。亦可參見麥金農（Stephen R. Mackinnon），〈北洋軍：袁世凱與現代中國軍閥主義的根源〉（The Peiyang Army: Yuan Shih-k'ai and the Origins of Modern Chinese Warlordism），頁四一九，論及軍閥軍隊司空見慣的逃兵現象及政治意識的闕如。

57 康有為，《康南海先生詩集》，卷十二，頁十九、三十二。

58 轉引自丁文江編，《梁任公先生年譜長編初稿》，頁三四二。

59 蕭公權，《近代中國與新世界：康有為變法與大同思想研究》，頁二四六，及丁文江編，《梁任公先生年譜長編初稿》，頁三四二。

60 羅榮邦編，《康有為：傳記和綜論》，頁二一八。

61 丁文江編，《梁任公先生年譜長編初稿》，頁三三九。

62 羅榮邦編，《康有為：傳記和綜論》，頁二一九，及蕭公權，《近代中國與新世界：康有為變法與大同思想研究》，頁二四七。

63 楊承恩，〈謀叛的改良派：梁啟超與辛亥革命〉，頁二四九至二五九，論華北的兵變及友人的來訪；前引文，頁二五九至二六五，記南方的計畫；亦可參見丁文江編，《梁任公先生年譜長編初稿》，頁三四四至三四五。

64 康有為的建議，見蕭公權，《近代中國與新世界：康有為變法與大同思想研究》，頁二四七至二四八；根據梁啟超的門生丁文江記載，康梁的分裂是發生在一九一二年的四月或五月。

65 丁文江編，《梁任公先生年譜長編初稿》，頁四〇六，信函的日期是一九一二年十月八日。

66 蘭欽，《中國早期的革命家：上海和浙江的激進知識分子，一九〇二至一九一一年》，頁二一四至二一九。

67 魯迅著，楊憲益、戴乃迭譯，《選集》，卷一，頁四一六。有關紹興的社會結構，及魯迅對紹興的印象，見柯爾（James Cole），〈紹興關係網絡：晚清中國的垂直行政集團〉（The Shaoxing Connection: A Vertical Administrative Clique of Late Qing China）。

68 譯文見萊爾，《魯迅的現實觀》，頁三二二。普實克（Jaroslav Prusek）亦曾分析這篇由魯迅的弟弟在日後題為〈懷舊〉的故事，普實克稱之為「純粹的」（pure）與「診療的」個案研究，見普實克，〈魯迅的懷舊〉（Lu Hsun's Huai-chiu），頁一七〇。

69 萊爾，《魯迅的現實觀》，頁三二五。

70 前引書，頁三二一。

71 前引書，頁三二七。

第四章　遠處的天空

與魯迅故事中的孩子年齡相若，沈從文一九一一年時也是九歲，同樣是聆聽引人入勝的髮逆故事長大（沈從文的祖父曾與長毛臨兵接戰，沈父也樂道長毛的故事）。但當革命洪流席捲他的家鄉湘西的鳳凰縣時，實際境況遠超乎先前所有的稗官野史。[1] 起初，這個孩子只是單純覺得家裡人來人往多過平常，且個個形色匆匆；後來又瞧見父親擦槍、叔父磨刀，每個人說起話來結巴焦躁、蠢蠢欲動；還眼看著哥哥、弟弟、姊妹同保母被送往鄉下。雖然他不明白誰與誰相殺、為何殺，但某晚父親出門，翌日清晨回家後，一言不發，垂著頭坐在太師椅上，他知道情形不妙。

這個孩子聽叔父說市集廣場堆了四百顆人頭，衙門外還吊著一串串長繩串起的人耳朵，是其他的行刑稽證。[2] 人頭、血汙成為孩子對這個時期的主要記憶，因為父親一得知廣場上示眾人頭沒有自家親戚，街上鋪子重新開門營業，群眾開始上街看熱鬧，便問孩子怕不怕和他上街瞧瞧。沈從文說他不怕。沈從文日後追憶：

於是就在道尹衙門口平地上看到了一大堆骯髒血汙人頭，還有衙門口鹿角上、轅門上，也無處不是人頭。從邊城取回的幾架雲梯，全用新竹子作成（就是把這新從山中砍來的竹子，橫橫的貫了許多木棍），雲梯木棍上也懸掛許多人頭。看到這些東西我實在稀奇，我不明白為什麼要殺那麼多人，我不明白這些人因什麼事就被把頭割下。我隨後又發現了那一串耳朵，那麼一串東西，一生再也不容易見到過的古怪東西！叔父問我：「小東西你怕不怕？」我回答得極好，我說：「不怕。」我聽了多少殺仗的故事，總說是：「人頭如山血流成河。」看戲時也總說是：「千軍萬馬分個勝敗。」卻除了從戲臺上間或演奏秦瓊哭頭時可看到一個木人頭放在朱紅盤子裡，此外就不曾看到過一次真的殺仗砍下什麼人頭，現在卻有那麼一大堆血淋淋的從人頭脖子上砍下的東西。我並不怕，可不明白為什麼這些人就讓士兵砍他們，有點疑心，以為這一定有了錯誤。

為什麼他們被砍，砍他們的人又為什麼？心中許多疑問，回到家時問爸爸，爸爸只說這是「造反」，也不能給我一個滿意的答覆。[3]

我們只消把當時的點點滴滴和隨之而來的殺戮拼湊在一起，便可推斷沈從文的父親曾夥同族人、地方仕紳，聯合當地苗人的力量，圖謀架雲梯猛攻鳳凰縣城牆，占領官署，驅逐朝廷派駐的縣令。謀叛不成，挫敗的仕紳佯稱自己只是苗族村人釁叛的無辜旁觀者，還若無其事眼睜睜看著苗人一再被圍捕、伏誅。沈從文感概說：

到後來太多了，彷彿凡是西北苗鄉捉來的人皆得殺頭。衙門方面把文書稟告到撫臺時大致說的就是苗人造反，因此照規矩還得剷平這一片地面上的人民。捉來的人一多，被殺的頭腦簡單異常，無法自脫，但殺人那一方面卻似乎有點寒了心。幾個本地有力的紳士，也就是暗地裡同城外人講通卻不為官方知道的人便一同向憲臺請求有一個限制，經過一番選擇，該殺的殺，該放的放。每天捉來的人既有一百兩百，差不多全是無辜的農民，既不能全部開釋，也不忍全部殺頭，因此選擇的手續，便委託了本地人民所敬信的天王，把犯人牽到天王廟大殿前，在神前擲一竹茭，一仰一覆的順茭，開釋；雙仰的陽茭，開釋；雙覆的陰茭，殺頭。生死取決於一擲，應死的自己向左走去，該活的自己向右去。一個人在一分賭博上既佔去便宜三分之二，因此死的誰也不說話，就低下頭走去。[4]

沈從文如此不帶情緒地平鋪直述這段聳人聽聞的屠戮畫面，可不是事後的裝腔作勢。他的成長地鳳凰縣，就座落於湖南西部，緊鄰四川、貴州，就如傳統的中國農村，對於暴力早司空見慣。鳳凰縣地勢高山峻嶺，森林茂密，河流湍急，移入的漢族常與在地苗人爭奪土地。世居鳳凰縣的漢人家族通常選擇入伍從軍，沈家男丁自然也不例外。沈從文入當地學塾受了幾年童蒙教育，但總愛在上學時偷閒到街上、溪邊晃蕩，看工匠幹活，觀察蜿蜒溪水、山陵聳立的自然景致。他曾目不轉睛、一小時接著一小時，注視屠宰場裡可憐的牲畜被宰殺；細看當地監獄裡的犯人銬著腳鐐，舉步維艱地走出牢房，開始一天的粗活；和鄰家小孩呼朋引伴到刑場嬉戲。[5]

象徵現代化變遷的輪船、火車、電力在華東隨處可見，在鳳凰縣可是相當稀奇；跟長沙相較，鳳凰縣也是自成一格的迥異世界。一九〇八年代的長沙，新式學堂林立，一九〇五年後，同盟會十分活耀。鳳凰縣百姓，唯有透過鳳凰縣人熊希齡的權貴家族才能一窺外面的世界。沈從文的姨媽就是嫁入熊家。熊希齡是長沙新式學堂的活躍分子，曾追隨赴歐美考察外國憲政制度的五大臣放洋，返國之後與流亡日本的梁啟超保持密切聯繫。[6]歐洲文化滲透進湘西的明證，具體而微地映現在熊家人身上：熊希齡的四弟（熊希靜）命人為自己畫了一幅仿拿破崙身穿戎裝的騎馬肖像，懸掛在宅邸（妻子〔田應弼〕也仿約瑟芬的打扮畫了一幅肖像）。熊希齡的公館藏了一套林紓翻譯的狄更斯（Dickens）作品，沈從文發現之後喜出望外。[7]

沈父奔走大江南北，想必對外國火器的強大威力了然於胸：一九〇〇年華北爆發義和團之亂，時值沈父官拜大沽提督（羅榮光）的稗將，負責拱衛北京的海上門戶。義和團圍攻北京外國使館區之後，列強紛紛籌組軍隊前往馳援；八國聯軍擊潰駐守大沽的清兵，羅提督自盡殉職。沈父在實戰中雖毫髮無傷，還是被迫含憤抑鬱地解甲歸田。[8]沒有證據顯示沈父曾採取排滿立場，但當革命風潮自長沙鋪天蓋地而來，並於一九一二年三月波及湘西山區，沈父也側身鳳凰縣的權貴顯要間，登上講壇盛讚新共和，痛斥前清知縣。這是個始料未及的結果，各處白旗蔽日，旗上醒目寫個斗大的「漢」字（正如五年前秋瑾的預想）。然而，沈從文的回憶卻充滿了苦澀，沈父出馬角逐長沙會議代表失利；落選後，無地自容、憤憤不平，負氣離家出走，重返北京，試圖找回軍旅生涯的第二春。此去闊別十二年，父子兩人才再見。

父親離家出走之後，沈從文漸漸感受到革命帶給鳳凰縣的變化。軍隊生活、漢人對少數苗族的宰制、民國官員的官場儀式，全一如往常；最大的變化是，沈從文注意到，鳳凰縣權貴家族已把持縣知事和鎮守使的職位。依據前清律例，這類官職理應調派外省人擔任。改朝換代邁入民國時期，當地顯貴盤據要津、鞏固權力結構，升斗小民開始感受到顯貴家族的恃強凌弱。[9]沈家在這時移勢易的變化中家道衰微，沈從文雖心有不甘，但也無力回天，就如同他無法抹滅記憶裡成千農民被殺的景象。為謀出路，沈從文斷斷續續讀了幾年書，便投入湘西當地一支小型軍隊。就如同成千上萬的中國青年，沈從文在軍隊裡，不得不面對中央權力消蝕、中國不知不覺地滑向軍閥割據的現實。

在紹興，置身革命洪流中的魯迅也有股空虛感。他記錄的一個小事件可看作未來十年中國杌隉不安的縮影。一九一二年，紹興肇建的革命政府委派魯迅擔任當地一所中學的監學。魯迅也順應時代潮流，催生了一份學校報紙。幾星期內，學生紛紛向報紙投稿，抨擊紹興新任都督王金發的某些政策。其他多數官員也難逃一番筆伐，友人、姘婦同遭池魚之殃。幾天內，王金發貽贈各學生領袖五百大洋，學生領袖收下這筆錢，並告訴魯迅，他們認為是都督購買報紙股份的錢。收了錢，學生還是依然故我撻伐官員的專擅濫權。這回，王金發調兵遣將搗毀報社辦公室，毆打報社員工，有位報紙的支持者還被刺傷。魯迅語帶譏諷地說道：

他（指被刺傷的德清）大怒了。自然，這是很有些痛的。怪他不得。他大怒之後，脫下衣服，照了一張照片，以顯示一寸來寬的刀傷，並且作一篇文章敘述情形，向各處分送，宣傳軍政府的橫暴。我想，這種照片現在是大約未必還有人收藏著了，尺寸太小，刀傷縮小到幾乎等於無，如果不加說明，看見的人一定以為是帶些瘋氣的風流人物的裸體照片。[10]

這樁事件縱然略帶「風流、瘋氣」，還是深刻蘊含了言論自由、腐化、暴力等重要議題；若聚焦到全國的場景，也恰恰是影響中國近代史發展最具關鍵性的因素。

隨著滿清末代皇帝退位，孫中山辭去總統之職，一九一二年二月，袁世凱獲推舉為中國民國臨時大總統。他應孫中山之請在南京舉行就職大典，同時孫中山在各省議會的支持代表也表決將南京定為中華民國首都。此舉已不純粹是象徵意義，南京本為孫中山的權力中樞，距袁世凱轄下的北洋軍地盤天高皇帝遠，同時南京蘊含豐富的歷史寓意，本是十四世紀明朝開國之初的國都。然而遷都一事遭逢相當大的阻力，多數外國使節團也群起反對定都南京。二月底駐防北京的軍隊又發生多起譁變，袁世凱遂以穩定軍心為由續留北京，堅持讓總統就職大典就近舉行。就職大典於三月十日在北京舉行，遂罷遷都南京之議。[11]

遷都未果，擁孫者試圖透過頒布《臨時約法》，將國家大權收攏在國務總理的職權，以箝制袁世凱的勢力。國務總理是由國會參、眾議院多數黨組成內閣，再推舉產生。如此一來，總統傾向虛位化，而非國家實質上最高的行政首長。為了實現這個政治構想，先前的同盟會重新改組成能包容更廣泛基礎的政黨，起名為「國民黨」，康有為也一度有意以「國民黨」為自己的組織命名。

這個新興政黨最有實力的人物是宋教仁。他年紀輕輕，卻是同盟會元老。留學日本修習法律，曾於一九〇七年策動滿洲地區的盜匪舉事。除了一九一一年參與廣州起義，同年夏天，還參與籌建同盟會中部總會的工作。宋教仁精力充沛、意志堅韌，不拘小節，不僅全權擘畫國民黨的全黨競選活動，還親自下海在家鄉湖南角逐選舉。宋教仁痛斥袁世凱一手獨攬大權，大聲疾呼約束袁世凱的權力，期盼中國締造真正的民主共和體制。大選期間，孫中山的角色無足輕重，新興國民黨主要是在宋教仁的領導下，於一九一三年二月舉行的全國大選中大獲全勝，擊敗其他主要政黨，在眾議院五百九十六個席次中贏得兩百六十九席，並囊括參議院的絕對多數。躊躇滿志的宋教仁，雖年僅三十，已公認是中國新任國務總理最有可能的人選；不料卻在一九一三年三月二十日準備搭火車前往北京就任國會新職、在上海車站候車時，遇刺身亡。[12]

這樁謀殺事件縱使舉國譁然，且有證據顯示袁世凱暗中唆使行兇，仍有不少政治人物樂著趁國民黨狼狽不堪之時，從中謀利。其中最具代表性的政黨，是三個小黨（共和、民主、統一三黨）在一九一三年大選失利後合併而成的進步黨。知識分子梁啟超是進步黨中最具號召力的人物。民主黨在大選中一敗塗地，梁啟超非常失望，誠如他在宋教仁遇刺前兩天寫給女兒的信中說道：「吾黨敗矣！吾心力交瘁，無如此社會何？吾甚悔吾歸也。吾復有他種刺心之事，不能為汝告者。吾心緒惡極，仍不能不作報中文字，為若乃不可告狀。執筆兩小時乃不成一字，頃天將曙，兀兀枯坐而已。」[13] 梁啟超的黯然，一如沈從文的父親，顯示面對首次全國大選，仍有不少中國人無法將不可避免的政黨挫敗和個人榮辱、面子問題分開來看。這相當印證了康有為的看法；他認為中國還不具備實施民主政體的條件。另一方面，梁啟超也深信對手政黨在競選過程中為求勝選，不惜動用暴力和行賄手段，自此他對孫中山沒什麼好感，日後更默然坐視袁世凱打擊國民黨的各種動作。[14]

梁啟超昔日長沙改良派陣營的同志熊希齡，早在一九一二年就被延攬入臨時內閣擔任財政總長，想必也是心有戚戚焉。一九一三年春，袁世凱強行向外國銀行團舉債兩千五百萬鎊，所謂「善後大借款」。進步黨支持袁世凱的政策；國民黨卻堅決反對，唯恐此舉讓中國新政權牢牢受制於外國財團。袁世凱憤而禁止國民黨一切政治活動，廢黜支持國民黨的各省都督，拔擢熊希齡出任國務總理，並派遣麾下兩支精銳之師直搗國民黨大本營南京城。

雙方激戰後，南京在一九一三年九月一日陷落。不到兩週，熊希齡即刻組成新內閣，成員包括司法總長梁啟超。十月初，熊內閣操控國會，制定新的總統選舉法，認可袁世凱作為中華民國總統的效力。十一月初，熊內閣又副署袁世凱的命令，取消國民黨國會議員的資格，大肆搜捕仍駐留北京的國民黨員。一直以來奔走串連各省尋求支持的孫中山，眼見軍事反制手段無望，遂於一九一三年十二月逸走日本尋求政治庇護。[15]

梁啟超自始至終為道德原則和立憲改革奮鬥，此刻幡然醒悟自己已捲入錯綜複雜的政治糾葛。人們或可指責當初反對袁世凱、宣布脫離中央政府的各省都督，愧對人民的託付；也可辯稱經過正式選舉產生的國會，已然確證袁世凱的總統合法性；當然更可說熊希齡內閣有眾多財政、司法、行政要務尚待處理，縱使國民黨籍議員去職，國會是熊內閣得以運作的唯一殿堂。袁世凱於一九一四年一月解散殘餘的國會，梁啟超內心對於是否應在袁世凱的國務院效命，想必十分掙扎。最後，他選擇繼續為袁世凱效力（即使漸生狐疑），直到袁世凱揭露最終的政治陰謀：登基稱帝。[16]

袁世凱稱帝的背後動機十分複雜，其中有他個人的野心作祟，他也認為實施君主制，或許就能解決新政府面臨的合法性和財政入不敷出的棘手問題。但他無法瞭解，群眾合法抒發的不平之鳴，不盡然在攻擊他個人，結果導致整個選舉制度蕩然無存；處於半獨立狀態的各省，與省以下地方政府之間難分難解的交涉斡旋，顯示一體的財政計畫或稅收制度確實難以統籌。袁世凱朝思暮想締造一個中央極權的政府，並透過軍事和教育改革提振中國國力，然而實施此類改革政策，所費不貲，如徵稅支應這些改革政策，又會引發菁英階層、城鄉窮黎的民怨沸騰，因為稅收大多由菁英繳納、城鄉窮黎感受不到改革的好處。[17]果不其然，各省群起反對，使袁世凱愈發相信唯有向外國舉債，才是自救之道。然而英、法、德、俄諸國，尤其在一九一四年七月歐戰爆發之後，已無餘力再貸款給中國。日本於是成為一枝獨秀支配中國的外國勢力。日本政府起初不看好中國能建立共和體制，但隨即意識到，藉著提供大筆貸款，可交換到中國領土，獨攬中國內地的經濟特權，趁機謀利。隨著袁世凱需錢孔急，日本政府提出的條件愈是苛刻。最後，日本政府於一九一五年五月七日提出所謂的「二十一條要求」，漫天要價索求滿洲、山東、長江流域的經濟特權，享有在滿洲租借農耕地及定居並擁有治外法權的權利，以及讓日本警察進駐中國領土。儘管舉國義憤填膺，政府也步步為營與日本政府討價還價，鬆綁苛刻的條件，袁世凱還是屈從於日本政府的壓力；弔詭的是，這段插曲讓袁世凱更下定決心恢復君主制度，自己登基當皇帝，以強化中央統治權。[18]

就某些層面來說，康有為的論點與袁世凱稱帝的方向若合符節，康有為早已不厭其煩地提出告誡，中國發展到現階段，採行共和體制並不實際。在題為〈中國不能逃中南美之形勢〉一文中，康有為又不斷鼓吹他所謂的「虛君共和」體制。在他創辦的一份刊物（取了一個悲天憫人的刊名《不忍》），他大聲疾呼倡議定孔教為國教，藉以永續中國人的信仰；袁世凱確有尊孔崇禮之思，甚至親赴前清天壇主持祭天儀式。這時居日本而觀中國的康有為，更能深刻體認中國國力的萎靡不振。他提出警告，過度依賴對外舉債，恐有失自主性之虞，實施聯邦制度，形同揠苗助長；方今中國對自己的文化棄之如敝屣而豔羨西方文明，將陷中國文化於萬劫不復；被盜匪、乞丐蛇鼠一窩把持的中央政府，可能喪失西藏、蒙古、新疆、滿洲這些邊陲要地。[19]

康有為終於在一九一三年十二月返回中國。這時孫中山被迫再次流亡海外，二度避走日本，可說是非刻意安排、但極盡諷刺的巧合。康有為回國，是要將八十三歲辭世的母親安葬在廣東康家的墓園。康母靈柩暫厝澳門十餘年，康有為此行有意將母親與殉難的胞弟康廣仁的遺體一起安葬。而康廣仁的死訊，康母至死都被蒙在鼓裡。一九一四年初，北京政府明令褒揚康廣仁、譚嗣同及戊戌變法另外四位罹難者，並詳記勳業以傳後世；但若袁世凱認為此舉可攏絡康有為，那他可要大失所望了。袁世凱有意延攬康有為替北京政府效命，康有為予以婉拒，反倒賃居上海，繼續過著述立說的日子；不過是年，康有為的姐姐及他那中美合璧、一路相伴的妙齡夫人相繼撒手人寰，讓他本已抑鬱的情緒更為低落。[20]

一九一二至一四年間，就目前所知，康有為、梁啟超二人之間並未密切聯繫，但對於袁世凱於一九一五年肆無忌憚恢復帝制，兩人不約而同勃然大怒，公開抨擊袁世凱。兩人都把倒袁的希望寄託在前維新派的同志、控制雲貴兩省的軍事強人蔡鍔身上；康有為手書長信一封，敦促蔡鍔揮師四川，據四川以作為護國軍的大本營。康有為寫道，以四川豐饒的物產為後盾，輔以改良的財政體制，並尊奉孔家教義，蔡鍔將軍定能一舉扳倒袁世凱。

有鑑於東南各省是倒袁勢力的重鎮，又有幾個工人、志願團體願意為暗殺袁的親信慷慨赴義，梁啟超也在廣東招兵買馬籌組武裝力量，響應蔡鍔將軍。雖然蔡鍔並未連根刨除袁世凱的權力，但他在西部和華中一帶贏了幾場勝戰，大大削弱袁的氣勢。[21]

這麼一來，梁、康原先不斷呼籲中國應避免步上殘酷的軍閥政治，但到頭來兩人都捲了進去。一九一六年中，袁世凱在羞憤、沮喪中一命嗚呼，結束了這場稱帝危機；依據一九一三年的《臨時約法》，袁世凱逝世後由副總統（黎元洪）繼任，一九一四年解散的國會也重新開議，但中國積弱不振的中央領導權威和財政依然如故。一九一六年初，康有為致函華中另一軍閥、袁世凱拔擢為長江巡閱使的張勳，指出袁世凱預備稱帝乃是中國存亡之秋的時刻；「而清室絕續之關也。」康有為問道：「將軍豈有意乎？」[22]康有為的暗示昭然若揭。張勳一向效忠清室，人盡皆知。義和團事件期間，張勳因有功於清廷，得到慈禧太后的大力褒揚。一九一一年，張勳奉清廷之命頑強拱衛南京城，抗擊革命黨人，後雖功敗垂成，還是受到袁世凱大力獎掖，保留了大部分軍隊。一九一三年夏，張勳出兵攻占南京城，驅逐國民黨勢力。其間，張勳不改蓄髮垂辮的打扮，還命全軍隨他留辮子。一九一六年整年，康有為都與張勳維持密切的聯繫。或許他從張勳身上看到對清室的忠心耿耿，就如同他念念不忘光緒皇帝；或許他也瞭解到，這是他力挽狂瀾、拯救中國於倒懸的最後契機。

張勳司馬昭之心路人皆知，連中學師生都撰文賦詩譴責。例如日後中華人民共和國總理周恩來，這時才十八歲，還是天津南開師範中學的學生。他最早為人津津樂道的作品是首控訴詩。因為直接批判軍閥恐招殺身之禍，詩句筆調閃爍，所題日期是一九一六年九月：

茫茫大陸起風雲，舉國昏沉豈足云。
最是傷心秋又到，蟲聲唧唧不堪聞。[23]

期待從頹唐國事中創造政治資本的孫中山，於一九一六年夏自日本返抵上海。這時的國民黨已經過改造，更名為層層節制、紀律嚴明的「中華革命黨」。身為黨主席的孫中山，目標是整合討伐軍人干政的各股勢力，組成聯盟，恢復斲喪的憲法意義，重新賦予中國已然崩離的共和政體合法性。但無論是孫中山或者示威的學生群眾，都無法左右軍閥當政的形態。一九一七年六月中旬，張勳將軍領兵進入北京城。在張勳的邀請下，康有為在六月二十七日坐火車返回北京。他懷著濃烈的鄉愁凝望熟悉的建築物、城牆、宮殿，這些景物自從一八九八年出走中國，他就再也無緣一睹。雨過天青，沐浴在暮色中的建築顯得格外金碧輝煌。[24]幽居紫禁城內的遜帝溥儀已經十一歲，和老師、家人一起生活，而民國政府繼續提供優渥的歲用。此後四天，張勳開始與廢帝溥儀商議，康有為則前往他過去覲見光緒帝的夏宮頤和園遊賞，並造訪孔廟和萬牲園。七月一日，張勳宣布溥儀復辟，延攬康有為入「朝」為官。在一首佚脫不全的詩裡，康有為喜不自勝，喝采這一刻的降臨，大意是：

歷經六載頹唐，隨著大清龍旗再度飄揚，天下終歸太平。[25]

康有為官拜弼德院副院長。猶如一八九八年的百日維新，康有為草擬大量聖諭和敕令，推行強化官僚體系的改革政策，將中國改造成生機勃勃的君主立憲政體。這時，康有為心儀的典範儼然是一六六〇年的英國制度。隨著克倫威爾辭世，查理二世復辟，代表歷經了共和還是有可能建立井然有序的君主立憲政體。[26]但是康有為的「虛君共和」理念，唯有在強勢而獨立的國會護持下，才能發揮作用。張勳和溥儀身旁一班顧問心裡盤算的是摒棄所有共和形式，全然復辟皇帝權力。康有為於是被拒於權力核心之外，漸感失望；舉國上下對這場復辟發出聲討的巨浪，原本承諾支持張勳的各地軍閥也見風轉舵。當月，康有為賦詩一首，引文中如實刻畫這場復辟的結局：

十八日，南苑飛機隊潘世恩、尉遲良從飛機投炸彈於宮中，斃三人。宮廷大震，醇王於十九曉召入吾，曾賞禁城二人肩輿，不及候，徒行入東華門，已閉，久叩之，守兵觀冠服乃應門。則殿廷闃然。醇王命商外使，相對悽慘，外使許保宮禁。托澤公復命，遂留使館。[27]

這就是結局，反對張勳的聲浪排山倒海而來，整座北京城處處可聞敵軍火炮隆隆作響。康有為靜靜坐在美國公使館內，讀著他考據孔子《春秋》的書稿。[28]

在一九一四至一七年間，康有為、梁啟超曾與五十餘位軍官交涉或書信往返。他們大抵是軍閥世界裡頭角崢嶸的人物，擁兵千萬，宛若獨立王國般雄踞一方。這些軍人的出身背景形形色色。有的循滿清武備學堂發跡，效命於袁世凱麾下的北洋軍；有的在日本參謀學校受訓或曾與日軍同赴戰場；少部分人留學德國軍事學校。這些軍官有的是清廷招安來的土匪，有同盟會、光復會的黨人，有隸屬大通學堂這類激進組織的武裝勢力，有的報效清廷甘為犬馬，有的先是投到袁世凱麾下反抗清廷、嗣後鎮壓共和勢力，有的堅定不移擁護孫中山或孫旗下的軍官。儘管行動各有盤算，大都懷有強烈的民族精神。其中少數軍人甚至是基督徒。他們渴望追求高官厚爵，成為總統、國務總理、內閣閣員、都督。有的如願以償（儘管任期不長）；有的但求盤據一方，靠走私鴉片、收過路費、壓榨農民充盈財庫，或半合法投靠其他軍隊、地方政府。[29]

至於低階軍人的生活，沈從文筆下描繪得栩栩如生。他孩提時代即被引入革命的世界，十幾歲入伍從軍，在湘西家鄉一支小軍隊擔任司令的衛隊、文書兵；就像之前、爾後的其他人，無論何時、何地，沈從文發現除了難以預料的暴力，軍隊生活枯燥乏味。湖南士兵的主要任務就是養活自己和部隊長官，捍衛地盤，防止土匪劫掠。他們通常駐紮在小市鎮，以寺廟祠堂或其他公家建築物為營。伙食簡單但不虞匱乏；日常操練，但槍枝彈藥奇缺，從不實彈演習。軍餉不高，每月三、四元錢，還供應必要的伙食。軍事教育有限，偶爾講解愛國主義和軍官守則；軍營裡文盲充斥，粗通文墨者即能獲不次拔擢。然而詭奇的是，營中也不乏飽讀詩書的老一輩文人，所以年輕的沈從文在軍營裡養成寫書法的終身嗜好。軍營裡嚴禁與駐地女人勾搭，但可以逛窯子、上賭場、進酒館解悶，看人行刑砍頭，也算一種娛樂。

行刑殺人很受士兵歡迎，起因於殺人之後劊子手就可以在市集屠場上割幾斤肉回營，大伙吃吃喝喝、大笑大鬧一場。被處決者若是逃兵，那就更樂不可支了，可帶給部隊一筆賞錢。處決最多的，是鄉勇從鄰近山區和村莊捉到的土匪（偶爾也有女人）；到底是不是土匪，營裡士兵往往不明究理，便在市集之日人群萬頭鑽動時，當眾處決。處決前，囚犯在獄中往往會遭到嚴刑拷打，臨刑前的表現總會成為士兵茶餘飯後談論的話題——哪些犯人爽快俐落，哪些犯人令人瞧不起。根據沈從文自傳的記載，這種處決是家常便飯；平靜的月份就要殺個二、三十人，若逢土匪作亂或「清鄉」期間，更可能高達幾百、甚至兩、三千人。反過來，土匪也會伏擊執勤中的巡邏隊伍（因為極少外出巡邏！），或者劫掠商賈和外國傳教士；這時不是付贖金保命，就是命喪黃泉。偶爾也可能遭遇伏擊全軍覆沒，例如沈從文之前服役的部隊就全數被殲滅。[30]

沈從文在自傳中〈一個大王〉的章節，勾勒出一個遠離全國舞台、但令人難以忘懷的小衝突。文中記述沈從文在湘西與司令官招安來的土匪頭子劉雲亭的交往過程。自從洗心革面加入正規部隊之後，劉雲亭向來克盡職守，深得司令官信任。直到劉雲亭誘姦鄰軍關押的女土匪，並助她逃獄，兩人還計畫重操舊業嘯聚山林。後來東窗事發，女土匪被處決。幾天後，正當劉雲亭在同一護照填了自己和沈從文的姓名，準備和沈從文動身離營時，司令官下令將他逮捕。沈從文描述劉雲亭如何低聲下氣向張司令官求饒，並遭拒絕。下面是章節的最後一段：

那大王聽司令官說過一番話後，便不再喊公道了，就向兩樓的人送了一個微笑，忽然顯得從從容容了，「好好，司令官，謝謝你幾年來照顧，兄弟們再見，兄弟們再見。」一會而又說：「司令官你真做夢，別人花六千塊錢運動我刺殺你，我還不幹！」

司令官彷彿聽不到，把頭掉向一邊，囑咐副官買副好點棺木。於是這大王就被擁簇出了大門，從此不再見了。我當天下午依然上了船。我那護照上原有兩個人的姓名，大王那一個臨時用朱筆塗去，這護照一直隨同我經過了無數惡灘，五天後到了保靖，方送到副官處去繳銷。

至於那溫文爾雅、才智不凡的張司令官，同另外幾個差兵，則三年後在湘西辰州地方，被一個姓田的部屬客客氣氣請去吃酒，進到辰州考棚二門裡，連同四個轎夫，當歡迎喇叭還未吹畢時，一起被機關槍打死。所有屍身隨即被浸漬在陰溝裡，直到兩月事平後方清出屍骸葬埋。

刺他的部屬田旅長，也很湊巧，一年後又依然在那地方，被湖南主席葉開鑫派另一個部隊長官，用請客方法，在文廟前面夾道中刺死。[31]

這段洗練的文字，恰如其分傳達沈從文和其他人日漸習慣了冤冤相報。暴力相向在十九世紀早俯拾皆是，在一九一一年之後似乎更加血腥惡化。

康有為估計，中國革命頭兩年的死亡人數達兩千萬。這份統計數字得自日本人的資料，或有誇大之嫌。日本人自有誇大中國死亡人數的理由：隨著日本人在中國、滿洲的政治和經濟投資日增，中國人愈是自相殘殺，日本人就愈能理直氣壯地以維護秩序和啟蒙者自居。縱然死亡人數只有日本人估算的十分之一，也高得令人心灰意冷，不過可信度較高。從廣州起義的遇難者、漢族革命軍推翻滿清時的滿族傷亡者、湖南等地遭圍殺的苗人、袁世凱令北洋軍自同盟會黨人手中奪占漢口與漢陽時傷亡的工人與士兵、在一九一一及一三年兩度圍攻南京城的膠著戰事中犧牲的老百姓和官兵、祕密會社爭奪地盤而起的流血衝突，還有從魯迅筆下的「何墟」驚慌失措逃往「蕪市」難以勝數的難民——我們不妨試算以上死亡人數，累加的暴力與死亡，絕非建立國家秩序這樣冠冕堂皇的託辭能合理化的。[32]

老派士大夫很難適應這樣的世界。梁濟是位飽讀詩書的退休胥吏，在一九一八年十一月六十大壽前夕於北京投湖自盡，以結束生命表明心跡。梁濟的死令許多人不舒服，因為他在遺著裡表白，他了結生命，在於新、舊秩序都令他憎惡；梁濟認為，鮮少人會為了效忠已崩潰的清朝而犧牲生命，同樣也少有人會為了報效新生的共和國而犧牲自我利益。梁濟醉心於京劇，嘗以京劇水準的式微作判斷世局的指標：由於社會敗壞，連帶使得京劇表演的道德、美學標準每況愈下。而觀眾絲毫不覺。在他們的世界裡，儒家忠、孝、仁、義的傳統價值觀已被吃、喝、玩、樂這些新價值觀給取代了。[33]

梁濟的死雖然沒能觸動魯迅的心弦，魯迅甚至在日後作品暗暗諷刺梁濟的愚行，不過他個人對中國情勢的憤怒與嫌惡在一九一八年底達到頂點。他搜索枯腸，以梅毒的意象影射中國整體的知性境況。到日本學醫的背景，加上曾在紹興開班講授人類繁殖的課程，可以肯定的是，魯迅選擇如此一針見血的意象絕非無心插柳。魯迅無非想闡明一項觀點：中國人的腐敗是與生俱來，如今成了「血管裡的昏亂分子」。中國要有希望（名為「六零六」的特效藥已成功治癒了梅毒病症），唯有全面滌淨這些血管，化為活化中國人意識的力量。[34]

魯迅還提及他辭掉紹興的教職，到北京教育部擔任文書工作，苦悶的情緒幾乎令他窒息。某晚，魯迅坐在家中孜孜不倦抄錄古碑抄本，昔日留學日本時與魯迅志趣相投的友人（金心異）來訪，向魯迅問道：「你抄了這些有什麼用？」「沒有什麼用。」「那麼，你抄它是什麼意思呢？」「沒有什麼意思。」[35] 事實上，潛心專注於抄錄古碑抄本的唯一動機，魯迅自己心知肚明，不過是為了排遣令人窒息的寂寞；他曾以「如大毒蛇，纏住了我的靈魂了」的意象來形容這股寂寞感。而這孤寂感其實發端於他在日本時所作的各種文學嘗試，徒勞無功讓他更感到無力：「我當時是不知所以然的；後來想，凡有一人的主張，得了贊和，是促其前進的，得了反對，是促其奮鬥的，獨有叫喊於生人中，而生人並無反應，既非贊同，也無反對，如置身毫無邊際的荒原，無可措手的了，這是怎樣的悲哀呵，我於是以我所感到者為寂寞。」[36]

魯迅日後提及他之所以再嘗試提筆寫作，是深信此時他對這個世界的影響雖微不足道（也不妄想有什麼影響），無論如何，他或許還能「聊以慰藉那在寂寞裡奔馳的猛士，使他不憚於前驅。」[37]「猛士」指的就是像陳獨秀和《新青年》編輯群這類人士。《新青年》是陳獨秀於一九一五年在上海創辦的政治和文學評論雜誌。《新青年》成為攻擊儒家總體價值體系的標竿；隨著康有為持續主張以儒家思想作國家宗教，可以提振國力，填補眼前生活令人觸目驚心的道德真空狀態，《新青年》雜誌對儒家思想體系的攻擊也愈發激昂。[38]陳獨秀於一九一六年論道，儒家價值觀勢難與西方思想兼容並蓄、揉合為一：「妄欲建設西洋式之新國家，組織西洋式之新社會，以求適今世之生存，則根本問題，不可不首先輸入西洋式社會國家之基礎。所謂平等人權之信仰，對於與此新社會新國家新信仰不可相容之孔教，不可不有徹底之覺悟，猛勇之決心；否則不塞不流，不止不行！」[39]陳獨秀並未癡心妄想這一蹴可幾。事實上，陳獨秀試圖以社會達爾文主義理論分析中國情勢，他深信中國的積弱不振和自外於世界趨勢的發展，可能導致亡國滅種；同時，他也認為理有所據的民族主義得之不易，更深化了亡國的觀點。陳獨秀認為，理有所據的民族主義必須包容愛國情操，但又必須合乎理性，充分意識到愛國主義追求的目標。同樣在一九一六年，陳獨秀致函友人時說道：

僕誤陷悲觀罪戾者，非妄求速效，實以歐美之文明進化一日千里，吾人已處於望塵莫及之地位。然多數國人猶在夢中，而自以為是，不知吾之道德、政治、工藝，甚至於日用品——不獨洋釘鐵針，充斥吾市，即寫字之墨，日食之米（年來粵商購米，不之長江而之越南，以釐稅重也），外貨亦日漸輸入。其他大宗之布帛、紙、油、香菸、肥皂等等，更何論焉——無一不在劣敗淘汰之數。雖有極少數開明之士，其何救於滅亡之命運？[40]

陳獨秀與魯迅都充分領略到，如雨後春筍般大量湧現的城市閱讀人口，大抵在世紀之交興辦的新式學堂受教育，能漸漸融入工廠或辦公室的工作型態，但傳統價值觀對他們仍有一定的影響力。事實上，刊載在《禮拜六》這類休閒雜誌或發行量逾十萬冊的通俗小說，對於中國傳統價值觀仍採取極端保守的態度：這些文本譏嘲淺薄的西化作法，某些作品的反帝國主義立場甚至特定、激烈。這類作家透過創作社會小說和「揭露」小說，重新揭櫫公而忘私的傳統價值，直接迎合對軍閥割據與政治腐化著迷又恨之入骨的公眾口味；甚至流行的新世代浪漫愛情小說，對於改變女性地位，彷彿是行動力的替代品，而非鼓吹者。[41]

魯迅深信他在日本遭遇挫折時所體驗的寂寞感，《新青年》雜誌的編輯群和作家想必能感同身受。但此時，魯迅內心也是彷徨無依，就算震醒還耽溺於文學創作、逃避現實的中國群眾也無用，因為他們要面對的現實令人毛骨悚然。誠如魯迅與《新青年》雜誌的編輯（錢玄同）對話時所說的：「假如一間鐵屋子，是絕無窗戶而萬難破毀的，裡面有許多熟睡的人們，不久都要悶死了，然而是從昏睡入死滅，並不感到就死的悲哀。現在你大嚷起來，驚起了較為清醒的幾個人，使這不幸的少數者來受無可挽救的臨終的苦處，你倒以為對得起他們麼？」[42] 這位編輯回答說，無論如何必須努力嘗試，不能說坐困鐵屋子裡的人就沒有逃出的機會。

魯迅在此選擇的意象肯定來自他在青少年時代深刻、恐懼的記憶，當時他的父親臨終彌留，鄰人衍太太在病榻旁照料，堅持要燒些紙錢、佛經給下陰間的死者，不時催促年幼的魯迅竭盡所能召喚父親，暫留陽世：

> 「叫呀，你的父親要斷氣了。快叫呀！」衍太太說。
>
> 「父親！父親！」我就叫起來。
>
> 「大聲！他聽不見。還不快叫？！」
>
> 「父親！父親！！」
>
> 他已經平靜下去的臉，忽然緊張了，將眼微微一睜，彷彿有一些痛苦。
>
> 「叫呀！快叫呀！」她催促說。
>
> 「父親！！」
>
> 「什麼呢？……不要嚷。……不……」他低低地說，又較急地喘著氣，好一會，這才復

了原狀，平靜下去了。

「父親！！」我還叫他，一直到他咽了氣。

我現在還聽到那時的自己的這聲音，每聽到時，就覺得這卻是我對於父親的最大的錯處。[43]

記憶的傷痛令人椎心刺骨，魯迅卻從中找到創作動力，套用他自己的說法，他創造性地轉化了「不能全忘卻的事」。[44]不出幾年間，魯迅便造就中國近代文學史上最膾炙人口的短篇小說。他使用通俗易懂的口語白話寫作，恣肆揮灑、機鋒犀利，摒棄年輕時操弄文言文的詰屈聱牙。魯迅常在字裡行間穿插對話、俚語、白描的段落。在他虛構的世界裡，悲苦與悔恨栩栩如生、躍然紙上，成為第一位切入週刊雜誌的嚴肅作家，與通俗小說並列。從一九一八年四月至隔年四月，魯迅創作了三篇小說，從不同的層面勾勒中國人的圖象：中國人的文化蘊含腐化因子，中國人盲從害人不淺的迷信，中國人偶或流露的殘酷其實是慣性使然。在〈狂人日記〉裡，中國人被刻畫成吃人者。魯迅說假如我們仔細翻查中國經典，字裡行間盡是「吃人」二字。魯迅在〈孔乙己〉裡說道，中國人表面上滿口仁義道德，卻往往濫用所學爾虞我詐。〈藥〉裡面的中國人，目光如豆、心胸狹隘，會向清廷的劊子手出賣試圖解放他們的青年人。這些故事裡，可看到魯迅素來推崇的作家、特別是果戈里、安德列耶夫（Andreyev）的身影和啟迪，但更深刻的印記還是他年輕時的生活經驗：紹興酒館、茶樓裡的賦閒之人，孩提時代被迫進出當鋪當東西，為長年臥病在床的父親抓珍奇的「藥方」而出入藥房，求學時代遇到那些迂腐的冬烘先生，一九〇七年徐錫麟被處決遭剖腹挖心，青年秋瑾螳臂當車但影響深遠的理想，以及他在仙台求學時從幻燈片上看到的那些中國人，眼睜睜看著自己的同胞被處決卻麻木不仁。[45]

完成於一九一九年四月的〈藥〉，曩昔種種更是歷歷可見。這篇故事始於秋天（秋瑾的姓）某個破曉，敘事主軸圍繞著一位始終未出場的革命烈士夏瑜；「夏」、「瑜」二字其實是對應到秋瑾的名字。故事講一對父母為了搶救染上肺癆的兒子，聽信地方上傳言，餵兒子人的鮮血。青年革命志士夏瑜剛被梟首，他們用饅頭浸泡在他的血裡，再拿給兒子吃。這一家人姓「華」，而「華」等於「中國」。鎮上的人對罹難的革命志士夏瑜毫無惻隱之心，反倒在他死後嘲笑他被關在牢裡還妄想勸牢頭造反；他們稱道的是那位有先見之明的夏家族人，為了保全滿門性命向巡捕供出夏瑜。在一個茶館閒聊的場景，魯迅不著痕跡地強調故事中那「二十多歲的人」，稚嫩的心智與鎮上那「花白鬍子的人」沒什麼兩樣；換言之，青年人本身尚未找到解決中國困境的良方。

故事的尾聲，兩個老女人不約而同來到鎮上墓塚。一位是華大媽，兒子華小栓雖吃了人血饅頭，終究還是死於肺癆；另一個是夏瑜的母親夏四奶奶。她們兩人彼此並不熟識。

> 西關外靠著城根的地面，本是一塊官地；中間歪歪斜斜一條細路，是貪走便道的人，

用鞋底造成的，但卻成了自然的界限。路的左邊，都埋著死刑和瘐斃的人，右邊是窮人的叢塚。兩面都已埋到層層迭迭，宛然闊人家裡祝壽時候的饅頭。

這一年的清明，分外寒冷；楊柳才吐出半粒米大的新芽。天明未久，華大媽已在右邊地一座新墳前面，排出四碟菜，一碗飯，哭了一場。化過紙，呆呆的坐在地上；彷彿等候什麼似的，但自己也說不出等候什麼。微風起來，吹動她短髮，確乎比去年白得多了。

小路上又來了一個女人，也是半白頭髮，襤褸的衣裙；提一個破舊的朱漆圓籃，外掛一串紙錠，三步一歇的走。忽然見華大媽坐在地上看她，便有些躊躇，慘白的臉上，現出些羞愧的顏色；但終於硬著頭皮，走到左邊的一座墳前，放下了籃子。

那墳與小栓的墳，一字兒排著，中間只隔一條小路。華大媽看她排好四碟菜，一碗飯，立著哭了一通，化過紙錠；心裡暗暗地想，「這墳裡的也是兒子了。」那老女人徘徊觀望了一回，忽然手腳有些發抖，蹌蹌踉踉退下幾步，瞪著眼只是發怔。

華大媽這樣子，生怕她傷心到快要發狂了；便忍不住立起身，跨過小路，低聲對她說，「你這位老奶奶不要傷心了，——我們還是回去罷。」

那人點一點頭，眼睛仍然向上瞪著；也低聲吃吃的說道，「你看。——看這是什麼呢？」

華大媽跟了她指頭看去，眼光便到了前面的墳，這墳上草根還沒有全合，露出一塊一塊的黃土，煞是難看。再往上仔細看時，卻不覺也吃一驚；——分明有一圈紅白的花，圈著那尖圓的墳頂。

她們的眼睛都老花多年了，但望這紅白的花，卻還能明白看見。花也不很多，圓圓的排成一個圈。不很精神，倒也整齊。華大媽忙著看她兒子和別人的墳，卻只有不怕冷的幾點青白小花，零星開著；便覺得心裡忽然感到一種不足和空虛，不願意根究。那老女人又走近幾步，細看了一遍，自言自語的說，「這沒有根，不像自己開的！這地方有誰來呢？孩子不會來玩；……親戚本家早不來了。……這是怎麼一回事呢？」她想了又想，忽又流下來，大聲說道：

「瑜兒，他們都冤枉了你，你還是忘不了，傷心不過，今天特意顯點靈，要我知道麼？」她四面一看，只見一隻烏鴉，站在一株沒有葉的樹上，便接著說，「我知道了。……瑜兒，可憐他們坑了你，他們將來總有報應，天都知道；你閉了眼睛就是了……。你如果真的在這裡，聽到我的話，……便教這烏鴉飛上你的墳頂，給我看罷。」

微風早經停息了；枯草枝枝直立，有如銅絲。一絲發抖的聲音，在空氣中愈顫愈細，細到沒有，周圍便都是死一般靜。兩人站在枯草叢裡，仰面看那烏鴉；那烏鴉也在筆直的樹枝間，縮著頭，鐵鑄一般站著。

許多的工夫過去了；上墳的人漸漸增多，幾個老的小的在土墳間出沒。

華大媽不知怎的，似乎卸下了一挑重擔，便想到要走；一面勸著說，「我們還是回去罷。」

那老女人嘆了一口氣，無精打采的收起飯菜；又遲了一刻，終於慢慢地走了。嘴裡自言自語說，「這是怎麼一回事呢？……」

她們走不上二三十步遠，忽聽得背後「啞……」的一聲大叫；兩個人都竦然的回過頭，只見那烏鴉張開兩翅，一挫身，直向遠處的天空，箭也似的飛去了。[46]

一九一九年春，魯迅說道，革命不是徒勞無功，就是遭人曲解，一切取決於觀察的角度：夏瑜的血未能使瀕死的華小栓得救，中國人也沒能理解夏瑜的犧牲所代表的意義。但魯迅也認為，縱使如此幽微、隱晦不清，仍有一絲絲希望，只能用難以捉摸的象徵呈現。究竟還是有人將那花圈置於死去的革命志士墳頂，紅色的花恰似浸泡饅頭的鮮血，宛如布爾什維克革命黨人的紅色旗幟。小栓的媽跨過那條窄窄的小路，從她所屬窮人的右邊，站到左邊夏四奶奶的身旁。至於那烏鴉，雖然不是什麼希望的象徵，終究是快速、方向明確地振翅起飛，飛往某個遠處的目標。

這遠處的目標是否就是在中國實踐社會主義革命？魯迅回避了這個問題，而且觀諸時勢發展，魯迅回不回避也無關宏旨了。〈藥〉發表的同時，《新青年》雜誌刊行了馬克思主義研究專號；中國青年剛得知，西方列強在解決一次世界大戰後國際爭端的巴黎和會上，悍然擱置中國的請求。這麼一來，魯迅的理念又加入了社會主義、反帝國主義行動及語言的浪潮，揭開中國革命的新頁。

嚴格說來，信奉馬克思主義學說的中國人，自二十世紀頭十年以降，是鳳毛麟角。

一九〇九年，有位中國代表非正式出席了「第二國際」在比利時布魯塞爾召開的大會。在那之前，上海就有社會主義研究會，而一九一三年大選時社會黨正式成立（儘管該黨自稱屬教育政黨而非政治政黨，因此未推出候選人）。在法國，熱衷無政府主義的中國學生，對社會主義學說耳熟能詳，自己組織研究社團並成功推動了勤工儉學計畫。一九一七年後，參加勤工儉學的人數大幅提高。當時，中國為了取消德國在華所有租界及特權，決定加入協約國，參加第一次世界大戰，並派出二十餘萬華工前往法國，進兵工廠或協助挖戰壕、運輸及後方建設的工作。初抵法國的華工有少部分受過教育，但大多數都是經過特殊軍事訓練才識字；於是，在法國有愈來愈多中國人接觸到社會主義理論，能夠評估布爾什維克革命對協約國戰局的衝擊。[47]在列寧帝國主義論著尚未普及前，要將社會主義與反帝國主義兩者的政策連結起來，對激進的中國行動主義者來說，並非易事；事實上，他們更加心儀威爾遜總統賦予弱小民族自決權利的「十四項原則」，深信美國會確保其他協約國強權尊重中國主權。然而此時，大多數人仍被蒙在鼓裡。張勳復辟失敗後，掌權的北京政府意圖重啟罔顧民心的袁世凱政策，於一九一八年與日本簽署協議，讓渡山東半島和青島市的特權，換取日本政府另一輪巨額貸款；即使獲悉協議內容的人士，也不得而知英、法兩國曾祕密承諾日本，尊重日本在華特權。[48]

梁啟超透過電報，將凡爾賽會議最後階段的協商內容自巴黎傳抵中國。縱然（或者因為）梁啟超自己涉足政事，他與其他人士一樣，對於中國在國際舞台上的弱勢倍感不安。他於一九一八年底走訪歐洲考察各國時局，趁機對中國談判代表施壓。他在波如平鏡的海面上愜意地航行，時而讀書、時而思考，「萬事一無聞，惟日與天光海色相對」，唯一掛慮的是「登陸後恐無復此樂矣」。[49] 一九一九年二月的倫敦，「日色如血」，正奮力掙脫重重濃霧，難以下嚥的食物和寒氣迫人的旅館房間，瞬時把他拉回現實，讓他聯想到「戰後尚爾，戰時可想」。但英國人面對戰後民生凋敝展現出克勤克儉的精神，令梁啟超印象深刻；英國人的儉樸在他看來，恰與中國隨處可見的暴殄天物形成強烈對比。[50] 梁啟超於三月抵達法國，目睹戰爭的蹂躪摧殘，讓他的思緒平添幾許傷感。在寄給女兒的明信片裡，他表露出震撼和迷惘：

> 三月七日晨七時乘汽車發巴黎，十一時到蘭士（Reims），蘭士昔為大都市，有十一萬人，今餘數千耳。市中舍宇無一完者，蘭士為法國宗教上第一名城，城建於三世紀，有羅馬帝奧古斯丁之凱旋門，城中教堂最著名，為哥特式建築最勝者，作始於十二世紀，至十六世紀乃成，四壁所雕石像二千五百餘，皆精絕。一九一四、一六、一八年德人三次炮擊之，專以教堂為射的，殘破過半矣。[51]

在往後的書信和文章裡，梁啟超不斷探討他對戰爭塗炭生靈、裂解文化的大徹大悟。他領悟到，醞釀戰爭暴行的氛圍不僅見諸德國，還普遍存在於西方國家。隨著實情逐漸大白於世，更令他不齒。昔日的祕密交易及今時的怯懦，導致協約國列強最終拒絕中國之請，反而附和日本的種種要求。在大量拍發給國內政治同僚的電報裡，梁啟超發出警示，這是中國伸張自己權利「千載難逢」的機會；中國不在此刻表明自己的立場，又將如何在國際伸張中國獨立自主的權利？[52]

一九一九年五月一日，北京一家報紙披露凡爾賽會議最終違背中國權利的消息。衝擊所及，呼應了二十四年前，康有為和一千應試舉人對清廷與日本簽訂馬關條約所作的迴響，甚至有過之而無不及。但蜂湧北京街頭的抗議先是首度採取群眾示威的型態，隨後在五月四日這天爆發衝突；以五月四日這天為名的運動，為中國歷史開創了一個新紀元。在這新紀元中，對中國固有文化的思慕，與一股全新的國際政治自覺，及嶄新、寬闊的社會意識融為一爐。或許，魯迅那飛向「遠處的天空」才有可能逃離的象徵，這才是最真切、最無私的詮釋；隨著這種政治獻身精神再次覺醒，儘管是以苦悶、憤怒之姿顯現，也足以讓人感受到重生的喜悅。如同十五年前的魯迅，年輕的郭沫若當時在日本習醫。他擱下繁重的課業小憩片刻，攜幼子阿和在海邊散步時，以一首詩捕捉了國內、外這股亢奮的情緒：

阿和，哪兒是青天？

他指著頭上的蒼昊。

阿和，哪兒是大地？

他指著海中的洲島。
阿和，哪兒是爹爹？
他指著空中的一隻飛鳥。
哦哈，我便是那隻飛鳥！
我便是那隻飛鳥！
我要同白雲比飛，
我要同明帆賽跑。
你看我們哪個飛得高？
你看我們哪個跑得好？[53]

註釋

1 沈從文：《從文自傳》，頁二十八；金介甫（Jeffrey C. Kinkley），〈沈從文眼中的中華民國〉（Shen Ts'ung-wen's Vision of Republican China），頁四〇二、註十，認定沈從文是一九〇二年出生的。

2 沈從文，《從文自傳》，頁二十六至二十七。

3 前引書，頁二十八至二十九；聶華苓（Nieh Hua-ling），《沈從文》（*Shen Ts'ung-wen*），頁二十一至二十二。

4 譯文見聶華苓，《沈從文》，頁二十二；沈從文，《從文自傳》，頁二十九至三十。

5 沈從文，《從文自傳》，第三章，另見金介甫，〈沈從文眼中的中華民國〉，及聶華苓，《沈從文》。

6 金介甫，〈沈從文眼中的中華民國〉，頁四二二、註二十二，論沈家的家族關係網絡；包華德與霍華德合編，《中華民國傳記辭典》，卷二，頁一〇八，以及羅榮邦編，《康有為：傳記和綜論》，頁一四二、二〇四，記「熊」家。

7 金介甫，〈沈從文眼中的中華民國〉，頁一〇九、一一一。

8 沈從文，《從文自傳》，頁六至七。

9 前引書，頁三十一至三十三。地方菁英控制力強化的模式，可參考孔飛力，〈民國時期的地方自治：控制、自主和動員的問題〉；另外，有關仕紳階級左右革命的過程，可參見市古宙三（Ichiko Chūzō）〈仕紳的角色：一種假設〉（The Role of the Gentry: A Hypothesis）的有力推論。

10 魯迅著，楊憲益、戴乃迭譯，《選集》，卷一、頁四一八。

11 楊承恩，〈袁世凱的總統之路〉，頁四三六至四四一，提出有力的證明駁斥叛變是由袁世凱本人策動的說法。

12 劉吉祥，《為民主而奮鬥：宋教仁與中國辛亥革命》，頁一八二至一九〇；包華德與霍華德合編，《中華民國傳記辭典》，卷三，頁一九四至一九五。有關康有為與「國民黨」之名，見羅榮邦編，《康有為：傳記和綜論》，頁二二二。

13 丁文江編，《梁任公先生年譜長編初稿》，頁四一八，一九一三年三月十八日給女兒的信。

14 前引書，頁四一八，一九一三年三月十八日給女兒信中的插話。有關選舉的問題，亦可參考艾愷（Guy Alitto），《最後的儒家：梁漱溟與中國現代性的兩難》（*The Last Confucian: Liang Shu-ming and the Chinese Dilemma of Modernity*），頁四十七至四十八。

15 包華德與霍華德合編，《中華民國傳記辭典》，卷二、一〇八至一〇九，卷四，頁八十七（「熊希齡」條及「袁世凱」條）。

16 包華德與霍華德合編，《中華民國傳記辭典》，卷二，頁三五〇。

17 袁世凱集權的目標及其付出的代價，見楊承恩，《袁世凱的總統的任期：中華民國之初的自由主義和專制》（*The Presidency of Yuan Shih-k'ai: Liberalism and Dictatorship in Early Republic China*）一書的分析，特別見頁一五〇至一五五。改革的各種代價，見蕭邦齊（R. Keith Schoppa），〈浙江的地方自治，一九〇九至一九二七年〉（Local Self-Government in Zhejiang 1909-1927），頁五〇八至五〇九；周錫瑞，《中國的改良與革命：辛亥革命在兩湖》，頁一一七至一二三；麥克唐納，《農村革命的城市根源：中國湖南的菁英與民眾，一九一一至一九二七年》，頁二十三至二十五。

18 有關二十一條要求，參見楊承恩，〈袁世凱的總統之路〉，頁一八六至一八九。

19 羅榮邦編，《康有為：傳記和綜論》，頁二二二至二二六。

20 前引書，頁二二六至二二七。

21 前引書，頁二二九；包華德與霍華德合編，《中華民國傳記辭典》，卷三，頁二八九（「蔡鍔」條）。

22 康有為，《萬木草堂遺稿外編》，頁六一二。

23 林南希（Nancy T. Lin），《周恩來的詩作》（*Poems of Chou En-la*），頁七。

24 康有為，《康南海先生詩集》，卷十四，頁二。

25 羅榮邦編，《康有為：傳記和綜論》，頁二三三；康有為，《康南海先生詩集》，卷十四，頁三。有關張勳政變的軍事面向，見齊錫生，《中國的軍閥政治，一九一六至一九二八年》，頁十七至十八、一三六至一三八。

26 蕭公權，《近代中國與新世界：康有為變法與大同思想研究》，頁二五五；羅榮邦編，《康有為：傳記和綜論》，頁二三四。

27 康有為，《康南海先生詩集》，卷十四，頁四至五。

28 羅榮邦編，《康有為：傳記和綜論》，頁二三五，以及康有為，《康南海先生詩集》，卷十四，頁六。有關利用這次可笑的復辟行動以重建國會的決定，以及隨後的選舉細節，可參考黎安友（Andrew J. Nathan），《北京政治，一九一八至一九二三年》（*Peking Politics 1918-1923*），頁九十一至一〇三。

29 軍閥的類型，見齊錫生，《中國的軍閥政治，一九一六至一九二八年》；以及李友華，《地區與國家：中國政治中的桂系，一九二五至一九三七年》書中對「桂系」的研究；有關四川的軍閥，參見蕭邦奇，《四川與中華民國》（*Szechuan and the Chinese Republic*）；有關馮玉祥的生平背景，見薛立敦（James E. Sheridan），《中國軍閥：馮玉祥的經歷》（*Chinese Warlord: The Career of Feng Yu-hsiang*）；以及有關白狼這類土匪頭子、軍閥的生動描述，可參考傅里曼（Edward Friedman），《向革命倒退》（*Backward Toward Revolution*）。

30 沈從文，《從文自傳》，第九、十、十六章。金介甫，〈沈從文眼中的中華民國〉，匠心獨運地將沈從文自傳的這些章節與他的小說揉合在第三章的內文中。齊錫生，《中國的軍閥政治，一九一六至一九二八年》，第四、五章，論及軍閥招募、訓練兵士，證實了沈從文自傳中的描述。

31 沈從文，《從文自傳》，頁一三一至一三二，引言見威廉・麥克唐納（William McDonald）在白之（Cyril Birch）主編，《中國文學選集》（*Anthology of Chinese Literature*），卷二，頁二八四至二八五中的譯文。

32 康有為的評估，見羅榮邦編，《康有為：傳記和綜論》，頁二二六；有關中國十九世紀的總體暴力現象，楊慶（C. K. Yang），〈十九世紀中國群眾行動的某些初步統計模式〉（Some Preliminary Statistical Patterns of Mass Actions in Nineteenth-Century China）。

33 艾愷，《最後的儒家：梁漱溟與中國現代性的兩難》，頁六十三至六十五。

34 魯迅小說中梁濟的印象，見艾愷，《最後的儒家：梁漱溟與中國現代性的兩難》，頁六十九。有關「梅毒」在魯迅小說中的隱喻，見林毓生，《中國意識的危機：五四時期激進的反傳統主義》，頁一一六至一一七；林毓生在其書中的頁一一六、註二十七，論及周作人可能是這篇文章的作者之一。

35 魯迅，《魯迅全集》，卷一，頁二七四。林毓生，《中國意識的危機：五四時期激進的反傳統主義》，頁一一八，指出在這段軼事中的「金」姓對話者是錢玄同；有關錢玄同的生平，見包華德與霍華德合編，《中華民國傳記辭典》，卷一，頁三六八（「錢玄同」條）。

36 魯迅，《魯迅全集》，卷一，頁二七二，以及魯迅著，楊憲益、戴乃迭譯《選集》，卷一，頁四。

37 魯迅著，楊憲益、戴乃迭譯，《選集》，卷一，頁六。

38 林毓生，《中國意識的危機：五四時期激進的反傳統主義》，頁七十至七十一、七十五。有關這階段的文化探索與日後《新青年》時代馬克思主義理論與政治運動的對比，可參考蘇利文（Lawrence Sullivan）及索樂文（Richard H. Solomon），〈五四運動時期中國共產主義意識型態的形成〉（The Formation of Chinese Communist Ideology in the May Fourth Era），頁一二八至一二九中的各表。

39 轉引自林毓生，《中國意識的危機：五四時期激進的反傳統主義》，頁七十六。陳獨秀在一九一四至一九一六年這段期間關於青年與愛國主義的著作，見方田（Kevin Fountain）編，〈陳獨秀：終身的反對派〉（Ch'en Tu-hsiu: Lifetime Oppositionist），文件二、三、四。

40 轉引自林毓生，《中國意識的危機：五四時期激進的反傳統主義》，頁五十九。有關這個階段的地方主義與薄弱的民族主義，見蕭邦齊，〈省與國家：一九一七至一九二七年浙江省的自治運動〉（Province and Nation: The Chekiang Provincial Autonomy Movement, 1917-1927），頁六六五至六六六，對浙江省的分析。

41 林培瑞（Perry Link），〈論一、二十年代傳統類型的都市通俗小說〉（Traditional-style Popular Urban Fiction in the Teens and Twenties），頁三三〇至三三四、三三九。林培瑞在文中亦翻譯了這時期一部令人心醉神迷的小說，故事描述中國女性與英國青年之間的愛恨糾葛，這部小說即周瘦鵑的〈行再相見〉。

42 魯迅著，楊憲益、戴乃迭譯，《選集》，卷一，頁六，以及林毓生，《中國意識的危機：五四時期激進的反傳統主義》，頁一一八。

43 魯迅著，楊憲益、戴乃迭譯，《選集》，卷一，頁四〇〇至四〇一。有關魯迅在這些段落中呈現的記憶與現實，可參考萊爾，《魯迅的現實觀》，特別是第十章的分析。

44 魯迅著，楊憲益、戴乃迭譯，《選集》，卷一，頁一。

45 有關魯迅著作的分析，可參考考萊爾，《魯迅的現實觀》；林毓生，《中國意識的危機：五四時期激進的反傳統主義》；夏濟安（Hsia Tsi-an），《黑暗的閘門：中國左翼文學運動研究》（*The Gate of Darkness: Studies on the Leftist Literary Movement in China*）的文章；夏志清（C. T. Hsia），《中國現代小說史，一九一七至一九五七年》（*A History of Modern Chinese Fiction 1917-1957*）。

46 魯迅，《魯迅全集》，卷一，頁三〇七至三一〇。另外，可參考喬治．甘乃迪（George Kennedy）在伊羅生（Harold Isaacs）編《草鞋腳》（*Straw Sandals*），頁二十一至二十四的譯文；魯迅著，楊憲益、戴乃迭譯，《選集》，卷一，頁二十九至三十九；以及夏志清，《中國現代小說史，一九一七至一九五七年》，頁三十五。有關魯迅小說結構的分析，可參考米列娜．多列扎洛娃—費林杰洛娃（Milena Dolezelova-Velingerova），〈魯迅的「藥」〉（Lu Xun's 'Medicine'）；萊爾，《魯迅的現實觀》，頁二五二、二七六至二八〇；以及韓南，〈魯迅的小說技巧〉，特別是頁六十二至六十六，論安德烈耶夫的影響。秋瑾幼年的別名「瑜」，即魯迅小說中那位革命殉難者的名字。見秋燦芝，《秋瑾革命傳》，頁三。

47 這些根源，可參考伯納爾，《一九〇七年前的中國社會主義》，以及賈士杰，《俄國與中國革命的根源，一八九六至一九一一年》；有關法國的華工，見謝諾（Jean Chesneaux），《中國的勞工運動，一九一九至一九二七年》（*The Chinese Labor Movement, 1919-1927*），頁一三八至一四〇；麥克唐納，《農村革命的城市根源：中國湖南的菁英與民眾，一九一一至一九二七年》，頁一二〇；嘉勒特（Shirley Garrett），《城市中國的社會改革者》（*Social Reformers in Urban China*），頁一五四至一五六。

48 一九一八年的借款即西原借款。

49 丁文江編，《梁任公先生年譜長編初稿》，頁五五四至五五五。

50 前引書，頁五五六。

51 前引書，頁五五六，一九一九年三月七日給女兒的明信片。

52 前引書，頁五五七、五六〇。有關梁啟超在這段期間的失敗，可參考李文遜（Joseph R. Levenson），《梁啟超與近代中國的思想》（*Liang Ch'i-ch'ao and the Mind of Modern China*），頁一八四至一九〇、一九六至二〇一的分析。

53 這首詩引自郭沫若，《女神》，頁三十二至三十三。史華慈（Benjamin Schwartz）反對將五四運動理解為只不過是「某種長期存在之錯綜複雜的山頭之爭的高潮」的觀點（詳見史華慈編，《反思五四運動：評論集》〔*Reflections on the May Fourth Movement: A Symposium*〕，頁四）；無論如何，對我而言，中國人情感的轉折是如此劇烈，以致開啟了中國歷史的新紀元。亦可參考費俠莉（Charlotte Furth）在史華慈編《反思五四運動：評論集》撰寫的文章，頁五十九。

1. 孫中山（左二）與三位激進的學生友人楊鶴齡、陳少白、尤列（自左至右），1887年前後，地點可能在香港。這四人俗稱「四大寇」。

2. 譚嗣同，1898年遭處決前不久。

3. 康有為，1903年，前一年他完成了《大同書》。

4. 梁啓超，1903年，時年三十歲。

5.《革命軍》的作者鄒容，1903年前後。

6. 剪掉辮子的魯迅，1904年於東京。

7. 1905年，著男裝的秋瑾，可能攝於東京。

8. 魯迅在東京，1909年。

9. 1912年1月，孫中山當選中華民國臨時大總統。

10. 宋教仁，1913年國民黨在全國大選中的領導人，不久後遇刺。

11. 擔任總統的袁世凱，1914年前後。

12. 梁啓超在歐洲，1919年。

13. 康有為，1920年前後。

第五章　餓鄉

狹義而論，作為政治「插曲」，一九一九年五月四日爆發的這場危機，可概括當天下午一點三十分至五點四十五分發生的一連串事件。代表北京十三所大專院校的三千名學生，聚集在紫禁城南面的天安門，前往外國使館區展開愛國示威遊行。學生手持寫有「還我青島」、「拒簽和約」、「抵制日貨」、「打倒賣國賊」等民族主義、反日口號的小旗幟；其他人則散發當地一家印刷廠在當天清晨趕印的兩萬五千份傳單，傳單抗議內容細數日本侵占山東的經濟與領土的事實，並呼籲國人絕不要放棄自己的權利。[1]

警察攔阻前往外國使館區的去路，學生隊伍於是改變遊行路線，轉往交通部長曹汝霖的宅邸。身兼交通銀行總裁的曹汝霖，素來以親日立場著稱，成為學生抗議的對象：一九一五年，曹汝霖參與「二十一條要求」的協商；一九一八年，又協助安排向日本政府籌措新一輪的巨額貸款；此刻，曹汝霖又敦促北京政府簽署凡爾賽和約。[2]結果，曹汝霖早從後門逃走，學生沒發現他的蹤影，就破門而入，放火燒屋，毆打窩藏在曹家的親友。就在學生準備解散之時，巡警強制逮捕、羈押了三十二名學生。

乍看之下，這起事件無關緊要，造成的迴響卻立即而廣泛。北京的學生不僅贏得在校老師及倍受愛戴的大學校長蔡元培（卓越學人，一九〇六年秋瑾寓居上海時，擔任光復會領導，留德攻讀博士學位，返國後歷任學術界要津）的鼎力聲援，還以過人的韌性和技巧串連，組織學生聯合會持續向政府施壓。四年前的五月七日，袁世凱接受了日本的二十一條要求。這天在中國成為非正式的「國恥日」，以為警惕，也因此，五月四日的示威行動對北京以外的學生衝擊相當直接。顢頇的北京政府企圖用封鎖新聞掩蓋實情，但封鎖未果，一天之內，天津、上海及愈來愈多其他城市的學生，分別籌畫示威抗議。日本也有幾千名中國留學生在東京示威遊行；巡警、騎兵數度驅散，有二十九名學生身負重傷。[3]

無論是中國政府有意向日本妥協，或者逮捕學生的舉動，公開譴責的電報如雪片般湧向北京。孫中山力陳，學生不能因為「他們的愛國情操」而被制裁。康有為認為，此刻國際聯盟的成立是通往他所謂「大同世界」的第一步，深感振奮。他形容這次學生的示威運動，是一九一二年民國肇建以來「民權」第一次有效伸張，還稱之為「稀有之盛舉也」，可媲美十二世紀宋朝朝廷面對異族入侵軟弱無能，愛國學子憤而抗議的局面。[4]

進退失據的政府，最後下令釋放三十二名學生。他們在同學的護衛下，以凱旋之姿分乘十三輛汽車回到校園，但眼前這場運動蓄勢待發、難以平息，在一名負傷學生不幸身亡後，更是如此。在其他城市，學生聯合會紛紛成立，又進一步與其他商業、社會團體串連。在上海，六十一所大專院校派代表參加學生聯合會，聯合商人、工人發起抵制日貨與罷工、罷課的行動。在學生串連工人成立勞工部之後，五月底召開的集會吸引了十萬餘人。中國各大港口的碼頭工人拒絕搬卸日貨，商家拒賣日貨，杭州的黃包車車夫拒拉日本人。教師組織也不落人後；北京各大專及師範院校教師便於五月中旬成立了教師聯合會。[5]

亢奮的情緒，隨著第一學府北京大學校長蔡元培突然去職，更加沸騰。蔡元培向來支持學生自由表達的權利；三十二名學生鋃鐺入獄時，他頻頻向政府抗議，但他也堅信大學是文化、學術研究的殿堂，學生必須謹守本分。他辭職信的第一句話就令人費解：「我倦矣！『殺君馬者道旁兒』。」大部分讀過書的人都知道蔡元培引的是一則動人的古老寓言：有位官員騎了一匹罕見的駿馬到處炫耀，路旁孩童見狀紛紛鼓掌喝采，官員不知不覺愈跑愈遠，直到馬兒精疲力竭而死。[6]蔡元培這句短言是否意味他是那匹馬、他的學生就是路旁孩童？或誠如某些人揣測，這匹馬兒暗喻親日閣員，雖不得人心，總統卻拒予解職？還是套用魯迅當時辛辣的評斷，蔡元培其實是不願步上一九〇七年時秋瑾的後塵，被「捧殺」；也或許蔡元培早預料到政府的鎮壓手段，不願沆瀣一氣。武漢三鎮的情勢發展已有跡象可尋。親日督軍嚴峻處理學生示威運動，不但下令軍隊驅散所有大型集會，幾百名學生慘遭毆打，至少一名學生淪為槍下亡魂，更宣布若再有學生發表反日演說，一律格殺。自此示威活動偃旗息鼓。[7]

民國總統徐世昌一直認為學生會回到學校上課，政府應逕行簽署凡爾賽和約。徐世昌是在聲討張勳復辟的紛擾之際接任總統大位。他曾與袁世凱論交，跟蔡元培校長一樣是傑出學人（蔡、徐是在民國政府位居要津的少數前清翰林），一生弘揚古文經學，反對使用白話文及研讀北大校園盛行的激進社會理論、現代法律與社會科學。[8]所以徐世昌繼續支持親日閣員，拒絕下令巴黎和會代表團罷簽和約；學生全面罷課抗議，他便下令逮捕參加後續示威遊行的學生。

學生的對策空前成功。他們不畏恫嚇，十餘人一組一組地走上街頭，在公園、街頭公開演講、提出訴求，持續向政府施壓拒簽和約，抵制日貨，挑戰政府權威。前《新青年》雜誌編輯、時任北大文科學長的陳獨秀寫道：「世界文明發源地有二：一是科學研究室，二是監獄。我們青年要立志出了研究室就入監獄，出了監獄入研究室，這才是人生最高尚優美的生活，從這兩處發生的文明，才是真正的文明，才是有生命有價值的文明。」[9]在政府逮捕第一批學生後，幾千名學生開始上街布署糾察隊。這次，他們的背包裝著鋪蓋和食物，展現直接進監牢的決心，結果有四百五十人被捕。翌日，更多學生蜂擁走上街頭，逾一千一百人被捕，北京的監獄各個人滿為患，政府不得不徵用大學建築物作臨時拘留所。革命時期，魯迅曾嚴厲批判紹興的年輕報社編輯貪汙腐化。為了避免同樣惡行再起，儘管拘留所條件惡劣，學生還是婉拒外界同情人士的捐款，例如梁啟超的弟弟啟雄請廣州商團代轉的一千元大洋捐款。[10]

北京學生新一波的示威抗議席捲全國，聲勢甚至凌駕五月四日之後的行動。天津有一百七十餘個教育、商業、宗教團體大串連，組成「救國大同盟」；激昂的政治熱情讓周恩來中斷日本的學業，返回天津，主持當地擴大的學生聯合會刊物。不久之後，各大城市的聯合會擴大合併成「中華學生聯合會」。在上海，據稱有四十餘家商號、工廠同情學生示威，約有五萬五千名紡織、鑄造、鐵路、菸草、碼頭的工人響應罷工。[11]

起初，示威遊行大抵由男學生主導，但隨著愈來愈多男同學被政府逮捕入獄，女學生開始自主發動遊行示威，是個令人震驚的嶄新發展。在天津，女同學和女教師已經組織了「愛國女界同志會」及演講撰稿小組（日後與周恩來結婚的師範學校學生鄧穎超，即這個小組的領導人之一）；在北京，六月四日有上百名女學生舉行示威遊行，抗議先前政府逮捕男同學，六月五日則有上千名女同學群集徐世昌的總統官邸前抗議。[12]最後，徐世昌不得不有所作為，接受曹汝霖及另外兩位臭名昭彰的親日閣員（陸宗輿、章宗祥）的辭呈。不過要下令凡爾賽的中國代表團拒簽和約的訴求，他仍顯得猶豫不決，倒是凡爾賽的中國代表團有感於中國傳來的示威消息，逾七千封電報雪片飛來，加上巴黎中國留學生包圍代表寓所、威脅撲殺，凡爾賽和會於六月二十八日落幕之時，中國代表團始終沒有簽字。[13]

這樣的結果，雖然符合大多數人的期待，充其量只具有象徵性意義，因為中國代表團拒簽和約，根本上並不能左右日本在華的實質地位。但這場始於五月、一直延續到六月的運動，對於教育、勞工組織，乃至於知識分子看待國家和自己定位的方式，產生的影響難以估算。有多項指標可說明這項轉變：這段期間，有四百餘份以文化和政治為主題的白話文刊物創刊；幾百所設有激進課程的新學校創校；國際政治和國內社會組織的問題開始受到密切關注。[14]先前並不特別關心政治議題（至少未正式聚焦）的《新青年》雜誌，也在一九一九年底發表一篇立論新穎、充滿理想色彩的宣言。其中有這麼一段文字：

我們相信人類道德的進步，應該擴張到本能（即侵略性及占有心）以上的生活；所以對世界上各種民族，都應該表示友愛互助的情誼。但對於侵略主義、占有主義的軍閥，不得不以敵意相待。

我們主張的是民眾運動社會改造，和過去及現在各派政黨，絕對斷絕關係。

我們雖不迷信政治萬能，但承認政治是一種重要的公共生活；而且相信真的民主政治，必會把政權分配到人民全體，就是有限制，也是拿有無職業做標準，不拿有無財產做標準；這種政治，確是造成新時代一種必經的過程，發展新社會一種有用的工具。至於政黨，我們也承認他是運用政治應有的方法；但對於一切擁護少數人私利或一階級利益，眼中沒有全社會幸福的政黨，永遠不忍加入。

我們相信政治、道德、科學、藝術、宗教、教育，都應該以現在及將來社會生活進步的實際需要為中心。

我們因為要創造新時代新社會生活進步所需要的文學道德，便不得不拋棄因襲的文學道德中不適用的部分。

我們相信尊重自然科學、實驗哲學，破除迷信妄想，是我們現在社會進化的必要條件。

我們相信尊重子女的人格權利，已經是現在社會生活進步的實際需要；並且希望他們個人自己對於社會責任有徹底的覺悟。[15]

這最後一段的呼籲尤其切中時弊，因為中國女性地位的變化一直以來隱而不顯。雖然中國女性的教育已有進步，保障寡婦權益的法律制度也有所改善，嚴禁裹小腳、溺殺女嬰的呼聲逐漸高漲，但秋瑾、康有為在二十年前嚴詞批判的各種虐行仍無所不在。除此之外，在一九一一年革命前夕發端的許多前瞻性創新，在接下來的軍閥割據時代消失罄盡。如一九一一年革命風潮高漲時成立的女子軍事團體和紅十字組織，不久一一解散。廣東省一度給予某些女性投票及參與臨時參議會的權利，在國民黨棄守原本同盟會擁護的女權保障政綱後，也跟著取消。一九一二年南京臨時參議會雖大力鼓吹普遍投票權，也贏得輿論的好評，最後卻無疾而終。其他前景可期的大膽革新，諸如成立女性保障團體、確保受教育的機會，變賣手飾所得以聯合經營女性銀行，也都徹底落空。[16]一九一四年，教育總長公然反對女性受教，女權運動更形倒退。（這位教育部長即湯化龍，日後在加拿大維多利亞遭一名華裔理髮師暗殺。）[17]

與此同時，還是有進步跡象可尋。隨著女子學校紛紛開辦，社會愈來愈能容忍、甚至鼓勵創立這類新式學校，而一批懷抱新思維的男女教師也很快到這類學校任教。[18]大量國外傑出女性的報導及中國女性的浪漫故事十分流行，所以秋瑾一九〇七年罹難後刊印的詩集，不久又推出增訂版。自一九一五年《新青年》創刊以來，即不遺餘力倡導女權運動的陳獨秀，於一九一八年在雜誌上刊登易卜生《玩偶之家》（*A Doll's House*）的白話全譯本（魯迅在一九〇七年一篇日文論著中首先討論過本劇）；此劇一刊出，佳評如潮，女主人翁娜拉（Nora）的名字在中國漸漸家喻戶曉，可與十年前的佩羅夫斯嘉雅相提並論。[19]

誠如沈從文就近觀察湘西軍閥世界的錯綜複雜，丁玲也在長沙和沿沅江而下、離沈從文紮營處百來哩遠的幾個小鎮，親眼目睹了女性的艱苦奮鬥。丁玲，一九〇五年出生於湖南中央偏北安福鎮家境小康的地主大家庭。她與沈從文注定成為中國首屈一指的作家，直到一九八〇年代才逝世。[20] 一如沈從文，丁玲對一九一一年革命唯妙唯肖的刻畫，部分源於她童稚的雙眼，部分取材自母親講的故事。她回憶童年和其他小孩聽聞長毛將至的傳言，是多麼驚駭莫名，又如何侷促不安地站在花園裡，聽大人夜觀星象議論種種天文凶兆。記憶中，革命之於她母親是瞬間的寂靜，或者說，是習慣的人聲鼎沸突然安靜下來——市集裡，鎮日喧囂的轎夫現在默默不停地工作；渡船忙著把有錢人送到鄉下親戚家從長計議、另謀生計；幾百名鄉下腳伕前來尋找良機，也總能如願以償。丁玲及家人眼見拉車滿載家當匆忙趕赴安全處所，聽著鎮上的人邊逃亡、邊揣測應該安然無恙，因為當地是個小地方，不值浪費一兵一卒，也聽到鎮上的人抱怨船費調漲，遠處傳來砲火聲隆隆作響，看到最早剪掉辮子的讀書人在街上遊蕩，便有人品頭論足：「大約就是革命黨吧。」[21]

丁玲的父親曾短暫到日本留學，但在一九一一年之前、丁玲還年幼時便去世了。日後，丁玲依稀只記得這個不稱職的父親為人慷慨，罄散家產接濟親戚與點頭之交。丁玲晚年時雖極力回想，仍拼湊不出父親的長相。寡母後來毅然決然離開幾乎空蕩蕩的祖厝，前往常德、再到省城長沙的新式女子學校接受現代化教育；丁玲與母親的關係也因此更形緊密。[22]

儘管現代化教育剛在常德萌芽，但整個一八九〇年代，長沙已是孕育激進思想的搖籃，譚嗣同、梁啟超及其他改良派大將均曾在長沙教書。縱然譚嗣同遇害、梁啟超出走，長沙依然是傳播新式教育的重鎮，擁有華中多所優良學校，也是開女子教育的先驅城市。[23]母親一九一一年先到常德，一九一二、一三年再到長沙（第一女子師範學校）求學。丁玲的寫作重構了這些三十幾歲至四十歲女性的煎熬與亢奮，為了迎接新中國而奮鬥不懈。[24]

丁玲的母親以三十高齡入學，逐漸見識到外面的世界，體會中國受列強欺凌的屈辱，瞭解中國需從內改革和自強的迫切性；她的許多女性友人都能滔滔不絕表明「拯救」中國的願望。[25]有些學生出身染上鴉片煙癮的家庭（十歲就抽鴉片的也不算少），痛陳染上鴉片煙癮後患無窮，讀到上海發行的激進刊物，每每分享興奮之情。[26]有人標舉秋瑾的英烈形象作為當今女性的楷模，有人揚棄暴力主張教育救國；誠如有位女同學說道：「妳們看從興中會起，多少次的發難，沒有一次是成功了的，除了一些人被砍頭壯烈犧牲以外。」[27]在常德求學滿一年後，丁玲母親同六位女同學鄭重起草宣言，誓言全力以赴求學，期盼與男性平起平坐，並以教育救國；其中以丁玲三十歲的母親年紀最長，母親摯友向警予十七歲最幼。[28]

大人閒聊時，小孩子有時會坐在一旁聽，聽慣了有關教育及自己未來角色的議論，也懂得以愛國的言語回應大人的半戲謔談話。某回，大人對小女孩說：「我們一定要好好教育她，妳莫重男輕女……小菡，妳喜歡不喜歡讀書？媽媽買糖給妳吃。」「喜歡讀書，不要糖果，要洋船。」這個小女孩會這麼回答，是因為在母親友人家裡，看過一艘外國定期客輪的模型。[29]這時，丁玲已能領略在教育上和期望上，男女有著天淵之別。舅舅可以進入商業與知識的領域，母親就只能待在家裡學作女紅。而今寡母埋首苦讀，靠的是賣掉微薄田產，以及老家女僕養豬、種菜、賣小雞掙來的收入。在丁玲看來，那些破殼而出的小雞，就宛如她這個小女孩的身世一般脆弱。[30]

然而，最令人揪心的莫過於目睹母親放小腳的折磨與韌性。丁玲日後回憶母親跟她講述上學頭一天的情形。入學考試、各項準備工作及陌生環境，已經把這些村婦弄得暈頭轉向，還得強忍淚水，踏著一雙小腳撐過沒完沒了的始業式，捱過肉體的創痛之外，還得壓抑怒火、忍受屈辱。[31]現代化教育課程讓這群女性面臨戲劇性的挑戰。所有學生都必須上體育課，但裹小腳的女同學可以不用上。丁玲的母親在激進派天足友人的鼓舞下，決意不顧同學訕笑，上體育課。她解開層層纏繞的裹腳布，痛苦地試跑幾步，每晚將雙腳浸泡在冷水中以緩和疼痛。經過反覆練習，她發覺自己的雙腳慢慢伸展開來，像同學、老師一樣可以穿著普通的鞋子。[32]丁玲母親這種不屈不撓的精神到了一九一四年終於開花結果。當時她繳不出學費，在離長沙不遠的桃源一所小學謀得教職：在這所小學教了幾年書之後，被提拔為母校常德女子學校的校長。[33]

這種漸進、沉著的奮鬥本身就是一種勝利，使得丁玲自小便能識字，不必忍受纏足帶來的各種生活困擾，盡情發揮潛能。丁玲在母親的母校長沙第一女子師範學校附小讀了幾年書；隨後搬回常德與母親同住，一九一九年又返回長沙就學。早年共同起誓的「常德七女」之一向警予是母親的摯友，對青春期的丁玲影響相當深遠。[34]向警予是常德七女的老么，對於義結金蘭的救國理想存有天真爛漫的激情，此刻已是一位意志堅定、幹練的女性。向警予受業於當時最優秀的女子學校周南女子中學，成為她和友人的政治行動中心。受到激進派校長的鼓勵，向警予與同學蔡暢發起「女子勤工儉學小組」，呼應毛澤東和蔡暢的哥哥蔡和森在著名男校組織的「旅法勤工儉學會」。加入向警予小組的年輕女性都準備赴法，透過勞動計畫，獲得先進的訓練，學習自力更生的生活模式，可謂中國新世代的自強先鋒。向警予時常與丁玲侃侃而談她的勤工儉學計畫，每當長途跋涉乘坐汽船及大輪溯江而上回老家時，總會在桃源盤桓數日與丁玲母女敘敘舊。桃源及周南學校的女學生也是散居湖南各地的五四運動健將，她們在湖南學生聯合會（由毛澤東發起、組織）的支持下成立了「救國十人團」，走遍全省，激盪湖南青年的愛國情操與遠大志向。[35]

與愛國主義精神並轡而來的，還有逐漸滋長的女性自由意識。這部分主要是由《新青年》

及同類刊物鼓吹，登載文章分析中國社會女性的依附性格，批判中國傳統的婚姻模式，極力宣揚各類型的同居生活或自由戀愛。丁玲以激烈的行為公開羞辱她未過門的婆家，讓婆家的人斷了促成這門親事的念頭，才終於擺脫丁家長輩為她安排的婚姻：丁玲堅持與楊開慧（丁的好友，長沙傑出教師楊昌濟之女）一同到原為男校、不久前才改制為男女合校的中學讀書。她果敢的行為雖得到母親的認可，卻得不到其他家人的諒解。年僅十四歲的丁玲四處遊說女性平權及合法繼承權；湖南當局口頭承諾，最後卻食言而肥。當向警予、蔡暢及友人離開長沙到北京學習法語、隨後在一九一九年赴法，丁玲母女終因阮囊羞澀無法同行，不過還是透過魚雁往返保持聯繫。[36]

縱使這些年輕女性善於說理、生機勃勃、勇氣卓絕，中國社會內部仍存在頑強的壓力。女性解放雖是時勢所趨，仍有無數女性為自己及女兒纏小腳，對婚姻的安排逆來順受，守寡了也恪遵習俗「守貞」。女性低落的社會地位，甚至透過了某種西化科學和數學公式等偽科學語言，為傳統儒家的三從四德佐證。[37]

一九一八年，魯迅在《新青年》發表了〈我之節烈觀〉，「鞭辟入裡」地解析面對女權的種種亂象。他指陳，目前片面要求女性守貞，與康有為堅持恢復帝制，或者某些玄學家召喚先哲孟子精神來解決中國問題，沒什麼兩樣。他尖銳地問道：

> 不節烈的女子如何害了國家？照現在的情形，「國將不國」，自不消說；喪盡良心的事

故，層出不窮；刀兵盜賊水旱飢荒，又接連而起。但此等現象，只是不講新道德新學問的緣故，行為思想，全抄舊帳；所以種種黑暗，竟和古代的亂世彷彿，況且政界軍界學界商界等等裡面，全是男人，並無不節烈的女子夾雜在內。也未必是有權力的男子，因為受了他們蠱惑，這才喪了良心，放手作惡。[38]

魯迅繼續論道，基於陰陽法則的論點顯然「不知所云」，縱使存在陰陽法則，也不能證明某一性別優於另一性別；唯有中國此等國家，才會「造出如此畸形道德，而且日見精密苛酷。」[39]當今苛求中國女性的體制已有數千年歷史，我們雖無力糾正過去的惡習，至少可以遏止惡習復活：

他們是可憐的人；不幸上了歷史和數目的無意識的圈套，做了無主名的犧牲。可以開了一個追悼大會。

我們追悼了過去的人，還要發願：要自己和別人，都純潔聰明勇猛向上。要除去虛偽的臉譜。要除去世上害己害人的昏迷和強暴。

我們追悼了過去的人，還要發願：要除去於人生毫無意義的痛苦。要除去製造並賞玩別人痛苦的昏迷和強暴。

我們還要發願：要人類都受正當的幸福。[40]

對這種偽善發出諍言者，並不限於齊聚上海或北京的少數秀異分子。所以，當趙家小姐寧死不從父母威逼，堅拒嫁入當地吳家，而於一九一九年在長沙南陽街自盡時，有不少人願為趙小姐戲劇性的自盡仗義執言，剖析其醒世意義。其中一位就是毛澤東。當時他二十五、六歲，才離開湖南中部老家的農稼生活到長沙求學。其間，他走出父母親早早為他和鄰家女兒定下婚事的陰影，邂逅了丁玲的友人兼行動夥伴楊開慧，日後結為連理。楊開慧的父親是師奉新康德主義的楊昌濟；毛澤東在長沙第一師範學校追隨楊昌濟研讀倫理學多年，從他身上吸收某些關於個人自我實現及社會責任的重要觀念。毛澤東可能讀過楊昌濟一九一五年那篇關於中國家庭的文章。楊昌濟在文中盛讚西方女性自由選擇伴侶等各種權利，並指出為身心有障礙者安排婚配，恐有為害社會之虞，根本不該讓身心障礙遺傳下去。[41]或許是抗拒這種優生學式的冷酷論點，毛澤東一九一七年在《新青年》發表青年時代的初試啼聲之作。在這篇論體育鍛鍊的文章裡，他力陳必須藉由嚴格鍛鍊和軍事操演強化中國人的體魄，掃除傳統中國人崇尚「纖纖細手」、「行止于于」的觀念，強調運動宜「蠻拙」，使人能「騎突槍鳴，十蕩十決，暗嗚積山岳，叱吒變風雲，力拔項王之山，勇貫由基之札。」[42]

但如此浪漫、戲劇化的自我改造觀念，畢竟挽救不了不幸的趙小姐，儘管她非凡的勇氣不亞於十來歲的丁玲與楊開慧。毛澤東在一九一九年投文長沙一家報紙寫道，趙小姐的死，起於她陷溺在「三角形鐵網當中」：這三角形鐵網是趙家、吳家（未過門的夫家）及中國社會本身。然而，無論趙家、吳家如何執迷不悟，「假設社會上有一部分很強烈的輿論為她的後援，別有天地可容其逃亡栖存，認她的逃亡栖存為名譽的舉動，」如此一來，這位年輕女性就有活命的餘地。她的死是「社會制度的黑暗」，毛澤東進一步說，還因為「意想的不能獨立。」簡言之，社會必須改變。自殺在這樁案件中雖令人動容，卻無濟於事。毛澤東解釋，因為「自殺的條件，是社會奪其希望。吾人於此，應該主張與社會奮鬥，奪回所失的希望，奮鬥而死。」[43]

不知瞿秋白是否讀過這篇文章，他的母親也是在一九一五年自殺身亡。當時瞿秋白年僅十六歲，他母親仔細刮削一整盒火柴的紅磷頭，和著酒將紅磷粉吞下肚。就這個案例，她絕望舉動的原委，就宛若中國社會本身，難以一言道盡：她嫁給江蘇傳統地主子弟（起初大家都認為是門「好」親事），能讀書寫字；這類地主本來就是清代仕紳階級的中流砥柱，過了一九一一年的兵馬倥傯，（誠如沈從文在家鄉所注意到的）又藉由政治權力強化了經濟勢力。只是丈夫生性懶散、揮霍無度，既無法靠田產發家致富，也沒能力在共和或省城的官僚體系謀得差事。他讓瞿秋白接受良好的初等教育，但隨著錢財入不敷出，得離鄉到外省覓得一份教職。靠著微薄的薪餉，沒有餘力再寄錢回家給妻子。妻子不辭辛勞獨自撫養六個孩子，還要悉心侍奉半癱瘓的婆婆。瞿家此刻已是債臺高築，夫家親戚又不斷責備瞿秋白的母親不懂持家、罔顧孝道。直到一天，她再也無法忍受了。[44]

母親的死讓瞿秋白崩潰。聽聞噩耗，他火速趕回家，及時見到母親的遺體及散落一地的火柴棒。這時的瞿秋白感到前途一片茫然。身無恆產的他，前往武漢投靠親戚，及至一九一六年上北京。來到北京，一貧如洗的瞿秋白繳不起正規大學的學費，於是選擇就讀外交部贊助的五年制俄文專修館。這所學校不僅學費全免，還提供小額津貼，畢業後又可分發到外交部或中東鐵路就業。[45]瞿秋白受過紮實的古文教育，作詩填詞的造詣尤其深厚，對佛理興趣盎然。但他日後追憶，在一九一七年入俄文專修館之前，他對俄國文學一竅不通，對俄國革命也毫無興趣。若他曾服膺任何意識型態，那也是「托爾斯泰式的無政府主義」。[46]

北京三年，瞿秋白皓首窮經、生活孤寂。他照俄文專修館的課業要求，每日啃讀法文、俄文十一個小時，再研讀佛學和中國哲學經籍。他深信研讀佛書、中國典籍，有助於他達到修養博愛精神、服務人群的「超越」境界。[47]他接觸的人不是俄文專修館的同學，就是在北大圖書館館長李大釗辦公室探討馬克思主義理論的一群人。毛澤東自長沙第一師範學校畢業之後，也前往北京，在李大釗主持的北大圖書館擔任佐理館員，也參與這群人的討論。瞿秋白從李大釗講授的馬克思主義理論得到慰藉，讓他對放眼所見盡是負面的世界稍感釋懷，北京官僚體系的貪腐令他消沉、忿忿不平，大家族成員對他滿懷忌妒和敵意，令他相當不解，感覺「人生的意義，昏昧極了」。[48]雖然李大釗才著手研究俄國及馬克思主義，但他以俄國為典範向這些中國青年說明，俄國雖然發展較慢，邁進現代化世界之林時反而占了優勢，未來猶可期。李大釗在一九一八年七月寫道：「亦正惟其文明進步較遲也，所以尚存向上發展之餘力」；李大釗意指中國大可鼓足信心。四個月後，李大釗認為，「Bolshevism（布爾什維主義）的勝利」是歷史的必然；勝利的降臨將把軍閥、官僚和資本家掃蕩殆盡。李大釗呼應十五年前鄒容的說法，寫道：「由今以後，到處所見的，都是Bolshevism戰勝的旗幟。到處所聞的，都是Bolshevism的凱歌的聲。人道的警鐘響了！自由的曙光現了！試看將來的環球，必是赤旗的世界。」[49]但瞿秋白的態度仍有所保留，認為「菩薩行的人生觀，無常的社會觀，漸漸指導我一方光明的路。」[50]

對瞿秋白而言，正是一九一九年五月四日的示威運動，而非上述抽象概念的討論，激勵他起而行，扭轉他的思想方向。瞿秋白日後回憶，五月頭幾天，他去參加示威抗議並非心甘情願，之所以代表俄文專修館出席，只因沒有人有意願；[51]但是自從他參加五月四日的遊行、六月的集會，連同幾百名北京學生被關押了三天，他感覺彷如「捲入漩渦」，便和一小群北京友人「抱著不可思議的熱烈參與學生運動。」當時，瞿秋白二十歲，日後他描述這場示威運動對他思想的衝擊：

我們處於社會生活之中，還只知道社會中了無名毒症，不知道怎樣醫治——學生運動的意義是如此——單由自己的體驗，那不安的感覺再也藏不住了。有「變」的要求，就突然爆發，暫且先與社會以一震驚的刺激——克魯撲德金說：「一次暴動勝於千百萬冊書報。」……

當時愛國運動的意義，絕不能望文生義的去解釋它。中國民族幾十年受剝削，到今日才感受到殖民地化的況味，帝國主義壓迫的切骨痛苦，觸醒了空泛的民主主義的噩夢。學生運動的引子，山東問題，本來就是包括在這裡。[52]

隨後幾個月，瞿秋白便全副心力投入政治報導和社會行動。這些努力不僅受「五四運動激進主義」的總體氛圍和先前馬克思主義研究小組的激發，還受到「中國（基督教）青年會」這類機構的激勵。這類機構傾向社會改良主義，在當時保守、軍閥割據的環境發揮深刻的影響力。[53] 瞿秋白早年潛心研究中國古典哲學、佛學，爾後醉心於馬克思主義，現在又漸漸對羅素（Bertrand Russell）的著作產生興趣。瞿秋白會對羅素心往神馳，並不令人意外。這時羅素的作品已大量翻譯成中文，而羅素的數理邏輯著作正好滿足許多中國人（陳獨秀號召中國人現在要多研究「賽先生」、「德先生」，而非儒家思想）深入瞭解西方科學概念的需求；再者，羅素對表象世界與實在本質的反思，往往與佛學原理的初衷契合，程度令人咋舌，同時羅素的和平主義和政治激進主義，也讓原本就深受蘇聯社會主義實驗吸引的瞿秋白印象深刻。[54]

一九二〇年底，羅素造訪蘇聯後，受邀到中國進行巡迴演講，是「講學社」邀請的幾位著名人物之一。講學社成立的宗旨便是廣邀西方著名知識分子訪問中國。這個社團是由梁啟超創立，從他自法返國便發願將餘生奉獻給學術研究和教學工作，不再涉足政治*。當時羅素在中國受到歡迎的程度，可從「羅素研究會」的成立和《羅素月刊》的發行這兩件事看出端倪。而羅素有關社會改造可能性的演講，也受到熱烈的歡迎。羅素此行有戀人陪同，即青年社會學家朵拉．布萊克（Dora Black）。布萊克在女子學校和無政府主義團體公開演講，毫不掩飾她與羅素的關係，在演講中讚揚蘇聯兩性關係的改革，告訴中國青年要大膽反抗傳統婚姻模式，追尋心靈和經濟上的自由；這些演講內容也發揮深刻的影響。[55]在中國當時的環境，布萊克和羅素傳播的理念自然顯得激進，不僅讓中國保守派恨得牙癢癢，也令若干中國左派分子寢食難安。舉例而言，毛澤東自北京返回長沙時聽了羅素的演講（丁玲也可能聽過）。羅素言之鑿鑿論證，透過教育與啟蒙的說服手段，可免去暴力革命的動盪，達成共產主義的理想，在在讓毛澤東警惕在心。毛澤東興致勃勃，寫信給正在法國參加勤工儉學計畫的蔡和森及湖南友人。他反對羅素的觀點，認為時不予中國從事羅素主張的漸進主義式改革；況且無論是學校或新聞媒體均由資本家操控，中國人若還是溫馴地翹首以

*譯按：講學社乃由梁啟超、蔡元培、汪大燮三人共同發起，蔣百里擔任總幹事。該會成立的宗旨是每年邀請一位國際知名學者到中國演講，杜威、羅素、泰戈爾等人抵華，都是由講學社出面邀請。

待，變革恐怕遙遙無期。[56]

瞿秋白雖浸淫在羅素的著作之中，卻與羅素緣慳一面，因為一九二〇年十月瞿秋白剛好得到一個優渥的機會，獲聘為北京《晨報》的通訊記者旅居蘇聯。即便課業必須中斷，官宦生涯可能受阻，瞿秋白還是欣然接受了。他之所以孤注一擲，固然是他明白中國對蘇聯仍一知半解；另一方面，李大釗雖在北京成立了讀書小組，一九二〇年夏也有幾個社會主義青年團成立，自布爾什維克革命爆發以來，還沒有任何見聞廣博的中國觀察家親訪蘇聯，無論羅素和布萊克的見聞多麼生動有趣，也只局限於短暫訪問蘇聯的經驗。再者，不僅是原始馬克思主義者急於瞭解蘇維埃社會，聘用瞿秋白的《晨報》也想一窺蘇維埃社會的究竟。《晨報》在七年前，起初是梁啟超進步黨的機關報，長期倚靠有影響力的北京知識分子及「研究系」這類政治人物，而梁啟超一直是研究系的核心健將。瞿秋白接受《晨報》的約聘，除開現實和經濟因素考量，還抱持某種拓荒精神。他滿懷亢奮忐忑的情緒，盛讚這趟俄國之行為使命之旅，最終能為中國人帶來光明；臨行前，瞿秋白一一向親朋好友告別，還探望闊別多年的父親，並收拾年少之作，以傳後代。[57]

十月十八日，一群人到北京車站為瞿秋白送別。其中激進派的叔父瞿菊農，在前一年讓瞿秋白初嚐社會主義行動的喜悅。他在瞿秋白臨行前賦詩一首，乞靈於泰戈爾（Tagore）、柏格森（Bergson）的神髓，闡發萬物皆可超越純然軀體的隔閡，達到和諧狀態。[58] 瞿秋白的行程幾乎伊始即受阻，火車行抵東北哈爾濱市時突然滯留不前，乘客必須靜待蘇聯軍隊掃蕩西伯利亞鐵路沿線的白俄哥薩克首酋謝美諾夫（Sem nov）的武裝勢力。從十一月等到十二月，火車依然紋風不動，瞿秋白便趁機研究起哈爾濱市。在當地，日本人的工商業建設已具相當規模，他見識到日本人在哈爾濱市的倨傲自大，開始創作一系列詩文、觀察心得，日後集結成冊，以《餓鄉紀程》為題出版。（瞿秋白之所以選「餓鄉」為題，是因「餓」與「俄」音同，取其雙關。另外「俄國」或「餓鄉」對受過教育的中國人來說，不僅影射蘇聯，還兼指遠在三千年前，中國兩位耿直的讀書人為了守節，寧可餓死也不願侍奉無道的昏君，足資證明自我犧牲能流芳萬世。）[59]

瞿秋白在一九二〇年十二月一日這篇詩作裡，開始將佛家萬物皆空及世界變動不拘的種種領會，調和以他初探世界遇上的迫人現實：

蒙昧也人生！
霎時間浮光掠影。
曉涼涼露凝，
初日熹微已如病。
露消露凝，人生奇祕。
卻不見溪流無盡藏意，

卻不見大氣瀠洄有無微。
罅隙裡，領會否，個中意味？

「我」無限，「人」無限。
笑怒哀樂未厭，
漫天痛苦誰念，
倒懸解待何年？
知否？知否？倒懸解待，
自解解人也；
徹悟，徹悟，餓鄉去也，
餓鄉將無涯。[60]

另一篇寫於哈爾濱的文章，半文半詩、如夢似幻，瞿秋白沿用叔父十月十八日送別詩中的幾個概念。瞿菊農寫道：「看看在這黑甜鄉酣睡的同人，究竟怎樣。要做蜜蜂兒，採花釀蜜。」瞿秋白引申文中意象，演繹成對祖國及個人探索的隱喻：中國正是這塊睡鄉、「黑甜」鄉，因為人人只知道享樂安逸，也因為所有陽光熄滅殆盡：「我有生以來，沒見一點半點陽光，——我直到如今還不知道陽光是什麼樣的東西，——我在這樣的地方，視覺本身幾乎消失。」現在，無論如何，這道光芒在俄國顯現了，「一線的光明，血也似的紅，就此一線便照遍了大千世界，遍地的紅花染著戰血，就放出晚霞朝霧似的紅光，鮮豔豔地耀著。」結尾撼動人心：「紅豔豔光明鮮麗的所在——是你們罰瘋子住的地方，這就當然是冰天雪窖饑寒交迫的去處……你們罰我這個瘋子，我不得不受罰。我決不忘你們，我是想為大家闢一條光明的路。」[61]

鐵路沿線終於在十二月廓清，但穿越西伯利亞仍是件索然無味的苦差事。火車沿途必須停靠在幾個窮鄉僻壤、冰天凍地的市鎮邊緣。在這些鐵路樞紐站，瞿秋白目睹了慘狀，與滿腹牢騷的俄國人攀談，他對蘇維埃實驗剛滋萌的信心不禁動搖。但這些經歷不過是瞿秋白追尋那道光芒的序曲；火車在一九二一年初駛近莫斯科。透過車窗，瞿秋白瞧見白雪皚皚的成列樹林沁透著光芒：「車行拂掠著萬條枝影前進，偶爾掠過林木的缺處，就突然放出晶光雪亮的寒月，寒芒直射，撲入車窗，如此閃閃飛舞突進，漸進莫斯科。」[62]

雪月寒光的意象恰如其分，反映出瞿秋白對蘇聯在那段饑饉困頓歲月的印象。時值布爾什維克革命初始階段結束，列寧的新經濟政策即將展開。在一九二一年撰寫的第二本著作《赤都心史》，瞿秋白繼續探索不同層面的頹喪、欣慰，歷練了冷熱參半的經驗。充斥「夢想、幻想、槍、監獄」的各種社會主義負面現象，別人早已警告過他，他也沒有刻意隱瞞：他注意到報紙披露饑腸轆轆的俄國農民吃死屍，或者絕望地在自家自焚；他關心克朗斯達特（Kronstadt）的水手暴動及隨之而來的殘酷鎮壓；他形容俄國黑麵包的味道，「其苦其酸，泥草臭味，中國沒有一人嚐過，也沒有一人能想像的」，見到俄國幹部對中國旅客弄來的白麵包流露渴望的眼神，不免心生同情。瞿秋白的健康也每況愈下，發熱引起了譫妄，身體因染上肺結核更加虛弱，最後不得不送到鄰近莫斯科的療養院住院治療。[63]

瞿秋白一直以來思鄉情切，想念江蘇、北京的一草一木、山光水色及至交好友。這份鄉愁淋漓酣暢地體現在他一篇感人肺腑的文章〈家書〉。除了濃烈的懷鄉之情，也透露瞿秋白對中國社會的敏銳洞察。這篇文章描述他收到弟弟來函時的感受。這封信一九二一年三月自中國發出，十一月才寄抵莫斯科。他讀到弟弟說「家裡好」時，大驚失色，左思右想，還是不敢相信。他記憶中的家庭生活，「士」階級在中國社會的角色，讓他很難接受弟弟言不由衷的安慰性說法。敬愛的母親自盡時那種椎心刺骨，眼前家庭、家人飄零四散，對士階級徹底陷落的體悟，全與弟弟捎來的消息相牴觸。瞿秋白進一步認清，士階級既不屬於資本家，也無法輕率地歸為封建階級；士階級似是而非地壟斷知識，以「剝削」無知的農民階級，就如同外國列強剝削中國本地的資本家。基於這樣的反思，瞿秋白意識到自己也是「文明的猾賊（洋行買辦）」階級的一員。在無所適從的情況下，唯一得救之道就是喊出「士的無產階級化」這句口號，並誓言「總有那一天」會實現。[64]

無論如何，蘇聯終究令瞿秋白的心如痴如醉，給了他積極的願景，建構希望，他才會寫道：「如今幸而見著心海中的燈塔，總算勉強辨得出茫無涯際的前程。」[65] 瞿秋白以愉悅的心情記錄當時種種經驗：和煦春日，在莫斯科近郊的公園閒逛，遇著情侶手牽手散步；受到小學生載歌載舞的歡迎，並教他們認識從未見過的漢字；在托爾斯泰孫女索菲雅（Sofya）的陪同下，悠遊托爾斯泰位於亞斯納雅．波爾亞納（Yasnaya Polyana）的宅邸，在林間散步，參觀托爾斯泰的圖書館（他欣喜地發現，這座圖書館藏有一本中英對照的老子《道德經》），造訪莊園裡的農戶；親見列寧在代表雲集的大廳對眾人發表演說；聆賞夏里亞賓（Chaliapin）吟詠為普希金（Pushkin）詩作譜的曲；在舉世聞名的無政府主義者克魯泡特金的葬禮上，他內心百感交集，眾人表情複雜。[66]

在一連串的活動中，瞿秋白印象最深刻的，是與蘇維埃教育委員長安納托利．盧那察爾斯基（Anatoly Lunacharsky）在克里姆林宮的一席談話。雖然談話時間短暫，盧那察爾斯基還是提及蘇聯在一九一七年後遭逢的問題，想必也與瞿秋白腦海裡思索的中國問題有了共鳴：當學校教、職員不僅不是共產黨人，還屬於憲政民主的政黨，甚至暗中從事破壞活動，處心積慮扮演反動的角色，如何能迅速讓教育「無產階級化」？然而蘇聯人把全副心力集中在某些科學、醫學領域，取得長足的進展，近來連西歐國家的科學研究機構也派學生到蘇聯從事研究。戰爭與內戰嚴重破壞建築物與工廠，但某些問題已巧妙解決（譬如，當時蘇聯書籍、紙張嚴重短絀，部分俄文書就在德國印刷）；盧那察爾斯基也強調，一方面蘇聯的地理位置介於歐洲、東亞之間，一方面俄國人傾慕東方文學及哲學，對遠東文化、文明有著強烈好感，所以雙方應排除萬難進行交流，東方學院便是基於上述考慮而成立的。[67]

瞿秋白本人就是兩國交流的一部分。從一九二一年開始，有愈來愈多中國學生留學蘇聯，瞿秋白先是擔任翻譯人員，後來又到只有一位懂中文教員的遠東學院任教，深受蘇聯器重。[68]在中國共產黨草創、日漸茁壯的年代，蘇聯專家扮演重要的角色。列寧為了推動世界革命、操縱蘇聯以外地區的共產黨組織，成立了第三國際。一九二〇年間，共產國際派了幾位代表前往中國，先後與陳獨秀、李大釗會晤。雙方關係進展豐碩，特別是那年中國人獲悉蘇聯政府願意放棄舊沙皇時代自中國取得的條約口岸及中東鐵路的特權。起初，共產黨招募黨員既謹慎又緩慢，必須按部就班，先組織社會主義會社、讀書會，再進一步擴展為共產黨幹部小組：一九二一年夏，中國共產黨在上海召開第一屆全國黨代表大會，會議地點選擇法租界內空無一人的女子學校，就是為了躲避當地軍閥的搜捕。這次大會共有十三名代表出席，代表全中國五十七位共產黨員及日本的少數黨員。共產國際的兩名代表也出席了這次大會。[69]

一九二二年這一年，中國共產黨初步的成長雖緩慢但穩健。一九二二年初，幾位激進的中國學生遭法國政府驅逐回國，理由是意圖破壞勤工儉學設於里昂大學（University of Lyon）的總部。當中有毛澤東的同鄉摯友蔡和森及丁玲的友人向警予；蔡和森、向警予在法國時已結為連理，返國後即前往上海與陳獨秀聯繫。陳獨秀曾任《新青年》編輯、北大文科學長，這時已是中國共產黨的總書記。七月，蔡、向兩人獲選為中國共產黨中央委員會委員。向警予被任命為黨剛成立的婦女部部長，就任之初就成功組織上海地區的繅絲廠、菸廠女工。（一九二二年八月，中國爆發有史以來首例女工罷工行動。這起大罷工是由上海幾千名繅絲廠女工發動。她們夏天站在一桶桶用來軟化蠶繭的滾燙熱水前工作，每天工作十三小時，只能掙得四十文錢。）蔡和森出任宣傳部部長，不久便果斷清除黨內幾名立場溫和的黨員。在湖南，毛澤東、劉少奇、李立三這幾個青年領導人，負責在礦工、鐵路工人團體工作，協助粵漢鐵路工、安源煤礦工、長沙印刷工人、建築工人及人力車伕籌組罷工行動。[70]

迄至當時，眾多罷工行動中最能引起矚目者，非香港海員大罷工莫屬。這次罷工始於一九二二年元旦，訴求提高海員的薪資待遇，賦予海員工會簽約招聘新進海員的權利，不像過去委由層層剝削的承包人負責。一月底，香港各碼頭工人工會、苦力工會紛紛表態聲援，三十餘萬人加入罷工行列，約有一百五十艘船動彈不得。當廣州的苦力拒絕為香港政府的船隻搬載補給品，情勢更為嚴峻。罷工行動波及廣東各大港口，又得到上海中共勞動組合書記部的奧援，成功防堵新進海員在上海濱海區暗中破壞罷工行動。到了二月底，罷工行動進一步得到許多香港人的響應，如蔬菜商和軌道電車工人、籃子製造商和家庭幫傭。三月三日，隨著殖民地的經濟活動幾乎全面停頓，香港政府不得不讓步，同意調高海員薪資十五至三〇％，取消原來的勞動承包制度，終止廢止工會的一切命令。[71]

香港海員罷工大有斬獲，華中地區各工廠和鐵路部門的工人俱樂部（這些俱樂部時常彼此串連、結合為工會組織）的數量也大幅成長。例如漢冶萍總工會一九二二年十二月於武漢成立，聯合了煤礦、鐵礦、鑄造、鋼鐵和河道運輸工人的系統。[72] 這些工會提出的訴求，名目也日趨精細，從工時工資的要求擴大到傷殘津貼、終止監工監督的私人勞動、分享利潤、設置休閒場所和娛樂設施、死亡撫卹等等。[73]

鑑於參與者形形色色，有技工、商業行會與社會團體成員、無政府主義者，還有少數共產黨人，所以發動罷工需要更豐富的組織技巧，也需要很大的勇氣，因為一九二〇年代初的罷工常常遭到鎮壓。長沙紗廠罷工者打破窗戶、搗毀機器設備，湖南省政府便處決了兩名帶頭的無政府主義者；香港海員大罷工結束前夕，英國警察用槍掃射罷工者並驅趕到廣州；一九二二年南方鐵路大罷工期間，不僅中國軍隊屠殺罷工者，外國軍隊也勾結公司警衛、軍閥部隊，聯手武力鎮壓罷工行動。此類勾串，一九二二年底在北京東南方的唐山、英國人經營的開灤煤礦廠重演，當時英國的軍隊就得到吳佩孚將軍一支部隊的奧援。[74]

吳佩孚是華東、華中一帶實力最雄厚的軍閥。他以洛陽為根據地，控制北京、武漢之間泰半區域。雖說吳佩孚的部屬必須為鎮壓開灤煤礦廠的罷工行動負責，但共產黨策畫者大抵相信吳佩孚是眾多軍閥中相對開明的，會與他們合作，努力改善工人的生活條件。也因此，李大釗等一干共產黨人，特別致力將京漢鐵路沿線各工人俱樂部結合、擴大為一個工會。但當各地工人俱樂部代表於一九二三年一月底群集北方的鐵路交通樞紐鄭州之時，吳佩孚下令嚴禁他們召開會議，隨後還逮捕幾位拒不從命的代表。共產黨人及工會領袖號召二月四日在京漢鐵路沿線發動總罷工。此舉斷難見容於吳佩孚，勢必危害他的勢力範圍及整體軍政組織的生命供輸網。吳佩孚與該區其餘軍事領導人密切配合，命令部隊於二月七日反制共產黨人的總罷工行動，約有三十名工人被殺，傷者難以勝數；江南分會書記長拒絕命令工人復工，在月台上當著工會成員的面被砍頭。[75]

彷彿受到吳佩孚暴力舉動的鼓舞，滿洲、四川、天津、上海的軍閥和資本家紛紛反擊工會組織。[76] 工會活動在一九二三年初普遍受到遏制，共產黨較以往更有興趣與孫中山和國民黨結盟。一九二二年一月在莫斯科舉行的第一屆「遠東勞苦人民大會」，瞿秋白抱病出席。共產國際執委會主席季諾維也夫（Grigory Zinoviev）提出共產黨和國民黨結盟的基本方針，論稱中國共產黨在革命現階段應與民族資產階級合作，以驅逐外國帝國主義，粉碎本地封建主義勢力。儘管這時的國民黨無論在政治上、軍事上，力量仍十分單薄，這個構想不切實際，中國共產黨在一九二二年七月召開的第二次全國黨代表大會，還是順從地採納。在「二大」期間再次當選為總書記的陳獨秀，於是在年底前往莫斯科會晤共產國際的資深代表。陳獨秀接受蘇聯主導的國共合作政策，也與權充翻譯的瞿秋白見面，留下深刻的印象。

儘管舊疾復發，瞿秋白對蘇聯為中國提供的種種可能仍感到非常振奮。他可能是一九二二年初在莫斯科加入中國共產黨。他從未表明要當一名客觀的記者，如今他在馬克思主義的信仰，發現一個能消弭佛家萬物皆空觀念的體系，許諾他一個饒富意義的生命角色。一九二二年元旦破曉前夕，他寫下幾行字表達他的「餓鄉」之旅已經找著那道希望之光。「莫斯科忽然移近東亞，」他放聲高喊：「一望遠東，紫赤光焰，愈轉愈明，炎炎的雲苗，莽然由天際直射，烘烘烈烈，光輪轟轟——呀！曉霞，曉霞！」[77] 隨後幾個月在莫斯科的工作、寫作、研究，瞿秋白的風格轉趨冷靜，但仍十分投入，只差貢獻所長的機遇。就在陳獨秀的訪俄行程即將結束時，他建議瞿秋白是返回中國的時候了，瞿也表同意。

瞿秋白年僅二十四歲，但「革命」社會的閱歷，較中共黨內任何黨員都要來得豐富。伴隨而來的聲望也讓瞿秋白在一九二三年夏於廣州舉行的第三次全國黨代表大會中，獲選為中央委員會委員。瞿秋白的學術背景是俄國文學，寓居莫斯科期間又熱衷蘇聯文學理論，加上他本人對蘇聯社會的鑽研，使他蜚聲學術圈，特別是上海大學這類校風激進的新學校。及至一九二三年，上海大學就趕上幾年前的北大，人才濟濟、學術氣氛活絡：擅長組織工人群眾的蔡和森，教授歷史社會學；左翼評論家、小說家茅盾主持文學系；戲劇作家田漢教授英國文學；瞿秋白的同鄉兼同窗張太雷教授政治學。瞿秋白自蘇聯返國後沒幾個月，便接下上海大學社會系系主任一職。[78]

以上海為新據點，瞿秋白積極向中國引介馬克思主義文學批評的基本原理，以及社會主義各家學派的著作，包括羅伯・歐文（Robert Owen）的早期作品及羅莎・盧森堡（Rosa Luxemburg）的獄中信札。[79]植基於布哈林（Bukharin）的理論框架，瞿秋白重新演繹馬克思主義的基本原理，討論藝術在社會「上層建築」的地位，並扼要檢視進步知識分子如何打頭陣，協助無產階級發展獨立的藝術形式。因此，中國不應再追求「為藝術而藝術」，而應漸漸過渡到「為生活而藝術」的階段。瞿秋白嘲弄康有為、梁啟超論述文化的方式流於俗套，應該連同兩人在二十五年前撻伐的裹小腳、辮子一起供奉起來。[80]

在其他文章裡，瞿秋白試圖豐富後五四知識分子的辭彙。他探討俄國作家馬雅可夫斯基（Vladimir Mayakovsky）與帕斯特納克（Boris Pasternak）是如何運用象徵主義，對抗傳統主義的文化形式，還分析謝苗諾夫（Sergey Semyonov）這類作家的重要性。謝苗諾夫的《飢餓》（*Hunger*）一書，彰顯無產階級透過文學創作豐富自己，後來加入蘇維埃官方文化組織的青年作家無不開發這樣的潛能。不過瞿秋白的論述，對於隸屬上層建築的作家是否能左右經濟基礎變革這個難題，立場曖昧；他只暗示，關鍵性的文化變革，唯有在根本的經濟轉型後，才可能發生。由此可見，瞿秋白對自己奉為圭臬的知識分子先鋒角色，還是缺乏信心。[81] 在發表於一九二三年十月的〈荒漠裡：一九二三年之中國文學〉一文，瞿秋白批判後五四文化的其他面向。舉例來說，大多數中國當代作者雖排斥「中國的拉丁文」（即文言文），但他們不僅在將文言文轉譯成真正精準的白話文（不同於充斥典故的文白夾雜體）時遭逢極大困境，更有甚者揉雜許多西歐文化元素，形成歐化的白話作品，瞿秋白稱為「外古典主義」（external classicism）。這使得原已惡劣的文學條件更形雪上加霜。當時大部分中國文學作品對社會無動於衷，一味渲染情緒，就像「轉旋舞」（la valse）和「詩」（poésie），永無止盡停留在愛情的層面。瞿秋白寫道：「愛真正不是神的，愛是人的。愛若是神的，便是說謊。」要取代無足輕重的詩句，瞿秋白期待未來中國的資產階級作家不再視「入煤竈」為醜態。[82] 儘管瞿秋白尚未走得這麼遠，他還是設法親近上海的工人階級，並在詩作〈鐵花〉示範唱出新的詩韻。這首詩於一九二三年十月十五日發表在上海一份報紙：

我不在柔和細膩的自然裡，
我不在繁美華盛之中；
在這煙氣瀰天的工廠內，
鍛煉著我的鐵花，火湧。

鐵花受不著陽光的煦和，
鐵花領不著月光的撫慰；
小爐裡融融的火颶，
嗤嗤地燒著了花蕊。

那地方錘子的聲音來得蠢，
那地方金鐵的聲音來得緊；
好一似銅松拂著剛風，
我真愛上了，捨卻不忍。

不是那輕揮羽扇，妙舞迴旋的——

而是那胼胝滿目，——是有力的掌。
工廠裡燃著不熄的火苗，
照耀著我這壯勇無畏的胸膛。

我吹著鐵爐裡的勞工之怒，
我幻想，幻想著大同，
引吭高歌的……醉著了呀，群眾，
鍛煉著我的鐵花，火湧。[83]

一九二三年秋，就像中國各地掙脫枷鎖的學生，丁玲通過上海大學的入學考試，註冊入學。與丁玲一起的還有長沙的閨中密友王劍虹。她倆曾致力於爭取湖南學校實施男女合校及女性平權。這兩位青年女性（丁玲十八歲，王劍虹二十歲），經歷自然無法與瞿秋白相提並論，不過跟瞿秋白一樣，她們十幾歲便離家穿州過省，獨自遊歷中國，也像瞿秋白在武漢和北京時，靠自己的機智在南京和上海混了幾個月。她們飽嚐遍尋不到工作的沮喪，當過教員，也作過女傭；她們自上海的新朋友那兒得知工人組織的情形，擔任無政府主義雜誌《自由人》及女性主義雜誌《婦女聲》的志工，學得編輯知識。瞿秋白在一九二三年秋與丁玲、王劍虹結識。瞿博學多聞、政治閱歷豐富，還會吟詠普希金的詩作，散發的個人魅力令丁、王為之傾倒。是年年底，王劍虹便與瞿秋白同居，而丁玲則在瞿、王和瞿胞弟眴白的住處附近安頓下來，並與瞿眴白結為莫逆。四人的生活由瞿秋白的幫工料理。這位老太太離開江蘇的老家來上海原本是要照顧瞿秋白，現在卻為這群年輕人煮飯洗衣，領取微薄的週薪。

他們過了一段無憂無慮的日子，但四人關係到了一九二四年春開始生變：丁玲與瞿眴白並未開花結果，瞿秋白、王劍虹似乎也厭煩丁玲不時的出現。隨著暑假腳步接近，丁玲告訴友人她決心永遠離開上海，先回湖南探望母親，再轉往北京，靠自己的力量過活。將近六十年後，丁玲回憶，他們一聽到她的打算，顯得十分平靜。她到長江邊上搭汽船離開時，瞿秋白、王劍虹都沒來替她送行，連寓所的房門都沒邁出。但無論如何，那位名叫阿董的年邁幫工，送了丁玲一籃水果為她餞別。[84]

註釋

1 周策縱（Chow Tse-tsung），《五四運動：現代中國的思想革命》（*The May Fourth Movement: Intellectual Revolution in Modern China*），頁一〇六至一〇九。

2 包華德與霍華德合編，《中華民國傳記辭典》，卷三，頁二九九至三〇二，以及周策縱，《五四運動：現代中國的思想革命》，頁一〇二，註v；有關曹汝霖與日本的關係背景及貸款交易的細節，見瑪德琳・李（Madeleine Chi），〈運作中的官僚資本主義：曹汝霖與他的新交通系，一九一六至一九一九年〉（Bureaucratic Capitalists in Operation: Ts'ao Ju-lin and His New Communications Clique, 1916-1919），頁六七八至六八一、六八五至六八六。

3 周策縱，《五四運動：現代中國的思想革命》，頁一三二。潘永波（音）（Pang Yong-pil），〈彭湃：從地主走向革命黨〉（Peng Pai: From Landlord to Revolutionary），頁三〇九至三一一，藉彭湃的生涯，生動側寫東京的動亂。

4 周策縱，《五四運動：現代中國的思想革命》，頁一二六至一二七。

5 前引書，頁一二八；謝諾，《中國的勞工運動，一九一九至一九二七年》，頁一五二。

6 見周策縱，《五四運動：現代中國的思想革命》，頁四十七至五十一，有關蔡元培公職的簡述，以及前引書，頁一三五，註b，簡述蔡元培去職的過程；有關蔡元培這一階段的生涯綜覽，可參考杜伊可（William J. Duiker），《蔡元培：現代中國的教育家》（*Ts'ai Yuan-p'ei: Educator of Modern China*），頁五十三至七十三。

7 周策縱，《五四運動：現代中國的思想革命》，頁一四三至一四四。

8 有關徐世昌生平，見包華德與霍華德合編，《中華民國傳記辭典》，卷二，頁一三六至一四〇（「徐世昌」條）。

9 轉引自周策縱，《五四運動：現代中國的思想革命》，頁一七三，註b。

10 前引書，頁一五〇至一五一及一五〇，註e。

11 謝諾，《中國的勞工運動，一九一九至一九二七年》，頁一五二至一五三；周策縱，《五四運動：現代中國的思想革命》，頁一二九至一三〇、一四一、一五七。有關五四運動對上海的衝擊，可參考陳達（Joseph T. Chen），《五四運動在上海：現代中國社會運動的形成》（*The May Fourth Movement in Shanghai: The Making of a Social Movement in Modern China*），第五章的出色分析。

12 周策縱，《五四運動：現代中國的思想革命》，頁一二九至一三〇、一五一。

13 前引書，頁一六五至一六六。

14 這時期出版的雜誌，見前引書，頁一七八至一七九。

15 引文見前引書，頁一七四至一七五。

16 像這類商業冒險的行動，見畢翰，〈清末中國的女性運動和民族主義〉，第六章。有關軍中的女性角色以及唐群英大鬧南京參議會，見陳東原，《中國婦女生活史》，頁三五五至三六〇，以及威特克，〈近代中國五四運動時期對女性態度的轉變〉，頁六十二至六十四、六十八至七十一。亦可參考卡蘿（Elisabeth Croll），《中國的女性主義和社會主義》（*Feminism and Socialism in China*），頁七十至七十二，以及周策縱，《五四運動：現代中國的思想革命》，頁二五八，註c。

17 畢翰，〈清末中國的女性運動和民族主義〉，頁三五〇、三五七至三五八，以及包華德與霍華德合編，《中華民國傳記辭典》，卷二，頁二三二。

18 有關學生的統計數字，見陳東原，《中國婦女生活史》，頁三四九、三八九至三九二。地方態度的轉變，亦可參考丁玲，《母親》，頁一四〇至一四一、一四四、一五五。有關新的女性組織，可詳見修芭比（Bobby Siu），《五十年的奮鬥》（*Fifty Years of Struggle*），頁七十一至七十九。

19 陳東原，《中國婦女生活史》，頁三六五至三七二；有關魯迅、胡適等人推崇易卜生的作品，艾德（Elisabeth Eide），〈易卜生的娜拉與中國女性解放的詮釋〉（Ibsen's Nora and Chinese Interpretations of Female Emancipation）；張潤梅（Chang Jun-mei），《丁玲：她的一生和作品》（*Ting Ling: Her Life and Work*），頁十八至十九；以及威特克，〈近代中國五四運動時期對女性態度的轉變〉，頁一六四至一六六。麗思（Suzanne

Leith)，〈初期共產主義運動的中國女性〉(Chinese Women in the Early Communist Movement)，頁五十八，探討女性在從事運動、遊行抗議時難以克服的天然障礙。

20 「丁玲」是蔣冰之成年後終身使用的筆名。有關丁玲的出生之年眾說紛紜；因為丁玲在〈講一點心裡話〉中提及一九一九年她十五歲，以及在〈向警予同志留給我的印象〉頁一八四說一九一一年她七歲，所以我採取一九〇五年的說法。有關丁玲早歲的生活細節，可參考比嘉治(Gary Bjorge)，〈早期的丁玲〉(Ting Ling's Early Years)，頁九至二十二。比嘉治傾向認為丁玲是一九〇六年出生的。陳忠(音)等在其〈丁玲早期生活和創作〉一文中認為丁玲的生日是一九〇四年十月十二日。

21 張白雲編，《丁玲評傳》，頁二二三；丁玲，《母親》，頁二二六、二三五至二三九。

22 丁玲，《母親》，頁二一一；張潤梅，《丁玲：她的一生和作品》，頁三；張白雲編，《丁玲評傳》，頁二二三，記丁玲祖厝的位置；比嘉治，〈早期的丁玲〉，頁十一至十四。

23 劉易士，《中國革命的序曲：湖南省觀念與制度的轉變》，頁四十七至五十九；威特克，〈近代中國五四運動時期對女性態度的轉變〉，頁二八四、二九七。

24 丁玲曾論及她的小說《母親》揉合著傳記和自傳的成分，見張白雲編，《丁玲評傳》，頁一二七至一三〇。

25 丁玲，《母親》，頁一五九。

26 前引書，頁一八七。

27 前引書，頁一八九、一九一。

28 丁玲，〈向警予同志留給我的印象〉，頁一八四，描述這七人小組。另外，還可參考丁玲，《母親》，頁一九八至二〇三。

29 丁玲，《母親》，頁一九四。

30 前引書，頁八十至八十一，有段生動的敘述，描寫她對男女之別的認識，以及養雞的過程。

31 見前引書，頁一三七至一四七的描述。

32 前引書，頁一六〇至一六一。

33 張潤梅，《丁玲：她的一生和作品》，頁二至四；丁玲，〈向警予同志留給我的印象〉，頁一八五。

34 丁玲，〈向警予同志留給我的印象〉，頁一八五。比嘉治，〈早期的丁玲〉，頁十六至十九，對這些學校的記載稍有不同。

35 有關向警予生平，見包華德與霍華德合編，《中華民國傳記辭典》，卷二，頁八十六至八十七（「向警予」條），以及包華德與霍華德合編，《中華民國傳記辭典》，卷三，頁二八三至二八六（「蔡和森」條）；有關勤工儉學計畫，見麥克唐納，《農村革命的城市根源：中國湖南的菁英與民眾，一九一一至一九二七年》，頁九十四至九十五；學校部分，見威特克，〈近代中國五四運動時期對女性態度的轉變〉，頁二四七至二四八、二八四、二八六至三〇〇；有關向警予的遊歷與談話，見丁玲，〈向警予同志留給我的印象〉，頁一八五。毛澤東與其他激進分子在一九二〇年時的湖南意識，見麥克唐納，〈毛澤東與一九二〇年的湖南自治運動〉（Mao Tse-tung and the Hunan Self-Government Movement, 1920），頁七五六至七五八。有關毛澤東的早期（一九一七年長沙夜校）著作，見戴伊（M. Henri Day），《一九一七至一九二七年的毛澤東：文件集》（*Mao Zedong 1917-1927, Documents*），頁三十九至四十一，文件三及文件四的譯文。（有關浙江省的地方意識，可參考見蕭邦齊，〈省與國家：一九一七至一九二七年浙江省的自治運動〉，頁六六五。）

36 有關中國婚姻與戀愛的分析，可參考威特克，〈近代中國五四運動時期對女性態度的轉變〉，頁一五九至一六一、一七七至一八一；丁玲的毀婚及她的政治態度，見張潤梅，《丁玲：她的一生和作品》，頁三至七，及比嘉治，〈早期的丁玲〉，頁二十。有關楊開慧一道同行，見《毛主席一家六烈士》，頁九。向警予初期發自法國的一封信，收錄在《紀念向警予同志英勇就義五十週年》，頁四十三至四十四；麗思，〈初期共產主義運動的中國女性〉，頁五十至五十一。

37 有關這類「數字性」的論證，參見周策縱，《五四運動：現代中國的思想革命》，頁一八五，註f，及頁二五七至二五八。

38 魯迅著，楊憲益、戴乃迭譯，《選集》，卷二，頁十四。

39 前引書，卷二，頁十七、二十。

40 前引書，卷二，頁二十四。威特克，〈近代中國五四運動時期對女性態度的轉變〉，頁一一七至一一九，分析魯迅的貞潔觀。

41 有關楊昌濟生平，見包華德與霍華德合編，《中華民國傳記辭典》，卷四，頁二；威特克，〈近代中國五四運動時期對女性態度的轉變〉，頁九十至九十二、二九四至二九五；魏斐德，《歷史與意志：毛澤東思想的哲學透視》，頁一五七至一六三。

42 施拉姆，《毛澤東的政治思想》（*The Political Thought of Mao Tse-tung*），頁一五五、一五八、一六〇。施拉姆曾對這一作品作個細膩的分析，見施拉姆，《毛澤東傳》。

43 施拉姆，《毛澤東的政治思想》，頁二三四至二三七。對趙四小姐自殺一案的討論，可參考威特克，〈五四運動時期的毛澤東、女性與自殺〉（Mao Tse-tung, Women and Suicide in the May Fourth Era），頁一三七至一四四。

44 有關瞿秋白的背景，可參考夏濟安，《黑暗的閘門：中國左翼文學運動研究》，頁九至十一的生動描述。

45 李又寧等，〈瞿秋白的俄國之行，一九二〇至一九二二年〉（Ch'u Ch'iu-pai's Journey to Russia 1920-1922），頁五四〇。

46 這些點點滴滴的回憶取自瞿秋白在一九三五年的「自白」，譯文見李頓（Dun J. Li），《通往共產主義之路：一九一二年以來的中國》（*The Road to Communism: China since 1912*），頁一六一。

47 夏濟安，《黑暗的閘門：中國左翼文學運動研究》，頁十五。

48 邁斯納（Maurice Meisner），《李大釗與中國馬克思主義的起源》（*Li Ta-chao and the Origins of Chinese Marxism*），頁七十二至七十三；夏濟安，《黑暗的閘門：中國左翼文學運動研究》，頁十一、十五。

49 邁斯納，《李大釗與中國馬克思主義的起源》，頁六十五、六十八。

50 夏濟安，《黑暗的閘門：中國左翼文學運動研究》，頁十五。

51 李頓，《通往共產主義之路：一九一二年以來的中國》，頁一六〇。

52 譯文見夏濟安，《黑暗的閘門：中國左翼文學運動研究》，頁十六；瞿秋白，《瞿秋白文集》，卷一，頁二十三。

53 夏濟安，《黑暗的閘門：中國左翼文學運動研究》，頁十六至十七；嘉勒特，《城市中國的社會改革者》，第五章。

54 瞿秋白，《瞿秋白文集》，卷一，頁二十六，論羅素；整體性的討論，可參考周策縱，《五四運動：現代中國的思想革命》，頁二三三至二三八；有關瞿秋白對羅素的關注，見葛立克（Marian Galik），〈現代中國思想史研究：二，青年瞿秋白〉（Studies in Modern Chinese Intellectual History: II, Young Ch'u Ch'iu-pai），頁一〇三至一〇九。

55 周策縱，《五四運動：現代中國的思想革命》，頁一九二，論羅素研究會，以及頁二三三至二三八，論羅素的中國行。布萊克的貢獻，見威特克，〈近代中國五四運動時期對女性態度的轉變〉，頁一六八至一七五。

56 施拉姆，《毛澤東的政治思想》，頁二九六至二九九。

57 夏濟安，《黑暗的閘門：中國左翼文學運動研究》，頁二十至二十一。

58 瞿秋白，《瞿秋白文集》，卷一，頁三十至三十一；夏濟安，《黑暗的閘門：中國左翼文學運動研究》，頁二十二。

59 李又寧等，〈瞿秋白的俄國之行，一九二〇至一九二二年〉，頁五四三至五四四；葛立克，〈現代中國思想史研究：二，青年瞿秋白〉，頁八十六至八十七；夏濟安，《黑暗的閘門：中國左翼文學運動研究》，頁十八至二十。

60 譯文引自葛立克，〈現代中國思想史研究：二，青年瞿秋白〉，頁一〇九至一一〇；瞿秋白，《瞿秋白文集》，卷一，頁六至七。有關瞿秋白思想中的佛教元素，見葛立克，〈現代中國思想史研究：二，青年瞿秋白〉，特別是頁九十五。

61 瞿秋白，《瞿秋白文集》，卷一，頁三至五；李又寧等，〈瞿秋白的俄國之行，一九二〇至一九二二年〉，頁五四四至五四五。

62 瞿秋白，《瞿秋白文集》，卷一，頁八十四，及夏濟安，《黑暗的閘門：中國左翼文學運動研究》，頁三十二。有關西伯利亞之行，見夏濟安，《黑暗的閘門：中國左翼文學運動研究》，頁二十八至三十一，以及李又寧等，〈瞿秋白的俄國之行，一九二〇至一九二二年〉，頁五四九。

63 負面的印象，見夏濟安，《黑暗的閘門：中國左翼文學運動研究》，頁三十二；飢餓，見瞿秋白，《瞿秋白文集》，卷一，頁一三二；論克朗斯達特（Kronstadt），瞿秋白，《瞿秋白文集》，卷一，頁一〇七至一〇八；黑麵包，夏濟安，《黑暗的閘門：中國左翼文學運動研究》，頁三十一；幹部的饑腸轆轆，瞿秋白，《瞿秋白文集》，卷一，頁一〇九；生病，瞿秋白，《瞿秋白文集》，卷一，頁一三〇。有關《赤都心史》的其他譯文，見柯立克，〈現代中國思想史研究：二，青年瞿秋白〉，頁八十五至八十六。

64 瞿秋白，《瞿秋白文集》，卷一，頁一六二至一六四。

65 柯立克，〈現代中國思想史研究：二，青年瞿秋白〉，頁一〇二至一〇三；瞿秋白，《瞿秋白文集》，卷一，頁九十一。

66 有關瞿秋白在這階段種種活動，見瞿秋白，《瞿秋白文集》，卷一，頁一二〇（公園閒逛）、一〇三（小學生）、一四二至一四八（托爾斯泰的宅邸）、一二八（列寧）、一二七（夏里亞賓）、一〇〇至一〇一（克魯泡特金）。

67 前引書，卷一，頁一〇三至一〇四。

68 夏濟安，《黑暗的閘門：中國左翼文學運動研究》，頁三十八。

69 施拉姆，《毛澤東的政治思想》，頁六十四至六十七。

70 謝諾，《中國的勞工運動，一九一九至一九二七年》，頁一九七至一八〇；有關上海女工罷工行動的細節，威特克，〈近代中國五四運動時期對女性態度的轉變〉，頁二六五至二六七；對工會在罷工行動中的角色，見莎琳達（Linda Shatter），〈毛澤東與一九二二年十月長沙建築工人的罷工〉（Mao Ze-dong and the October

1922 Changsha Construction Workers Strike）；關於安源煤礦與鐵路罷工，見麥克唐納，《農村革命的城市根源：中國湖南的菁英與民眾，一九一一至一九二七年》，頁一六六至一七九，以及莎琳達，前引文。女性罷工的資料，見修芭比，《五十年的奮鬥》，頁八十至九十九。

71 謝諾，《中國的勞工運動，一九一九至一九二七年》，頁一八一至一八五。

72 前引書，頁一八九，以及麥克唐納，《農村革命的城市根源：中國湖南的菁英與民眾，一九一一至一九二七年》，頁一六六，註三十四，及一七〇至一七一。

73 謝諾，《中國的勞工運動，一九一九至一九二七年》，頁一九〇至一九三。

74 前引書，頁一八〇、一八四、一九三。

75 麥克唐納，《農村革命的城市根源：中國湖南的菁英與民眾，一九一一至一九二七年》，頁一九五至一九七；謝諾，《中國的勞工運動，一九一九至一九二七年》，頁一九二、二〇八至二〇九。

76 各地反擊工會組織的行動，見謝諾，《中國的勞工運動，一九一九至一九二七年》，頁二一二至二一三。

77 瞿秋白，《瞿秋白文集》，卷一，頁一七八，及夏濟安，《黑暗的閘門：中國左翼文學運動研究》，頁四十一。

78 有關上海大學，見包華德與霍華德合編，《中華民國傳記辭典》，卷三，頁二四九（「鄧中夏」條）；張潤梅，《丁玲：她的一生和作品》，頁八至九；茅盾，〈回憶瞿秋白〉，頁三十五。

79 瞿秋白，《瞿秋白文集》，卷一，頁二一六至二二一。

80 皮克維茲（Paul G. Pickowicz），〈瞿秋白對五四運動世代的批判〉（Qu Qiubai's Critique of the May Fourth Generation），頁三五六至三五八；瞿秋白對康有為、梁啟超的評價，見瞿秋白，《瞿秋白文集》，卷一，頁二三九至二四〇。有關瞿秋白對布哈林及歷史唯物主義的觀點，詳見德利克（Arif Dirlik），《革命與歷史：中國馬克思主義史料編纂的起源，一九一九至一九三七年》（*Revolution and History: Origins of Marxist Historiography in China, 1919-1937*），頁二十三、三十一。

81 有關瞿秋白面對的理論難題，皮克維茲，〈瞿秋白對五四運動世代的批判〉，頁三五七至三六一，以及皮克維茲的另文〈瞿秋白與中國馬克思主義者的革命大眾文藝觀〉(Ch'u Ch'iu-pai and the Chinese Marxist Conception of Revolutionary Popular Literature and Art)。

82 瞿秋白，《瞿秋白文集》，卷一，頁二三一，皮克維茲，〈瞿秋白對五四運動世代的批判〉，頁三六二至三六四。

83 瞿秋白，《瞿秋白文集》，卷一，頁二二二至二二三。

84 丁玲在其〈我所認識的瞿秋白同志〉長文中詳細描述這段期間她的生活以及她與王劍虹、瞿昀白之間的關係；這篇文章寫於一九八〇年春。此外，亦可參考丁玲〈我對「多餘的話」的理解〉的短文，包華德與霍華德合編，《中華民國傳記辭典》，卷一，頁四七九，以及卷三，頁二七二至二七三；張潤梅，《丁玲：她的一生和作品》，頁八至九；比嘉治，〈早期的丁玲〉，頁二十二至三十。

第六章　贊美涅槃

一九二三年秋季中，瞿秋白偶爾就近前往上海近郊，看望甫自英國歸來的徐志摩。後來，一九二五年丁玲定居北京時，也結識了徐志摩；丁玲及友人在為文創作之初，徐志摩曾不吝伸出援手。他算是一帆風順的年輕人，一八九七年生在浙江的殷商大戶；徐家非但未被辛亥革命殃及，甚至因金融與商業投資而更形富裕：徐父除了經營生意，還供應大批槍械給占領杭州的革命黨人。徐志摩並未因辛亥革命而中斷受教，也不像瞿秋白，在革命之後被迫輟學；反之，他還安穩地從浙江最好的現代化學校畢業（且因表現優異獲選為級長），先入上海聖約翰學院，再轉至北京的北洋大學法科預科，直到北洋大學併入了北京大學（北大的學費無論瞿秋白或毛澤東可都付不起）。媒妁之言的婚配張幼儀，出身江蘇寶山的顯貴；一九一八年長子出世，當時徐志摩二十一歲、張幼儀十八。能與張家聯姻是徐志摩的福氣，張家乃書香門第，走在新中國「現代化」思潮的尖端：張幼儀的一名兄長是當時上海最受矚目、觀念最新的銀行家；另一名胞兄畢業於柏林大學（University of Berlin），與梁啟超是知交，兩人曾一起從事立憲運動，編纂改良派刊物。徐志摩透過張家的引薦，認識了梁啟超。徐志摩自學生時代便嗜讀梁啟超的著作，並在初試文筆時仿其文風。梁啟超讚賞徐志摩的古文造詣與勃勃生氣；徐則以梁的門生自詡。[1]

一九一八年夏末，徐志摩遠渡重洋赴美深造。或許是受到導師梁啟超與銀行家內兄之雙重影響，他夢想成為新中國的亞歷山大．漢彌爾頓（Alexander Hamilton）。猶如瞿秋白初抵蘇聯時的惶惶不安，儘管拋下妻兒遠行的孤寂與對赴美後未卜苦難的恐懼時時襲湧心頭，徐志摩未如瞿在《餓鄉紀程》的前幾章，流露徬徨無依的詩人心境；相反地，他在船上用文言文寫了一封長信，摻雜自身體驗與歐洲歷史典故，抒發其遠大志向：

> 我國自戊戌政變，渡海求學者，歲積月增，比其返也，與聞國政者有之，置身實業者有之，投閑置散者有之。其上焉者，非無寵才也，或蔽於利。其中焉者，非無績學也，或絀於用。其下焉者，非鮒涸無援，即枉尋直尺。悲夫！是國之寶也，而顛倒錯亂若是。豈無志士，曷不急起直追，取法義大利三傑*，而猶徘徊因循，豈待窮途日暮而後奮搏浪之椎，效韓安之狙，須知世傑秀夫不得迴珠崖之颶，哥修士哥不獲續波韓之祀，所謂青年愛國者何如？

徐志摩認為，掙脫這種困境的唯一方法，就是一生辛勤工作、克己苦行，不自艾自憐，真誠面對現實。[2]

徐志摩在美國待了兩年，以轉學生的身分，先在麻薩諸塞州烏斯特市（Worcester）的克拉克大學（Clark University）取得文學士學位，再入哥倫比亞大學取得政治學碩士學位。這段期間，他以不屈不撓的毅力朝理想邁進。他與一小群愛國留學生訂下嚴格的作息時間，早起、苦讀、運動健身，時常聚會討論祖國境況，激勵共勉。徐志摩在克拉克大學主修歷史，並選修了幾門經濟、金融的專業課程；在哥倫比亞大學，則選了更多經濟學課程，鑽研政治理論，閱讀歐文主義者早期的社會主義著作和俄國革命史，並寫了一篇有關中國女性地位的論文（在這篇論文裡，徐志摩主張傳教士對於中國女性的困境言過其實）。[3] 從徐志摩此時期的求學內容，可看出他認真為三件事作足準備：成為中國的漢彌爾頓，真正承繼梁啟超之學，以及克紹箕裘繼承父親的銀行事業。

這計畫看似雄心高遠，徐志摩卻覺得太缺乏對生命的探索而心生厭倦。據他日後回憶：「在美國我忙的是上課，聽講，寫考卷，齦橡皮糖，看電影，賭咒。」但根本的思想層次是原封不動的：「如其我到美國的時候是一個不含糊的草包，我離開自由神的時候也還是那原封沒有動。」[4] 使徐志摩動念離開美國（同時放棄已經註冊的哥倫比亞大學博士班）的是羅素的著作，相較於他讀過的其他作品，羅素的論述猶如「夏天海上的黃昏，紫黑雲

＊即馬志尼（Mazzini）、加富爾（Cavour）及加里波底（Garibaldi），梁啟超曾為這三人寫了一本通俗的傳記，影響深遠。

中不時有金蛇似的電火在冷酷地料峭地猛閃，在你的頭頂眼前浮現！」徐志摩寫道，羅素會讓人聯想到「吳爾吳斯高樓」（Woolworth Building，吳爾吳斯另譯伍爾沃思）散發的光與力之意象。伍爾沃思大廈樓高五十八層，在紐約市拔地而起，象徵令人嘆為觀止的成就，也象徵可能被怒潮一舉摧毀的巨大結構。徐志摩認為，羅素的前世化身有二：一是伏爾泰（Voltaire），十八世紀法國的「五十八層高樓」於一七八九年崩解之前，他的「放了最敏銳的智力的光電」已籠罩其上達半世紀之久；另一人是威廉·古德溫（William Godwin），他是瑪麗·吳爾頓克辣夫脫（Mary Wollstonecraft，另譯沃爾斯頓克拉夫特）之夫、瑪麗·雪萊（Mary Shelley）之父。威廉·古德溫雖不如伏爾泰遠近馳名，對徐志摩而言，卻是近代社會主義的真正先驅，他在其時代「打翻了不少的偶像，打倒了不少的高樓」。[5]

若這種反傳統的理想主義情感是促使徐志摩離開美國的部分原因，他那強烈循情而行的傾向，亦使其受累，徐後來作過如是自剖：

> 我這一生的周折，大都尋得出感情的線索。不論別的，單說求學。我到英國是為了要從羅素。羅素來中國時，我已經在美國。他那不確定的死耗傳到的時候，我真的出眼淚不夠，還做悼詩來了。他沒有死，我自然高興。我擺脫了哥倫比亞大學博士銜的引誘，買船票過大西洋，想跟這位二十世紀的福祿泰爾（即伏爾泰）認真念一點書去。[6]

這是魯莽的決定，讓他走進了死胡同：當徐志摩於一九二〇年抵達英國，打算在羅素執教的劍橋大學就讀時，發現羅素不僅未自中國歸來，且在幾年前就因第一次世界大戰期間的和平主義主張，及近來的離婚行為，得不到同僚的諒解，被排擠出三一學院（Trinity College）。

徐志摩只好棲居倫敦，表明意欲進入倫敦政經學院（London School of Economics），師從拉斯基（Harold Laski）攻讀政治學博士。他時常與拉斯基夫人在下沃爾維奇（Woolwich）碼頭討論選舉話題，或為梁啟超在中國創辦的刊物寄上幾篇以政治為題的論文。[7] 但徐志摩的心緒一直沒有擺在政治議題上。他寫道：「當時，我感到十分壓抑，正在尋找新的研究方向。」一九二〇年致父母的家書裡，徐志摩表示研究已有些進展；但他一直有種感覺，當他開始學習新科目時，每年的學習成果就消失無蹤：由此，倫敦不過是重複了他自中國前往克拉克大學，而後離開克拉克大學前往哥倫比亞大學的過程。[8] 然而，徐志摩在信裡略而不提的箇中原委是：他已戀上中國駐國際聯盟代表團團長林長民的十六歲女兒林徽因*。

徐志摩得以結識暫時住在倫敦的林長民父女，是由於共同的友人梁啟超。梁、林因政治與立憲目標共事了數十年，兩人曾於一九一七年進步黨短命的內閣共事，試圖穩住張勳

*譯按：林徽因本名林徽音，一九三五年改名。本書均採用更名後的林徽因。

復辟失敗後中國的動盪局勢。林長民交遊廣闊、灑脫大度，生性浪漫，徐志摩對他來說想必是個令人愉快的同伴。徐志摩正處於躊躇、騷動不寧的狀態；遊歷四海、楚楚動人的林徽因讓他驚為天人，視她為真正的心靈伴侶。徐志摩的元配張幼儀留在中國照顧小孩已兩年多，從未出遠門，事實上，她還剛聘了一名家庭教師，只為了多讀點書；毋庸置疑，在徐志摩的眼裡，林徽因要來得落落大方。從現有徐志摩的信裡可以窺知，他對妻子日趨情淡，把關愛全給了僅能藉照片得見、漸漸長大的孩子。在一封信裡，徐志摩要求張幼儀全時陪伴兩歲半的兒子，原原本本記下一言一行，然後寄給他。[9]

除了林徽因，徐志摩還在倫敦遇上其他機緣。例如某天清晨，有對中國留學生夫婦驅車至徐志摩寓所，為他引見威爾斯（H. G. Wells）。威爾斯與徐志摩結為好友，曾邀他到鄉間的別墅作客。他們共進午餐，在農莊散步（令徐志摩大感意外的是，威爾斯竟邀他跳籬笆。徐出於禮貌勉強從之，一躍而過；隨後威爾斯也跳了，卻摔倒並扯破衣服），用晚膳、飲威士忌至深夜。[10] 與狄更生（Goldsworthy Lowes Dickinson）的交往則是另一個珍貴的緣份。徐志摩初見他時，他正與林長民一同坐在國際聯盟會議講台上；後來在林家的茶敘上再度相遇，而結成至交。此時結識狄更生，對徐志摩而言是千載難逢的良機：狄更生當時是劍橋大學國王學院（King College）一員，酷愛中國詩詞、美學，在倫敦文學界交遊廣闊，熱心想提攜這位彬彬有禮的忘年之交，可望為徐打通各種門路。狄更生覺察到徐志摩對文學逐漸產生興趣，便鼓勵他別再留在倫敦政經學院，應轉往劍橋大學就讀。徐志摩也興致勃勃接受了狄更生的意見，同時向劍橋大學幾個學院提出入學申請，但新學年的申請期限已過，他的申請被一一回絕。這段過渡期間，徐志摩的生活也幾經波瀾；林徽因被父母送到愛丁堡讀書，徐志摩的元配張幼儀突然決定離開中國，漂洋過海繞過大半個地球投奔夫婿。由於狄更生已經安排徐志摩以特別學生身分到他任職的國王學院就讀，俟張幼儀抵達英國，便與夫婿離開倫敦，於一九二一年初與另位友人一同賃居沙士頓（Sawston）一處環境優美的農莊，距劍橋及劍橋大學有六哩之遙。[11]

他們在沙士頓的生活並不順遂。不只因徐志摩仍持續與林徽因熱切魚雁往返，利用沙士頓當地的雜貨店存放林的來信；更重要的，徐志摩覺得婚姻生活的束縛使他難以認識「真實」的劍橋，也無法把握大學提供的各種良機，正潛滋暗藏的情感、美學能量無從釋放。一大早，他便得搭電車或騎自行車到大學，傍晚再以同樣方式回家，日復一日，生活了無樂趣。他在三年後追憶說：「這樣的生活過了一個春，但我在康橋（劍橋）還只是個陌生人，誰都不認識，康橋的生活，可以說不曾嘗著。我知道的只是一個圖書館，幾個課室，和三兩個吃便宜飯的茶食鋪子。狄更生常在倫敦或是大陸上，所以也不常見。」[12]

該年春、夏兩季，他們在沙士頓的生活詳情，外界無從得知，張幼儀於一九二一年秋天離開他，前往柏林大學就讀；她在柏林大學有幾位朋友，兄長也在附近，師從耶拿大學（University of Jena）的魯道夫・倭鏗（Rudolf Euken）研究道德哲學。該年十月，林徽因同父親返回中國。[13] 徐志摩寫道：「那年的秋季我一個人回到康橋，整整有一學年，那時我才有機會接近真正的康橋生活，同時我也慢慢地『發見』了康橋。我不曾知道過更大的愉快。」[14]此時他才嚐到他所謂「單獨」的甜美；享受到妻子在旁時所無法享有的三種快樂：獨自與友人相處、獨自思考、獨處於大自然之中。現在他可自如沐浴在狄更生那高蹈的美學主義，親炙某種超脫理性邏輯卻又激盪靈魂的理想化中國形象；誠如狄更生在其一九〇一年出版、廣為風行的書《中國官員來信》(*Letters from a Chinese Official*)，佯稱書中的思想係出自一位中國學者之筆：

要體悟，以便能表達心中的感受，或者至少能理解大自然一切美好之物的顯現，人類的一切創痛與感傷，對我們而言體悟本身即是豐盛的目的。月光花園裡的玫瑰，綠草上搖曳的樹影，杏花吐蕊，松樹飄香，金樽與弦琴；所有的這一切以及生死的歎息，款款的擁抱，徒勞伸出的雙手，這個片刻，隨著盈溢的音樂和光華，消逝成為陰森、萬籟俱寂的杳冥過去，一切我們曾經擁有過的，一切我們百般追逐的，振翅飛翔的鳥兒，隨風吹襲的芳香——我們被教導去感應這一切，而這種感應就是我們所謂的文學。這是我們的稟賦，不是你們可以賜予的；但你們卻可以輕而易舉地帶走。[15]

徐志摩讀過並推崇這本書，狄更生在一九一三年訪問中國後也重申這樣的情感。對徐志摩而言，劍橋的確是溫馨的避風港，讓他避開祖國軍閥割據的醜惡，或受到宣揚愛國主義與責任倫理的老師梁啟超牽連。但他還是遭逢費解的轉折。此期間啟發他親近、感受英國文化的這群非凡人物，竟也群起批判起自家的文化。英國人「偏離了大自然而不再被藝術馴服，」狄更生這樣寫道：「可以被教育，但缺乏教養；可以消化，但沒有能力思考。」[16]

這段期間，他也讀雪萊的作品；在得知這位詩人拋下妻子哈瑞特（Harriet），與十七歲的瑪麗・古德溫（徐志摩大力推崇的威廉・古德溫之女）私奔的情節後，徐志摩更視雪萊為「榜樣」。雪萊的詩作和私奔行為，想必更強化了徐志摩醞釀已久、與妻子離異重獲自由的決心。同時，隨著他廣泛涉獵濟慈和拜倫等各家著作，他開始思索詩人內在靈魂的自由，抗衡一切世俗的枷鎖；浸淫在瓦特・佩特（Walter Pater）的作品（是徐志摩為了躲避傾盆驟雨，在二手書店偶然發現的），則讓他的美學抱負更為豁然開朗。[17] 在日期標為一九二一年十一月二十三日的早期詩作裡，徐志摩以中文自由揮灑、呼喊他那漸次成形的詩人自我：

詩人喲！可不是春至人間
還不放開你
創造的噴泉，
嗤嗤！吐不盡南山北山的璠瑜，

灑不完東海西海的瓊珠，
融和琴瑟簫笙的音韵，
飲餐星辰日月的光明！

詩人喲！可不是春至人間
還不放開你
創造的噴泉？[18]

在驚聞妻子張幼儀抵達柏林後發現已有身孕的消息，徐志摩終結婚姻的念頭可能有些動搖。彷彿把自己欲離異的難題丟給她來決定，他回覆說他正準備把縈繞腦海的華茲華斯（Wordsworth）詩作〈葛露水〉（Lucy Gray, or Solitude）末節譯成中文：

她跋涉辛苦，前進前進，
不論甘苦，總不回頭。
她唱一支孤獨的歌，
在荒野聽如風箏。

徐志摩於一九二二年一月三十一日完成中譯，二月啟程赴柏林，張幼儀在二十四日產下次子，取名「彼得」。三月初，徐志摩前往威瑪（Weimar）、耶拿，憑弔兩位早期浪漫派巨匠歌德（Goethe）和席勒（Schiller）的故居，其間或許和內兄張君勱有過一番懇談，隨後終於致書張幼儀，請求離婚。[19] 信中措辭完全訴諸「高層次情感」的形式化高調，說他們須各自追求自由的靈魂（如同雪萊的作為），而非瑣碎的夫妻生活或紛紛擾擾：「真生命必自奮鬥自求得來，真幸福必自奮鬥自求得來，真戀愛亦必自奮鬥自求得來！彼此前途無限；彼此有改良社會之心，彼此有造福人類之心，其先自作榜樣，勇決智斷，彼此尊重人格，自由離婚，止絕苦痛，始兆幸福，皆在此矣。」[20] 張幼儀同意離婚，徐志摩返回英國。

返回劍橋，徐志摩感受到了真正的春天——就在這幾個月，瞿秋白在莫斯科的療養院首度見識到真正的希望，加入了中國共產黨。目下，去歲秋天內心滋萌的喜悅益為熾熱，徐志摩自覺已臻天人合一的和諧境界：「我這一輩子就只那一春，說也可憐，算是不曾虛度。就只那一春，我的生活是自然的，是真愉快的！（雖則碰巧那也是我最感受人生痛苦的時期。）我那時有的是閑暇，有的是自由，有的是絕對單獨的機會。說也奇怪，竟像是第一次，我辨認了星月的光明，草的青，花的香，流水的殷勤。我能忘記那初春的睥睨嗎？」[21] 同年春天，徐志摩完成一首簡短、況味盎然的抒情詩，收錄在他最早出版的詩集。他顯然試圖以區區幾行中文、洗練的文字及英國浪漫主義高峰期的純粹情感，再現他眼中的英國鄉間：

南風薰薰，
草木青青。
滿地和暖的陽光，
滿天的白雲黃雲。
那邊麥浪中間
有農夫農婦，笑語殷殷。[22]

徐志摩就這樣消磨了這年的春夏：與友人漫談，臥在康河（River Cam）畔瞻眺國王學院的如茵草地，凝望克萊爾學院（Clare College）前令他悠然神往的大橋；閱讀、撐船、寫作；作夢，或騎著自行車瘋狂地衝向落日餘暉，期能拉住漸逝的白晝。徐志摩的朋友五湖四海、各有魅力：在劍橋，他與狄更生、佛斯特（E. M. Forster）、李察茲（I. A. Richards）這類藝文界人士論交；在倫敦，他時常去探望威爾斯，並結識了約翰・米道敦・麥雷（John Middleton Murry）、羅素（此時已自中國返英）、羅杰・弗萊（Roger Fry）及亞瑟・韋利（Arthur Waley）。在某個夏末傍晚，麥雷邀請徐志摩到漢普斯特德（Hampstead）見他的妻子迦賽琳・曼殊斐爾（Katherine Mansfield，另譯曼斯菲爾德）。徐志摩對曼殊斐爾的短篇小說傾心至極。雖此時曼殊斐爾身體違和，但她的「率真、優雅、慧黠」深深打動了徐志摩，讓徐志摩手足無措。他們談論文學，當然，還論及翻譯；臨別時曼殊斐爾勸告徐志摩專注於藝術創作，不要把生命浪擲在政治活動。[23]然而，美好的時光終須結束；一九二二年秋徐志摩啟程返國，十月十五日航抵上海，帶著一顆「狂跳的心頭」[24]問候久違的父母與朋友。

徐志摩對待妻子的方式及妻子的回應，算是相當「摩登」，可謂對中國二十年來飽受抨擊、循媒妁之言的婚姻制度的最後回應；正因如此特立獨行，加上其詩作十分新穎——感情奔放、揮灑自如、意象奇絕，徐志摩不久即聲名大噪。中國各地學生組織競相邀請他演講拿手的〈藝術與人生〉（起初徐志摩以英語發表演講，聽眾個個茫然不知所云，言必稱馬諦斯〔Matisse〕、畢卡索〔Picasso〕，旁徵博引威爾斯、佩特之語），結果大受歡迎。徐志摩於一九二三年夏與梁啟超一起在南開大學教了一學期，一九二四年獲得北京大學聘書。[25]但對徐志摩的長輩而言，他的行徑又常如脫韁野馬，尤其是他再度追求林徽因一事，造成梁啟超莫大的困擾。自林徽因返國，梁啟超便積極撮合她與次子梁思成的婚事。一九二三年一月，梁啟超寫了一封長信給徐志摩（梁提及他到凌晨三點才寫完）。信裡著重個人的自由與抉擇；自二十五年前百日維新以來，他就不斷探索政治上的自由與抉擇問題：

> 君勱瀕行之前兩夕，語及弟事，令吾頗起異感。吾昔以為吾弟與夫人（此名或不當，但吾願姑用之）實有不能相處者存，故不忍復置一詞。今聞弟歸後尚通信不絕，且屢屢稱譽，然則何故有疇昔之舉？真神祕不可思議矣。吾初又疑弟亦如君勱然，喜作獨身生活，今據

君勱所云，似又不然，吾益用迷惑。

隨後梁啟超告訴徐志摩，望他能理解兩個為人處事的基本道理。首先，「人類恃同情心以自貴於萬物，義不容以他人之苦痛易自己之快樂」；所以，徐志摩受公評之處在於他傷害妻子、張家，以及一對被他棄而不顧的兒子。其次，儘管「戀愛神聖為今之少年最樂道，吾於茲義固不反對，然吾以為天下神聖之事亦多矣，以茲事為惟一之神聖，非吾之所敢聞，且茲事可遇而不可求，非可謂吾欲云云即云云也。」梁啟超懇請徐志摩約束自己的感情，避免像他一樣陷溺其中不可自拔。[26]

徐志摩則是一意孤行，回信道：

我之甘冒世之不韙，竭全力以鬥者，非特求免凶慘之苦痛，實求良心之安頓，求人格之確立，求靈魂之救度耳。

人誰不求庸德？人誰不安現成？人誰不畏艱險？然且有突圍而出者，夫豈得至而然哉？

我將於茫茫人海中訪我唯一靈魂之伴侶；得之，我幸；不得，我命，如此而已。

嗟夫吾師！我嘗奮我靈魂之精髓，以凝成一理想之明珠，涵之以熱滿之心血，朗照我深奧之靈府。[27]

儘管遭悍然拒絕，梁啟超仍不改對徐志摩的慈愛，提攜他為《晨報》（送瞿秋白到莫斯科的同一家報館）的文藝副刊工作，並安排他入住石虎胡同七號。這座前清舊式宅邸典藏了梁啟超大部分的中外文書籍。徐志摩在此結識了梁啟超的故舊、門生——有大學教員、哲學家、作家，還有老當益壯的學究蹇季常。蹇季常是貴州人，與梁啟超志趣相投多年，不時給予指引；他酷愛杯中物，但無損其博學強記的國學根柢，梁啟超時常向他請益。在這裡，中國政治、物質生活等現實問題及北洋政府的顢頇無能，大可通通拋諸腦後。如徐志摩一九二三年春一首最具興味的詩〈石虎胡同七號〉所述：

我們的小園庭，有時蕩漾著無限溫柔；
善笑的藤孃，袒酥懷任團團的柿掌綢繆，
百尺的槐翁，在微風中俯身將棠姑抱摟，
黃狗在籬邊，守候熟睡的珀兒，他的小友，
小雀兒新制求婚的豔曲，在媚唱無休——
我們的小園庭，有時蕩漾著無限溫柔。

我們的小園庭，有時淡描著依稀的夢景；

雨過的蒼茫與滿庭蔭綠織成無聲幽瞑，
小蛙獨坐在殘蘭的胸前，聽隔院蚓鳴
一片化不盡的雨雲，倦展在老槐樹頂，
掠簷前作圓形的舞旋，是蝙蝠，還是蜻蜓？——
我們的小園庭，有時淡描著依稀的夢景。

我們的小園庭，有時輕喟著一聲奈何；
奈何在暴雨時，雨搥下搗爛鮮紅無數
奈何在新秋時，未凋的青葉惆悵地辭樹，
奈何在深夜裡，月兒乘雲艇歸去，西牆已度，
遠巷薤露的樂音，一陣陣被冷風吹過——
我們的小園庭，有時輕喟著一聲奈何。

我們的小園庭，有時沉浸在快樂之中：
雨後的黃昏，滿院只美蔭，清香與涼風，
大量的蹇翁，巨樽在手，蹇足直指天空，
一斤，兩斤，杯底喝盡，滿懷酒歡，滿面酒紅，

連珠的笑聲中，浮沉著神仙似的酒翁——
我們的小園庭，有時沉浸在快樂之中。[28]

梁啟超還是忍不住把徐志摩引介給他過去的老師與知交康有為。梁、康間的政治歧見縱未全然捐棄，但已逐漸淡化，此時兩人也重建友誼。梁啟超向康有為這般形容徐志摩：「其人為弟子之弟子，極聰異，能詩及駢體文，英文學尤長，以英語作詩為彼都人士所激賞。」梁啟超還附帶提及，徐志摩正著手把他那本先秦中國政治思想史的書譯成英文（徐雖已動手，但始終未完成）。[29]他們究竟談些什麼話題並無記載可稽，或許是中國古典詩詞，也許是當時的政治局勢；儘管這兩位大師兩週前才見識驚人的現代交通工具，且很巧地與在劍橋酷愛騎自行車的徐志摩為伍，但他們談的也不可能是歐洲浪漫詩或現代科學。康有為不久前才生平首次搭飛機，在河北保定市上空翱翔，俯瞰城牆「似方碟，巨廈如覆碗」。[30]而梁啟超則是前幾天才遇上了駭人的意外：親眼目睹兩個小兒子在北京因車禍受重傷，心急如焚地在家裡和醫院來回奔波，等待醫生檢查有無內傷及最後的診斷書。（梁啟超得知次子梁思成至少須住院兩個月；旋即開列書單，讓他不致在醫院裡虛度。）[31]

自巴黎和會結束從歐洲返國之後，梁啟超便戮力教學與著述，與妻兒心滿意足過著恬靜生活，僅從旁發揮其政治影響力。康有為的情形則另當別論。張勳復辟失敗後，他窩藏在北京美國公使館近七個月，爾後於一九一八年二月返滬。在上海，康有為家族食指浩繁，包括五房年齡不一的妻妾（他的愛妾何旃理一九一四年辭世後，他又新添三房小妾）、六個雲英未嫁的女兒、兩個小兒子、十名女傭與保母及三十名男僕。[32]康有為每月必須掙得兩千銀元才能養活這一家子。為此，他變賣自己典藏的墨寶，從事珍稀書籍與藝術品買賣，出售城市的房產（他在杭州、青島和上海附近皆擁有房地產）；並託人代為經營江西鄉間為數可觀的田產，種植蕃茄、洋蔥、菸草，生產茶、木材、養豬、養雞。但農村經營困難重重，佃農的瞞騙和地方盜匪的滋擾，都使康有為難有機會獲利。這進一步證明，若康有為有心證明，一九一一年的辛亥革命並未帶給中國好處。[33]

為了讓軍閥政治下動盪不止的中國重建秩序，康有為在給軍事及政治領袖人物拍電報、與他們通訊往來的開銷頗大——據估約為他總收入的一半。[34]他曠日費時地折衝交涉，不僅為了中國再統一，還要確實阻絕孫中山建立有力的新軍事據點。康有為向來猜疑孫中山，對國民黨的手段和目標反感，這樣的念頭在一九二二年和二三年間特別強烈；此間，孫中山正在上海尋求奧援，期能再造國民黨組織，在廣州浴火重生，使廣州成為將來一統國家的跳板。

為了改組國民黨，孫中山試圖更精準、有條理地闡釋他對民生、強烈的民族主義及代議政府的基本藍圖。但他也發覺難以取得實質的軍事與經濟援助，反倒時常被各地軍閥盟友背叛；再者，西方列強或日本亦不願提供實質援助。孫中山於是決定轉與蘇聯以及中國為數眾多的學生、工人結盟。為了實現此一目標，他決定尋求與中國共產黨建立統一戰線的可能。（當然，這個願望，與共產國際及中國共產黨中央委員會尋求與國民黨建立同盟關係的決議不謀而合。）[35]

康有為深信，為了阻撓顯然受蘇聯操控的孫中山，唯一的希望就繫於北方軍閥強人吳佩孚將軍身上。在一九二三年二月屠殺罷工的鐵路工人之前，吳佩孚一直被視為想法最有文化、最先進的軍閥：他公然表示同情五四運動的罷課學生，擁護一九二二年那前景可期卻短命的知識分子內閣，倡議包括可能由孫中山擔任領導人的和平統一計畫，而且他的書、畫功力頗深。[36]雖然吳佩孚的仁厚形象因他下令殺害鐵路工人而毀於一旦，康有為還是對他百般阿諛，敦促他著手發動統一中國的戰爭，顯見康並不因吳佩孚眾所皆知的暴行與難以捉摸而退縮。一九二四年，康有為進一步向吳佩孚示好，力主他此時應支持湖南的趙恆惕將軍，與之結成華中地區同盟，以遏阻宣誓效忠孫中山的南方軍隊開戰。從康有為的一個舉動便可知道，他的目光焦點只停留在早年那些狂飆青年的身上，唯當年的價值觀是問，無視時下的價值走向：當趙恆惕處決工會領袖、威嚇學生、迫使毛澤東及其友人南逃出走湖南時，康有為沒有隻字片語的抨擊；然他發現唐才常與一九〇〇年罹難烈士墳塚乏人照料、蕪草叢生時，卻義憤填膺疾聲抗議。康有為的抗議影響了視聽，使政府耗費公帑修整墳墓。[37]

若這些舉動讓一九二〇年代的康有為看似與現實脫節，卻絕非意謂其早年之作，或他在世紀之交的果敢行動典範已成明日黃花。事實上，若回想一八九〇年代的康有為殫精竭慮，投入民族認同、教育的基本內容、對中國歷史和文化的解析，及對西方科學價值的探討，就可發現同樣的議題仍盤桓在後五四時代知識分子的腦海裡。無論是對於剛開始採取一些馬克思主義社會分析理論，或抗拒馬克思主義分析法的人而言，中國的過去與未來仍是懸而未決的棘手問題。

至於西方科學方法學萬能論，批判最力的是梁啟超。他一九一九年造訪歐洲時為報紙寫的一篇文章提到：

> 當時謳歌科學萬能的人，渴望著科學成功，黃金世界便指日出現。如今功總算成了：一百年的物質進步，比從前三千年所得還加幾倍，我們人類不惟沒有得到幸福，反帶來許多災難。好像沙漠中失路的旅人，遠遠望見個大黑影，拼命往前趕，以為可以靠它嚮導。哪知趕上幾程，影子卻不見了，因此無限凄凄失望。影子是誰？就是這位科學先生。歐洲人作了一場科學萬能的大夢，到如今卻叫起科學破產來。這便是當前世界思想的一個轉折。[38]

話雖如此，梁啟超卻與友人張君勱透過講學社的居中協調，邀請了杜威（John Dewey）、羅素這些學人來訪中國；此舉無疑對中國人崇拜西方科學方法論起了一定程度的推波助瀾。望重士林的哲學家、評論家胡適，在返國之前曾於哥倫比亞大學師從杜威，是這股西學最重要的發言人，更是五四運動期間北京大學最受學生仰慕的教師；他曾鼓吹引實用主義或「發生論」（genetic）的途徑解決中國問題，揚棄任何以為特定「主義」（ism）有能力關照中國問題全局的天真想法。毋庸置疑，李大釗、陳獨秀這些共產主義的新旗手，勢必群起批判梁啟超與胡適的觀點；李、陳等人指出，若不進行經濟結構的根本改造，像中國這類經濟停滯的國家勢難徹底根絕問題，馬克思主義的階級鬥爭論與唯物論正是此類分析的立論根基。[39] 陳獨秀本人在某個階段，也樂見中文書寫體系的廢除。他認為縱使是白話文書寫形式也無濟於變革，且對建立新社會於事無補：「然中國文字，既難傳載新事新理，且為腐毒思想之巢窟，廢之誠不足惜。……當此過渡時期，惟有先廢漢字，且存漢語，而改用羅馬字母書之。」[40]

除此之外，紛陳萬象的影響令人莫衷一是：學生可能繼續領受康有為歷史分析的創見及追求歷史真諦的研究，同時深受清末革命志士拋頭顱、灑熱血的精神感召，並服膺胡適的實用主義，以及他援引西方史學方法、運用於中國傳統小說和傳奇故事的洞見。誠如有位學生道出他在這個時期的迷惘：

> 數年前蘊積的快感和熱望，到此只剩了悲哀的回憶。我的精神時時刺促不寧，得不到安慰，只想在哲學中求解決。但我是一個熱烈的人，不會向消極方面走而致於信佛求寂滅的，我總想以心理學和社會學為基礎而解決人生問題。加以年歲漸長，見事稍多，感到世界上事物的繁雜離奇，酷想明了它們的關係，得到一個簡單的綱領，所見的東西理出一個頭緒

來。[41]

然而，多少有些弔詭的是，尋找這「簡單的綱領」，也可能對人類志向多樣性有更廣泛的認識，就像中國青年曾試圖擺脫康、梁以及早期馬克思主義者思想中的二元主義（dualism）。這種作法在一九二〇年代，最常見諸於把世界歷史區分為三大模式——西方模式、中國模式、印度模式。確證了印度模式的生活之中積澱著佛教或寂靜主義的元素，而科學元素盈溢於西方模式，便可為中國過去的歷史和未來展望廓清出一個饒富意義的空間。當詩人郭沫若帶著兒子阿和坐在海灘上，閱讀一九一三年諾貝爾文學獎得主、印度詩人泰戈爾的著作《新月集》（*The Crescent Moon*）時，他滿腦子思索的是中國的命運，爾後還將泰戈爾的詩融入自己的作品：

鉛灰色的漁家頂上，
昏昏的一團火紅！
鮮紅了……嫩紅了……
橙黃了……金黃了……
依然還是那輪皓皓的月華！
「無窮世界的海邊群兒相遇。

無際的青天靜臨，
不靜的海水喧豗
無窮世界的海邊群兒相遇，
叫著，跳著。」*
我又坐在這破船板上，
我的阿和
和著一些孩兒們
同在沙中遊戲。
我念著泰戈爾的一首詩，
我也去和著他們遊戲。
噯！我怎能成就個純潔的孩兒？[42]

郭沫若進而期待找出這三種文明的共通之處。他靈光一閃，由這三種文化共有的核心「泛神論」（pantheism）下手，或許有些交集。[43]

*這段取自泰戈爾《新月集》中題為〈在海邊〉（*On the Seashore*）的詩句。（譯按：根據郭沫若《女神》〈岸上〉的註釋，這段是泰戈爾長詩《吉檀迦利》中的詩句。）

對於梁漱溟（儒士梁濟的兒子，一九一八年梁濟自盡，在當世造成極大震撼）這樣的人而言，泛神論這類的樂觀主義未免太過膚淺；他推演的觀念是，這三種不同的文明各有其「生成」過程，各代表意志適應自然環境的不同階段。儘管目前西方模式是透過支配、征服大自然取得主導地位，但這並不意味著中國天人合一與適應自然的觀念毫無價值或潛力；事實上，中國人的這些觀念終將凌駕西方，調和物質力量及對大自然與人類倫理本質的深層理解。印度人斷絕物欲的觀念，在許久之後，將隨著意志反向自身、追尋自我否定，標誌人類文明的終極轉型。梁漱溟以簡單的方式來解釋這個觀念：假設人依據生活經驗，欲求遮風蔽雨處，但目下僅存破屋一處，西方人會推倒舊屋再蓋新房；中國人的作法是小心翼翼地修葺這破屋；而印度人則是根本斷絕要房子的念頭。[44] 梁漱溟的見解與梁啟超如出一轍（羅素也有同感），斷無融合不同文化新創一格的可能；事實上，再怎麼講中國都不應被視為「落後」，因為中國有其迥異的發展途徑——況且中國的發展路徑亦證明，無論是科學、民主或工業化，並非「不可避免」。當前境況的危機就在於這三種模式被迫結合，且最終只有一種模式得以存留；據此，梁漱溟寫道，解決之道迂迴曲折，因為中國「錯過」了西方模式階段，西方模式現在是必經之路（印度未來也勢必如此）；但只要堅守中國人過去的生命態度，事實上也將同時改造過去的「西方」特質。[45]

梁漱溟的論點見諸他一九二一年出版的《東西文化及其哲學》一書。儘管該書的立論繁複且含糊不清，但還是激發學界的熱切討論。兩年後，爭論的取徑為之丕變。這回論辯的導火線是張君勱題為〈我的人生觀〉的演講稿。常年在德國研究觀念論哲學，張君勱火力猛烈地批判盛行於當時馬克思主義者間，用來解析中國社會、經濟問題的科學方法。他堅稱，人生觀絕不能從科學的角度來界定，它是主觀的、直覺的、獨特的：人的心理現象超越任何因果律。[46]張君勱引發的這場論戰曠日持久，且往往夾雜著無端的謾罵詆毀，許多哲學家、科學家、歷史學家、文學評論家都難置身事外。挺身捍衛科學觀的人士（丁文江），直言指控張君勱召喚「玄學鬼」（Ghost Metaphysics）——這在歐洲「飄蕩」了兩千年後終被唾棄，詎料此時卻在中國借屍還魂。他們論稱，在二十世紀，科學力量顯然所向披靡，「任何知識沒有經過批判和邏輯的研究，都不能被認為是知識。」[47]

儘管這類筆墨交鋒的論戰在一九二〇年代初相當激烈，但針鋒相對的雙方仍可結為知交好友——他們有著類似的社會背景，都曾在國外大學深造，對於中國的積弱不振感同身受。徐志摩一九二三年秋的日記，頻頻記載他與五湖四海的男、女友人縱情於杭州、常州勝地，放言高論、尋幽攬勝、把酒言歡：其中有認識秋瑾的前光復會黨人、同盟會元老、國民黨政客、大眾教育和語言改革的行動派、科學家、歷史學家、劇作家、馬克思主義文學評論家、詩人，及自詡為杜威、倭鏗、厄文·巴貝特（Irving Babbitt）信徒的人。瞿秋白偶爾也會擱下上海手邊的工作來與他們聚會，他的叔父瞿菊農與徐志摩早已交誼匪淺。[48]

瞿秋白與徐志摩的學術路數可謂南轅北轍。他們兩人於一九二三年十月的會晤雖有些突兀卻又恰如其分。當時是在花園裡，一個慵懶的午後，剛用完餐，徐志摩與一班友人正在討論佩特的詩學。瞿秋白臉上明顯烙印著肺結核的摧殘，令徐志摩大吃一驚；他在日記裡行禮如儀，對於瞿秋白旦夕操勞，難得休息片刻，表示莫可奈何。相反地，瞿秋白認為徐及其友人是活在虛幻的國度，沉迷於曼殊斐爾無病呻吟的傷感作品，篤信愛的神聖力量，崇拜泰戈爾的同時，正顯現他們假充的世外桃源式空談。這樣的生活與處處有階級剝削、帝國主義侵略的世界顯得格格不入。徐志摩等人似乎認為，西湖的絢爛景致可以包含整個世界。瞿秋白也以為，西湖風光美不勝收，瞬時間令他無憂無慮；但必須抗拒這樣的媚惑，西湖並不是真實的曠野，它的靜謐只是一種幻覺。[49]

就在這次晤面之前一個星期，瞿秋白發表詩作〈鐵花〉前不到兩個禮拜，徐志摩在瞿菊農、張君勱的陪同下，造訪常州城外的天寧寺。天寧寺的景致令徐志摩恍惚迷離。他在翌日的日記寫道：和尚頌經，擊鼓、鳴鐘、磬聲、木魚聲、佛號，「合成一種寧靜的和諧，使我感到異樣的意境」。這樣的意境凝化成了一首詩：

有如在火一般可愛的陽光裡，偃臥在長梗的、雜亂的叢草裡，聽初夏第一聲的鷓鴣，從天邊直響入雲中，從雲中又回響到天邊；

有如在月裡的沙漠裡，月光溫柔的手指，輕輕的撫摩著一顆顆熱傷了的砂礫，在鵝絨般軟滑的熱帶的空氣裡，聽一個駱駝的鈴聲，輕靈的，輕靈的，在遠處響著，近了，近了，又遠了……

有如在一個荒涼的山谷裡，大膽的黃昏星，獨自臨照著陽光死去了的宇宙，野草與野樹默默的祈禱著，聽一個瞎子，手扶著一個幼童，鐺的一聲算命鑼，在黑沉沉的世界裡迴響著；

有如在大海的一塊礁石上，浪濤像猛虎般的狂撲著，天空緊緊的繃著黑雲的厚幕，聽大海向那威嚇著的風暴，低聲的，柔聲的，懺悔他一切的罪惡；

有如在喜馬拉雅的頂顛，聽天外的風，追趕著天外的雲的急步聲，在無數雪亮的山壑間迴響著；

有如在生命的舞臺的幕背，聽空虛的笑聲，失望與痛苦的呼籲聲，殘殺與淫暴的狂歡聲，厭世與自殺的高歌聲，在生命的舞臺上合奏著；

我聽著了天寧寺的禮懺聲！

這是那裡來的神明？人間再也沒有這樣的境界！

這鼓一聲，鐘一聲，磬一聲，木魚一聲，佛號一聲……樂音在大殿裡，迂緩的，漫長的迴盪著，無數衝突的波流諧和了，無數相反的色彩淨化了，無數現世的高低消滅了……

這一聲佛號，一聲鐘，一聲鼓，一聲木魚，一聲磬，諧音盤在宇宙間——解開一小顆時間的塵埃，收束了無量數世紀的因果；

這是哪來的大和諧——星海裡的光彩，大千世界的音籟，真生命的洪流：止息了一切的動，一切的擾攘；

在天地的盡頭，在金漆的殿椽間，在佛像的眉宇間，在我的衣袖裡，在耳鬢邊，在官感裡，在心靈裡，在夢裡……

在夢裡，這一瞥間的顯示，青天、白水、綠草、慈母溫軟的胸懷，是故鄉嗎？是故鄉嗎？

光明的翅羽，在無極中飛舞！

大圓覺底裡流出的歡喜，在偉大的，莊嚴的，寂滅的，無疆的，和諧的靜定中實現了！

頌美呀，涅槃！贊美呀，涅槃！[51]

徐志摩寫這首詩時正與梁啟超、張君勱透過講學社的贊助，一道籌畫邀請泰戈爾來華發表系列演講。徐志摩十分傾慕泰戈爾的作品，寧願中斷自己的旅遊和創作，全心安排泰戈爾抵華事宜。[52]幾經延宕和波折，泰戈爾終於在一九二四年四月十二日抵達上海，在碼頭上與徐、張會面。不久，張君勱因身體違和無法陪同泰戈爾巡迴演講，徐志摩便隨他各處旅行，在大多數場合充當翻譯，並將泰戈爾的英文著作迻譯成中文，不久兩人結為莫逆之交。徐志摩顯然被這位印度詩人所折服，但讓他如此殷勤相伴的恐怕另有原因。事實上泰戈爾還有一位翻譯，即梁啟超尚未過門的兒媳婦林徽因（翌年便與梁思成完婚）。[53]

在翌月的一連串演講，泰戈爾傳達的主要觀點是：拋棄亞洲文化的核心美德，去追求已自證會導致物質主義與毀滅的西方文明，根本是大錯特錯。中國人反而應該盡快掌握幾個希望：一個希望繫於詩人，詩人的角色應是「以他們的樂器去掌握無處不在、隱密的生命騷動，彈奏出警示的樂聲」。一個希望寄託在肯犧牲的個人，他們勇於反抗殘暴和貪婪，「他們篤信無限、靈動、正直、無畏」。一個希望在於熔為一爐的亞洲文明的性靈特質。還有一個希望在於，人類亟欲脫離「盲目崇拜偶像的奴役狀態、非人的狀態」[54]，尋求自由。

泰戈爾的演講總是座無虛席，時常接受各方邀宴款待，顯見學生對他景仰；但泰戈爾初來乍到時即招致譏諷與抗議。就當時中國外有帝國主義的壓迫、內有軍閥動盪，要聽一位印度人喋喋不休地說教，難免令人格外感到不快，縱然他擁有諾貝爾獎的光環。泰戈爾抵華那天，文學評論家、小說家茅盾（瞿秋白在上海大學的同僚）就在報紙上發表一篇文章，揄揚泰戈爾支持被壓迫者，以及他的愛國主義及詩人性格，但茅盾還是提醒那些摩肩擦踵在碼頭上歡迎泰戈爾的人，千萬不要被泰戈爾的「東方文化」和「靈魂的樂園」的價值觀所蒙蔽了：

> 我們以為中國當此內憂外患交迫，處在兩重壓迫——國外的帝國主義和國內的軍閥專政——之下的時候，唯一的出路是中華民族底國民革命；而要達到這目的的方法，亦惟有如吳稚暉先生所說的「人家用機關槍打來，我們也趕鑄了機關槍打回去」，高談東方文化實等於「誦五經退賊兵」！[55]

中共總書記陳獨秀擺明著將泰戈爾與梁漱溟、張君勱視為同類，嘲諷這群人所作所為就是要摧毀中國的鐵路、輪船和印刷業，使中國倒退到雕版印刷、獨木舟、獨輪推車的時代。[56] 瞿秋白的評論甚至更尖銳。這點可想而知，早在泰戈爾抵華前六個月，瞿就寫道：「印度早已成為了英國工業經濟的一部分，而過去世界的泰戈爾還在那裡夢想『愛與夢想』的呼聲可以喚回英國資產階級的心，因此竭力否認政治鬥爭。印度已經成了現代的印度，而泰戈爾似乎還想返於梵天，難怪分道揚鑣——泰戈爾已經向後退走了幾百年！」[57]

即便是曾摘擷泰戈爾詩句融入自己詩作的郭沫若，此時也站在馬克思主義的立場，斷然地批判泰戈爾；郭沫若賡續魯迅用過的病理隱喻，認為東方人腐敗的病灶是私有財產引起的。他進一步申論，泰戈爾的觀念不過是「有產有閑階級的嗎啡與椰子酒，他傳達的和平理念既虛假又危險，和平宣傳只不過是保護有產階級的魔咒，是禁錮無產階級的枷鎖。」[58]

激進的中國學生吸收了這些觀念或其衍生的想法，隨泰戈爾穿州過省在各地巡迴演講。他們散發傳單，在泰戈爾演講時提出不懷好意的質疑，高喊「趕走大象」以干擾他的演講。（陳獨秀曾嘲諷地將詩人比附成大象——牠是最龐大、最自傲、最奉承、最麻木不仁的動物。學生乃取陳獨秀之意，視泰戈爾為大象。）[59] 其中以北京學生的抗議最有效、也最為尖酸刻薄。四處散發的傳單宣稱，中國青年應拒斥泰戈爾頌揚的古代中國。古代中國貶抑女性，無端發動戰爭，恪遵荒誕孝行，教養出麻木之徒：「我們的農業不足以養活農民，我們的工業跳脫不出家庭工業，我們的車船日行只有區區幾哩，我們的語言還是單音節，我們的文字仍是象形文字，我們的印刷依然停留在木版印刷的階段，我們的街道就像茅房，我們可嘆的骯髒廚房，讓我們在世界上蒙羞。而今，泰戈爾先生卻指責我們過度追求物質文明！我們怎能不反對他呢？」[60]泰戈爾終於按捺不住，認為學生對他的指控是蓄意曲解，便縮短了北京的系列演講，加速參觀行程中的其他城市。

又陷入熱戀的徐志摩（這回他愛上了陸小曼，北京一名年輕軍官的妻子，有教養、風姿綽約）聽到學生異口同聲的公然醜詆，感到心灰意冷。他內心其實滿懷期待，他嚮往泰戈爾宣揚的愛與希望，憧憬在中國建立自己所屬的共同體，以實踐泰戈爾的理想。對徐而言，學生的群起抨擊顯然是大謬不然。徐志摩挺身為泰戈爾發出不平之鳴：他宣揚創造性的生活，精神的自由、國際和平、教育的進化，以及實踐普及天下的大愛。他們卻詆毀泰戈爾是帝國主義的間諜、資本主義的代理人、提倡裹腳的瘋漢！政客與盜賊心裡的男盜女娼，與我們的詩人又有何關係？欺世盜名的學者和無性文人腦中的迷惑，與我們的詩人又有何關係？[61]隨後，徐志摩窮辭盛讚泰戈爾，較兩年前對曼殊斐爾的美譽有過之而無不及：

他的博大的溫柔的靈魂我敢說是人類記憶裡的一次靈跡。他的無邊際的想像與遼闊的同情使我們想起惠德曼（Whitman，另譯惠特曼）；他的博愛的福音與宣傳的熱心使我們記起托爾斯泰；他的堅韌的意志與藝術的天才使我們想起造摩西像的密契朗其羅（Michelangelo，另譯米開朗基羅）；他的詼諧與智慧使我們想像當年的蘇格拉底與老聃；他的人格的和諧與優美使我們想念暮年的葛德（即歌德）；他的慈祥的純愛的撫摩，他的為人道不厭的努力，他的磅礴的大聲，有時竟使我們喚起救主的心像，他的光彩，他的音樂，他的雄偉，使我們想念奧林必克山頂大神。他是不可侵凌的，不可逾越的，他是自然界的一個神祕的現象。[62]

徐志摩的文風恣意奔放，浮誇本是他的特色，他連珠般的召喚似乎有意讓中國新民族主義者傾向天平的另一方，他們盼能理直氣壯地主張，憑中國固有文化的養分，便可讓國家自洋槍洋砲強行壓迫的黑暗時代中解放。即使有馬克思的臂助，他們或許還要進一步追問，老子能否與惠特曼、托爾斯泰、米開朗基羅、蘇格拉底、歌德、基督，及奧林匹亞諸神相提並論？

註釋

1 有關徐家的背景，可參考李歐梵，《現代中國作家的浪漫主義世代》，頁一二四至一二七，以及梁佳蘿（梁錫華）(Gaylord Kai-loh Leung)，〈徐志摩：文學傳記〉(Hsu Chih-mo: A Literary Biography)，頁五十四至五十五，註一、註十。徐志摩與梁啟超的關係，詳見徐志摩，《徐志摩全集》，第一輯，頁五六二至五六三。有關張家的背景，可參考包華德與霍華德合編，《中華民國傳記辭典》，卷一，頁二十六、三十一（「張嘉敖」、「張嘉森」條）。

2 引文出自梁實秋，《談徐志摩》，頁二十，以及徐志摩，《徐志摩全集》，第六輯，頁一〇〇。這封信的翻譯，見李歐梵，《現代中國作家的浪漫主義世代》，頁一二七。

3 梁佳蘿在查證了克拉克大學、哥倫比亞大學的紀錄之後，已澄清徐志摩教育背景的眾說紛紜。見梁佳蘿，〈徐志摩：文學傳記〉，頁十四、四十五、五十六、註二十一。亦可參考李歐梵，《現代中國作家的浪漫主義世代》，頁一二七，以及徐志摩，《徐志摩全集》，第一輯，頁五六五至五七〇。

4 轉引自李歐梵，《現代中國作家的浪漫主義世代》，頁一三二，以及徐志摩，《徐志摩全集》，第六輯，頁一六一至一六二。

5 轉引自徐志摩論羅素的文章，見徐志摩，《徐志摩全集》，第六輯，頁一六一至一六二。

6 徐志摩，《徐志摩全集》，第三輯，頁二四三。

7 梁實秋，《談徐志摩》，頁十七至十八；有關徐志摩在梁啟超創辦的雜誌《創造》發表過三篇文章，見徐志摩，《徐志摩全集》，第一輯，頁六三六。

8 轉引自徐志摩，《徐志摩全集》，第三輯，頁二四四，以及第一輯，頁五六九。

9 徐志摩給雙親的信，見徐志摩，《徐志摩全集》，第一輯，頁五六九。有關張幼儀的學習，見前引書，第一輯，頁五六六。林家的背景，見李歐梵，《現代中國作家的浪漫主義世代》，頁一三三；梁佳蘿，〈徐志摩：文學傳記〉，頁十九至二十三；包華德與霍華德合編，《中華民國傳記辭典》，卷二，頁三六八至三七二（「林長民」條）。

10 徐志摩對威爾斯的懷念，見徐志摩，《徐志摩全集》，第六輯，頁一五二至一五四。

11 徐志摩一九二〇年十一月二十日的家書，見徐志摩，《徐志摩全集》，第一輯，頁五七〇；前引書，第三輯，頁二四四，談及沙士頓；李歐梵，《現代中國作家的浪漫主義世代》，頁一三一至一三二；梁佳蘿，〈徐志摩：文學傳記〉，頁二十、六十、註四十五，記林徽因在愛丁堡。

12 徐志摩，《徐志摩全集》，第三輯，頁二四五。李歐梵，《現代中國作家的浪漫主義世代》，頁一三三，稱這是一種「田園般的氣氛」，而徐志摩的感覺，更像是挫折的時刻。

13 包華德與霍華德合編，《中華民國傳記辭典》，卷一，頁三十一；徐志摩，《徐志摩全集》，第一輯，頁五七二；梁佳蘿，〈徐志摩：文學傳記〉，頁二十三。

14 徐志摩，《徐志摩全集》，第三輯，頁二四五，及第三輯，頁二五〇。

15 這段文字的背景，見史景遷，〈從未離家的探索者──亞瑟・韋利〉（The Explorer Who Never Left Home—Arthur Waley），頁三十三。

16 前引文，頁三十三。

17 徐志摩，《徐志摩全集》，第三輯，頁三一五；李歐梵，《現代中國作家的浪漫主義世代》，頁一六四至一六五。

18 徐志摩，《徐志摩全集》，第一輯，頁一三七、一四三至一四四。

19 有關〈葛露水〉一詩的中譯和落款日期，見徐志摩，《徐志摩全集》，第一輯，頁一五七至一六二。有關一九二二年的柏林生活，前引書，第一輯，頁五七三至五七四。

20 譯文見李歐梵，《現代中國作家的浪漫主義世代》，頁一三四。

21 譯文見白之主編，《中國文學選集》，卷二，頁三四三；徐志摩，《徐志摩全集》，第三輯，頁二五六。

22 徐志摩，《徐志摩全集》，第一輯，頁一六三至一六八。徐志摩的這首詩作於一九二二年四月三十日，發表於一九二三年三月十四日的《時事新報》雜誌。

23 徐志摩，《徐志摩全集》，第五輯，頁一七七至二〇三，記與曼殊斐爾的晤面，以及李歐梵，《現代中國作家的浪漫主義世代》，頁一六六至一六七。徐志摩的其餘友人，見李歐梵，《現代中國作家的浪漫主義世代》，頁一三二，以及徐志摩，《徐志摩全集》，第四輯，頁三八六。康橋的生活，見徐志摩，《徐志摩全集》，第三輯，頁二四三至二六一，引言的翻譯，見白之主編，《中國文學選集》，卷二，頁三四一至三四七。根據《徐志摩全集》，第三輯，頁四六一，徐志摩在文章中談論他兒子的說法，他最後見到彼得是在這個小孩四個月大前夕，所以徐志摩可能是在六月初短暫停留於柏林。

24 徐志摩，《徐志摩全集》，第一輯，頁五七八。

25 梁佳蘿，〈徐志摩：文學傳記〉，頁三十五、六十五、註一〇六，以及頁八十一至八十三。

26 梁啟超的長信，見徐志摩，《徐志摩全集》，第一輯，頁一二五至一三六（文中引言的段落，見頁一三三至一三四）；李歐梵，《現代中國作家的浪漫主義世代》，頁一三六。梁啟超曾催促兒子梁思成儘早娶林徽因過門，見丁文江編，《梁任公先生年譜長編初稿》，頁六三二。

27 譯文見李歐梵，《現代中國作家的浪漫主義世代》，頁一三七至一三八，原文見徐志摩，《徐志摩全集》，第一輯，頁三六一至三六二，胡適悼念徐志摩的文章。

28 徐志摩，《徐志摩全集》，第二輯，頁一〇五至一〇七。英譯見白之主編，《中國文學選集》，卷二，頁三四八至三四九，其中最後一節我重新譯過；我的翻譯是基於蔣復璁曾論及「蹇翁」蹇季常在梁啟超的生活及石虎胡同七號所扮演的靈魂角色。見徐志摩，《徐志摩全集》，第一輯，頁五八二至五八三、五九一。有關徐志摩一九二〇年代詩作的韻律結構，詳見白之，〈徐志摩詩作中的英語韻律和漢語韻律〉，及茱麗亞・林（Julia C. Lin），《中國現代詩歌導論》（*Modern Chinese Poetry: An Introduction*），頁一〇三至一〇八。

29 有關徐志摩與康有為，見丁文江編，《梁任公先生年譜長編初稿》，頁六四四。

30 康有為，《康南海先生詩集》，卷十五，頁七十三至七十四。

31 丁文江編，《梁任公先生年譜長編初稿》，頁六四一至六四四，五月初八、十一給女兒，及五月中旬給兒子的信。

32 李雲光，《康有為家書考釋》，頁十六，導論部分，頁二，列舉的所有隨行者；羅榮邦編，《康有為：傳記和綜論》，頁二三五至二三七，記康有為窩藏在美國公使館內。

33 有關康有為的所得與家產，見李雲光，《康有為家書考釋》，頁十至十一、十六，導論部分；頁十八、四十八的信函。

34 見李雲光，前引書，頁十六的估計。

35 詳見韋慕庭（C. Martin Wilbur），《孫中山：壯志未酬的愛國者》（*Sun Yat-sen: Frustrated Patriot*），第六章的詳盡分析。

36 包華德與霍華德合編，《中華民國傳記辭典》，卷三，頁四四四至四五〇；韋慕庭，《孫中山：壯志未酬的愛國者》，頁一二九；吳佩孚對中央集權的主張及反日的情緒，見吳應銧（Odoric Y. K. Wou），〈軍人與民族主義：吳佩孚的政治思想〉（The Military and Nationalism: The Political Thinking of Wu P'ei-fu），頁一一八至一二〇。

37 羅榮邦編，《康有為：傳記和綜論》，頁二四二至二四五。康有為奉承的詩，見《康南海先生詩集》，卷十五，頁六十六；吳佩孚視儒家思想為國家整合的力量，見吳應銧，〈軍人與民族主義：吳佩孚的政治思想〉，頁一二三至一二四所舉的例子。

38 譯文見周策縱，《五四運動：現代中國的思想革命》，頁三二八。

39 前引書，頁二一八至二一九、三二八至三二九；胡適對於這一議題的立場，見賈祖麟（Jerome Grieder），《胡適與中國的文藝復興：中國革命中的自由主義，一九一七至一九三七年》（*Hu Shih and the Chinese Renaissance: Liberalism in the Chinese Revolution, 1917-1937*），頁一七八至一八四。

40 轉引自林毓生，《中國意識的危機：五四時期激進的反傳統主義》，頁七十七。幾個與此相關的中國文本，見戴伊，《一九一七至一九二七年的毛澤東：文件集》，頁六十一至六十九。

41 這位學生即中國著名的歷史學家顧頡剛；這段文字見於恒慕義主編，《一位中國史學家的自傳》（*The Autobiography of a Chinese Historian*），頁六十。

42 郭沫若，《女神》；羅伊（David Roy），《郭沫若：早歲生活》（*Kuo Mo-jo: The Early Years*），頁六十五，討論郭沫若一九一五年在日本初讀〈在海邊〉的詩。

43 見郭沫若，《女神》，頁二十三的詩，以及李歐梵，《現代中國作家的浪漫主義世代》，頁一八一至一八六；羅伊，《郭沫若：早歲生活》，頁六十九至七十、八十五至八十九；杜博妮（Bonnie S. McDougall），《引進現代中國的西方文學理論，一九一九至一九二五年》（The Introduction of Western Literary Theories into Modern China, 1919-1925），頁一二五至一三六。

44 艾愷，《最後的儒家：梁漱溟與中國現代性的兩難》，頁八十三。

45 前引書，頁八十七至八十八；周策縱，《五四運動：現代中國的思想革命》，頁三二九至三三二。

46 周策縱，《五四運動：現代中國的思想革命》，頁三三三至三三五。有關國粹問題的相關思想背景，見施奈德（Lawrence Schneider）、伯納爾、費俠莉的文章，見費俠莉主編，《變革的局限：關於中華民國保守方案論文集》（*The Limits of Change: Essays on Conservative Alternatives in Republican China*），第三、四、五章。

47 周策縱，《五四運動：現代中國的思想革命》，頁三三四，轉引自丁文江。

48 徐志摩，《徐志摩全集》，第四輯，頁四八五至五一五，這段時期介於一九二三年九月七日到十月二十八日之間。根據徐志摩這段期間的日記顯示，徐志摩的友人包括莎菲（陳衡哲）、汪精衛、胡適、張君勱、任鴻雋、田漢、郭沫若、張東蓀、陶行知（當時名為陶知行）、朱經農。

49 徐志摩，《徐志摩全集》，第四輯，頁四九八至四九九，一九二三年十月十一日；瞿秋白，《瞿秋白文集》，卷一，頁二二三至二二四、二三一。

50 徐志摩，《徐志摩全集》，第四輯，頁四九五，一九二三年十月四日。

51 譯文見白之主編，《中國文學選集》，卷二，頁三五三至三五五；梁佳蘿，〈徐志摩：文學傳記〉，頁一三六、一七九、註二九〇，從徐志摩與新歡陸小曼的關係來剖析這首詩。

52 徐志摩，《徐志摩全集》，第四輯，頁五一〇，一九二三年十月二十一日，記徐志摩因泰戈爾訪華一事迫在眉睫，而哀嘆地不得不放棄出外賞月。

53 泰戈爾的訪華，見海伊（Stephen Hay），《東西方世界的亞洲觀念》（*Asian Ideas of East and West*），頁一四二至一七〇。徐志摩對泰戈爾的推崇，見梁佳蘿，〈徐志摩：文學傳記〉，頁一一六，以及頁一六三至一六四的註釋。

54 這些段落引自海伊，《東西方世界的亞洲觀念》，頁一五〇、一五四、一五七、一六九。

55 海伊，《東西方世界的亞洲觀念》，頁二〇〇至二〇一。一九二〇年代茅盾思想成長的背景，見柯立克（Marian Galik），《茅盾與中國現代文學批評》（*Mao Tun and Modern Chinese Literary Criticism*），第五章。

56 海伊，《東西方世界的亞洲觀念》，頁二二七。

57 前引書，頁二三一。

58 前引書，頁二〇三。徐志摩與郭沫若於一九二三年間漸趨緊張的爭執，見柯立克，《茅盾與中國現代文學批評》，頁一〇〇至一〇一。

59 海伊，《東西方世界的亞洲觀念》，頁二二八。

60 前引書，頁一七〇。

61 前引書，頁一九五。記徐志摩，泰戈爾與山西軍閥閻錫山的會面以及歸心似箭，見梁佳蘿，〈徐志摩：文學傳記〉，頁一二三。有關徐志摩與陸小曼的邂逅，見李歐梵，《現代中國作家的浪漫主義世代》，頁一三九至一四〇；劉心皇，《徐志摩與陸小曼》，第八章，檢視了所有徐志摩和陸小曼關係的相關資料。

62 海伊，《東西方世界的亞洲觀念》，頁一九五至一九六。

14. 周恩來在天津，1917年。

15.「常德七女」，1911年。左側坐在地上的是向警予，丁玲的母親立於右側。

16. 向警予在法國，
1920年。

17. 中國留法女學生，1920年。站在畫面左側的是蔡暢，向警予坐在前方較低的階梯上（中）。

18. 毛澤東，1918年。

19. 瞿秋白的母親，時為1915年，不久後便自殺。

20. 瞿秋白與父親，1909年前後。

21. 吳佩孚將軍，1922年，時年四十八。

22. 青年瞿秋白，1920年代。

23. 丁玲與母親，1920年代中期。

24. 徐志摩在劍橋大學，1922年前後。

25. 徐志摩的元配張幼儀，1922年前後。

26. 林徽因在北京，1924年。

27. 康有為與衆妻兒在上海，1921年。

第七章　誰家的小孩兒

一九二一年，徐志摩在劍橋、瞿秋白在莫斯科時，魯迅寫下他的不世名著〈阿Q正傳〉。在這篇被譽為中國近代文學的扛鼎之作，魯迅將阿Q刻畫成一個怯懦、自私、狡猾的人，總是藉形形色色的理由為自己開脫，終因在辛亥革命時自稱是革命黨人而被槍斃，其實他不過是個喜歡吹牛的小偷。魯迅刻意著墨阿Q的樣貌細節，而對其背景含糊帶過，他解釋自己的用意：「我的方法是在使讀者摸不著在寫自己以外的誰，一下子就推諉掉，變成旁觀者，而疑心倒像是寫自己，又像是寫一切人，由此開出反省的道路。」[1]辛亥革命後，魯迅見不到任何改觀，他要揭露中國「固老的精神文明」中那種「吃人」本質的陰暗面——這顯然與梁漱溟、張君勱的觀點有天壤之別，而輕易上當的「羅素在西湖看見轎夫含笑，便贊美中國人」。魯迅寫道，一九一一年發生的一切，不過是「滿人退席」。同樣地，乞丐繼續吃著「路旁的殘羹」，「餓得垂死的每斤八文的孩子」，「野上也有餓莩」。結論呢？「所謂中國的文明者，其實不過是安排給闊人享用的人肉的筵席。所謂中國者，其實不過是安排這人肉的筵席的廚房。」[2]

有位友人（徐炳旭）不以為然，認為情形不似魯迅想像中那麼糟，而可能全因中國人「惰性」所致。對此，魯迅頗不苟同，在一九二五年三月的信裡進一步闡明：

我以為這兩種態度的根柢，怕不可僅以惰性了之，其實乃是卑怯。遇見強才，不敢反抗，便以「中庸」這些話來粉飾，聊以自慰。所以中國人倘有權力，看見別人奈何他不得，或者有「多數」作他護符的時候，多是兇殘橫恣，宛然一個暴君做事並不中庸；待到滿口「中庸」時，乃是勢力已大，是非「中庸」不可的時候了。一到全敗，則有「命運」來做話柄，縱為奴隸，也處之泰然，但又無往而不合於聖道。[3]

有論者認為，阿Q在圍觀人群銳利的目光下被槍斃，結局太過誇張、不夠妥適。魯迅在一篇文章中回應道：「阿Q自然還可以有各種別樣的結果，不過這不是我所知道的事。先前，我覺得我很有寫得『太過』的地方，近來卻不這樣想了。中國現在的事，即使如實描寫，在別國的人們，或將來的好中國的人們看來，也都會覺得grotesk（德語，古怪之謂）。」但屆時，如魯迅論及羅素時所述：「轎夫如果能對坐轎的人不含笑，中國也早不是現在似的中國了。」[4]

阿Q精神正是諷喻黯淡的中國命運，無論是要畢生追求唯美，或是組織工廠的工人，一九二五年的局面，似乎比一九二一年魯迅開始嘗試寫「幽默故事」時，更為嚴峻。（北京

《晨報》編輯為求內容活潑，建議魯迅寫些較有趣的文章，但讀到故事第二章時，就決定將它從幽默版移到新文學版。）[5] 在一九二五年，舊體制殘存的共和元素早就冰消瓦解。貪婪的總統曹錕賄賂留京的國會議員；更糟的是，連如羅文幹法官這等歷練豐富的睿智人物（為了建立財政部運作的規範與廉能，曾於一九二二年辭去中國最高法院首席法官的職位），竟然也同意入閣為官，最後落得遭人構陷、撤職查辦、鋃鐺入獄。

中央政府的政務因北方軍閥強人不斷干預，華南、華西地區的主政權又為少數軍事強人壟斷，導致連年兵連禍結、生靈塗炭。中國瀕臨永久割據的局面，最有可能分裂成九大區塊：有些區塊與原有省界重疊，有的則是能理想統合經濟與地緣的「宏觀區域」（macroregion）。這九大宏觀區域有三個地處華南，三個在華中的長江流域，三個位於華北。南方宏觀區域最東邊是孫中山在廣東所建立的政權。他緊盯著西側廣西及緊臨北方長江流域兩個宏觀區域的政局發展。國民黨的軍力比起敵對軍閥相形薄弱，可想而知，孫中山若要完成統一大業，勢必要合縱連橫建立同盟，才能把國民黨的勢力推進到長江流域，取道湖南，順江而下南京、上海，直抵海洋。也唯有建立這種同盟關係，才能使國民黨勢力長驅直入北京，控制山東、滿洲與陝西。縱然只是紙上談兵，實現的可能性卻逐漸升高。舉例來說，馮玉祥握有大軍，在中國華北、東北地區活動，雖無特定的勢力範圍，但有時足以左右華北軍閥的軍力平衡。例如一九二四年底，馮玉祥部隊進入北京，逼曹錕退位，將溥儀逐出紫禁城，到天津日租界尋求庇護，並扶植段祺瑞（在第一次世界大戰期間，段祺瑞曾四度擔任短期的國務總理）為「臨時執政」。在這混沌不明的時局，段祺瑞還是通過起草新憲、召開新國會的提案，不過未有具體成果。此時的中國已不再有任何動見觀瞻的權力中樞。[6]

局勢要如何改觀？一九二三年底魯迅對北京的學生發表演講時，提出悲觀的預測：「可惜中國太難改變了，即使搬動一張桌子，改裝一個火爐，幾乎也要血；而且即使有了血，也未必一定能搬動，能改裝。不是很大的鞭子打在背上，中國自己是不肯動彈的。我想這鞭子總要來，好壞是別問題，然而總要打到的。但是從那裡來，怎麼地來，我也是不能確切地知道。」[7]

一九二五年，這鞭子真的開始抽打在中國背上；或更恰當地說，從這年開始，中國已經無法再忍受鞭打的疼痛了。唯有將鞭子視為外國帝國主義的某些行動，才懂魯迅的隱喻：「搬動」中國要能造成痛的效果，才能讓人覺察到必須作出反應。這過程裡，工人、商人、理想主義學生、布爾喬亞知識分子皆無法置身事外，而共產黨及部分激進國民黨人的政治影響力更明顯，因為他們有能力讓中國人認清，帝國主義強權與中國悲慘的經濟處境互為因果。一九二三年奉共產國際指示加入國民黨的中共創黨元老李大釗，曾經分析帝國主義已使全中國人「無產階級化」（proletarianized）了：也就是社會主義革命的時機已經成熟，縱然此時的中國尚非高度資本主義國家，且只有少數稱得上無產階級的工人（中國幾乎還是個農業社會）。然而，就如同李大釗，隨著瞿秋白、向警予及其他共黨青年對現存的都市無產階級愈熟悉，發現可以招募到許多新血，因為中國一般的勞動條件相當惡劣：通常每週工作七天，每天至少十四小時，休假日如鳳毛麟角，僱用童工十分普遍，工資微薄，每戶每週只能掙一塊錢左右；居家環境汙穢（通常由僱主廉價出租），四、五個人擠一間，衛生設備闕如，往往沒有廚具，微薄的錢還要用來向街頭叫賣的小販買熱水做晚飯。大多數的勞工家庭收入微薄，每人每年娛樂休閒的花費不到一塊錢，連最便宜的書報也買不起（即使少數識字的工人也是）。當然，造成這種工作條件的不乏中國企業家，但受制於西方或日本利益這點，就有足夠引發排外的爭辯。[8] 至一九二五年，北京、上海、廣州這迥異的三大城雖有各自的狀況，但都很可能成為暴亂中心。帝國主義在上海的氣焰最為高漲，長期以來北京就駐有外國使館區，日本又在東邊的山東和北邊的滿洲虎視眈眈，廣州有西方商業利益及沙面島的外國租界，且靠近英國的殖民地香港。

新一波的罷工示威，在一九二五年二月由共黨領導的滬西工會首先發難，苗頭對準日本人經營的紡紗廠。此次罷工獲得學生和愛國商人的熱烈響應，他們早已對其他工廠濫用童工的現象發出強烈譴責。是年春天，罷工行動開始擴大，五月中旬，有位中國示威者遭到日本工頭打死；共黨領導人群起號召在五月三十日發動反帝國主義團結大示威，以「恢復五四運動精神」。此次示威依計畫如期舉行，卻與公共租界的英國巡捕爆發衝突。英國巡捕向示威人群開槍掃射，打死了十一名遊行群眾，五十餘人負傷。[9]

隨後幾週，猶如一九一九年五月四日的後段劇碼，上海其他各行各業開始罷工和集會，差別只在這次是學生響應工人的號召。在上海，有幾位共產黨領導人，包括李立三、劉少奇，曾在一九二二年與毛澤東一道在湖南組織罷工，爾後也和毛澤東一樣，在堅決反共的軍閥控制湖南後，被迫逃離該省。楊之華負責學生的聯絡工作。她是上海大學的學生，已與先生仳離，一九二四年王劍虹去世後成為瞿秋白繼室。瞿本人則負責宣傳工作，編輯一份在罷工運動中頗具份量的刊物《熱血日報》，並寫了一篇理論性的文章〈五卅運動中之國民革命與階級鬥爭〉探討這次的罷工。然而，這次罷工的暴力手段，比六年前的五四運動更烈。此次行動還組織了糾察隊，裝備武力，且經過基本軍事訓練；相對地，西方國家和日本當局則是動員志願軍，於各自租界宣布戒嚴，在上海調集了二十六艘炮艇，海軍陸戰隊上岸待命。六月初，有六十餘名學生與示威者遇害。[10]這時，標榜發揚「五卅精神」大團結的集會、抗議、示威擴及全中國，還有抵制英、日產品並破壞英、日工廠的活動。暴力行動固然司空見慣，有時報復手段更血腥：在青島，山東軍閥處決了一名工會領袖及當地同情罷工的報紙編輯；在天津市，工人占領了一家繅絲廠，軍隊為了驅離工人而與工人長期對峙，結果二十名工人遇害，受傷人數可能高達三百人。[11]

　　五卅慘案的消息令北京的學生義憤填膺。魯迅在北京女子師範大學的學生許廣平，於六月五日憤恨難平地寫信告訴魯迅「上海風潮起後，接聯的『以脫』（即英文的ether，今通譯為「以太」）的波動傳到北京來了」；她說，此時正是北京學生採取大規模行動的時機，各校代表雖按時在天安門前集會（如同五四運動），卻浪費時間在斤斤計較誰要當籌備中的

「國民大會」主席，而無法協調出具體的行動計畫。許廣平悻悻然退出集會返回北京女師，卻在路上偶遇作風保守的女師校長（一年前被激進的學生轟下台，此時剛被教育部復職）。許廣平寫道：「看見楊婆子笑瞇瞇的瞅著我們的大隊時，我登即無名火起，改口高呼打倒楊蔭榆，打倒楊蔭榆，驅逐楊蔭榆！同儕齊聲響應，直喊至楊車離開了我們……先生，您看這匹『害群之馬』簡直不羈到不可收拾了。這可怎麼辦？」[12]

許廣平很清楚，平常，魯迅定會認同她的作法，因為魯迅幾度在諷刺文章中挖苦楊蔭榆，抨擊她「威脅毫無武力的同性學生」，利用「狐群狗黨」的手段保住權位，如中國傳統的惡婆婆般對待學生，待學生如「童養媳」，是「汙穢灑滿了風籟琴」的殘酷反動派。[13] 魯迅在一週後才回信，抱歉道，因諸事纏身，才遲遲未立即覆信。許廣平是魯迅的得意門生，魯迅才特別關切她如此直言無諱的激進行徑（從三月起她就與魯迅頻繁通信，這次還撒嬌似的署名「小鬼」）：

小鬼不要變成狂人，也不要發脾氣了。人一發狂，自己或者沒有什麼……但從別人看來，卻似乎一切都已完結。所以我倘能力所及，絕不肯使自己發狂，實未發狂而有人硬說我有神經病，那自然無法可想。性急就容易發脾氣，最好要酌減「急」的角度，否則，要防自己吃虧，因為現在的中國，總是陰柔人物得勝。

魯迅指出，在此特殊情況下，學生的大規模示威不可能成功：若北京大學串連起的力量尚不足逼迫不孚人望的教育總長去職，女子師範大學的女同學且無力迫使校長楊蔭榆下台，那反抗英國人或日本人就會成功嗎？[14]

魯迅沒有即時回信的原因之一，是他正忙著撰寫、發表關於五卅慘案的宣言——此文於六月十一日完成。在這篇悲憫又諱莫如深的文章裡，他指陳，今日的中國青年肩負重擔，因為古人「將心力大抵用到玄虛飄渺平穩圓滑上去了，便將艱難切實的情事留下。」向上海示威群眾開槍的英國人，是強悍的對手，是中國「他山的好石」，要追上至少要拚三十年。[15]

不到一個月，魯迅又寫了一則短篇。他在故事裡似乎有意嘲諷自己的躊躇不決，盛讚像許廣平這樣肯勇於表達心聲的人。此時魯迅捨棄一九一八至二三年間那種長篇大論、饒富敏銳觀察力的小說風格，轉而以短小精悍、措辭尖銳、酸嗆，似散文、又似隨筆的小品為主，並將這種文類統稱為「雜感」。

我夢見自己正在小學校的講堂上預備作文，向老師請教立論的方法。

「難！」老師從眼鏡圈外斜射出眼光來，看著我，說。「我告訴你一件事——

「一家人家生了一個男孩，合家高興透頂了。滿月的時候，抱出來給客人看，——大概自然是想得一點好兆頭。

「一個說：『這孩子將來要發財的。』他於是得到一番感謝。

「一個說：『這孩子將來要做官的。』他於是收回幾句恭維。

「一個說：『這孩子將來是要死的』他於是得到一頓大家合力的痛打。

「說要死的必然，說富貴的說謊。但說謊的得好報，說必然的遭打。你……」

「我願意既不謊人，也不遭打。那麼，老師，我得怎麼說呢？」

「那麼你得說：『啊呀！這孩子呵！您瞧！多麼……。阿唷！哈哈！Hehe！he，he he he he！』」[16]

就在魯迅寫完故事前，英國人再次展現他們是塊不可多得的「他山的好石」。六月二十三日，在廣州，工人、學生、軍校的學員群集遊行，表達對上海罹難者及香港勞工的支持，他們遊行至外國租界沙面島時，英國警衛（後來法國警力也加入）深感威脅而開槍掃射遊行隊伍；五十二人死亡，百餘人受傷。[17]

從一九二二到二三年，吳佩孚的軍隊用處決和報復手段將工運壓制了兩年，但此時工運力量已經大增，間歇的武力鎮壓已無法遏阻。國民黨在孫中山的改造下，在廣州的局面也改觀。共產國際代表與孫中山通力合作，將國民黨改造成一個紀律井然、層級嚴明，服膺孫中山革命信念的政黨。諷刺的是，國民黨的改變對孫中山本人而言來得太晚。他在一九二五年年後不久因癌症在北京溘然長逝；當時人在北京的他正奮力一搏，遊說北方軍閥支持召開會議恢復憲政。孫中山辭世後，縱然國民黨內各山頭領導人競相角逐接班位子，但成功的改造也使該黨免於四分五裂。蔣介石是國民黨內新世代的領導人；他在一九二二年孫陷生死關頭之際予以解圍，一九二三年又奉命至莫斯科進行軍事考察，返國後主持孫在黃埔創辦的軍事學校，共產國際則提供顧問與建校所需資金。（依國共合作原則，由中共青年幹部周恩來擔任蔣介石的政治副手。）軍校畢業生的加入使得南方軍力更強大、更團結，勞動組合書記部也加強該地工會的力量——例如香港大罷工時，來自海內外華工的大筆捐輸提供了住房、糧食、教育所需的援助，使其史無前例持續了十六個月。[18]

中國知識分子新的焦點除了放在國民黨改組及中國勞工悲慘的勞動條件，還首度鉅細靡遺地評估、分析中國農村的資源、災禍及前景。一九一九年，北京一批學生深受李大釗影響與號召，直接深入農村，親身實地調查農村狀況。一九二〇年代，上海也出現類似的團體；毛澤東及其湖南的同學便曾兩度徒步橫越該省，以瞭解當地民情；然而最值得注意的，或許是一九二〇與二一年間一場駭人的饑荒肆虐華北，奪去數百萬農民的生命，國際救難組織成員及中國新聞界詳實記載了這場浩劫。[19]但就如地主家庭出身、受過日本社會主義政治洗禮的共黨青年彭湃所指出，這種「調查」顯得一廂情願、缺乏目的；念過書識字的訪談者與受訪的農民，在文化面與經濟力上是天壤之別，動機難免會被誤解。彭湃個人的革命冒險，從一九二一年春的廣東開始，過程著實令人啼笑皆非：彭湃穿著西服走近一名正在施肥的農夫，這名農夫正色告訴他，今年沒錢可給巡演的戲班。第二個農民則問彭湃在哪兒當差，慢慢地邊走開邊說：「不配與你們當差的交朋友。」第三個問彭湃是否來向村民收帳。這些彭湃家鄉的鄉親，認為他得了神經病。經過幾星期的閒聊與討論，有時還表演他精擅的魔術助興，這才漸漸突破村民心防與逆來順受的心態；就像第一個農民說的：「每個人的命運早就注定好了，地主就是地主，佃農還是佃農。」[20]然而，及至一九二五年，彭湃不但在家鄉附近組織了幾個農會，而且在廣州主辦由國民黨與共產黨共同領導的農民運動講習所。（毛澤東曾被指派為一九二六年班的主辦人。）

上海的政治活動主要以城市勞工為主，廣州則開始納入農工，一九二五年的北京還是集中在知識分子間。當馮玉祥控制北京，在鄉間避難的李大釗才得以返京重拾舊業，繼續向北京、天津各大學師生傳播他的理念。此時的李大釗已名滿天下，不僅是中國共產黨的創黨元老，一九二四年還遠赴莫斯科出席共產國際代表大會增廣見聞，爾後又獲選進入國民黨重組後的中央執行委員會，打下廣泛的政治基礎。再者，因馮玉祥對工會組織亦表同情，共黨北方各支部得以將一九二三年二月大屠殺後受重創的組織逐漸重建。

李大釗等人成功重建中國共產黨的組織，令一九二五年七月返國的聞一多深感不安。聞一多是五四運動時的活躍分子，當時年僅二十歲；接下來他負笈赴美求學三年，先後在芝加哥大學藝術學院、科羅拉多大學、哥倫比亞大學就讀。因他強烈感受過美國人的種族歧視，而愈來愈富民族主義的傾向。然而，就像康有為有意將他的民族主義與孫中山矯飾的「共和」撇清關係，聞一多也不願意見到共產黨僭越中國民族主義信仰，於是加入了留美學生組織的「大江社」。該社宗旨在於建立富強而非社會主義的中國。

返回北京後，一九二六年一月十三日聞一多致函科羅拉多大學的摯友（梁實秋）說道：「國內赤禍猖獗，我輩國家主義者際此責任尤其重大，進行益加困難。國家主義與共產主義勢將在最近時期內有劇烈的戰鬥。」[21]聞一多還附帶提及，他發現北京一些非共黨信徒朋友多半食古不化，不具影響力；僅能在他於北京西城新租屋處見到的人當中，慢慢尋找志趣相投者，共商中國未來問題的對策。如同他致函美國大江社友人所言，這一小撮人與其他民族主義社團的成員會面，籌組「北京國家主義團體聯合會」，共同抗議俄國人和日本人進犯滿洲並駐軍。許廣平告訴過魯迅這類集會索然無味，聞一多卻覺得這些集會多半充斥令人失望的奚落、謾罵（間或有摔家具）的刺耳聲。聞一多將這些逾矩行為歸咎於他堅決反對的共產黨人，卻對一名女學生的謾罵技巧折服。這位女學生高亢尖銳的罵聲震懾四座，令所有人面面相覷；聞一多得知，原來這名女學生在抗議五卅慘案的遊行隊伍帶頭，手擎大旗昂然過街，肅然起敬的北京市民稱她為「Chinese Jeanne d'Arc」（中國的聖女貞德）。[22]

聞一多對這群政治狂熱青年的質疑，某種程度上呼應了魯迅對許廣平的告誡，但魯迅並未表現出類似的反共情緒。在反共這點上，聞一多趨近於徐志摩。後者於一九二五年初春造訪蘇聯，雖感動容，但未留下鏤肌銘髓的印象。據徐志摩一九二五年夏的作品內容，可看出他並未發現瞿秋白在一九二一、二二年體驗到的那種魅惑：莫斯科的天空灰濛一片，白雪覆地，感覺不到昔往的痕跡；追求新秩序留下處處血腥的記憶；街上行人愁容滿面，商店空蕩缺貨，人們衣衫襤褸。一九二六年一月，徐志摩彷彿在列舉自己的價值觀似的，發表了兩篇文章。第一篇慎重回應了共黨青年陳毅對列寧的狂熱推崇；徐志摩認為列寧是個「Fanatic」（盲信者），他身後留下滿目瘡痍，絕不能作為中國未來發展的典範。徐認為，馬克思主義的階級分析根本不適用在中國身上，因為「工人的子弟有做官的，農家人有做商的，這中間是不但走得通，並且從不曾間斷過。」[23]第二篇題為〈我所知道的康橋〉，他以反例來表達選擇蘇聯或是軍閥中國。為了有力表現情緒，徐志摩一改〈北京石虎胡同七號〉那種短句、唯美平衡的手法，也捨棄他刻畫常州天寧寺所採用的排比長句，而全然用佩特瑰麗式的散文短句：

天邊是霧茫茫的，尖尖的黑影是近村的教寺。聽，那曉鐘和緩的聲音。這是此邦中部的平原，地形像海裡的輕波，默沉沉的起伏；山嶺是望不見的，有的是常青的草原與沃腴的田壤。登那土阜上望去，康橋只是一帶茂林，擁戴著幾處娉婷的尖閣。嫵媚的康河也望不見蹤跡，你只能循著那條錦帶似的林木想像那一流清淺。村舍與樹林是這地盤上的棋子，有村舍處有佳蔭，有佳蔭處有村舍。

這早起是看炊煙的時辰：朝霧漸漸的升起，揭開了這灰蒼蒼的天幕（最好是微霰後的光景），遠近的炊煙，成絲的，成縷的，成捲的，輕快的，遲重的，濃灰的，淡清的，慘白的，在靜定的朝氣裡漸漸的上騰，漸漸的不見，彷彿是朝來人們的祈禱，參差的翳入了天聽。朝陽是難得見的，這初春的天氣。但它來時是起早人莫大的愉快。頃刻間這田野添深了顏色，一層輕紗似的金粉糝上了這草，這樹，這通道，這莊舍。頃刻間這周遭彌漫了清晨富麗的溫柔。頃刻間你的心懷也分潤了白天誕生的光容。「春」！這個勝利的晴空彷彿在你的耳邊私語。「春」！你那快活的靈魂也彷彿在那裡回響。[24]

聞一多可不像徐志摩這樣追憶芝加哥、科羅拉多或紐約的景致，但他能為徐志摩的反共態度拍手喝采，況且兩人還有若干共通的特質和歷練。就像徐志摩，聞一多出身富裕，受過良好的傳統教育；他同樣早慧過人，推崇梁啟超，先在北京讀大學，奉父母之命完婚後即負笈美國深造——聞一多第一個孩子是女兒，出生時他還在芝加哥，三年後才見到長女。徐、聞兩人都是在海外才發現真正志趣在詩。徐志摩的第一首白話體詩作寫於劍橋，聞一多則是在芝加哥；雖然聞一多從不喜歡泰戈爾（甚至在泰戈爾訪華期間撰文批評），但因崇尚唯美主義而與徐志摩有些心意相投之處。兩人都對歐伯利．比爾茲利（Aubrey Beardsley）的繪畫和佩特的作品有高度的評價。聞一多曾在北京藝術專科學校教過，其工作室充分展現他的折衷主義風格：他把牆壁漆成黑色，並飾以金邊，徐志摩形容其營造的效果就像「裸體的非洲女子手臂上腳踝上套著細金圈似的情調」；有個房間牆上的神龕，擺著一尊大理石的維納斯小雕像，附帶一筆「別饒一種澹遠的夢趣」。[25]

一九二六年一月，徐志摩邀請聞一多加入詩人社團「新月社」（取此名旨在向泰戈爾致意）；聞一多欣然接受，但他並未邀請徐加入他組織的中國青年國家主義者的集會。（或許他認為徐志摩此時正沉醉在與陸小曼繾綣的婚外情，聲名狼藉。）但到了一九二六年三月，聞一多首肯為徐志摩編輯的北京《晨報》副刊主持〈詩鐫〉。[26]

原以為由徐志摩、聞一多及其友人主導的美學理論與創作，會是純文學的大膽創新，最後竟變成一種政治見證。這種機緣巧合早已司空見慣，事情源自三月十八日北京第三起撼動人心的示威抗議與流血鎮壓，劇碼一如往例。北京三一八慘劇的成因，比上海五卅慘案和六二三省港大罷工更錯綜複雜。儘管群情矛頭都指向外國帝國主義，但這次事件的對象是日本，而非英、法。而引爆點是天津地區兩敵對軍閥擦槍走火：效忠馮玉祥的軍隊在天津外海佈雷，企圖遏阻滿洲軍閥張作霖登陸；日本政府發出嚴正抗議，宣稱佈雷行動妨礙其勢力範圍內海域的貿易和交通往來，並發出通牒要求清除港口的水雷。在國民黨和共產黨的代表聯手組織之下，北京的愛國學生發動示威遊行，隊伍行至執政政府所在地，要求臨時執政段祺瑞拒絕日本的最後通牒，卻遭到政府軍隊的驅離。翌日，三月十八日，天安門附近又麇集一波規模更盛的示威。聽完抗議演說之後，群眾再度前往執政辦公所在地；這時，警察攔阻去路，開槍射擊，擊斃了四十七名遊行者，其中多數為青年學生。

這次事件開始的動機這麼簡單明瞭，參與者的下場竟如此悲慘，並未使聞一多更加嫌惡示威遊行，反倒釋放了他自歸國後壓抑許久的詩興。他開始把《晨報・詩》當作抒發怒氣的論壇，甚至在〈詩鐫〉送印前作了一首詩，由徐志摩刊載在三月二十七日《晨報》的文藝副刊上。聞一多以擬想黃包車伕獨白的形式，來表現他對死難者的哀悼；就像當時許多知識分子的作法，聞一多以黃包車伕質樸的語言，來敘述對困境的五味雜陳。（周恩來早期的詩作曾運用相同的手法表達資本主義制度的不公現象，徐志摩在一首詩裡也以同樣技巧刻畫橫跨地球神祕之旅的寂靜。）為了紀念屠殺之地，他將這首詩題名為〈天安門〉：

好傢伙！今日可嚇壞了我！
兩條腿到這會兒還哆嗦
瞧著，瞧著，都追上來了，
要不，我為何要那麼跑？

先生，讓我喘口氣，那東西，
你有沒有瞧見那黑漆漆的，
沒腦袋的，蹶腳的，多可怕，
還搖幌著白旗兒說著話……

這年頭真沒法辦，你問誰？

真是人都辦不了，別說鬼。
還開會啦，還不老實點兒！
你瞧，都是誰家的小孩兒，
不纔十來歲兒嗎？幹嗎的？

腦袋瓜上不是使槍軋的？
先生聽說昨日又死了人，
管包死的又是傻學生們。
這年頭兒也真有那怪事，
那學生們有的喝，有的吃，——
咱二叔頭年死在楊柳青，
那是餓的沒法兒去當兵，——
誰拿老命白白的送閻王！

咱一輩子沒撒過謊，我想
剛灌上倆子兒油，一整勺
怎麼走著走著瞧不見道。

怨不得小禿子一下掉了魂。
勸人黑夜裡別走天安門。
得！就算咱拉車的活倒霉，
趕明日北京滿城都是鬼！[27]

五天後的四月一日，〈詩〉創刊號登上《晨報》的文藝副刊。內有聞一多的一篇鴻文，寫道〈詩〉創刊日適逢天安門死難學生鮮血流淌之時，是個可怕的巧合。他盛讚，這是如假包換、甚至是無可回避的巧合，把文藝與愛國心合而為一；正因文藝與愛國心無法分割，兩者同時發生。灑落在宮門巷弄的血，是愛國的鮮血，流淌成新銳作家的筆墨，化成紙上文字：「諸志士們三月十八日的死難不僅是愛國，而且是偉大的詩。」[28]

儘管魯迅對三一八慘案同感痛心疾首，但他並未如聞一多天真地將青年的死難形容為「偉大的詩」。有一事，是魯迅念茲在茲、認為極有可能發生的，可從他與許廣平的通信一窺究竟。魯迅一九二五年初寫給許廣平的第一封信裡就提醒她注意流血衝突；至於他自己，則是從世界大戰的壕溝戰中學到教訓：假如你曝露在戰場上，就會挨子彈，若是躲進壕溝裡，不僅性命得保，「有時吸煙，也唱歌，打紙牌，喝酒，也在壕內開美術展覽會。」[29] 魯迅在另一封信還附帶說道，默不關心的「麻木」令人不屑，卻能避免椎心刺骨的痛楚。[30] 當許廣平回信盛讚秋瑾是英勇的表率，並感嘆其後繼乏人時，魯迅覆信說，縱然「在大同的門外」的中國迫切需要翻天覆地的變革，然而操之過急的變革只會帶來「火與劍」，無論孫中山或秋瑾，都未能達成建設性的變革。[31] 魯迅一九二〇年代中的其他文章也將此觀點加以延伸。他強調，真正出事時，教員就消失，學生也避之唯恐不及，只剩下少數「傻子」，「一呻吟就被殺戮了」。年輕人或許想「在民眾的心頭點火，引起他們的火焰來，使國勢有一點轉機。倘若民眾並沒有可燃性，則火力只能將自身燃完，正如在馬路上焚紙人轎馬。」畢竟秋瑾就是死於告密的，她在「革命後暫時稱為『女俠』，現在是不大聽見有人提起了。」[32]

就因為已預見且成真，才讓魯迅對三一八慘案格外感到痛心。許廣平不在死者之列，但她有兩名同學遇害，一名同學重傷。死者其一的女學生劉和珍，特別心儀魯迅作品；魯迅還獲悉令他為之鼻酸之事：劉和珍雖阮囊羞澀，還是預訂了一年他常撰稿發表的刊物。起初，魯迅對三一八慘案的怒氣僅如常人：他將政府的行為比喻成沙皇尼古拉二世派哥薩克人屠殺俄國知青，警告血債必以血償，還將那些說這場示威是共產黨從中煽動的人嘲諷一番。魯迅同時還告誡青年，殺人者毫無良知，因此「覺悟的青年應該不肯輕死了罷。」[33] 然而當北京學生懇請他為三月二十五日的罹難學生追思會撰文之時，難以釋懷的失落感讓魯迅久久無法動筆；直到四月一日，也是聞一多發表文章的同一天，魯迅才釋出內心的情緒：

在四十餘被害的青年之中，劉和珍君是我的學生。學生云者，我向來這樣想，這樣說，現在卻覺得有些躊躇了，我應該對她奉獻我的悲哀與尊敬。她不是「苟活到現在的我」的學生，是為了中國而死的青年。……

我在十八日早晨，我知道上午有群眾向執政府請願的事；下午便得到噩耗，說衛隊居然開槍，死傷至數百人，而劉和珍君即在遇害者之列。但我對於這些傳說，竟至於頗為懷疑。我向來是不憚以最壞的惡意，來推測中國人的，然而我還不料，也不信竟會下劣凶殘到這地步。況且始終微笑著的和藹的劉和珍君，更何至於無端在府門前喋血呢？……

我沒有親見；聽說，她，劉和珍君，那時是欣然前往的。自然，情願而已，稍有人心者，誰也不會料到有這樣的羅網。但竟在執政府前中彈了，從背部入，斜穿心肺，已是致命的創傷，只是沒有便死。同去的張靜淑君想扶起她，中了四彈，其一是手槍，立撲；同去的楊德群君又想去扶她，也被擊，彈從左肩入，穿胸偏右出，也立撲。但也還能坐起來，一個兵在她頭部及胸部猛擊兩棍，於是死掉了。……

時間永是流駛，街市依舊太平，有限的幾個生命，在中國是不算什麼的，至多，不過供無惡意的閑人以飯後的談資，或者給有惡意的閑人作「流言」的種子。至於此外的深的意義，我總覺得很寥寥，因為這不過是徒手的情願。人類的血戰前行的歷史，正如煤的形成，用大量的木材，結果卻只是一小塊，但情願是不在其中的，更何況是徒手。

然而既然有了血痕了，當然不覺要擴大。至少，也當浸漬了親族，師友，愛人的心，縱使時光流逝，洗成緋紅，也會在微漠的悲哀中永存微笑的和藹的舊影。陶潛說過：「親戚或余悲，他人亦已歌，死去何所道，托體同山阿。」倘能如此，這也就夠了。[34]

當北京教員與詩人哀悼追思之際，控制泰半華北地區的兩大軍閥，吳佩孚與東北王張作霖，協議聯手將共產黨人及國民黨激進派逐出北京。就連臨時執政段祺瑞，也被迫逃往天津日租界尋求庇護，而支持國民黨的馮玉祥則流亡蘇聯。起初待在北京沒走的魯迅，以極盡調侃能事之筆調，大肆抨擊這兩位北方軍閥的動武邏輯，以〈如此討赤〉一文為例，魯迅即假「通訊」之形式、語帶譏諷說道：「奉天飛機三臨北京之空中，擲下炸彈，殺兩婦人，傷一小黃狗，為『討赤』也。京津間戰死之兵士和北京中被炸死之兩婦人和被炸傷之一小黃狗，是否即『赤』，尚無『明令』，下民不得而知。」[35]但如此冷嘲熱諷只讓魯迅樹敵無數，不得不費事躲藏；終因危機迫在眉睫，而於一九二六年八月完全離開北京，接受廈門大學的臨時教職；廈門大學臨海，生活相對安全。他的「小鬼」許廣平也離開北京，南下廣州繼續念書。

但南方也無安全之地，局勢發展同樣瞬息萬變。三月二十日，蔣介石採取行動彈壓共產黨人及蘇聯顧問，將國民黨內的異議分子羈押或清除，以鞏固他在廣州和國民黨內的權力地位；蔣介石這一連串試探性動作，在五月召開的國民黨中央委員會得到認可和強化。儘管這些動作顯然不利於共產黨的長期發展，也讓共產黨人個個寢食難安，但其政治路線還是得服膺由史達林在幕後操控的共產國際，繼續維持國共合作。故蔣介石本人親掌中央政治組織部，並於七月九日就任國民革命軍總司令時，共產黨人也只能徒呼負負。身為最高指揮官，蔣介石如今已取得廣州自封的「國民政府」之領導權；當蔣介石膺任新職時，孫中山的兒子高舉父親的遺像，以凸顯國民黨的權力傳承。

蔣介石的目標是完成孫中山未竟的統一大業，同時成為廣東、廣西、湖南、雲南南方各省軍事聯盟（大都是軍閥出身）的領導人。此聯盟共組成八個軍團，也有許多在現代化黃埔軍校受過訓的軍官，蔣介石覺得成功在望。雖然共產黨人認為時機尚未成熟，蔣介石還是下令於一九二六年七月中展開北伐，自廣州揮師北上，由廣東、湖南直搗長江畔的武漢三鎮。蔣介石的行動初期所向披靡，國民黨軍一路得到廣大民眾響應，並吸引新盟友，沿著湘江於八月十二日長驅直入長沙，蔣介石任命盤據長沙的軍閥為國民革命軍將領。九月，蔣介石大軍壓境猛攻武漢，旋即攻下漢口與漢陽，武昌接著在十月十日稱臣，此日適逢辛亥革命十五週年。[36]

一九二六年年底，國民革命軍駐紮長江江畔稍作停歇，再度出現進退維谷的緊張局勢。國民黨分裂後的激進派黨員聚於武漢；蔣介石及代表保守勢力與財閥利益的一班親信駐紮在南昌。此外，蔣介石也明白表示要順江而下先攻上海，而非直取北京。顯然，此戰略需要謹慎的對外政策——單在上海一地，列強就駐軍兩萬兩千餘人，上海港及附近泊碇逾四十艘外國軍艦。同時，此間農民攻擊地主，城市罷工抗議軍閥、資本家之事日益猖獗。一九二七年二月，共產黨扶植的上海總工會下令發動大罷工，以響應國民黨軍，強力驅逐仍掌控上海的孫傳芳，還試圖在上海組織人民政府，實施一連串經濟改革方案。二月二十日，數十萬工人罷工，癱瘓工廠及運輸系統，但未能獲得商會或零售商組織的奧援，孫傳芳派兵進入上海鎮壓罷工。此時前清懲治謀逆的酷刑再度出現，二十名罷工者的首級就懸在十字路口示眾。稍後，總工會又發起一波武裝暴動，兩天後也以失敗告終，其原因部分在於，當總工會殘餘勢力遭掃蕩完畢時，國民黨軍在僅距上海二十五哩之處按兵不動。[37]

在中國農村，鬥爭的暴力程度也不遑多讓，捲入人數難以勝數。一九二六年一月毛澤東為國民黨刊物《中國農民》寫的文章說，就算坐擁百畝土地以上的「大地主」僅占中國人千分之一，那也有三十二萬人。[38] 一年後，一九二七年的二月，他觀察到湖南的農民意識上有了驚人的轉變：部分由共產黨或國民黨人領導、但絕大多數由農民自發組織的農會此時已掌權了。毛澤東說：「四個月前被一般人看不起的所謂『農民會』，現在卻變成了頂榮耀的東西。從前拜倒在鄉紳權力下面的人，現在卻拜倒在農民的權力之下。」毛繼續寫道，各階級在革命運動中扮演的份量，農民該占七分，「城市居民與軍人」（亦即國民黨與共產黨軍隊和幹部）僅需占三分。他還進一步探討農民領袖應採的行動：清查地主帳目，揭露貪汙舞弊；索捐興辦地方合作社；把土豪劣紳戴上高帽遊街、羞辱；打破族權與神權；以及槍斃——「槍斃。這必是很大的土豪劣紳，農民和各界民眾共同做的。」[39]

一九二六年八月十四日，徐志摩在北京宴請各界人士慶賀他與陸小曼（此時已離婚）的婚禮。宴會氣派空前，賀客冠蓋雲集百餘人，使他那峰迴路轉、漫長的追求過程得到最搭襯的結果；在追求的過程，徐志摩以無數的情書、纏綿悱惻的詩詞、真情流露的日記，在大庭廣眾注目下向陸小曼求婚（這對夫妻不久就將這些作品出版）。京城名媛陸小曼，能歌擅畫，法語流利，名字的「曼」字，碰巧可用來音譯「Katherine Mansfield」之名，加上前面的「小」字，「小曼」形同「小曼殊斐爾」——徐志摩也確信這是他不計一切代價也要找到的「靈魂伴侶」。[40]六週後，這對璧人舉行婚禮。應徐志摩之請，其恩師、現任職國立北京圖書館館長的梁啟超，允諾為他們證婚，並致賀辭。令徐及賓客大感意外的是，梁啟超藉此場合痛斥這對年輕人的行徑與操守，認為兩人剛離婚即再嫁娶的行為十分不當，而他本人及一干友人則懇請徐志摩別再重蹈覆轍。翌日，梁啟超去信告訴女兒：「新人及滿堂賓客無不失色，此恐是中外古今所未聞之婚禮矣。」梁還說會給她寄去他在婚禮上的致辭文稿，接著又道：

> 青年為感情衝動，不能節制，任意決破禮防的羅網，其實乃是自投苦惱的羅網，真是可痛，真是可憐。徐志摩這個人其實聰明，我愛他不過，此次看著他陷於滅頂，還想救他出來，我也有一番苦心。老朋友們對於他這番舉動無不深惡痛絕，我想他若從此見擯於社會，固然自作自受，無可怨恨，但覺得這個人太可惜了，或者竟弄到自殺。[41]

另一方面，徐志摩卻覺得他克服了暗裡作對的力量。他致書英國的友人恩厚之（Leonard Elmhirst）說：「我畢竟勝利了，我擊敗了一股強悍無比的惡勢力，就是人類社會賴以為基的無知和偏見。」[42] 然而，即使真是勝利，也僅是曇花一現；徐志摩的雙親不同意他離婚，更不同意陸小曼這門親事。當他偕陸小曼返回老家住了兩個月，情況更加不可收拾。此期間，陸小曼水土不服，時常身體不適，深覺此地乃窮鄉僻壤；而徐志摩的父母又因部分田產遭匪徒霸占，家族生意經營不善，最後離浙遷居北京，和前媳婦張幼儀及孫子同住。（在柏林產下的次子彼得，三歲時即告夭折，徐志摩僅見過這孩子一次。）[43] 徐志摩的父親採用更有效的手段，凍結他銀行戶頭的現金，讓他生平頭一遭財源吃緊；此時，徐志摩剛創辦的戲劇雜誌也停刊，他感到沮喪，精神恍惚，無法再繼續創作詩歌。[44] 一九二七年一月，浙江鄉下局勢每況愈下，徐志摩與陸小曼便離開浙江老家，逃到上海「側身於難民之間」，忙著籌辦「新月書店」及其他事業來攢一點錢——因為徐志摩自認不會再有機會重返北京教書了。杭州城，這個一九二三年曾令徐志摩神往的人間天堂，此時已「半個城的人都跑光了」；他在寫給恩厚之的信裡說道：「到處所見的是各種恐怖氣氛與事實，可憐的西湖呵，只餘一片荒破敗！」置身「正在迅速陷入一個可怕的惡夢中，……只有理性的死滅和獸性的猖狂」的世界裡，一群至交好友仍不斷表現出「潘格洛斯式」（Panglossian，《憨第德》中過分樂觀的哲學家）的樂觀，著實令他感到心灰意冷。於是徐志摩全神貫注在已耗時兩年多的工作上：迻譯伏爾泰的作品《憨第德》（*Candide*）。[45]

三月初，徐志摩完成了翻譯，上海公共租界巡捕惟恐破壞商業的活動又死灰復燃，開始清查、鎖拿可能的罷工領袖。對此，總工會也暗中加緊籌畫一波大罷工，終為國民黨敞開上海市的大門。

三月八日，康有為在上海慶賀七十大壽。徐志摩與陸小曼似乎未獲邀請出席這次盛會，但梁啟超和康有為先前的幾位門生則特地自北京南下拜壽，就連前清遜帝溥儀也差人敬贈康有為壽文一篇、壽聯一副。[46] 此時的康有為已久未與軍閥通信商討中國前途，近期唯一的公開表態乃致電北方各軍閥，敦促他們遵守一九一二年的協議，恢復溥儀的俸給及紫禁城的居住權。[47] 除此之外，就一直沉迷於遨遊星際的想像。自他乘飛機翱翔保定上空後，如同他在一首詩裡所述，落地時他自覺宛若慈悲為懷的聖人，為恤眾生苦難而降臨凡塵，此後還曾幾度神遊太虛。一九二六年，康有為正式在上海成立「天遊學院」，在此演講與撰寫其旅遊見聞，夢想有天能編纂如卷帙浩繁地方志的火星志。在晚年的詩作裡，康有為將西方的天文觀測與傳統宇宙論作了前所未有的匯通：

仰燦爛之銀河兮，
一白横亙光氣則那。
其長當天之十六度兮，
積恒星二萬萬之多。

或謂有星三十萬萬兮，
吾日與八遊星自為一家。

日亟懸中為一星兮，
比恆河之為一沙。
熱萬度之巨白星兮，
沉沉為鄰尤頤夥。
助我光明晃昱兮，
吾乃遠遊而高歌。

以周天三百六十度兮，
銀河廣僅十度。
其幾何懸在霞雲天之中兮，
僅得十六萬之一於羅蹇。
吾乘天船而上遊兮，
騰雲漢而婆娑。[48]

康有為過完七十大壽後並未留在上海，而是前往青島，他在那兒有座房產。青島市曾租借給德國，此時由日本人控制；晚清和五四運動期間，此地曾掀起一波波民族主義浪潮。康有為在此寫下最後一篇文章，長書一篇奏摺感謝遜帝餽贈壽禮。他執筆的手雖顫抖不止，但字跡依舊端正工整，他在奏摺裡憶起復辟運動期間跌宕起伏的事件。康有為的奏摺恪守前清朝制，凡提及「天」字即予抬頭三字，提及聖上則抬頭兩字；他自己謙稱「老臣」、「微臣」，寫到名字，也依禮制特別縮小字體。一九二七年三月底，上海發動第二次大罷工推翻軍閥、國民黨軍隊進入該市十天後，康有為將朝服放在床上，虔心沐浴，端坐朝服旁，半小時後便腦溢血辭世。[49]

註釋

1 轉引自林毓生，《中國意識的危機：五四時期激進的反傳統主義》，頁一二四。

2 魯迅著，楊憲益、戴乃迭譯，《選集》，卷二，頁三十九至四十；林毓生，《中國意識的危機：五四時期激進的反傳統主義》，頁一二三。

3 譯文轉引自林毓生，《中國意識的危機：五四時期激進的反傳統主義》，頁一二八至一二九。

4 魯迅著，楊憲益、戴乃迭譯，《選集》，卷二，頁三一一、一四〇。

5 魯迅著，楊憲益、戴乃迭譯，《選集》，卷二，頁三〇九。

6 軍閥混戰的區域範圍及傷亡人數，見齊錫生，《中國的軍閥政治，一九一六至一九二八年》，頁一三七至一三八的表；有關馮玉祥、段祺瑞，見薛立敦，《中國軍閥：馮玉祥的經歷》，頁一三三至一四八；有關中國「宏觀區域」（macroregion）的概念，詳見施堅雅（G. William Skinner）在《中華帝國晚期的城市》（*The City in Late Imperial China*）（宏觀區域概念的分析架構，見本書頁二一一至二二二）。羅文幹的簡歷，見包華德與霍華德合編，《中華民國傳記辭典》，卷二，頁四三八至四四一，有關羅文幹的事例，見黎安友（Andrew J. Nathan），《北京政治，一九一八至一九二三年：派系政治與立憲主義的失敗》（*Peking Politics 1918-1923: Factionalism and the Failure of Constitutionalism*），頁一九五至二〇〇；有關羅文幹和蔡元培，見杜伊可，《蔡元培：現代中國的教育家》，頁七十五至七十六。有關中華民國最後的改造，見黎安友，《北京政治，一九一八至一九二三年：派系政治與立憲主義的失敗》，第七章。

7 魯迅，《魯迅全集》，卷一，頁一五一，轉引自魯迅著，戴乃迭（Gladys Yang）編譯，《無聲的中國》（*Silent China*），頁一五三至一五四。

8 有關一九二五年時的工作環境，見英國駐華領事官員在《關於中國勞動條件的報告》（*Papers Respecting Labour Conditions in China*）提出可信的細節；外國人占有率和產出的數字，見費維愷，《中華民國的經濟趨勢，一九一二至一九四九年》(*Economic Trends in the Republic of China, 1912-1949*)，頁三十至三十七；有關上海(一九三〇至三一年間)社會條件的悲慘和精確的統計數據，社會科學家楊賽門(Simon Yang)等，《上海工人家庭生活水準研究》(*A Study of the Standard of Living of Working Families in Shanghai*)，特別是頁三八至四十、五十七至五十八、六十八。李大釗的「無產階級化」概念，見邁斯納，《李大釗與中國馬克思主義的起源》，第六章的分析。

9 謝諾，《中國的勞工運動，一九一九至一九二七年》，頁二六二至二六三；克利福德(Nicholas R. Clifford)，《一九二五年的上海：城市民族主義與外國特權的維護》(*Shanghai, 1925: Urban Nationalism and the Defense of Foreign Privilege*)，頁十四至三十四。

10 謝諾，《中國的勞工運動，一九一九至一九二七年》，頁二六五至二六五，以及司馬璐，《瞿秋白傳》，頁四十三至四十五。

11 謝諾，《中國的勞工運動，一九一九至一九二七年》，頁二七六。有關臭名昭著之山東軍閥張宗昌的生平，見包華德與霍華德合編，《中華民國傳記辭典》，卷一，一二二至一二七；林語堂(Lin Yutang)所寫出色、負面的傳略〈狗肉將軍〉(The Dogmeat General)，收錄在斯諾(Edgar Snow)，《生活中國：現代中國短篇小說集》(*Living China: Modern Chinese Short Stories*)，頁二二二至二二五；以及麥科馬克(Gavan McCormack)，《張作霖在東北，一九一一至一九二八年：中國、日本和東北人的觀念》(*Chang Tso-lin in North-east China, 1911-1928: China, Japan and the Manchurian Idea*)，頁一〇五至一〇六、一五三至一五四。

12 魯迅，《魯迅全集》，卷七，頁一〇三，一九二五年六月五日的信。

13 魯迅著，楊憲益、戴乃迭譯，《選集》，卷二，頁一四六、一五六、一六〇、一六一。

14 魯迅，《魯迅全集》，卷七，頁一〇七，一九二五年六月十三日給許廣平的信。這位教育總長即是章士釗。

15 魯迅著，楊憲益、戴乃迭譯，《選集》，卷二，頁一六三至一六七，引言見頁一六六。

16 魯迅著，戴乃迭編譯，《無聲的中國》，頁一二六。

17 謝諾，《中國的勞工運動，一九一九至一九二七年》，頁二九一。

18 前引書，頁二九〇至二九五。

19 邁斯納，《李大釗與中國馬克思主義的起源》，頁八〇至八十九；《一九二〇至一九二一年的華北饑荒》（*The North China Famine of 1920-21*）的描述；譚若思（Ross Terrill），《毛澤東傳》（*Mao, A Biography*），頁三十一至三十二、七十三至七十四。

20 相關軼聞和翻譯，見李頓，《通往共產主義之路：一九一二年以來的中國》，頁七十二至七十三。早期中國農村蘇維埃運動的歷史，見衛藤沈吉（Eto Shinkichi），〈海陸豐：中國第一個蘇維埃政府〉（Hai-lu-feng: The First Chinese Soviet Government），以及霍夫海因茲（Roy Hofheinz），《怒潮：中國共產主義農民運動，一九二二至一九二八年》（*The Broken Wave: The Chinese Communist Peasant Movement, 1922-1928*），第三部分。有關彭湃的早年激進主義，見潘永波（音），〈彭湃：從地主走向革命〉，頁三一七至三一八；有關農民運動講習所，見巴克利（Gerald W. Berkley），〈廣州農民運動講習所〉（The Canton Peasant Movement Training Institute），頁一六三、一六六，討論毛澤東的角色；有關彭湃對農民所散發的奇魅力量，見馬柯斯（Robert B. Marks），〈世界是可以改變的！〉（The World Can Change!），頁九十四至九十六。

21 聞一多，《聞一多全集》，頁四十八，一九二六年一月十三日，致梁實秋的信；許芥昱，〈聞一多的生平與詩〉（The Life and Poetry of Wen I-to），頁八十二；包華德與霍華德合編，《中華民國傳記辭典》，卷三，頁四〇九。有關聞一多的生平，筆者使用的基本資料是許芥昱的博士論文，〈一位現代詩人的知識傳記：聞一多（一八九九至一九四六年）〉（The Intellectual Biography of a Modern Chinese Poet: Wen I-to [1899-1946]）。許芥昱的博士論文經修改後於一九八〇年以《聞一多傳》（*Wen I-to*）的書名出版。（本書所引自許芥昱的聞一多著作，主要是來自許芥昱的博士論文，儘管有興趣的讀者可以更方便地從許芥昱出版的論著找到參考資料。）聞一多的出色詩集《紅燭》、《死水》，見桑德斯（Tao Tao Sanders）的翻譯。有關哥倫比亞大學成為中國學生民族主義運動的重鎮，可參考秦博理（Barry Keenan），《中國的杜威實驗：民國初年的教育改革和政治權力》（*The*

Dewey Experiment in China: Educational Reform and Political Power in the Early Republic)，頁十八至二十一。

22 聞一多，《聞一多全集》，「庚」集，頁四十，未署明日期，但介於一九二六年一月二十三日和三月十八日之間的信。

23 徐志摩，《徐志摩全集》，第三輯，頁五三六至五三九，論蘇聯，以及前引書，第三輯，頁一二七至一四〇，論列寧；引言見頁一三五。徐志摩反蘇維埃的立場，見梁佳蘿，〈徐志摩：文學傳記〉，頁一九五至一九八。

24 譯文見白之主編，《中國文學選集》，卷二，頁三四四至三四五，增加遺漏的句字是根據徐志摩，《徐志摩全集》，第三輯，頁二五七至二五八的內容。

25 聞一多，《聞一多全集》，「年譜」，頁五十；許芥昱，〈一位現代詩人的知識傳記：聞一多（一八九九至一九四六年）〉，頁八十五；包華德與霍華德合編，《中華民國傳記辭典》，卷三，頁四〇九。聞一多論泰戈爾、佩特，見聞一多，《聞一多全集》，「丁」集，頁二七五至二七九。

26 聞一多，《聞一多全集》，「庚」集，頁三十九，一九二六年一月二十三日的信。聞一多起初未相應邀請徐志摩，見梁佳蘿，〈徐志摩：文學傳記〉，頁二一〇；許芥昱，〈一位現代詩人的知識傳記：聞一多（一八九九至一九四六年）〉，頁八十四至八十五，強調聞一多主要是想見更多的文人。

27 這首詩出自聞一多的詩集《死水》，見聞一多，《聞一多全集》，「丁」集，頁二十七至二十八。亦可參考聞一多，《紅燭》，頁四十八至四十九，桑德斯的翻譯。這首詩的創作日期，見聞一多，《聞一多全集》，「年譜」，頁四十九。徐志摩那首關於黃包車的詩名為〈誰知道？〉，收錄在徐志摩，《徐志摩全集》，第二輯，頁一一四至一二〇，以及梁佳蘿，〈徐志摩：文學傳記〉，頁一三二，對這首詩的剖析。周恩來的詩，見林南希，《周恩來的詩作》，頁十九。聞一多、徐志摩、周恩來的三首詩是可以增列在梅儀慈（Yi-tsi Feuerwerker），〈文學與人生之間的變化關係〉（The Changing Relationship Between Literature and Life），頁三〇二，一文所舉之「黃包車作品」中。聞一多的摯友梁實秋日後曾嘲笑這「黃包車學派」；詳見柯立克，〈現代中國文學批評中的學生：梁實秋與新人文主義〉（Studies in Modern Chinese Literary Criticism: Liang Shih-ch'iu and New Humanism），頁四十三。有關黃包車伕的生活實情，可參考史大衛（David Strand）和韋納（Richard R. Weiner），〈一九二〇年代北京的社會運動與政治論述〉（Social Movements and Political Discourse in 1920's Peking），頁一三九、一五六至一六〇。

28 聞一多，《聞一多全集》，「丁」集，頁二三九至二四〇。

29 魯迅，《魯迅全集》，卷七，頁三十一，一九二五年三月十一日，魯迅給許廣平的信。

30 前引書，卷七，頁四十二，一九二五年三月二十三日，魯迅給許廣平的信。

31 前引書，卷七，頁五十三，一九二五年四月六日，以及卷七，頁五十六，同年四月八日，魯迅給許廣平的信。

32 三處引文依序轉引自魯迅著，楊憲益、戴乃迭譯，《選集》，卷二，頁一六一至一六二，卷二，頁一七六，以及卷二，頁二一二。

33 前引書，卷二，頁二四八至二五三。

34 前引書，卷二，頁二五八至二六二。

35 前引書，卷二，頁二六七。北京的軍閥混戰，可參考包華德與霍華德合編，《中華民國傳記辭典》（「馮玉祥」、「段祺瑞」、「吳佩孚」、「張作霖」條）。

36 有關北伐的過程，可參考喬登（Donald A. Jordan），《北伐：一九二六至一九二八年中國的國民革命》（*The Northern Expedition: China's National Revolution of 1926-1928*），尤其是第十九章，以及包華德與霍華德合編，《中華民國傳記辭典》（「張發奎」、「蔣介石」、「唐生智」條）。群眾組織在北伐期間所扮演的角色，見麥克唐納，《農村革命的城市根源：中國湖南的菁英與民眾，一九一一至一九二七年》，頁二六四至二七〇。

37 謝諾，《中國的勞工運動，一九一九至一九二七年》，頁三四九至三五一、三五五；伊羅生，《中國革命的悲劇》（*The Tragedy of the Chinese Revolution*），第八章；喬登，《北伐：一九二六至一九二八年中國的國民革命》，第十二章。

38 施拉姆，《毛澤東的政治思想》（*The Political Thought of Mao Tse-tung*），頁二四一，以及麥克唐納，《農村革命

的城市根源：中國湖南的菁英與民眾，一九一一至一九二七年》，頁二五九至二六四的分析。

39 施拉姆，《毛澤東的政治思想》，頁二五〇、二五二、二五六至二五七；霍夫海因茲，《怒潮：中國共產主義農民運動，一九二二至一九二八年》，頁三十一至三十五，提出挑戰性的觀點，很難接受這整篇報告「全部是空想」。黃宗智，〈毛澤東與中農，一九二五至一九二八年〉(Mao Tse-tung and the Middle Peasants, 1925-1928)，頁二八一至二八五，細膩地分析這篇報告；麥克唐納，《農村革命的城市根源：中國湖南的菁英與民眾，一九一一至一九二七年》，頁二六四至二七九、二八一至二八三，則提出較為精要的探討。

40 有關徐志摩向陸小曼求婚，見李歐梵，《現代中國作家的浪漫主義世代》，頁一三九至一四四；〈徐志摩與恩厚之的通信〉，頁七至八，一九二六年十二月二十六日，胡適致恩厚之的信；這對新人的日記，收錄在徐志摩，《徐志摩全集》，第四輯；以及劉心皇，《徐志摩與陸小曼》，頁一二五至一二八。婚宴，詳見《徐志摩全集》，第一輯，頁六二一。

41 丁文江編，《梁任公先生年譜長編初稿》，頁七一〇，一九二六年十月四日給女兒的信。

42 〈徐志摩與恩厚之的通信〉，頁十(一九二七年一月五日的信)。

43 〈徐志摩與恩厚之的通信〉，頁七，一九二六年十二月二十六日，胡適致恩厚之的信；一九二六年十二月十四日，徐志摩給張幼儀的信，收錄在徐志摩，《徐志摩全集》，第一輯，頁六十八至六十九，以及第一輯，頁六二四至六二五；梁佳蘿，〈徐志摩：文學傳記〉，頁二七九。彼得(德生)的夭折，見一九二五年三月二十六日，徐志摩給陸小曼的信，收錄在徐志摩，《徐志摩全集》，第四輯，頁三八〇，以及徐志摩感人肺腑的輓歌，見徐志摩，《徐志摩全集》，第三輯，頁四五七至四六六。

44 梁佳蘿，，頁二二六、二七九、三四一、註三十一，論及徐志摩的雜誌和銀行戶頭；〈徐志摩與恩厚之的通信〉，頁十四，一九二七年四月一日，徐志摩給恩厚之的信說道：「我裝聾作啞已有半年的時間了。」

45 徐志摩，《徐志摩全集》，第一輯，頁六二六至六二七；〈徐志摩與恩厚之的通信〉，頁十(一九二七年一月五日)，談及西湖；頁十三和十四(一九二七年四月一日)，視胡適為潘格洛斯。《憨第德》的翻譯，見徐志摩，

46 《徐志摩全集》，第五輯，頁二一一至四一七。

丁文江編，《梁任公先生年譜長編初稿》，頁七二九；李雲光，《康有為家書考釋》，頁七十七、註三；康有為，《康南海先生詩集》，卷十五，頁九十七至一〇一。徐志摩在這個月的日記裡並未提到有任何的邀約，徐志摩，《徐志摩全集》，第四輯，頁五三四至五三五。

47 羅榮邦編，《康有為：傳記和綜論》，頁二四八。

48 《康南海諸天講》，卷八，頁一b至二，見蕭公權，〈康有為的科學之旅〉（K'ang Yu-wei's Excursion into Science），頁三八三。康有為乘坐飛機翱翔天空的詩，見康有為，《康南海先生詩集》，卷十五，頁七十五。

這座學院的題銘亦為溥儀賜贈，見李雲光，《康有為家書考釋》，頁五十四、註四。

49 羅榮邦編，《康有為：傳記和綜論》，頁二四九至二五二。奏摺摹本全文見《清季名人手札》，頁一〇九五至一一三六。青島購屋細節，見李雲光，《康有為家書考釋》，頁四十四至四十六。

第八章　叫醒了春

康有為辭世的前一晚，梁啟超正寫信給在美國賓州大學和康乃爾大學就讀的兩個兒子思成、思永，慶幸他們能遠離中國的動盪。儘管他樂於見到國共合作破局，蔣介石顯然也未隨左翼分子起舞（因其受蘇聯顧問之影響，許多人有此疑慮），但他還是忐忑難安，不知西方列強對南京爆發的排外示威會採取什麼反應，當兒子返國後，中國又是何種光景：

南京事件真相如何，連我也未十分明白，外人張大其詞，雖在所不免，然軍中有一部分人有意搗亂，亦絕無可疑。蔣介石輩非共產黨，現已十分證明，然而他們壓制共產黨之能力如何，恐怕連他們自己也不敢相信。現在上海正在兩派肉搏混鬥中，形勢異常慘淡。若共黨派勝利，全國人真不知死所了。北京正是滿地火藥，待時而發。[1]

鹿死誰手兩週後便告分曉：四月十一至十三日，效忠蔣介石的軍隊與武裝團體和當地幫派通力合作，以迅雷不及掩耳之勢緝拿他們所知的共產黨人，解散工人糾察隊、繳除武裝，占領上海總工會總部及其他左翼分子據點。學生與工人任何支持左翼分子的行動，都遭機槍掃射、蠻橫驅離。國民黨雖未公布詳情，但據當時估計，死亡人數約五千人之譜。[2]

藏在這死亡人數背後的，是幾個月的各種政治布局與盤算：國民黨內各大派系及中國共產黨與工運各個黨派都牽涉其中。在陳獨秀領導之下，共產黨人遵從共產國際的指示與國民黨合作，直到革命的反帝國主義階段完成；同時，也很自然地試圖強化他們在國民黨占領地區工人間的地位。蔣介石很清楚，在武漢等地，這些共黨「盟友」及國民黨各派系和他的關係都很緊張，勢必得尋找更可靠的盟友及新財源。一九二七年三月間，蔣介石著手打擊南昌、南京及其他城市可能危及他個人統治地位的主要勞工組織；同時，從警覺到共黨猖狂氣焰的上海財閥手中，已貸得六百餘萬元。職是之故，四月的清共成了他一路右傾表現的最高峰。

上海事件重挫了共產黨的士氣，然對他們而言，此事足證蔣介石是危險的敵人，但這並不意味國共合作的策略需改弦易轍。第一點，目前看來蔣介石還不真算資產階級的同路人，因為他以綁架、恫嚇等手段對資本家施壓毫不手軟，以求籌措軍費。第二，馮玉祥以外的北方軍閥，打擊共產黨人與罷工工人也同樣殘酷，卻未如蔣介石高舉統一中國的大旗。一九二三年吳佩孚屠殺鐵路工人的記憶或許已淡去，同樣發生於一九二七年四月，張作霖在北京的殺戮，則殘酷地喚起人們的記憶。前一年，有二十名中國左翼分子窩藏在蘇聯駐北京大使館，張作霖命軍隊強行闖入，一進使館即大肆逮捕藏匿的左翼分子，並查抄幾千份關於中國共產黨的蘇聯文件。草草鞫訊之後，二十名共產黨人，包括前北京大學圖書館館長、中共創黨元老李大釗，均被處以絞刑。[3]

儘管猜忌不斷，中共還是繼續遵從史達林透過共產國際下達的命令，與此時在武漢三鎮的國民黨左翼分子合作——即使因此不得不對農民革命運動有所節制，以免剩餘的資產階級支持者背離。基於這部分的考量，毛澤東揄揚農民行動的《湖南農民運動考察報告》無法在共黨機關刊物全文刊載，直到瞿秋白堅持之下，才在共黨領導的漢口長江書店出版。這時的瞿秋白已公然與陳獨秀（雖然他貴為共產黨總書記）及其一干心腹唱反調；瞿認為陳獨秀及其派系過度強調無產階級的角色，低估了小資產階級與農民在中國革命過程中的作用。一九二七年三月，瞿秋白便以蘇聯式的攻擊之詞詰責陳的領導班子是「托洛斯基主義」（Trotskyism）。同年夏天，瞿計畫性地迫使陳獨秀辭去總書記，最後在八月召開的中共緊急會議上驅逐陳獨秀，取而代之，接任總書記。瞿秋白獲選為政治局領導人，僅二十八歲即成為中國共產黨的實際領導人。[4]

瞿秋白用盡心計奪取黨內領導權時，中國共產黨的處境卻持續惡化。一九二七年春至初夏這段期間，中國共產黨遵從指示，與認同共產黨長遠目標、敵視蔣介石的國民黨左翼分子結盟。但這群號稱左派的國民黨政客，為了自己生存也不得不依附華中的獨立軍閥。然這些軍閥又與大地主關係密切，共產黨人被迫壓制年初已極活躍的農民協會。對共產黨而言，這樣做的結果是毀滅性的：地主因親朋好友被殺、被羞辱而積怨，決心防堵共產黨人進一步在農村煽動，於是利用當地的武裝勢力（在國民黨人的默許，及當著無所作為的共產黨面前），瓦解了農民協會的力量。一九二七年五、六月，僅長沙附近，就有上萬人被殺，武漢的罹難者也有數千人；被殺的包括合法召開會議的農民代表、地方農民協會的成員，甚至近來剪短髮明志爭取解放的激進女青年。[5]

至仲夏時節，共產黨人終於對這種令人髮指的獸行採取行動。就在左翼國民黨人與共產黨分道揚鑣、投奔蔣介石派系時，史達林指示中國共產黨採取尋釁行動，在城市與農村挑唆動亂，期使掀起中國全國的社會革命。在瞿秋白（因這些指示須由他來解釋）全權指揮行動下，結果卻是兵敗如山倒：毛澤東承命發起的暴動，既未攻陷長沙，也未能奪占農村可供防禦之地；毛被解除黨內職務，殘兵敗將倉皇潰逃至井崗山；其他共黨部隊亦損傷慘重，未能達成占領南昌與汕頭的目標；最後，一九二七年十二月，共產黨傾全力在廣州成立「公社」，藉此向世人（及抨擊史達林的人）證明中國仍處在革命「高潮」，結果國民黨盟軍在此屠殺了更多工人。[6] 一九二七年初，共黨領導人聲稱其農民協會有近兩百萬名農工，在全國勞工會議亦有近三百萬城市勞工代表；至該年年底，這兩個組織卻已土崩瓦解。

聞一多迭有機會親身觀察這時局的發展。一九二六年後半年及一九二七年頭幾個月，他不是在武漢就是在武漢東側不遠的老家浠水工作，一九二七年後半年則是待在上海或上海附近。在武漢，目睹悲劇的聞一多又重拾畫筆，作了一幅令人毛骨悚然的畫作，凸顯戰爭的殘酷。有感於政治陰晴起伏而發的蒼涼交織著個人的喪女之痛，那年冬天，他在芝加哥求學時出生的四歲女兒夭折。[7]他在一九二七年五月所作的詩〈荒村〉，簡要的序言引述了報紙關於廣大農村殘敗景象的報導說：農村不見炊煙，夜晚一片漆黑，農家的門板窗櫺全被軍隊充當柴燒，農民只得把僅存的寶貝農具藏了起來，唯恐被燒被偷。許多人更是離鄉背井，放棄土地、留下苟延殘喘的牲畜，任其在廢耕之地覓食：[8]

他們都上那裡去了？怎麼
蝦蟆蹲在甑上，水瓢裡開白蓮；
桌椅板凳在田裡堰裡漂著；
蜘蛛的蠅橋從東屋往西屋牽；
門框裡嵌棺材，窗櫺裡鑲石塊！
這景象是多麼古怪多麼慘！
鐮刀讓它鏽著快鏽成了泥，
拋著整個的魚網在灰堆裡爛。
天呀！這樣的村莊都留不住他們！
玫瑰開不完，荷葉長成了傘；
秧針這樣尖，湖水這樣綠，

天這樣青，鳥聲像露珠樣圓。
這秧是怎樣綠的，花兒誰叫紅的？
這泥裡和著誰的血，誰的汗？
去得這樣的堅決，這樣的脫灑，
可有什麼苦衷，許了什麼心願？

如今可有人告訴他們：這裡
豬在大路上遊，鴨往豬群裡鑽，
雄雞踏翻了芍藥，牛吃了菜——
告訴他們太陽落了，牛羊不下山，
一個個的黑影在崗上等著，
四合的巒嶂龍蛇虎豹一般
它們望一望，打了一個寒噤，
大家低下頭來，再也不敢看；……
快去告訴他們——告訴王家老三，
告訴周大和他們兄弟八個，
告訴臨淮關一帶的莊稼漢，

還告訴那紅臉的鐵匠老李，
告訴獨眼龍，告訴徐半仙，
告訴黃大娘和滿村莊的婦女——
告訴他們這許多的事，一件一件。
叫他們回來，叫他們回來！
這景象是多麼古怪多麼慘！
天呀！這樣的村莊留不住他們；
這樣一個桃源，瞧不見人煙！[9]

此詩因聞一多本人亦流離失所，更富渲染力。鑑於時局不靖而離開北京藝術專科學校的聞一多，發覺在武漢同樣難以為繼；不旋踵，友人在近上海的吳淞國立政治大學幫他謀得教職，但國民黨因此校左傾下令關閉；於是聞一多前往杭州，接著在一九二七年夏回上海與徐志摩消磨了一段時日，商討出版新刊物，作為從北京出逃各地的新月社老友發表作品的園地。有段時期，聞一多以篆刻維生，在這項須精雕細琢的工作裡，注入他那拘泥細節的藝術家習氣；還一度在國民政府的新都南京擔任文職，同時在國立第四中山大學（後易名為中央大學）教授英、美戲劇和詩歌。孜孜矻矻追求文藝之美、出自肺腑愛國的聞一多，此時得在一個對美學可能性極盡嘲諷的世界，再次確認自身對美學可能性所抱持的信念。

一九二七年，聞一多將他一九二三年以來創作的詩歌集結，次年一月由前一年徐志摩在上海創辦的新月書店出版；或許是懷念廢棄已久的北京工作室，封面採黑、金兩色裝幀。聞一多將詩集題為《死水》；在貫穿全書基調的同名詩作裡，寫出他最強烈的主張：他堅信，就算處在最慘絕的境地，即使搖搖欲墜，「美」還是會活存下來：

也許銅的要綠成翡翠，
鐵罐上鏽出幾瓣桃花；
再讓油膩織一層羅綺，
黴菌給他蒸出些雲霞。

讓死水酵成一溝綠酒，
漂滿了珍珠似的白沫；
小珠們笑聲變成大珠，
又被偷酒的花蚊咬破。

那麼一溝絕望的死水，
也就誇得上幾分鮮明。

如果青蛙耐不住寂寞，
又算死水叫出了歌聲。[10]

要在這玄冥深淵中創造「幾分鮮明」也是徐志摩一直追求的境界。在聞一多的協助下，他的《新月》詩刊終於在一九二八年三月發行，他興高采烈地論及鼓舞他的「創造的理想主義」精神，並以他一貫合度的美感，在發刊辭附上兩句銘文：一是摘自《聖經．創世紀》的「這裡要有光！」另一句是雪萊的名句「冬天既來，春天還會遠嗎？」*基於策略考量，徐志摩標榜新刊物兼具「尊嚴」、「健康」，隨時可「消滅一切侵蝕思想與生活的病菌」。徐志摩還煞有其事、幽默地羅列出十三種「病菌」：感傷派、頹廢派、唯美派、功利派、訓世派、攻擊派、偏激派、纖巧派、淫穢派、狂熱派、稗販派、標語派、主義派。[11]如今主導先前折衷派文學團體「創造社」的馬克思主義作家，認為徐志摩乃意有所指、針對他們而來（事實也的確如此）。他們戰鼓齊鳴，反擊說這種「創造的理想主義」無非只是「反覆無常的記憶和空想」，而「歷史的巨輪將把新月詩人掃進墳墓。」[12]

這樣的衝突齟齬吸引了魯迅的目光，而長期蟄伏的他已準備好重出江湖。一九二七年

*譯按：徐志摩在發刊辭上所附的兩句銘文是用英文寫的，分別為：「And God said, Let there be light, and there was light.」以及「If Winter comes, can Spring be far behind?」。

他大多未發表議論；訝於波及平民百姓的暴行，特別是短髮女青年在鎮壓行動中遭軍隊殺害或肢解，他只拐彎抹角地挖苦或譏諷。總地來說，他已沒興趣對中國人民發表什麼議論，爭先恐後看被梟首女革命黨人裸屍的群眾，與施暴的始作俑者同樣令他齒冷。[13]對魯迅個人而言，他過得比以前還愜意；他到了廈門，許廣平則去了廣州，兩人持續魚雁往返，彼此的發展已超過朋友關係，到了直言無諱、無所隱瞞的程度，最後一九二七年中魯迅離開廈門和許廣平相會時，兩人已墜入愛河。[14]魯、許兩人在廣州同居幾個月後，在廣州流血暴動爆發前兩個月離開，卜居上海。當然也正因為愛，魯迅才在一九二七年九月二十四日寫了一則簡短的箴言：「女人的天性中有母性，有女兒性；無妻性。妻性是逼成的，只是母性和女兒性的混合。」不過，魯迅也沒有因而多愁善感。這從他同時寫的關於中國男性之警語可看出：「一見短袖子，立刻想到白臂膊，立刻想到全裸體，立刻想到生殖器，立刻想到性交，立刻想到雜交，立刻想到私生子。中國人的想像惟在這一層能夠如此躍進。」[15]

創造社與新月派之間的脣槍舌劍，讓魯迅特別感到荒謬絕倫。有些左派人士的自以為是讓他感到憤怒火大：他嘲笑窩藏在上海公共租界那些傢伙寫的「革命」詩，無病呻吟、效果還比不上「電影的字幕和上海的醬園招牌」，要不就是愚蠢地喊著：

汽笛呀！
列寧呀！

魯迅還以一本「革命」書籍(《苦悶的象徵》)的封面為例,譏笑他們紊亂不堪的象徵意象,此書封面上是一把鋼叉,中間叉子上插著鐵鎚(出自蘇聯的鐵鎚和鐮刀)。他批評:「然而這樣地結合了起來,卻弄得既不能刺,又不能敲,只能在表明這位作者的庸陋——也正可以做那些文藝家的徽章。」[16]

魯迅很清楚這些作家如今視他為寇讎,認定他透過膾炙人口的《吶喊》鼓動青年人起來鬥爭,反過頭來拋棄他們;魯迅也洞若明燭,這些人有意將他與幾位至交排擠出新的創造社。雖是如此,魯迅對徐志摩、聞一多這些新月派實驗文人的斥拒亦未稍減,認為徐、聞等人同樣虛矯,還將徐志摩羅列的一大串「主義」回敬給他:「看見作品上多講自己,便稱之為表現主義;多講別人,是寫實主義;見女郎小腿肚作詩,是浪漫主義,見女郎小腿肚不准作詩,是古典主義;見

天上掉下一顆頭,
頭上站著一頭牛,
噯呀!
海中央的青霹靂呀!……

是未來主義。」[17] 魯迅亦不認為他們視為導師之人有何高明之處：「徐志摩有一個泰戈爾，胡適之有一個杜威——是的，徐志摩還有個曼殊斐兒，他到她墳上哭過。」[18] 他附帶說，想要不受拘束，在獲勝的國民黨對社會的嚴苛控制下，同樣要容忍國民黨的暴行，這些作家便「偷偷地逃進資產階級文化的微光裡」，殊不知他們亦有可能被摧毀。「現在新月社的批評家這樣盡力地維持了治安，所要的卻不過是『思想自由』，想想而已，絕不實現的思想。而不料遇到了別一種維持治安法，竟連想也不准想了。」或者，換個講法，「約翰彌爾說：專制使人們變成冷嘲。我們卻天下太平，連冷嘲也沒有。」[19]

在其他場合，魯迅曾思索在「新中國」載浮載沉的青年女性是否能夠生存。一九二三年，他曾對北京女子高等師範學校學生發表過鞭辟入裡的演講，鑑於當時易卜生《玩偶之家》之風行，講題就定為〈娜拉走後怎樣？〉。魯迅指出，中國的娜拉只有三種選擇：餓死、「上床」或返家回到丈夫身邊。魯迅先為他這樣冷酷的分析致歉，他說：「人生最痛苦的是夢醒了無路可以走。做夢的人是幸福的；倘沒有看出可走的路，最要緊的是不要去驚醒他。」娜拉醒來後等著的殘酷抉擇，如何解決？唯一可行之路，魯迅說：「直白地說，就是要有錢！」

在中國社會裡，女性如何有錢？唯有在家裡及外面的世界得到自主的經濟權。這又如何辦到呢？魯迅說，唯有藉戰鬥，長期、緩慢、有韌性的戰鬥，因為「在家說要參政權，是不至於大遭反對的，一說到經濟的平均分配，或不免面前就遇見敵人，這就當然要有劇烈的戰鬥。」想到了秋瑾，或是共產黨內激進女黨員，他說他並非要人壯烈犧牲，因為他「是將娜拉當作一個普通的人物而說的，假使她很特別，自己情願闖出去做犧牲，那就又另是一回事。我們無權去勸誘人做犧牲，也無權去阻止人做犧牲……只是這犧牲的適意是屬於自己的，與志士們之所謂為社會者無涉。」[20]

儘管丁玲的幾位長沙友人已投身共黨陣營，但她無意去犧牲，且她經濟上也無法自力更生。她一九二三年離開上海大學後即前往北京，旁聽過幾門魯迅的課，生活須靠家裡接濟（此時丁玲的母親在湖南一所小學擔任校長），偶爾還得光顧當鋪。但丁玲還算幸運，遇到一位明理知趣的房東，常要她講述海內外作家的事跡，以抵付繳不出的房租。她也有愛情和友誼的支持——一九二四年尾，十九歲的丁玲與同齡、立志成為作家的胡也頻同居。[21]

根據丁玲幾年後的追述，這段日子對她而言是等待與試煉：一九二三年，長沙那段狂飆的學運以及與寧、滬激進分子頻頻聚首的日子業已遠颺；而她還尚未投身共黨從事政治工作。在給摯友的信裡，丁玲表示在北京這段期間，她與胡也頻確實相愛，但「那時我們真太小，我們像一切小女孩般好像用愛情作遊戲，我們造作出一些苦惱，我們非常高興的就玩在一起了。我們什麼也不怕，也不想，我們日裡牽著手一塊玩，夜裡抱著一塊睡。我們常在笑裡，我們另外有一個天地。我們不想到一切俗事，我們真像是神話中的孩子過了一陣子。」[22]

胡也頻的早歲生活就如同丁玲，充滿壓抑和苦悶。他十三歲時便離開福建老家，傳言事出於他在某寶石商店裡當學徒，偷了寶石商一只金手鐲。胡也頻在上海讀了幾年書，爾後進了煙台的海軍預備學校。這所軍校解散後，又轉往北京，在《京報》的文藝副刊謀得差事。其他友人形容此時的丁玲與胡也頻，儘管感情的波折讓他們頗為煎熬，生活上卻也無憂無慮、了無牽掛：順遂時，便上街到處跑，不如意時，便上床躺個幾小時無所事事、做白日夢。一有錢，就上館子大快朵頤；阮囊羞澀時，便坐困他們狹小的房裡。[23] 一九二三年，離開湘西軍旅生涯、立志當作家的沈從文也漂泊到了北京，在一九二四年認識這對青年愛侶。沈從文描繪胡與丁的寓所與他的住處相差無幾：「床是硬板子的床，地是濕濕的發霉發臭的地，牆上有許多破破爛爛的報紙，窗紙上畫了許多人頭。」就像一般讀書人，他們也有些私人藏書，大抵跟無政府主義和革命有關，還有屠格涅夫的《父與子》(*Fathers and Sons*)、小仲馬的《茶花女》、福婁拜的《包利法夫人》(*Madame Bovary*)(丁玲對此書百看不厭)等等翻譯著作。[24]

沈從文生動地側寫了丁玲的性格：

她一面因為身體與性格，皆宜於靜，而情感則如火如荼，無可制止，混合兩方面的矛盾，表現於文字時，就常常見得親切而溫柔。……她並沒有某種女子長於應酬的天才，可說不善交際。她不會同生人談話，在熟人面前無所拘束時，則談鋒十分朗暢。她的談話同寫信一樣，要說什麼話時，就說出來，所說的多些時，不使人覺得煩瑣，所說的極少時，也使人領會得出那個意思。在做人方面，她卻不大像個女人，沒有年輕女人的做作，也缺少年輕女人的風情。……她需要人家待她如待一個男子，她明白兩個男子相處的種種方便處，故她希望在朋友方面，全把她自己女性氣氛收拾起來。[25]

不善交際的結果就是貧窮，沈從文在一九二〇年代中期創作的早期短篇故事主題，大多環繞在社交挫折與年少苦悶；但這些青年作家總能相互扶持，吸引更多社會名流注意：例如，胡也頻曾幫沈從文把文章刊在《京報》，徐志摩也曾將沈的文章同聞一多的作品發表在《晨報》，沈從文也幫魯迅撰文的雜誌寫稿。[26]

丁玲、胡也頻、沈從文三人（至一九二六年，他們三人已結為焦孟不離的好友）雖在北京城大學區附近居住，但似乎未曾參與一九二六年三月的示威遊行；他們也不似魯迅與聞一多迫於政治壓力得離開北京。然而，礙於一再重演的經濟困境，丁玲曾南下上海，想在電影公司謀差；雖未能如願，不過倒是蒐集到創作首篇作品〈夢珂〉所需的素材。這是關於鄉下姑娘夢珂的故事。她剛進城時，受城中親戚的照顧，最後在大片廠拍攝的電影扮演一個小角色。夢珂看盡人生百態、嚐盡人情冷暖：富家女贈她舊衣，暗地卻譏笑她窮酸；有位年輕學生雖與別人有曖昧，卻還能牽著她的手、念詩給她聽；片廠裡的市儈要人最後起用她，卻又視她如玩物。丁玲幾年前所見所聞投射出的這一切，征服了上海的讀者，這篇故事在一九二七年尾刊在頗負盛名的《小說月報》。[27]

或許，在這飽受戰爭和暴行蹂躪，充斥雄心萬丈、試圖展現理性與現代性的青年作家的世界，最引起讀者矚目、令丁玲聲名鵲起的，在於她匠心獨運，以電影院作為故事核心的象徵，巧妙地將此象徵與昔日中國的元素揉合。小說中，夢珂與留法一年剛返國的世故學生同去看電影，電影改編自小仲馬的《茶花女》。隨著夢珂挨著朋友坐在輕聲細語的情侶之間，那份純真也在黑漆一片戲院裡的肌膚相親中消失無蹤。[28]世外桃源的生活已然消失——她接到父親來信時，意識到信中描述的農村生活，已因她去上海而一去不返。故事結尾，夢珂離家謀得生平第一份領薪的工作（魯迅或許會說娜拉終於離家了），受雇於一家電影公司，但也不全算是。丁玲以「圓月劇社」名之，調侃新月派與對手間的口角：她說，這是我們今天用來發光的東西。[29]誠如丁玲在故事結局，藉由一度取了藝名「林琅」的夢珂，冷眼旁觀整個上海文壇，呼應魯迅在《吶喊》中的冷嘲熱諷：

現在，大約在某一類的報紙和雜誌上，有不少的自命為上海的文豪、戲劇家、導演、批評家，以及為這些人吶喊的可憐的嘍囉們，用「天香國色」和「閉月羞花」的辭藻去捧這個始終是隱忍的林琅——被命為空前絕後的初現銀幕的女明星，以希望能從她身上，得到各人所以捧的慾望的滿足，或只是想在這種慾望中得到一點淺薄的快意吧。[30]

丁玲在兩個月內又寫了一部長篇故事〈莎菲女士的日記〉，刊在一九二八年二月的《小說月報》上。這回，丁玲名列封面的五位作者之一。這小說名字取得極富巧思，從開始就讓讀者聯想到革命風起雲湧時代的典範人物索菲亞．佩羅夫絲嘉雅——辛亥革命前出生的世代對佩羅夫絲嘉雅仍記憶猶新；在〈夢珂〉裡，與夢珂閒聊的激進派學生也提過她。不過丁玲描寫的形貌也可能作了些許調整，因為她小說的新讀者就算在辛亥革命時已出生，也還只是小孩。這些讀者長大進入青春期時，社會上所稱的「革命」已成了令人洩氣的委婉用辭，如同一九二八年的莎菲，像丁玲的刻畫，無趣、病懨懨、焦急煩躁、自怨自艾、跋扈冷酷、情緒失控。〈莎菲女士的日記〉採日記體，從某年十二月到翌年三月，以第一人稱作一連串自剖；讀者看到染肺結核的莎菲，獨自躺在狹窄簡陋的房間，咒罵所有愛過她的人洩憤。就像〈夢珂〉，電影院是重要元素，莎菲去的電影院就借用了北京知名的「真光劇院」，藉此製造一個自命不凡的場面；莎菲在走進真光劇院之前，突然湧起一陣嫌惡感，拋下了一干好友（很湊巧，也住在青年胡同）和另一群小姐。丁玲強而有力的用語，寫著莎菲看到的當下：「到真光時，還很早，在門口遇上一群同鄉的小姐們，我真厭惡那些慣做的笑靨，我不去理她們，並且我無緣無故地生氣到那許多看電影的人。」莎菲趁友人沒注意，偷偷自電影院溜走，她邀請他們來看電影，可她卻連電影院的門都未踏進。她在日記裡且說：「除了我自己，沒有人會原諒我的。」[31] 莎菲讀著和壯陽藥、賣衣服、法學院招生、治性病萬靈丹「六零六」這些廣告刊在一起的真光劇院廣告，魯迅可能會大為欣賞此諷刺手法。[32]一九一八年，魯迅曾暗諷，治療中國知識墮落可能要靠「六零六」這帖藥。但對丁玲而言，這個藥方已淪落到早報廣告頁的小角落。中國已病入膏肓，即使華陀再世也束手無策。莎菲的猜疑因渴望情慾而加劇，她雖殷殷期盼，卻又拒絕滿足情慾。她寫到有個常來探望她的青年：「我把他什麼細小處都審視遍了，我覺得都有我嘴唇放上去的需要。」她還描述一對分房的情侶：「我不相信戀愛是如此的理智，如此的科學。為什麼不需要擁抱那愛人的裸露的身體？」[33]然而，莎菲生命中欠缺的，正是她批判別人不敢實現的熱情。她充滿著不快的記憶：「破爛的手套，搜不出香水的抽屜，無緣無故扯碎了的新棉袍，保存著一些舊的小玩具。」[34]最後，莎菲讓一個她認為最英俊、也最令她鄙夷的男性友人吻她。這樣的結局雖曖昧，力道卻也驚人：

他走後，我想起適間的事情。我用所有的力量，來痛擊我的心！為什麼呢，給一個如此我看不起的男人接吻？既不愛他，還嘲笑他，又讓他來擁抱？真的，單憑了一種騎士般的風度，就能使我墮落到如此地步嗎？

總之，我是給自己糟蹋了，凡一個人的仇敵就是自己，我的天，這有什麼法子去報復而償還一切的損失？

好在在這個宇宙間，我的生命是我自己的玩品，我已浪費得盡夠了，那末因這一番經歷使我更陷到極深的悲境裡去，似乎也不成一個重大的事件。

但是我不願意留在北京，西山更不願去了。我決計搭車南下，在無人認識的地方，浪費我生命的餘剩；因此我的心從傷痛中又興奮起來，我狂笑的憐惜自己：

「悄悄的活下來，悄悄的死去，啊！我可憐妳，莎菲！」[35]

一九二八年初，因這部小說的成功，丁玲與胡也頻（此時他們已不在一起了）各自南下上海。隨後幾年，丁玲在上海又發表三本短篇小說集，鞏固了她先前奠下的聲譽。這些小說幾乎都以女性為題材，由女性主述，或採日記體；這些小說關心面對新社會的女性。她們試圖追尋生命目標，或尋找值得一書的事物，卻往往事與願違。有時，這些作品也潛藏尖銳的社會批判：一名貧窮農家的少女，因為汲汲追求她在富人避暑別墅所見的富裕生活，毀了自己的一生；不用高潮起伏的情節，而從一名年輕妓女如何應付煩瑣的日常生活雜事，來描寫她的一生。[36]這段期間的丁玲斷然不作政治表態，不過還是透過〈一個女人和一個男人〉裡的人物歐外鷗嘲弄了一番；歐外鷗只有在寒夜要與愛人幽會或出外嫖妓，見到黃包車伕靜候乘客上門時，他那種與卑微小人物休戚與共的情感才會被激發：

他是在那淒涼的路上，便可以憤恨，憤恨那些資本主義者，在這時，他便很可造就成一個革命的英雄。這也並不是完全只為自己無錢逛窯子，無錢討太太才感覺出革命之必須的，因為同時在路上就有著許多只穿著亂棉袍的洋車夫，是還不敢回轉家去見他們的妻兒，而猶在路上徬徨的，真的，他的務要鏟除有錢階級的思想，多半便在這許多洋車上成立。[37]

當丁玲創造力正旺盛的這階段，仍與丁玲同居的胡也頻卻腸枯思竭，偶或發表的小說和詩集，並未讓他在競爭激烈的文壇出人頭地。此時他得到上海《中央日報》及另一本刊物副刊的編輯工作，並將兩者的副刊都更名為〈紅與黑〉。同時，他與丁玲開了家名為紅黑的小出版社，丁玲又與沈從文合編了另一本刊物《人間》月刊。出版社鄭重宣布推出的「紅黑創作叢書」，也以胡的詩集為第一冊。丁玲為此書寫了篇序言，解釋他們想辦法籌錢出版五十首詩作，如今只能出版二十二首；其餘的僅能留待條件許可時出版。丁玲提到，胡也頻為了生活而奔波，無法全心寫詩，她也無法讓胡有餘裕寫更多詩。丁玲還提到，挑選詩作也是兩難。她總會沉浸在這些胡也頻原本寫給她的詩裡！[38] 即便封面印上了丁玲的大名，這本詩集還是滯銷。紅黑出版社關門大吉，雜誌收攤，胡也頻也丟了編輯的工作。當他漸偏向社會主義立場，讀起盧那察爾斯基和普列漢諾夫（Plekhanov）的作品（譯本），也寫下他生平的第一本小說《莫斯科之愛》。其情節是有位少婦在布爾喬亞的丈夫殺害她的共黨情人後，離開丈夫，跑到蘇聯尋找新生活。[39] 但靠寫作並不能累積財富，丁玲的兩篇小說雖然大受好評，也僅掙得一百四十元。為了謀生，胡也頻不得不另覓差事，最後，在濟南一所中學謀得教職。同樣兩袖清風的沈從文此時也在武漢教書。[40]

孤單鬱悶獨自待在上海的丁玲，在一九三〇年去山東看胡也頻時，感到十分錯愕，後來丁玲寫道：「也頻完全變了一個人……他是濟南高中最激烈的人物，他成天宣傳馬克思主義，宣傳唯物史觀，宣傳魯迅與馮雪峰翻譯的那些文藝理論，宣傳普羅文學。我看見那樣年輕的他，被群眾所包圍、所信仰，而他卻是那樣的穩重、自信、堅定、侃侃而談，我說不出地欣喜。」[41]

在這樣的年代公然表態服膺共產主義是難以想像、果敢的行動。歷經一九二七年雷厲風行的鎮壓，共產黨已是倉皇失措，而一九二八年，形勢更為嚴峻；中共的第六屆全國黨代表大會不得不移師莫斯科，這是中共建黨以來首度在海外舉行黨代表大會。曾疾言抨擊與國民黨合作的陳獨秀是「右傾機會主義」的瞿秋白，在這次大會上，亦因在一九二七年底鼓動城市與農村暴動（這兩個策略最初是由史達林授意），被冠以「左傾機會主義」的罪名，被撤銷黨內所有領導職務。當瞿留在莫斯科研究、撰寫中國革命分析時，中共繼續朝三個方向發展：新任總書記（是中共領導階層少數真正工人出身的）重新整頓零散的工會組織，並在城市裡保留部分實力；宣傳部部長李立三傾全力推行共產國際的策略，利用覺醒的農民和中國紅軍支持無產階級反抗國民黨——共產黨人據此策略於一九三〇年夏大舉進攻長沙與南昌，結果一敗塗地；毛澤東雖一度服從黨令率軍隊加入南昌戰局，卻在贛閩交界、人煙罕至的崇山峻嶺建立據點。[42]

列強與國民黨的強力打壓源源不絕，使得中共不斷折損優秀黨員：丁玲的摯友向警予，五卅運動前曾在上海協助組織女工，是一九一九年留法女學生的領導人；她在漢口法租界被捕，在獄中絕食抗議後，法方將她送交國民黨的警察，一九二八年五月一日被處決。向警予的夫婿，也是毛澤東的長沙同窗好友蔡和森，遭香港的英國警察逮捕，在移送駐香港的中國當局後處決。毛澤東之妻、也是倫理學教師楊昌濟的掌上明珠及丁玲的昔日同窗楊開慧，與兩個孩子在長沙之役失利後被捕，楊開慧後來被槍決。[43]

這些逮捕處決行動代表國民黨已控制全國；一度延宕的北伐，在一九二八年重振旗鼓，並在十二月大功告成，蔣介石的軍隊占領北京，東北的張學良也向甫於南京成立的國民政府宣誓效忠。儘管蔣氏政權不時受到黨內對手及同盟的軍閥的威脅，但他主張在中國有足夠武力對抗外國帝國主義（特別是漸次升高的日本武力）之前，必先剷除國內共黨的政治勢力，這一點從沒有人能有效反駁。就如同民初的袁世凱，蔣介石也試圖走政府集權的路線，推動經濟、工業、教育及軍隊體系的現代化；共產黨人對蔣介石而言，就有點像袁世凱眼中的國民黨人：一個政黨基於民意提出社會正義的呼籲，縱使公正無私，只要可能妨礙集權所需的公共秩序，也要毫不留情地鎮壓。像以前一樣，現在須先懷柔迫在眉睫的日本威脅，直到徹底弭平國內的異議聲浪。

蔣介石就像袁世凱，其領土、財政及憲政的權力基礎已搖搖欲墜。身為國民革命軍總司令的蔣介石，在一九二八年三月擔任中央政治委員會主席；同年十月，又出任南京國民政府主席，統率政府改組後的五個「院」；但他擁有的這些職位是以自己的實力為後盾。蔣介石的權力部分來自對軍隊的控制，特別是視他為領袖的黃埔軍官，部分源自他心腹所主持的國民黨培訓學校的政治機器，另外還有一部分來自他藉婚姻關係所樹立的派系聯盟。一九二七年底，蔣介石與顯赫的宋家聯姻，透過教育與基督教信仰的網絡，蔣介石得以與美、中的商業豪門宋家建立關係。妻子宋美齡受業於韋思禮學院（Wellesley College）；二姐慶齡嫁孫中山，大姐藹齡則嫁給畢業於歐伯林（Oberlin）學院和耶魯大學的金融鉅子孔祥熙；哥哥宋子文畢業於哈佛大學，曾在孫中山領導下出任廣州銀行的行長、國民政府的財政部長。此外，蔣介石與上海幫會及地下組織的掛勾亦有助他拓展權力；一九三〇年代，蔣又在黨內培植具菁英主義色彩、類似軍事組織的藍衣社，並藉黨內各種特務機關的通力合作，進一步鞏固權力。[44]

國民黨統治下的中國，鎮壓共產黨人儼然司空見慣時，有愈來愈多知識分子雲集上海。蟄居公共租界，儘管會讓魯迅說三道四，也有被逮捕引渡的危險，但總比在國民黨控制的城市安全多了；同時，企業主、大學、大出版社、各類報紙雜誌無不支持共產黨人。所以，丁玲、胡也頻獲告胡在山東的活動行為恐會招來牢獄之災時，也是回到上海。在上海，胡也頻積極投入共產黨活動，在一九三〇年十一月正式成為黨員。他成為「左翼作家聯盟」的活躍分子。左聯是個整併過的組織，意在化解創造社內激進派與魯迅等人曾積極參與的其他左翼團體間的齟齬。雖然魯迅未正式加入，但他與該年返國的瞿秋白，俱是左聯最有力的發言人。[45]

縱然知識分子群集上海，共產黨的未來主要還是冀望在人跡罕至的農村，各路紅軍竭力建立蘇維埃組織，推動土地重劃，強制實施新婚姻法，使女性自由選擇婚配或離婚，改變家庭生活。在一九三〇年的八大蘇維埃區中，以江西區最為知名。江西蘇維埃地處閩、贛交界的群山，其設立得歸功毛澤東，也是在他的領導下，才得以逃過國民黨的屢次圍剿。胡也頻獲選為左聯執行委員會委員後，又再膺任左聯代表、出席將在江西蘇維埃召開的大會。共產黨在一九三〇年八月公布了引人側目的性愛自由法，隨後江西蘇區打破種種傳統婚姻習俗，有感於此，胡也頻寫了一篇輕暢活潑的小說〈同居〉，描述有位農婦決心離開結褵十年的丈夫和一對孩子，與蘇區另一名男人過新生活。這是一篇乏味、缺乏張力的小說，故事中那位被拋棄的丈夫，在人民委員會委員長的安撫下優雅地接受了現實。胡也頻這麼寫著：

然而，現在的情景是大不相同了，從前很受苦的人們都變成很快樂很活潑了。婦女們更快樂活潑得利害。她們從前都沒有出息地關在貧苦的家庭裡弄飯、洗衣、養小孩、餵豬，像犯人關在監獄裡一樣，看不見她們自己的光明，現在她們是好像在天上飛的鳥兒了。她們的生活自由了。沒有壓迫沒有負擔。並且也不害怕丈夫了。她們可以隨自己的意思和男子們結識。她們還可以自由地和一個同志跑到縣蘇維埃去簽字，便合適地同居起來，她們生來的兒女也有公家來保育。不要自己來擔心。[46]

同樣寫於一九三〇年秋或冬的另一篇小說〈犧牲〉裡，有對革命青年愛侶決定拿掉小孩，不想讓孩子妨礙了他們的政治工作。同樣地，故事毫無張力。這位妻子欣然接受墮胎的決定：

「不要難過，」她握著他的手說，「我們是相愛的，這不能怪你。你已經很壓制了，這一次受妊，我自己是應該負責的。當然，如果我們的環境不是現在的樣子，我們是應該把小孩子生下來的。但是現在，我們縱然養得活，我們也不能生，因為有了小孩子，就要妨害到工作，尤其是我們目前的工作還在緊張的時候，我們是不能夠有一個小孩子的。」[47]

不論是否會造成關係緊張，真實生活終究是另一回事。丁玲懷了胡也頻的孩子，在一九三〇年十一月產下一名男嬰。那年丁玲所寫的短篇小說及中篇故事〈一九三〇年春上海〉，總是環繞著相同主題：愛侶往往得在奉獻給革命的生活及符合社會常規的平凡生活之間作出痛苦抉擇。扮演革命角色的，時而男人，時而女人，不同故事中隱約都可發現丁玲年輕時摯友王劍虹（一九二四年便英靈早逝）的身影，以及她自己進退維谷的窘境。[48]無疑地，她開始對此時的生活目標及眼下寫作的意義產生動搖，因為在〈一九三〇年春上海〉裡有個角色講出了撼動人心、長篇大論的獨白。可以確定，這是丁玲自己心境的抒發：

對文字寫作，我有時覺得完全放棄了也在所不惜。我們寫，有一些人看，時間過去了，一點影響也沒有。我們除了換得一筆稿費外，還找得到什麼意義嗎？縱說有些讀者曾被某一段情節或文字感動過，但那讀者是些什麼樣的人呢？是剛剛踏到青春期，最容易煩愁的一些小資產階級的中等以上的學生們。他們覺得正合他們的脾胃，說出了一些他們可以感到而不能體味的苦悶。……可是結果呢？我現在明白了，我們只做了一樁害人的事，我們將這些青年拖到我們的舊路上來了。一些感傷主義、個人主義，沒有出路的牢騷和悲哀！……他們的出路在哪裡，只能一天一天更深地掉到自己的憤懣裡，認不清社會與各種痛苦的關係。他們縱能將文字訓練好，寫一點文章和詩詞，得幾句老作家的贊賞，你說，這於他們有什麼益？這個社會有什麼益？所以，現在對於文章這東西，我個人是願意放棄了。[49]

一九三〇年之後，胡也頻對於在上海出席的會議就守口如瓶。丁玲不曉得會議議題，也不知道開會地點，唯一例外的是瞿秋白出席的那次。有時共產黨人會選在三層樓的大洋房，窗戶緊閉，為了掩護，樓下還精心偽裝，模倣起富人家的午後活動，打麻將、聽留聲機。[50] 一九三一年一月十七日，胡也頻出席了一場會議。會議地點在公共租界愛德華七世大道的東方旅館，主要討論年底江西蘇區要舉行蘇維埃第一次代表大會的計畫，與會者是共黨籍作家和各地資深幹部。此時外頭風聲鶴唳，蔣介石正大舉用兵圍剿蘇維埃區，就連進入江西也是危險重重；然而，有人向租界巡捕舉報這次會議的地點，或許還洩漏了議程。（至今仍傳言，共黨內有共產國際撐腰的第四大派系，與一名自莫斯科返國的新領導，密報以借刀殺人，剷除競逐權位的異己。）巡捕衝進東方旅館，逮捕三十六名與會者（二十九男七女），交給國民黨當局。犯人上了手銬腳鐐，被押往龍華的上海吳淞警備司令部。龍華是個風光明媚的景點，卻也是國民黨羈押政治犯之地。[51]

上海其他激進分子慌了手腳，無人知道實際被捕人數或緣由。魯迅一獲知他有位知交被捕，火速燒毀大部分往來信件，偷偷偕許廣平與小孩住進飯店。[52]沈從文約好胡也頻當天午後碰面；胡並未現身，沈從文去找丁玲打聽，後來才得知出事了。之後三週猶如一場夢魘，他們兩人心急如焚，設法營救胡也頻，他亦從獄中託人夾帶字條出來求援。沈、丁兩人動員所有朋友及關係，有徐志摩、蔡元培，甚至蔣介石的左右手張群和陳立夫，設法保胡也頻出獄。[53]為了疏通消息、打通關節，身邊的錢也一點一點用掉了，卻都不得要領。在冷冽寒冬的某日，沈從文和丁玲依指示喬扮成鄉下人前往龍華，希望能一探胡也頻，但獄吏表示他是特殊人犯，不准會面。正要離去時，兩人瞥見了胡也頻，胡也看見他們。出乎意料地，胡也頻揚起銬著手銬的雙手向他們示意，丁玲回過頭向沈從文說道：「是他，是他，他很快樂，很雄，還是一匹豹子！」[54]兩人再也沒見過他。幾天後他們獲悉二月七日當晚有二十三名人犯被槍決，胡也頻就是其中之一。處決之事並未公開，上海報紙對此也隻字未提。魯迅寫道：「或者也許是不願，或不屑載這件事。」[55]

遇難前完成的小說《光明在我們的前面》裡，胡也頻以五卅運動為背景，勾繪了三種人：共產黨人；由社會主義轉向烏托邦主義或無政府主義者；只求為藝術而藝術、無視社會主義現實、躲在象牙塔的作家。小說結局是後面兩者終於幡然醒悟：烏托邦主義者入了黨，迎向「燦爛的陽光裡」走去；而那位「玫瑰花似的」女詩人，原只會寫些〈美夢去了〉和〈再同我接個吻〉之類的詩，最後也開始「放射熾熱的火燄」，並說服她的作家丈夫與她一同編輯新的激進刊物《血花週刊》[56]

然而，徐志摩並未有如此的思想轉折，他的妻子陸小曼亦是。他最近正熱衷一種信奉合作勞動和集體生活的社會哲學。其英國友人恩厚之在德溫郡（Devonshire）的達廷頓山莊（Dartington Hall），以及泰戈爾在山迪尼基頓（Santiniketan）的蘇魯社區（Surul，由恩厚之協助建立的）便是此學說的表現。徐志摩曾在一九二八年分別造訪這兩個社區，並熱切地以英文寫了封信給恩厚之：*

拿蘇魯和達廷頓作比較，是一件有趣的事。兩者都是你的傑作，兩者都源於同一理想，其策劃與進行又是由於你親手貫徹，可是我對兩者的印象卻大不相同。我以前說過，達廷頓是我所認識的通向人間樂園最快的捷徑。大自然對達廷頓十分仁厚，而你用愛作事業的推動力，結果就一定有超凡的成就。正如純然美的詩歌，其中毫無聒耳的噪音，但印度的土壤卻完全不同，這裡大自然苛刻寡情，絕不是一位豐饒多產的母親。在這裡，人若沒有奮鬥求生的決心，再加上知識的缺乏，就難以希望苟延殘喘。前數天我訪問一個原有五百戶，而現在只餘二十五戶人間的窮鄉，在那裡我面對斷壁殘垣而沉思默想。心中充滿了哀傷憐惜。作為一個農村實驗基地的蘇魯，當然在建設上已經立定了腳跟，加上有拉爾這類的人才（我十分喜歡拉爾）親力親為，將來是有更廣闊的前途的。你在此地所發軔的工作做得令人欽佩不已，但現在整個事業還是在創始的階段。當考慮要把這項偉大的建設工作全面推廣到這個幅員遼闊的國家，更考慮到那些條件更差的地區，那是需要多少的忍耐，多少英雄的奮鬥，多少無我的犧牲，才能盼望有所成就呵！[57]

一九二九年初，徐志摩還期望能得到恩厚之的財力挹注，在中國建設幾個類似的社區，或許地點就選在浙江※；徐志摩覺得，浙江人「較為淳厚，沒有受到現代文明的汙染。」[58]但是，到一九二九年三月，他突然極度抑鬱，認為計畫遙遙無期。令他傷痛欲絕的原因之一

＊譯按：徐志摩致恩厚之的信原是用英文寫的，有關信的譯文，見梁錫華編譯的《徐志摩英文書信集》。

※譯按：恩厚之曾隨泰戈爾訪華，結束行程返英之後，就與美國富孀結婚，婚後恩厚之夫婦即追隨泰戈爾的理想，從事建設新社區的計畫。

是，腎衰竭苦撐了數年的梁啟超最後在一月十九日撒手人寰。徐志摩在寫給恩厚之的信裡提到，梁啟超「比同輩的人偉大的多了」，是位傑出的學人，完美體現了中國傳統價值觀；其重要性在於，「以個人的力量掀起了一個徹底的思想革命，而就因著這項偉績，以後接著來的革命才能馬到成功。」徐哀痛地說：「他的死對我和不少的人，都是一個無可補償的損失。」[59]在徐志摩執意追求林徽因，以及後來迎娶陸小曼時，梁啟超那兩次訓誡或許讓他耿耿於懷。這樣的矛盾心結也頗令人唏噓，因為在梁啟超日薄崦嵫的最後幾個月，就是他的兒媳婦林徽因照料著他；而徐志摩與陸小曼結婚後，便得不到社會的諒解，陸又常身體不適，揮霍無度。徐志摩有海外長途之旅也不讓她同行；而在陸小曼與一幫輕佻戲子有曖昧關係之前*，就盛傳她已另結新歡。[60]此外，上海文壇社會主義寫實派與各家唯美派間的糾纏齟齬也令徐志摩心煩意亂：雖說徐志摩與友人聞一多都認為藝術的風格與形式的完美須嚴正面對，且其作品亦經精雕細琢，然為此而辯論不過是浪費唇舌；職是之故，聞一多放棄作詩、退出畫壇，轉而戮力從事古典國學的研究。一九三〇年，聞一多應徐的邀約寫下一首封筆之作，表達出他們對此志業揮之不去的疑慮，至少聞一多本人深有此感：

……，天不知道
一樹蟬鳴，一壺濁酒，算得了什麼；
縱提到煙巒、曙壑，或更璀璨的星空

也只是平凡，最無所謂的平凡，犯得著
驚喜得沒主意，喊著最動人的名兒，
恨不得黃金鑄字，給裝在一支歌裡？
我也說但為一闋鶯歌便噙不住眼泪
那未免太支離，太玄了，簡單不值當。[61]

徐志摩的名字，被政治立場較鮮明的同僚從他自己的《新月》雜誌刊頭上除去。此時加上聞一多已不再過問，徐志摩就只能從年輕人對他的崇拜得到滿足了。[62]對中國的狀況看得愈明，徐志摩就愈鬱鬱寡歡。就像他寫給恩厚之的信裡所提：

這裡所見的「不是高貴而是卑鄙，不是友誼合作，而是敵意和相咬相告；不是朝氣勃勃的原則，而是僵化害人的教條；這一切都像行屍走肉，到處為患，要把整個國家帶進更大的難，也把人的靈魂中創造源泉閉塞了。」現在有些省份已經淪為民生極度凋敝的人間地

＊譯按：陸小曼在上海時與世家子弟江小鶼、翁端午交情甚篤，一同組織了「天馬劇藝會」。陸小曼身體不好，翁端午擅推拿，間或給陸小曼按摩。上海小報《福爾摩斯小報》還曾以此寫了一則淫穢不堪的影射性報導，標題是「伍大姐按摩得膩友」，讓怒不可抑的徐、陸、江、翁一狀告到法院。

獄。我親眼看過在死亡線上掙扎的北方，每一念及那邊的情形，我的血液會驟然變冷。那些餓得不成人形的孩子真的會為地蘚青苔而打鬥。只要他們瘦骨嶙峋的雙手能在石縫中挖到一點點，就立刻往口裡送。這種不顧死活的生之掙扎，無非為要減弱一下饑餓與寒冷帶給他的痛苦。唉，為什麼老天爺讓他們生在這世上呢？[63]

然而，他還是沒放棄寫作，時而是死亡的幽冥與壯麗式隱諭，時而是翱翔之樂的夢幻隨筆，令人憶起他初讀丹農雪烏（D'Annunzio，另譯鄧南遮）作品時寫下的「有如大海的波濤，在寂靜的天空中嘯吼著無窮的奧義；有如雲，包捲大地」，他急欲走進夢中「飛上天空去浮著，看地球這彈丸在大空裡滾著。」[64] 他那不受拘束的心境確實與他自己的觀點極為一致。或許他察覺到，為了演講與教學，經常在南京、上海和北京間往返，使他愛上了飛行。飛機載負著他的熱情，如今的徐志摩已學會用更深邃、熾烈的語言來表達。如同他在詩中所寫的（他註明此詩是在一九三〇年聖誕節向晚完成）：

我祇企望著更綿延的
時間來收容我的呼吸，
燦爛的星做我的眼睛，
我的髮絲，那般的晶瑩，

是紛披在天外的雲霞，
博大的風在我的腋下
胸前眉宇間盤旋，波濤
沖洗我的脛踝，每一個
激盪湧出光豔的神明！
再有電火做我的思想，
天邊掣起蛇龍的交舞，
雷震我的聲音，蓦地裡
叫醒了春，叫醒了生命。
無可思量，呵，無可比況，
這愛的靈感，愛的力量！[65]

但在中國民航事業草創階段，飛行還是相當危險。像是在一九三一年十一月十九日，一架自南京飛往北京的小型包機在濟南附近因濃霧撞山，機上僅有的一名乘客與兩名駕駛員全部罹難。該名乘客就是徐志摩。[66]

註釋

1 丁文江編，《梁任公先生年譜長編初稿》，頁七二七，一九二七年三月三十日。

2 吳天威（Wu Tien-wei），〈蔣介石的一九二七年四月十二日政變〉；伊羅生，《中國革命的悲劇》，第十一章。蔣介石對上海資產階級不斷威逼的細節，可參考柯博文（Parks M. Coble, Jr），〈國民黨政權與上海資本家，一九二七至一九二九年〉，特別見頁八至十一；至於對中國企業的長期效應，亦可參考高家龍（Sherman Cochran），《中國的大買賣：中美煙草業的競爭，一八九〇至一九三〇年》（*Big Business in China: Sino-American Rivalry in the Tobacco Industry, 1890-1930*），頁一八八至一九五。

3 邁斯納，《李大釗與中國馬克思主義的起源》，頁二五七至二五九（中共在一九五一年確認、處決當年逮捕李大釗的中國官員）。對這些遭扣押文件的分析，見韋慕庭和夏連蔭（Julie Lien-ying How）合編，《關於中國共產主義、民族主義和在華蘇聯顧問的文件，一九一八至一九二七年：一九二七年北京搜捕查獲的文件》（*Documents on Communism, Nationalism, and Soviet Advisers in China, 1918-1927: Papers Seized in the 1927 Peking Raid*）。

4 包華德與霍華德合編，《中華民國傳記辭典》，卷三，頁七十三至七十五（「彭述之」條）；卡根（Richard Clarl Kagan），〈中國托洛斯基主義運動與陳獨秀〉，頁八十七至八十八；德利克，《革命與歷史：中國馬克思主義史料編纂的起源，一九一九至一九三七年》，頁六十九、註二十八，顯示武漢方面十分瞭解托洛斯基、布哈林和史達林之間的爭論。

5 麥克唐納，《農村革命的城市根源：中國湖南的菁英與民眾，一九一一至一九二七年》，頁三一二至三一六；伊羅生，《中國革命的悲劇》，第十四章。

6 霍夫海因茲，《怒潮：中國共產主義農民運動，一九二二至一九二八年》，頁五十三至六十三，羅列秋收暴動失敗的原因；施拉姆，《毛澤東傳》，頁一一八至一二五；范力沛（Lyman P. Van Slyke），《敵與友：中共黨史上的統一戰線》(*Enemies and Friends: The United Front in Chinese Communist History*)，頁二十二至三十七。南昌暴動的軍事面向，可參考吉勒邁茲(J. Guillermaz)，〈南昌暴動〉(The Nanchang Uprising)；韋慕庭在〈失敗的廢墟〉(The Ashes of Defeat)一文則解釋了共產黨當時如何分析南昌暴動。

7 聞一多，《聞一多全集》，「年譜」，頁五十至五十二；許芥昱，〈一位現代詩人的知識傳記：聞一多(一八九九至一九四六年)〉，頁九十九至一〇〇。

8 聞一多，《聞一多全集》，「丁」集，頁二十四。

9 譯文見許芥昱，《二十世紀中國詩集》(*Twentieth Century Chinese Poetry*)，頁六十至六十一；聞一多，《聞一多全集》，「丁」集，頁二十四至二十六。另一精妙的翻譯，見桑德斯英譯，《紅燭》，頁四十四至四十六。

10 譯文見白之主編，《中國文學選集》，卷二，頁三五六。有關聞一多在這階段的生活，見聞一多，《聞一多全集》，「年譜」，頁五十一至五十二，以及許芥昱，〈一位現代詩人的知識傳記：聞一多(一八九九至一九四六年)〉，頁九十九至一〇二；許芥昱，前引書，頁一〇二至一〇七，分析《死水》集子的整體結構。而這首詩本身的結構，見茱麗亞．林，《中國現代詩歌導論》(*Modern Chinese Poetry: An Introduction*)，頁八十五至八十七。

11 轉引自李歐梵，《現代中國作家的浪漫主義世代》，頁一四八。

12 許芥昱，〈一位現代詩人的知識傳記：聞一多(一八九九至一九四六年)〉，頁一〇七。

13 魯迅著，楊憲益、戴乃迭譯，《選集》，卷二，頁三三四至三三六，以及卷三，頁四十一至四十三。

14 魯迅與許廣平兩人關係的進展，詳見魯迅，《魯迅全集》，卷七，收錄一九二六年底和一九二七年兩人往返的書信。

15 魯迅著，楊憲益、戴乃迭譯，《選集》，卷二，頁三三八。

16 前引書，卷三，頁四十七至四十八、七十六。這段期間魯迅對共產黨的疏離，見彌爾斯，〈魯迅與共產黨〉(Lu Hsun and the Communist Party)，頁十八至二十。

17 魯迅著，楊憲益、戴乃迭譯，《選集》，卷三，頁二十四。
18 前引書，卷三，頁四十五。
19 引文依序，前引書，卷三，頁七十九、五十四，以及卷二，頁三三七。
20 魯迅著，戴乃迭編譯，《無聲的中國》，頁一四八至一五四。與娜拉背景的對照，見艾德，〈易卜生的娜拉與中國女性解放的詮釋〉，頁一四〇至一四四、一五〇至一五一。
21 張潤梅，《丁玲：她的一生和作品》，頁十五至十六；比嘉治，〈早期的丁玲〉，頁三十一至三十二。
22 見張白雲編，《丁玲評傳》，頁二三七。
23 張潤梅，《丁玲：她的一生和作品》，頁十一；夏濟安，《黑暗的閘門：中國左翼文學運動研究》，頁一八四；張白雲編，《丁玲評傳》，頁一八五；《丁玲資料集》，頁四至五。比嘉治，〈早期的丁玲〉，頁三十二至四十七，記載了有助於瞭解北京時期的細節。
24 張潤梅，《丁玲：她的一生和作品》，頁十三至十四。
25 譯文見前引書，頁十四至十五。
26 金介甫，〈沈從文眼中的中華民國〉，頁一四五至一五〇、一七〇；梁佳蘿，〈徐志摩：文學傳記〉，頁三〇六。
27 〈夢珂〉收錄在《丁玲選集》一書的卷首；張潤梅，《丁玲：她的一生和作品》，頁二十三至二十七，以及梅儀慈，〈文學與人生之間的變化關係〉，頁二八九，探討這篇小說。
28 《丁玲選集》，頁二十三至二十五。
29 前引書，頁四十六至四十七。
30 前引書，頁五十六。
31 〈莎菲女士的日記〉，收錄在《丁玲選集》，頁六十一。這篇小說的全文英譯，見伊羅生編，《草鞋腳》，頁一二九至一六九。對丁玲天份持否定的觀點，見夏志清，《中國現代小說史，一九一七至一九五七年》，頁二六八至二六九。在其編著《二十世紀中國小說》（*Twentieth Century Chinese Stories*），頁 xi，夏志清指出他決定不收錄〈莎菲女士的日記〉這篇小說，原因就在於它「陳舊過時，因而無法使用」；然而，梅儀慈，〈二、三〇年代的女性作家〉（Women as Writers in the 1920s and 1930s），頁一五九至一六三，對這篇小說的自白形式和訴諸情感給予同情式的分析。中國共產黨先是敵視這篇小說，繼之又給予高度的評價，可參考陳忠（音）等，《丁玲早期的生活和創作》，頁四十三至四十四。

32 《丁玲選集》，頁五十八。

33 伊羅生編，《草鞋腳》，頁一四〇、一四二。

34 前引書，頁一六二。

35 前引書，頁一六九。

36 有關丁玲與胡也頻關係的不同解釋，以及有用的細節，見比嘉治，〈早期的丁玲〉，頁四十七、註四十六。情節的概述和討論，見張潤梅，《丁玲：她的一生和作品》，頁三十二至三十七。

37 譯文見張潤梅，《丁玲：她的一生和作品》，頁三十八。這段文字亦可參考梅儀慈，〈文學與人生之間的變化關係〉，頁三〇二。

38 胡也頻，《也頻詩選》，頁一至六，丁玲所作的序言。

39 相關討論，見張潤梅，《丁玲：她的一生和作品》，頁四十六，以及夏濟安，《黑暗的閘門：中國左翼文學運動研究》，頁一八三。

40 張潤梅，《丁玲：她的一生和作品》，頁二十四至二十五。

41 前引書，頁四十七。魯迅在出版普列漢諾夫和盧那察爾斯基著作所扮演的角色，見李歐梵，〈革命前夕的文學：反思魯迅的左傾歲月，一九二七至一九三六年〉（Literature on the Eve of Revolution: Reflections on Lun Xun's Leftist Years, 1927-1936），頁三〇〇至三〇一。有關沈從文眼中丁玲和胡也頻幼稚的政治觀，見夏志清，《中國現代小說史，一九一七至一九五七年》，頁二六七。

42 包華德與霍華德合編，《中華民國傳記辭典》，卷二，頁八十七至八十八（「向忠發」條）；哈里森（James P.

Harrison)，〈一九三〇年的李立三路線與中國共產黨〉(The Li Li-san Line and the CCP in 1930)；卡根，〈中國托洛斯基主義運動與陳獨秀〉，頁九十六至九十八；黃宗智，〈毛澤東與中農，一九二五至一九二八年〉，頁二八五至二九二，討論井崗山時期毛澤東對中間階級的認識。有關江西蘇區的群眾動員技巧，見金日平(Ilpyong J. Kim)，《中國共產主義的政治：蘇維埃統治下的江西》(*The Politics of Chinese Communism: Kiangsi under Soviet Rule*)，第五章；毛澤東的農業政策，見魯約翰(John E. Rue)，《站在對立面的毛澤東，一九二七至一九三五年》(*Mao Tse-tung in Opposition, 1927-1935*)，第九章。

43 見包華德與霍華德合編，《中華民國傳記辭典》的傳記；有關楊開慧，見《毛主席一家六烈士》，頁三十一至三十三。

44 北伐尾聲時期的細節，見喬登，《北伐：一九二六至一九二八年中國的國民革命》，第十六、十七章。亦可參見包華德與霍華德合編，《中華民國傳記辭典》，卷一，頁六十三、三二七(「張學良」條、「蔣介石」條)，以及卷三，頁一三七(「宋家」條)；有關國民黨的黨機器與「藍衣社」祕密組織，見易勞逸(Lloyd E. Eastman)，《流產的革命：國民黨統治下的中國，一九二七至一九三九年》(*The Abortive Revolution: China under Nationalist Rule, 1927-1937*)，第二章；左翼人士運用筆名、假名以及經常更改雜誌的刊名，以回避國民黨檢查制度，見丁徐麗霞(Lee-hsia Hsu Ting)，《現代中國新聞的政府控制，一九〇〇至一九四九年》(*Government Control of the Press in Modern China, 1900-1949*)，頁八十至八十三。國民黨這段時期的意識型態及其與孫中山訓政觀念的關係，見貝德斯基(Robert E. Bedeski)，〈國民黨意識型態中的訓政國家與國民革命，一九二八至一九三一年〉(The Tutelary State and National Revolution in Kuomintang Ideology, 1928-31)，頁三二四。德利克，〈新生活運動的意識型態基礎〉(The Ideological Foundations of the New Life Movement)，頁九五四，引述蔣介石對中國人骯髒、懶惰的講話，這段話讓人聯想到青年魯迅的觀感；亦可參見前引書，頁九四九，論國民黨的群眾參與面向。

45 國民黨甚至在租界攻擊共產主義者的早期案例，見柯博文，〈國民黨政權與上海資本家，一九二七至一九二九年〉，頁十一；亦可參見汪一駒，〈杜月笙（一八八八至一八五一年）〉（Tu Yueh-sheng [1888-1951]），列舉黑社會的暴力。有關這時期的胡也頻和魯迅，見夏濟安，《黑暗的閘門：中國左翼文學運動研究》，頁一一〇至一一七、一七六至一七七。

46 譯文見伊羅生編，《草鞋腳》，頁二〇七至二〇八。江西蘇區的婚姻法，見菲妮爾（Mariam Darce Frenier），〈女性與中國共產黨，一九二一至一九五二年〉（Women and the Chinese Communist Party, 1921 to 1952），頁四十一至五十一。胡奇希（音）（Hu Chi-hsi），〈江西蘇維埃的性革命〉（The Sexual Revolution in the Kiangsi Soviet），頁四七九，探討一九三〇年八月公告法令時的特殊效應；前引文，頁四八四至四八九，亦詳述一九三一年婚姻法在江西蘇區所造成的負面反應。亦可參考戴恩（Delia Davin），〈解放區的女性〉（Women in the Liberated Areas），頁七十四。

47 譯文見夏濟安，《黑暗的閘門：中國左翼文學運動研究》，頁一七八。

48 張潤梅，《丁玲：她的一生和作品》，頁九至十、五十二至五十五；夏濟安，《黑暗的閘門：中國左翼文學運動研究》，頁一七五至一七六。

49 譯文見梅儀慈，〈文學與人生之間的變化關係〉，頁三〇一至三〇二。其他的譯文，亦可參考夏濟安，《黑暗的閘門：中國左翼文學運動研究》，頁一八八；李歐梵，《現代中國作家的浪漫主義世代》，頁二七一至二七二；以及比嘉治，〈早期的丁玲〉，頁二〇六至二〇七。

50 張潤梅，《丁玲：她的一生和作品》，頁四十九；夏志清，《中國現代小說史，一九一七至一九五七年》，頁二六四至二六五；茅盾，〈回憶瞿秋白〉，頁三十六。

51 會面與謠言，見夏濟安，《黑暗的閘門：中國左翼文學運動研究》，頁一六四、二一八至二一九、二三〇至二三三；徐志摩，《徐志摩全集》，第四輯，頁五三九；張潤梅，《丁玲：她的一生和作品》，頁五十二。

52 魯迅著，楊憲益、戴乃迭譯，《選集》，卷三，頁二〇九；皮克維茲，〈瞿秋白眼中的魯迅〉（Lu Xun through the Eyes of Qu Qiubai），頁三三三至三三四。

53 沈從文，《記丁玲續集》，頁四十七、五十三、五十八；夏濟安，《黑暗的閘門：中國左翼文學運動研究》，頁二三一、註一五五。

54 沈從文，《記丁玲續集》，頁七十八。

55 魯迅著，楊憲益、戴乃迭譯，《選集》，卷三，頁二〇二；夏濟安，《黑暗的閘門：中國左翼文學運動研究》，頁一六四至一六五。

56 轉引自夏濟安，《黑暗的閘門：中國左翼文學運動研究》，頁一八三、一八六至一八七。

57 〈徐志摩與恩厚之的通信〉，頁二十八至二十九，一九二八年十月二十三日的信。

58 〈徐志摩與恩厚之的通信〉，頁三十二，一九二九年一月七日的信。

59 前引書，頁三十六，一九二九年三月五日的信。

60 李歐梵，《現代中國作家的浪漫主義世代》，頁一四四，以及劉心皇，《徐志摩與陸小曼》，第十一章。

61 這首〈奇蹟〉的翻譯，見許芥昱，《二十世紀中國詩集》，頁六十七。這首詩是聞一多的絕響之作，見許芥昱，〈一位現代詩人的知識傳記：聞一多（一八九九至一九四六年）〉，頁一一四至一一八。

62 李歐梵，《現代中國作家的浪漫主義世代》，頁一四八。

63 〈徐志摩與恩厚之的通信〉，頁三十四，一九二九年三月五日的信。

64 轉引自李歐梵，《現代中國作家的浪漫主義世代》，頁一六五、一七二。

65 譯文見白之，〈徐志摩詩作中的英語韻律和漢語韻律〉，頁二八五；亦可參考李歐梵，《現代中國作家的浪漫主義世代》，頁一六二。有關這首詩的創作日期，見徐志摩，《徐志摩全集》，第二輯，頁五七三。

66 徐志摩，《徐志摩全集》，第一輯，頁六六三至六六四；李歐梵，《現代中國作家的浪漫主義世代》，頁一五五、一七二至一七四。

28. 手搭徐志摩肩膀的泰戈爾與達廷頓山莊的恩厚之，1924年於北京。（和他們站在一起的是蔣百里的兩個小孩。）

29. 孫中山（坐者）與蔣介石於黃埔軍校的創校典禮，1924年6月。

30. 學生時代參加五四運動的聞一多。

31. 毛澤東，1927年。

32. 以示威抗議為題的木刻版畫。

33. 徐志摩與陸小曼在北京舉行的婚禮，1926年10月3日。

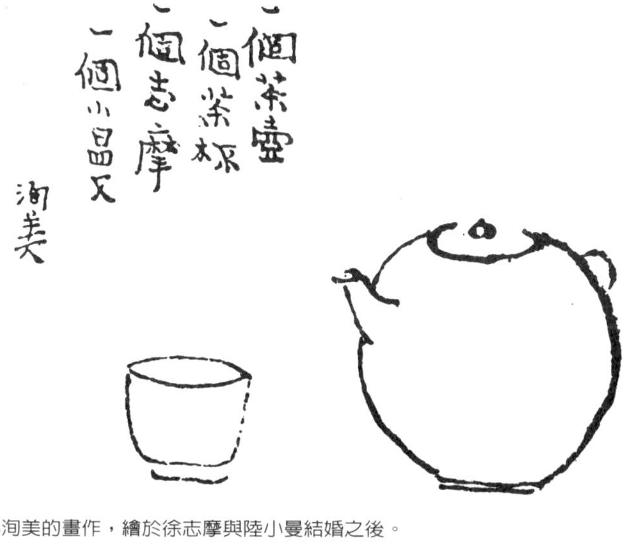

34. 邵洵美的畫作，繪於徐志摩與陸小曼結婚之後。

35. 徐志摩，1927年前後。

36. 描繪饑荒倖存者的木刻版畫。

37. 魯迅父子，1930年9月25日。魯迅在照片上寫道：「海嬰與魯迅：一歲與五十歲。」

38. 魯迅與許廣平在廣州，1927年9月11日。

第九章　告別世界的一切

「中國航空公司交給了文學界一個炸彈！」有個天津的高中生在聽到徐志摩的死訊之後如此寫道。「我們的詩哲——徐先生，誰能臆料到他會死在空中呢？應當是上帝的不對，在他底領域中，竟不知道保佑我們貴重的詩人，摧殘了人間的藝術！唉！我們的詩哲——徐先生死了！是中國文學界的不幸！是後進的詩人們的不幸！」這位哀悼者也知道，中國不乏優秀的詩人，但他們未能以創作為終身志業；要不盲目轉向哲學、社會學，就是心靈隳墮，或者不成氣候。唯獨徐志摩不屈不撓、奮鬥不懈，至死方休，所以能永垂不朽：「中國之徐先生正如英國之有雪萊。但是，我們詩壇上的明燈到那裡去了呀？」[1] 雖說像這樣的年輕人傷痛欲絕，視徐志摩的殞落是純真、浪漫個人主義的終結，但徐志摩那一代的人倒無此戚戚焉。聞一多與徐志摩共事多年（他的作品也是徐志摩協助發表），就如他所說的，徐志摩的一生就是由「許多浪漫故事組合而成的。我還能對他寫些什麼？」[2]

就當時而言，胡也頻的死似乎更能引人議論。假若他獻身革命有幾分無心插柳，且帶著浪漫的想像，那他的犧牲卻讓他得享前所未有的尊嚴地位。魯迅為了向胡也頻及其他一同遇害的共產黨人致敬，在左翼作家聯盟的雜誌《北斗》重刊了凱綏・珂勒惠支（Kathe Kollwitz）的木刻版畫作品〈犧牲〉（Sacrifice），這幅作品刻畫悲傷的母親捨棄了自己的兒子。[3]在一篇悼念這群殉難青年的文章裡，魯迅語帶挖苦地指出，在中國似乎老是由白髮人為黑髮人寫訃聞，而非相反。「在這三十年中，卻使我目睹許多青年的血，層層淤積起來，將我埋得不能呼吸，我只能用這樣的筆墨，寫幾句文章，算是從泥土中挖一個小孔，自己延口殘喘，這是怎樣的世界呢？夜正長，路也正長，我不如忘卻，不說的好罷。」[4]

然而，魯迅從不懷疑筆桿的力量，儘管他心知肚明，要成為作家可不是輕而易舉之事，況且還有各種誘惑在動搖你理想主義的政治立場。一九三〇年春，他在一次左翼作家聯盟的聚會就講過：

> 我以為現在，「左翼」作家是很容易成為「右翼」作家的。為什麼呢？第一，倘若不和實際的社會鬥爭接觸，單關在玻璃窗內做文章，研究問題，那是無論怎樣激烈，「左」都是容易辦到的；然而一碰到實際，便即刻要撞碎了。關在房子裡，最容易高談徹底的主義，然而也最容易「右傾」。西洋的「Salon的社會主義者」，便是指這而言。……第二，倘不明白革命的實際情形，也容易變成「右翼」。革命是痛苦，其中必然混有汙穢和血，絕不是如詩人所想像的那般有趣，那般完美；革命尤其是現實的事，需要各種卑賤的、麻煩的工作，絕不如詩人所想像的那般浪漫；革命當然有破壞，然而更需要建設，破壞是痛快的，但建設

卻是麻煩的事。所以對於革命抱持浪漫諦克的幻想的人，一和革命接近，一到革命進行，便容易失望。[5]

出於這些反省，使魯迅更想釐清何謂正確的社會寫實主義。他知道誇大只會更荒腔走板，而小資產階級的作家和藝術家不應追求這種虛假的效果。魯迅以為，無產階級就應認清現實，正如現在的他們，不需要只揮拳頭而不用腦袋。魯迅也知道：「左翼作家之中，還沒有農工出身的作家。一者，因為農工歷來只被壓迫、榨取，沒有受教育的機會；二者，因為中國的象形——現在是早已變得連形都不像了——的方塊字，使農工雖是讀書十年，也還不能任意寫出自己的意見。」在此情境下，知識分子的地位顯然曖昧不明，而魯迅感覺，就資產階級作家當前的意識發展來看，他們的角色也必有其局限性；因此，「最容易希望出現的，是反叛的小資產階級的反抗的、或曝露的作品。」[6]

瞿秋白從莫斯科返國後就與魯迅同聲出氣，甚至還與魯迅結為好友，也並不令人意外。此時瞿秋白雖已卸除在黨內的高階職務，但因俄語流利、又熟諳蘇聯政局，在黨內還有影響力。他窮數年心血研究中國文字及語言，在莫斯科時還規畫發展中文拼音的方案，期能落實真正的無產階級文學。他與魯迅聯手抨擊那些試圖證明國民文學運動可在國民黨統治下實現的人淺薄無知，他力主文學要當成「戰鬥工具」。[7] 然而，瞿秋白也對共產國際代表堅持把西化作為中國革命的要素，大失所望；這使他重新思索新文化運動要如何抗拒西化影響，最初他曾以這點抨擊過徐志摩。此時知識分子書寫用的白話文一般大眾還難以理解，因其既留有文言文的元素，還夾雜了歐式語法結構、甚至辭彙；菁英階層對這「新文言文」的壟斷，和以往壟斷文言文沒有兩樣：

這種萬里長城，就是企圖完全隔斷勞動民眾和文化生活的陣壁。這座萬里長城是什麼？就是五四式的新文言（現在的所謂白話文學）。在新文言的基礎上，無論怎樣通俗化，一切新時代的科學藝術的智識，始終只能夠達到一兩萬的智識青年。[8]

瞿秋白說，不僅一般讀者讀不懂徐志摩的作品，就連近代「革命」的著作也無法感動人心。瞿秋白在為《地泉》這本無產階級小說寫的序言裡，咄咄逼人，拋出他的論點。這部小說的作者是左聯成員，瞿秋白說這部小說「連庸俗的現實主義都沒有能夠做到」，因此談不上幫讀者「解釋」這個世界，更遑論「改造」之。瞿的結論是，縱然如此，這樣的書還是能推動革命事業，作家毋須裹足不前。藝術「雖不能夠決定社會制度的變更，它雖然結算起來始終也是被生產力的狀態和階級關係所規定的。可是，藝術能夠回轉去影響社會生活，在相當的程度之內促進或者阻礙階級鬥爭的發展，稍微變動這種鬥爭的形勢，加強或者削弱某一階級的力量。」[9]

瞿秋白的批判尤其撼動了魯迅。因魯迅自己的文風向來就是詰屈聱牙、充滿機巧的措辭和隱喻，令人費解，愈來愈背離明白曉暢的敘事。事實上，瞿秋白心儀的小說家茅盾就不無惋惜，說他只寫「舊鄉村」，看不見大城市，缺乏令「城市青年怦然心動」的東西。[10]或許正因如此，魯迅才大力投注在視覺藝術上；他尤其喜歡簡約、直率的連環圖畫與木刻版畫；他一向盛讚這類作品，並開始在一九三〇年夏天成立的左聯大力推廣。在與瞿秋白（他常容留瞿在自己家中以躲避國民黨特務搜捕）爭辯蘇維埃文學理論與中國無產階級處境的那段時間，魯迅常罄其家產鼓勵青年藝術家在工作室與展覽會發表此類直截、撼動人心的影像創作。[11]

對於胡也頻遇害，丁玲的反應是替其犧牲重新評價。她向上海友人借了錢，同沈從文走過大半個中國來到湘西的母親家。就像康有為對母親隱匿胞弟死訊一樣，丁玲也沒有說出胡遇害的真相；她與沈從文煞費苦心聯手演了一齣文字騙局，她模仿胡也頻的筆跡寫了幾封信先寄到湖南，寬慰老太太一切安好，不必為上海的家人擔心。她還佯稱將與胡遠遊，希望老太太能在這段期間代為照料他們襁褓中的小孩。與母親騁懷暢談三日，天南地北，憶起村子與他們大家族在五四前同甘共苦的日子，以及五四之後的種種變化，丁玲留下孩子隻身返滬。[12]

丁玲返滬不久後，一九三一年夏寫下短篇小說〈某夜〉，不僅直接正視胡也頻之死激起的情感波瀾，還證明了她本身能遠遠跳脫對於革命初衷的單純樂觀。這篇小說敘述一群被鏈鎖成排的男女囚徒，步履蹣跚迎著冷冽刺骨的風雪，走向他們的終點站——雪地上的木樁。他們雖然有幸以眼神傳達彼此最終的信任與關愛，但連〈國際歌〉的頭一段都還來不及唱完，聲音就被機槍掃射的震天聲響淹沒。丁玲在結尾寫道：「夜沉默著，肅靜、莊嚴，飄著大塊的雪團和細碎的雨點。冬夜的狂風叫著飛去，又叫著飛來。雪塊積到那垂著的頭上，但風又把它吹走了。每個人都無言的、平靜的被縛在那裡的雪上面。天不知什麼時候才會亮。」[13] 左翼讀者對此篇小說反應熱烈：左翼作家聯盟要她當執行委員會委員，並擔任左聯刊物《北斗》編輯，左聯工農文學部門的領導人。她在一九三二年初正式加入共產黨。[14]

從丁玲這段時期的經歷，可看出她在找尋讓生命更具意義的表現方式時，過程有多麼艱辛波折。一九三一年春，甫自湖南返滬，她就在光華大學對學生發表非正式演說，細數過往與抱負。她稱胡也頻的死為「一個不幸的事件」，但她強烈否認此事會使其自絕於社會，陷入自怨自哀之境，或停下著述之筆——儘管她也坦承其近作確實不符人意。丁玲告訴學生，她認為作家寫作題材不該僅限於自己之經歷，但她也覺得己身經歷確會束縛住自己的其他嘗試：

我以後絕不再寫戀愛的事情了，即現在的確已寫了幾篇不關此類的事情的作品。我也不願寫工人農人，因為我非工農，我能寫出什麼！我覺得我的讀者大多是學生這一方面，以後我的作品的內容，仍想寫關於學生的一切。因為我覺得，寫工農就不一定好，我以為在社會內，什麼材料都可以寫。現在我正打算寫一個長篇，取材於我的家庭。[15]

這篇已在她腦海醞釀成形的小說就簡單題為《母親》，故事的時間從清末到一九二七年的革命，描寫她那身在湖南大宗族（這個大宗族底下無數個家族，總共三千餘人）的親生母親，畢生的故事。丁玲寫信告訴她的編輯，她預估這本書總字數將達三十萬字，她打算每天寫一千字，可望十個月內完成此書。她想在這本小說裡呈現農民與地主間緊張對峙的種種，當地工業機器化生產後對小城鎮的衝擊，現代交通網絡對社會的影響與現代商業的各種發展。[16]

丁玲覺得可以用長篇小說形式來勾勒這些主題，適巧趕上這股新興但蔚為主流的趨勢。若一九二〇年代是抒情詩與短篇故事實驗得最廣泛、最成功的年代，那一九三〇年代初就是漸興之近代小說的盛期。巴金扣人心弦的小說《家》在一九三一年發表，書中描寫他家鄉四川有一家三兄弟如何適應（或不適應）現代化與婚姻模式的壓力。茅盾的左拉式小說鉅著《子夜》，於一九三三年付梓。沈從文以其成長、從軍屯駐於湘西的水鄉生活為背景，所寫下滿腹心酸、點滴思緒的小說《邊城》，於一九三四年問世。

作家彷彿認為唯有磅礴大氣的敘事結構，才能匹配正在上演的大時代故事。因為個人的願景漸趨無望，政治圈裡的個人行動似乎也微不足道。魯迅曾婉言責備許廣平，別自以為學生能左右外國帝國主義；一九三二年之前，他的疑慮屢屢成真。特別是日本正加速插手滿洲、山東、上海三地的軍事與商業事務。在華的日本軍官常罔顧東京的訓令擅自妄為，以激怒中國作出過激反應，而用以反證日本的侵略是理有所據；日本商社也如法炮製，壟斷生產原料，剝削中國勞工，強索種種會損及中國製造業的經濟最惠待遇，將中國人逼到忍耐極限，即使此舉之獲利不若外界想像般豐厚。一九二八年日本軍官一手導演了暗殺張作霖之事，同年駐山東日軍亦從中作梗，迫使北伐的國民革命軍繞道而行。一九三一年，日軍藉口遭瀋陽的中國軍隊攻擊，強行侵占中國東北大半領土。一九三二年一月，上海發生示威罷工和反日暴動之後，日軍大舉揮師上海，強占部分市區；結果居然遭逢中國軍隊頑強抵抗，嚴重傷亡後才撤軍。日本人還邀請溥儀離開天津，擔任已更名的東北「滿洲國」首位「執政」；溥儀於一九三二年三月首肯，兩年後御極稱帝（繼一九〇八、一九一七年後他第三度登基稱帝）。[17]

就在一九三〇年代初，國民黨在蔣介石指示下，作出重大決定；蔣惟恐學運工運招致日本及其他列強進一步反撲，故全力壓制舉國激憤的情緒。因而不僅共產黨人，連受西式教育、西化頗深的新世代自由派人士，都遭蔣的打擊，且藉著不斷擴張警察編制與強化特務系統，讓國民黨走往道德訴求、一言堂式儒家威權的回頭路。前面所述為原因之一，部分則因為在孫中山同盟會時期的舊部屬當中，蔣介石的權力基礎，不論在國民黨內或在控制著華西、華北的盟軍之間，都飽受質疑。一九三〇年，蔣與先前北方的盟軍正面爆發內戰；一九三一年，國民黨內右翼分子與廣州可能建立的獨立政權，使他腹背受敵；而一九三三年，國民黨內的異議派系在福建發動政變。

蔣介石之得以倖存，主要受惠於共黨勢力的脆弱及其領導人四散各方。迄於一九三三年，共產國際仍操控上海的黨組織，但最後證明它整個左右城市發展方向的力量還是不夠，且其權力已轉移到江西的農村根據地，毛澤東牢牢控制此地。然而，江西蘇區只不過是廣西、湖南、四川、河北、陝西各省共黨根據地的其中之一，每個根據地都有領導人與政策。此外，即便在江西蘇區，共產黨的政策也常會有些許變動；例如，對地主施以什麼程度的刑度，土地重劃的步調要多快，農民裡頭次級群體的階級畫分該怎麼做，該用什麼反制手段與游擊戰略來對抗國民黨的圍剿。[18]

面對此一局勢發展，文人的一種反應就是寫下當前悲慘的荒謬事，小說家老舍就是其中的佼佼者。老舍是旗人，父親曾是皇城護軍，義和團事變時戍守紫禁城，在抵禦來犯的八國聯軍時遇害。（當時沈從文之父戍守沿海要塞大沽砲台，其部隊亦遭此支聯軍擊潰。）當年老舍年僅一歲，家貧幾無立錐之地，由寡母拉拔長大。或許為了尋找更好的機遇，他在一九二四年出國前往英倫，在倫敦住了五年，以語言教師為職，助英國學者翻譯中文著作，嗜讀狄更斯作品。[19] 在倫敦時，他就寫了三部喜劇小說，在中國發表時廣受歡迎；一九三〇年返回中國後，他前往濟南一所大學教書，在此地目睹的日軍侵略暴行令他大驚失色，於是寫了一部小說，敘述一個中國家庭落入日本圈套的悲慘事。老舍在一九三一年的暑假完成這部小說（《大明湖》），並將手稿寄給上海的出版商，但彷彿是要印證此書欲傳達的訊息，日軍一九三二年一月入侵上海時的砲轟，使這份唯一的手稿毀於大火。[20]

這樣的損失，讓老舍再寫了《貓城記》，此書充斥著他自己、國人同胞以及外國侵略者的辛酸與苦澀。老舍描述當初創作《貓城記》的心態時，借打穀場作比喻，自我解嘲其不自量力，與愚蠢至極的嘗試：「一個完全沒有思想的人，能在糞堆上找到糧食；一個真有思想的人根本不將就這堆糞。只有半瓶子醋的人想維持這堆糞而去勸告蒼蠅：『這兒不衛生！』」[21]偽滿洲國政權的成立，日本人加諸中國無助百姓身上的暴行，國民黨目光如豆的態度，共產黨人兩敗俱傷的內鬥，以及成千上萬為逃避時代苦悶而吸食鴉片成癮的中國人；老舍彷彿在與這些中國當前危殆情勢的成因奮鬥。他以旅人被放逐到其所要隱喻的國度作為創作構想，此構想常見於烏托邦文學和諷刺文學；但有人懷疑，《貓城記》開頭段落的構想是否有徐志摩的影子，五年前徐志摩曾著手翻譯《憨第德》，且就在濟南附近墜機喪生，老舍當時就在濟南教書：

飛機是碎了。

我的朋友——自幼和我同學：這次為我開了半個多月的飛機——連一塊整骨也沒留下！

我自己呢，也許還活著呢？我怎能沒死？神仙大概知道。我顧不及傷心了。

我們的目的地是火星。按著我的亡友的計算，在飛機出險以前，我們確是已進了火星的氣圈。那麼，我是已落在火星上了？假如真是這樣，我的朋友的靈魂可以自安了：第一個在火星上的中國人，死得值！[22]

老舍筆下的主述者在火星受困之地——他隨當地住民貓人稱其為「貓城」，正是這群凶殘、懶惰之貓人的故鄉。貓人的語言簡單，書寫的文字更簡單，一直吸著鴉片，而處在半永久的迷濛狀態，他們身上藏汙納垢，城市聚落毫無組織章法，生死由天，偽善虛矯滿口仁義道德。這位主人翁拿他出發之地——他稱之為「偉大的光明的自由的」中國，與貓城作比較，貓城令他不寒而慄。當他逐漸熟悉「貓詩」之後，知道它起碼有些重要性，且可從中看出進步的象徵；例如有個貓人拿了篇〈讀史有感〉的詩給他看，詩中有這幾個句子：

寶貝葉，
寶貝花，
寶貝山，
寶貝貓，
寶貝肚子。

據這位貓詩人的說法，這最後一行的「寶貝肚子」是詩藝的最新突破，貓詩的兩萬年歷史中還沒人寫過這種句子。[23]另一方面，貓人的政治已是沒救了。就主述者對貓人政治體系的瞭解程度，貓人熱衷永無止境的政府輪替，他們稱之為「哄」；除非吸食鴉片眩暈而無法行動，否則幾乎每個貓人都會參與。在歷經多次「哄」推翻貓皇帝後，成為現在主流意識型態的是「大家夫司基主義」；但這樣的意識型態對貓國也無所助益，最終這位「大家夫司基」首領自己還是難脫當帝王的心態，接受了「萬哄之主」的封號。[24]

內容發展到高潮時，一群「矮人」（明顯是影射日本人）入侵貓國；貓人因無法團結抵禦外侮，而被一網成擒，慘遭屠戮。劫後餘生的十幾個貓人撤退到孤立無援的山裡，雖暫時躲過入侵者殺戮而苟活，但即使在此處境，他們還是無法同舟共濟，當矮人占領了這座山頭時，只剩下兩個貓人。老舍寫道：「敵人到了，他們兩個打得正不可開交。矮兵們沒有殺他們兩，把他們放在一個大木籠裡，他們就在籠裡繼續作戰，直到兩個人相互咬死。」[25]書中的主人翁歷經這場末世大動亂後，靠著意外登陸火星的法國太空船離開，返回中國。

《貓城記》一問市即引來左翼作家的抨擊，就其所傳達的意念來看，這本是意料中的事；老舍自己也說，作為一本書，它「沒法不爬在地上，像隻折了翅的鳥兒」，因為它缺乏諷刺文學該有的苦澀和趣味，而且充滿否定，「因為我沒有積極的主張和建議。」[26]但老舍這本小說提出的問題，十年來同樣讓魯迅與瞿秋白苦苦思索：倘若直接訴諸政治行動，只會帶給中國更多苦難，那文字能有多大的意義？若是如此，那諷刺文學是否就有效？

一九三三年二月，魯迅對這些論題有了些成形的想法，時值蕭伯納（George Bernard

Shaw）因東亞行而在上海停留。魯迅獲邀與蕭伯納會晤，欣然接受。邀請魯迅之人是蔡元培；蔡元培自辭去北京大學校長後，就成為國民政府教育界舉足輕重的領導人，他還與孫中山遺孀宋慶齡發起成立「中國民權保障同盟」，邀請蕭伯納到上海的就是該團體。[27] 據魯迅的說法，雖說他樂於與蕭伯納合影，但兩人甚少交談，然而蕭伯納態度誠懇，不厭其煩地面對中國記者的瑣細連珠提問，魯迅很是印象深刻。當瞿秋白把蕭伯納訪華種種記述匯編成小冊，魯迅同意寫序。他寫道，蕭伯納就像一面鏡子，中國人透過此鏡可以看清自己面目，而其偉大之處，在於他能如實映照，而且一視同仁。蕭伯納拒絕投人所好來發言：「蹩腳願意他主張拿拐杖，癩子希望他贊成戴帽子；塗了脂粉的想他諷刺黃臉婆，民族主義文學者要靠他來壓服了日本的軍隊。」中國文人因蕭伯納不願投其所好，便群起攻之：「他說的是真話，偏要說他是在說笑話，對他哈哈的笑，還要怪他自己倒不笑。」這些人只好使出最後絕招，稱蕭伯納是「諷刺家」，彷彿此號一出，就可削弱蕭的分析勁道。*但誠如魯迅所說：「矛盾的蕭沒落時，或蕭的矛盾解決時，也便是社會的矛盾解決的時候，那可不是

---

*譯按：魯迅曾寫過〈看蕭和看蕭的人們記〉一文，記錄了他對蕭伯納訪華的觀感，可呼應史景遷在這裡的說法。據魯迅的記載，蕭伯納曾在中國筆會特別為他舉行的歡迎會上說道：「總之，今天就如看看動物園裡的動物一樣，現在已經看見了，這就可以了罷。」魯迅說，蕭伯納演說完之後，在座的中國作家哄堂大笑，大約以為這又是「諷刺」。

玩意兒也。」[28]

一九三三年春，大多數共產黨人不是分散到其他城市，就是被殺，或南下江西蘇區尋求庇護，對於仍留在上海的丁玲及少數共產黨人而言，聽到此語必會心寒。丁玲正在為黨勞心勞力工作——負責《北斗》的編務，出任左聯執行委員會委員，兼任共產黨青年部的工作。這時她已寫了十幾部以革命和抗日為主題的短篇小說。雖然有篇題為〈詩人亞洛夫〉的作品，描寫一名白俄流亡者漂泊不定的生活，另有一篇小說是類似彼得潘傳奇故事的社會主義計畫，但其餘大部分作品都悖逆了丁玲自己在光華大學演講時所作的承諾，仍然以革命運動的農民和工人為主題。丁玲亦嘔心瀝血依計畫撰寫《母親》，從一九三二年秋到一九三三年春共寫了近十萬字，完成原定三部曲中的第一部，並於四月將手稿寄出。[29]丁玲振筆寫作之時，就住在上海昆山路一棟公寓四樓，與一名白皙、憔悴的青年作家、翻譯馮達同居。一九三三年五月十四日，正當她與馮達及兩名共產黨人談話之時，警察破門而入、衝進她的住所。其中一名友人企圖爬過陽台到隔壁棟公寓，不慎墜樓身亡；丁玲一干人被捕，下落不明[30]，上海友人咸認為她已遭遇不測。為了查明丁玲是生是死，中國民權保障同盟祕書長楊詮公開譴責此次逮捕行動，並要求國民黨作出解釋。幾個月來，楊詮及中國民權保障同盟即對國民黨的種種作為大肆抨擊，國民黨各級領導人早就恨之入骨，這回楊詮發表公開譴責時，國民黨特務正好已潛入上海。就在六月十八日，星期天一大清早，楊詮與兒子出門搭車時，四名槍手齊向楊詮座車一陣掃射，楊詮當場斃命。[31]

同年稍晚，毛澤東邀瞿秋白擔任人民教育委員，瞿便打點好一切前往江西蘇區，其大眾教育與文學寫實主義的理念將得以付諸實踐。他在一九三四年一月抵達江西蘇區（他將妻女託付給上海友人，期能保其安全），但在蔣介石不時「剿共」的壓迫之下，蘇區的生活條件十分簡陋，步調又相當緊湊，他發覺光是教導文盲識字就已耗掉他大半精力。雖然瞿秋白用盡心思在無產階級藝術表現融入舞蹈、民謠元素以創新局，但或許就在這裡，他才完全領略到當年自己廣為鼓吹的聲明之意義，亦即要教育農民，實在比教育無產階級更難，因為「『鄉下人』的語言是原始的、偏僻的」，仍然受「各種土話的偏僻性質」宰制，而都市化無產階級已逐漸融入城市工作與生活的共同經驗。[32]但在這兒的短暫時間裡，至少還有機會實現他的夢想，向庶民百姓推廣他們合用的中文書寫文字，而非布爾喬亞菁英階層界定下的文字：

> 至於革命的大眾文藝，尤其應當從運用最淺近的無產階級的普遍話開始。這在最初，表面上看來，似乎是模仿舊小說的白話。但是，這決不應當是投降政策。這是要無產階級的先進分子領導著一般勞動民眾去創造新的豐富的現代中國文。有必要的時候，還應當用某些地方的土話來寫，將來也許要建立特殊的廣東文福建文等等。[33]

然而，瞿秋白沒有充裕時間實驗這些觀點。隨著國民黨軍隊步步進逼，共產黨在江西的勢力開始潰散。蔣介石帶領的是支身經百戰的大軍，又有經第一次世界大戰砲火洗禮的德籍資深軍官充當顧問。直至一九三四年，他們在江西師法法蘭德斯（Flanders）戰場的戰略，國民黨部隊自有碉堡壕溝掩護的先遣陣地循序推進；同時，他們已能辨識出共黨部隊的佯攻戰術，避免追剿游擊隊造成大量傷亡：補給線拉得過長，軍力分散成小支部隊容易被大游擊兵團吞併。此時，為了該採何種戰略而意見分歧的共產黨領導階層，被迫採取難以持久、以靜制動的防禦策略。一九三四年春，江西蘇區彈盡糧絕（江西蘇區的醫療器材與補給品一直不足），他們決定放棄蘇維埃據點，突圍到四川、陝西其他共產黨人仍控制的蘇區以為應變。是年年底，撤退行動已迫在眉睫，約十萬餘名共產黨人巧妙瞞過國民黨耳目，撤離江西蘇區首府，朝西北方展開艱辛、凶險，且為後人津津樂道的「長征」，只留下少數誘敵部隊，及老幼傷殘者。毛澤東自從在江西蘇區便與賀子珍同居，她雖陪著毛一同「長征」，但毛澤東不得不丟下他們所生的兩個孩子。[34]

瞿秋白因肺結核而身體羸弱，無法隨隊長征，也留了下來。一九三五年初，他便動身返回上海，因為腳傷，有時不得不靠擔架抬著。二月，他們一行人被國民黨偵防隊捕獲；起初，瞿秋白還千方百計隱瞞自己身分，但還是被密告者認出，隨後他就被押解到閩西長汀縣山區的汀州監獄。

一九三五年五月間，瞿秋白都在撰寫長篇自白〈多餘的話〉；他死後，這篇文章由未知的管道流出而公諸於世。雖說獲准入牢採訪瞿秋白的記者已看過部分片段，但國民黨的檢查人員是否刪修過原始內容，我們不得而知。共產黨認為這份自我貶抑與嘲諷的自白，怎麼也不宜收入他的紀念集，所以在中共官方出版的瞿秋白作品集裡，並沒有收錄這篇〈多餘的話〉。如今，才三十六歲，他便病魔纏身、疲憊、活像個耄耄老人，然而，從這份自白還是能看到十五年前旅居莫斯科之瞿秋白的種種心境：

一隻羸弱的馬拖著幾千斤的輜重車，走上了險峻的山坡，一步步的往上爬，要往後退是不可能的，要再往前去是實在不能勝任了。我在負責政治領導的時期，就是這樣的一種感覺。欲罷不能的疲勞使我永久感覺一種無可形容的重壓。精神上政治的倦怠，使我渴望「甜蜜的」休息，以致於腦筋麻木，停止一切種種思想。一九三一年一月的共產黨四中全會開除了我的政治局委員之後，我的精神狀態的確是「心中空無所有」的情形，直到現在還是如此。[35]

他所謂的「空無」，很可能是因為一直耗在宣傳工作上，雖說他思想上喜歡這項工作，但還是無法取代他一直「真正愛好」的俄國文學研究：瞿秋白寫道，是「歷史的誤會」讓他當上共黨領導人，因為「我本是一個半吊子『文人』而已」，是對世界沒有什麼貢獻的「高等遊民」。[36]他寫道，要當一個馬克思理論家，他的學識還十分膚淺，掛一漏萬，常只挑自己喜歡的研究。譬如，他沒讀過《資本論》，只因對經濟學沒興趣。但不能因為這種無章法的研究取向，就認定他不是馬克思主義信徒。縱使其思想摻進了早年讀的托爾斯泰無政府主義，然而馬克思主義賦予了他思想的立基脈絡：

記得當時懂得了馬克思主義的共產社會同樣是無階級、無政府、無國家的最自由的社會，我心上就很安慰了，因為這同我當初無政府主義、和平博愛世界的幻想沒有衝突了。所不同的是手段，馬克思主義告訴我要達到這樣的最終目的，客觀上無論如何也逃不了最尖銳的階級鬥爭，以至無產階級專政——也就是無產階級統治國家的一個階段。為著要消滅「國家」，一定要先組織一時期的新式國家；為著要實現最徹底的民權主義（也就是無所謂民權的社會），一定要先實行無產階級的民權。這表面上「自相矛盾」，而實際上很有道理的邏輯——馬克思主義所謂辯證法——使我覺得很有趣。[37]

在另外一段，他還說：「親愛的同志們，你們在鬥爭中猛勇精進著，我可以羨慕你們，祝賀你們，但是已經不能夠跟你們了。」[38]

自白書的結語裡，瞿秋白表示多年來壓得他無喘息餘地的倦怠，部分出自纏身的病魔，部分是政治工作的性質使然。如今，將要長眠之前，他難得享有片刻的剖白坦率。此時的瞿秋白萬般懊悔：他沒能超越自己的階級背景全力為共產黨效命；他也非全然坦蕩，不管是對同志，或者深愛的妻子楊之華，他仍有所隱瞞。其一生都被他當成一齣「滑稽劇」，客串過太多角色了，共黨領導人、大學教授、翻譯家、丈夫、初等教育專家；但他再也見不到小女兒了：

這世界對於我仍然是非常美麗。一切新的、鬥爭的、勇敢的都在前進。那麼好的花朵、菓子，那麼清秀的山和水，那麼雄偉的工廠和煙囪，月亮的光似乎也比從前更光明了。

但是，永別了，美麗的世界！

一生的精力已經用盡，剩下一個軀殼。

如果我還有可能支配我的軀殼，我願意把它交給醫學院的解剖室。聽說中國的醫學校和醫院的實習室很缺乏這種科學實驗用具。而且我是多年的肺結核者（從一九一九年到現在），時好時壞，也曾經照過幾次X光的照片。一九一三年春的那一次，我看見我的肺部有許多瘢痕，可是醫生也說不出精確的判斷。假定先照過一張，然後把這軀殼解剖開來，對著照片研究肺部狀態，那一定可以發現些什麼。這對肺結核的診斷也許有些幫助。雖然，我對醫學是完全外行，這話說得或許是很可笑的。

總之，滑稽劇始終是閉幕了。舞臺上空空洞洞的，有什麼留戀也枉然的了。好在得到的是「偉大的」休息。至於軀殼，也許不能由我自己作主了。

告別了，這世界的一切！

最後……

俄國高爾基《四十年》、《克里摩．薩摩京的生活》，屠格涅夫的《魯定》，托爾斯泰的《安娜．卡里寧娜》，中國魯迅的《阿Q正傳》，茅盾的《動搖》，曹雪芹的《紅樓夢》，都很可以再讀一讀。

中國的豆腐也是很好吃的東西，世界第一。

永別了！[39]

一九三五年六月十八日，瞿秋白被行刑隊槍決。

在一九三四年前往江西前，瞿秋白曾為新編的魯迅作品選集寫了篇情親意切的序。瞿遇難後，魯迅不辭辛勞，編輯校勘瞿秋白作品集至付梓，以報瞿之盛情。往常魯迅在處理瞿的文章時都以筆名發表，為避開文字審查，魯迅出版這部作品集時也未使用真名。[40]

瞿、魯兩人的情誼如此深切，自是與他們共同的嗜好及經歷有關：他們皆好俄國文學，娶年輕的激進女學生，時常擔心獨子安危，都患有失眠，都偏好雜感，也都染上肺結核（魯迅曾因此臥病在床，數天動彈不得）。至於黨同伐異的派系之爭，瞿秋白在一九二〇年代末便躬逢其盛，至一九三〇年代才淡出；而魯迅一直是戰場上的猛士，一九三五、三六年因他而起的風暴更為劇烈。在左翼作家聯盟內部，性格衝突與意識型態分歧引起的摩擦早已司空見慣。因為至交胡風的牽連，他與共產黨內負責文化事務的領導人周揚之間鬧了一場惡鬥。魯迅寫信給胡風：在這個世界，「我總覺得縛了一條鐵索，有一個工頭在背後用鞭子打我，無論我怎樣起勁的做，也是打，而我回頭去問自己的錯處時，他卻拱手客氣的說，我做得好極了，他和我感情好極了，今天天氣哈哈哈……」或者，他給另位友人的信裡寫得更為傳神：這是一個「為了防後方，我就得橫站」的世界。[41]

魯迅與共產黨內故交舊友之間再生波瀾，究其原因有二：日本持續壯大的勢力，以及共產黨本身幾乎銷聲匿跡。一九三五年尾，日本食髓知味，控制東北後，還欲染指察哈爾，並逼迫國民黨同意將軍隊撤離河北省大多數區域，使日本得以完全控制關內。值此之際，共產黨的主力自從撤離江西蘇區之後，花了一整年，穿越近四千哩國土，一路艱苦作戰，長途跋涉南下貴州，然後往北行經西藏、甘肅交界，最後抵達陝西，在保安鎮設法重整旗鼓。保安位於窮鄉僻壤山區，在長城與西安之間。在保安，毛澤東和七千名長征的倖存者，與當地蘇維埃區的一小股共黨勢力合流，並從穆斯林社區及當地幫會吸收部分新血；但總體而言，力量還是十分薄弱。[42]蔣介石的部隊已開始在西安集結，以便發動另一波、也可望是最後一波剿共行動。鼓吹全國組成抗日統一戰線便成了共產黨人的保命策略，這也和史達林、共產國際的總體路線吻合。此舉可望獲得人民的廣泛支持；一九三五年十二月九日，北京學生發動一起盛大的抗日集會，獲當地人民熱情支持，並得到全國各地熱烈響應，這呼應了一九一九、一九二五、一九二六年的大遊行，也把新世代學生領袖推向全國舞台。[43]

在這樣的大環境下，魯迅又捲入與共產黨幹部的口號之爭，自一九三六年春中共中央委員會下令解散左聯後，雙方的爭執愈烈。魯迅是左聯的要角，但解散左聯時卻只被簡單告知。他曾告訴友人：「左聯就這樣解散了，毫不看重這是一條戰線！」取代左聯的是「中國文藝家協會」，它試圖以「國防文學」之名號召文化工作者。魯迅與胡風強烈反對這個口號，認為它只會澆熄革命熱情；於是他們唱起反調，改用「民族革命戰爭的大眾文學」的口號來結合文藝工作者。周揚代表共黨領導階層出面回應魯迅等人，他堅持所有作家都必須以「國防」為創作主題，當然那些「內奸」除外；令人不快的內奸一說，顯然是衝著魯迅而來。[44]

原已怒火中燒的魯迅，接獲他與周揚共同友人徐懋庸的信，信中說他「無意地助長著」胡風這類人的「惡劣的傾向」，更令他勃然大怒。徐懋庸在故作客套的假面下，費心警告他留意自己立場，及其與世界政治發展之關聯，此發展是中國無法置身事外的。[45]魯迅回覆說，他自然支持合理的抗日統一戰線，但他相信這些年輕一輩共產黨人一夕間改弦易轍，並「一味的咬住我」的動機，主要還是在於門戶之見，氣量狹窄。[46]

然而，激烈的口舌之爭倒讓魯迅恢復些許活力與靈感，在一九三五年底，興致一來寫了一系列以中國歷史為題材的短篇小說。他大都取材神話或半傳說中的人物，置諸荒誕的場景，輔以雋永辛辣的對話，強調這些千百年前古人的作為與想法裡的辛酸。神話裡的帝王舜和禹，忠臣伯夷叔齊，孔子與老、莊，都走進了魯迅重構的世界。[47]這些人物不再是魯迅從前所謂「吃人」文化的代表，他們現在觸及的是一種細懷，既帶有敏捷的機智，又饒富驅動人心的力量。譬如，有篇名為〈出關〉的小說裡，傳說中的老子意識到「朝廷」管轄之地此後將為孔子所主宰，便出關至西北荒漠歸隱。他帶著不多的家當，騎上青牛，臨近目的地時，朗朗晴空下黃土斜坡近在咫尺，卻被邊關守將攔住去路。他執意要帶老子到關寨，希望他臨別之前能再為他們講學一次。當老子開講之時，眾將官卻是一臉錯愕：

「道可道，非常道；名可名，非常名。無名，天地之始；有名，萬物之母。……」

大家彼此面面相覷，沒有抄。

「故常無欲以觀其妙」，老子接著說：「常有欲以觀其竅。此兩者，同出而異名。同，謂之玄，玄之又玄，眾妙之門。」

大家顯出苦臉來，有些人還似乎手足失措。一個簽子手打了一個大呵欠，書記先生竟打起瞌睡來，嘩啷一聲，刀、筆、木札，都從手裡落在蓆子上面了。[48]

邊關守將雖然一知半解，但還是想從中撈得好處，於是央求老子將其思想撰寫成書；書成之後，這位將軍讀了大失所望，說書的內容「還是這些老套」。老子還是走了，青牛背上多了一小袋補給品；而他那本小書就擺在關寨架上，架子上早就「堆著充公的鹽、胡麻、布、大豆、餑餑等。」[49]

寫完這些故事之後，魯迅就不再動筆寫小說了。他繼續編輯瞿秋白的作品集，籌備出版凱綏．珂勒惠支木刻版畫選集，翻譯果戈里的《死靈魂》（*Dead Souls*）。其餘的時間，無非就是被抗日統一戰線的正確口號是什麼這類激烈、僵持不下的口角所牽絆。魯迅的醫生其實是個日本人，魯迅也信任他、喜歡他，但魯迅的友人又安排上海的美籍肺結核專家來為他診治。這位醫生告訴他死期近矣，照魯迅自己說的，醫生委婉補充道，若他是歐洲人，那五年前他就進墳墓了。接著，魯迅不失幽默地自嘲：「我也沒請他開方，因為我想，他的醫學從歐洲學來，一定沒有學過給死了五年的病人開方的法子。」[50]

魯迅寫過唯一一篇類似瞿秋白臨刑前公布的自白書，是作於一九三六年九月五日的隨筆，題目直截了當就叫作〈死〉：

我倘曾貴為官保，富有千萬，兒子和女婿及其他一定早逼我寫好遺囑了，現在卻誰也不提起。但是，我也留下了一張罷。當時好像很想定了一些，都是寫給親屬的，其中有的是：

一，不得因為喪事，收受任何人的一文錢——但老朋友的，不在此例。

二，趕快收殮、埋掉、拉倒。

三，不要做任何關於紀念的事情。

四，忘記我，管自己的生活——倘不，那就真是糊塗蟲。

五，孩子長大，倘無才能，可尋點小事情過活，萬不可去做空頭文學家或美術家。

六，別人應許給你的事物，不可當真。
七，損著別人的牙眼，卻反對報復，主張寬容的人，萬勿和他接近。
此外自然還有，現在忘記了。只還記得在發熱時，又曾想到歐洲人臨死時，往往有一種儀式，是請別人寬恕，自己也寬恕了別人。我的怨敵可謂多矣，倘有新式的人問起我來，怎麼回答呢？我想了一想，決定的是：讓他們怨恨去，我也一個都不寬恕。
但這樣儀式並未舉行，遺囑也沒有寫，不過默默的躺著，有時還發生更切迫的思想：原來這樣就算是在死下去，倒也並不苦痛；但是，臨終的一剎那，也許並不這樣的罷；然而，一世只有一次，無論怎樣，總是受得了的。[51]

一九三六年十月十九日，魯迅於上海病逝。

丁玲在一九三三年五月下獄後未即刻處決，而是被國民黨拘禁了三年。丁玲既未被起訴，也未被審判，大多被軟禁在國民黨官員的住家裡（不是在南京就在杭州），所以許多故友都認為她已變節，或許還向國民黨出賣了他們，甚至拋棄早年信奉的共產主義。例如，魯迅就冷冷地對友人說她「還活著，政府在養她。」[52]事實上，國民黨主要用意是要讓丁玲與她的友人隔絕，迫其無法再為共產黨宣傳，而不是要懲罰她。國民黨准她與愛人馮達同住，她母親（此時想必已得知胡也頻遇害的來龍去脈）也帶著代為照顧的小孩自湖南前來陪她。一九三五年，丁玲懷了第二胎，是個女孩，孩子的父親是馮達。

在國共鬥爭的大環境下，丁玲的境遇自是非比尋常；當初下令逮捕丁玲的國民黨調查局高層，日後談到丁玲的態度，並透露了她所承受的心理壓力：

她沒有參與暴力和顛覆的行動，所以問題並不嚴重。我非常希望她能貢獻傑出的寫作天份，成為為本黨效力的文化工作者。她一抵達南京之後我就開誠布公和她談。她表示決心要拋棄過去，並作了書面的陳述。她們夫妻既表示願意開始過新的生活，我就安排她們住在一家清幽的旅館。但是兩個禮拜後，因為旅館的費用太昂貴了，就將她們送到我同事的家中去住……除了不准外出之外，她們在家裡十分舒適，日常所需不虞匱乏。她們住在一間大書房，外頭有個小花園，她們可以讀書、聊天，做她們想做的事情，不會受到干擾。所有床鋪被褥、衣服、書籍期刊、文具紙張，一應俱全，都是免費。她說她在上海的生活還沒有這麼舒服過。[53]

但事實上可想而知，在這樣詭異與孤立的環境下，丁玲自然鮮少提筆創作。她後來解釋說：「雖說有絕對的空間，有更多的材料，但我沒有寫。我只是思索，簡直思索得太多了，變得很煩躁。我只是希望再有那麼一天，我忙著，我偷閒來寫。」[54]不過，這段期間她確也寫了幾篇故事，其中一篇是以獄卒為題材。這名獄卒和藹笨拙，偶爾會給她香菸，追憶英勇往事。從整篇故事來看，丁玲顯然是肯定這名獄卒和他的同伴，這顯然違逆上海左翼作家拘泥於從階級的立場來塑造人物性格發展的論點。對丁玲而言，有人性的國民黨獄卒並非矛盾之事：

> 日子好長。我們就像似住在孤島，鎮日待在大廳裡，無事可做。我慫恿他們（獄卒）告訴我他們的故事。他們的故事很感人，我從中學習到很多東西。自他們出生以來，不斷勇敢面對種種的風暴，在他們多事之秋的過去親眼目睹了許多怪異的事。一段時間之後，有幾個人經常要我們教他們讀書寫字，有人向我們學英文，有人向我們學中文，練習毛筆字。還有人喜歡看小說；每天都來請教他不懂的字。[55]

或許就在被捕前後，丁玲又重拾她在〈莎菲女士的日記〉裡的角色，寫起了續篇。百無聊賴之時，這位老了點、世故了些的莎菲寫道，她翻閱那本泛黃的舊日記時發覺，她與昔日那位作者不再有任何關聯。昔日那個我引不起她任何眷戀：「所有的夢幻，所有的熱情，所有的感傷，所有的愛情的享受，都過去了。」[56] 在這部作品（僅留下七頁斷簡殘篇）裡，丁玲把自己與新的莎菲完全揉合一起：寫到莎菲覓得一名十九歲的愛侶，彼此深愛對方，以及她們離開北京後的幾年間生活慢慢起了變化，以及其他方面的發展：

> 我在這時做了一個小嬰兒的母親。我們並不願意有小孩，也不能有小孩，因為孩子太

妨害我們了。不過，我們究竟是一個很平凡的人，我們沒有超過這種愛，小的、乖的嬰孩，顯著天真的，紅的嫩臉睡在搖籃裡的時候，是給了做父母的人許多勞苦後的慰安的。……小孩又吵得很，我的精神和身體吃了有生以來未有過的苦，我是一個女人，我不缺少豐富的母愛，我假如一定要把小孩留在我身邊，我的力量是可以做到的。[57]

但是，新日記裡的莎菲說，她要抗拒嬰孩無邪的誘惑，把孩子送到湖南的祖母那裡，絕不掉一滴眼淚。由於丁玲的失蹤更使她聲名大噪，所以此類的斷簡殘篇(姑且不論其文學價值)得以在著名的書刊上登載，更平添了丁玲與莎菲這兩個名字的神祕和想像空間。

一九三六年間，軟禁當中的丁玲儘管表現得十分合作，實際上卻小心翼翼地計畫脫逃。她那同居、未正式舉行儀式的丈夫馮達，患有肺結核重症，每隔一段時期就得去醫院治療；她告訴看守的人，馮達的病讓她消沉沮喪，而鎮日不停餵哺、照料嬰孩也令她精疲力竭；一九三六年五月，丁玲獲准去北京一趟。丁玲到北京後便與共產黨人接頭，最後決定，她應先回南京，過一陣子再設法前往共黨在保安的根據地，那裡已有許多逃出的激進知識分子。那年夏天丁玲返回南京，她與中共地下黨員擬定最後計畫；就在九月，萬事俱備，她藉口前往上海徵詢日籍專科醫生意見，得到國民黨同意放行。抵達上海，丁玲便與友人碰頭並藏匿行蹤。她在上海躲了近一個月，直到接送她前往西北的安排都已妥當。十月中旬一切就緒，丁玲動身前往西安，再次靠國民黨軍隊友人之助窩藏起來。[58] 一九三六年十月底，她坐著小貨車溜出城去，一路顛簸搖晃朝往共黨根據地而去。從這一天的丁玲身上，可以看到這位年輕女性過去十多年來創作或閱讀的小說裡，三副迥異的面貌：像老舍《貓城記》的那位主人翁，加入貓國山裡最後十名游擊隊員的行列；像魯迅筆下那位哲人出關走向晴空下的黃土高坡；或者，就像那位老了、倦了的莎菲，終究還是決心不容自己餘生在南方虛度。

註釋

1 這位學生即是唐二酉；他的這段文字收錄在徐志摩，《徐志摩全集》，第一輯，頁四五三至四五五。
2 轉引自梁佳蘿，〈徐志摩：文學傳記〉，頁二二〇。
3 夏濟安，《黑暗的閘門：中國左翼文學運動研究》，頁一七九；孫小玲（音）（Shirley Hsiao-ling Sun），〈魯迅與中國的木刻版畫運動〉（Lu Hsun and the Chinese Woodcut Movement），頁一二六至一三五，描述魯迅對珂勒惠支的興趣。
4 魯迅著，楊憲益、戴乃迭譯，《選集》，卷三，頁二一二至二一三。
5 前引書，卷三，頁九十三至九十四。
6 前引書，引文依序是卷三，頁十七、一一二、一二四。
7 柯立克，《茅盾與中國現代文學批評》，頁一一九至一二一。瞿秋白與魯迅的友誼，見皮克維茲，〈瞿秋白眼中的魯迅〉一文的描述。
8 皮克維茲，〈瞿秋白對五四運動世代的批判〉，頁三六六至三七二，引言出自頁三七二。
9 前引文，頁三七四、三七六、三八一。
10 柯立克，《茅盾與中國現代文學批評》，頁一〇一至一〇四。
11 孫小玲（音），〈魯迅與中國的木刻版畫運動〉，頁六十九至七十六。魯迅在一九三一到三六年間蒐集的木刻版畫，見《魯迅收藏中國現代木刻選集》。
12 沈從文，《記丁玲續集》，頁一二一至一二四；張潤梅，《丁玲：她的一生和作品》，頁五十二；張白雲編，《丁玲評傳》，頁一二八至一二九，「關於母親」；比嘉治，〈早期的丁玲〉，頁六十三至六十七。
13 譯文見伊羅生編，《草鞋腳》，頁二六〇。
14 張潤梅，《丁玲：她的一生和作品》，頁五十六至五十七。

15 「我的自白」，見張白雲編，《丁玲評傳》，頁二一五至二三三，引言見頁二二二至二二三。

16 前引書，頁一三〇、二二三，以及一二八至一二九（一九三二年六月十一日給她的編輯的信，見「關於母親」）。

17 傳略見包華德與霍華德合編，《中華民國傳記辭典》（「張作霖」、「溥儀」、「蔡廷楷」〔一九三二年統率十九軍戍守上海的將領〕條）。日本人暗殺張作霖的動機，見麥科馬克，《張作霖在東北，一九一一至一九二八年：中國、日本和東北人的觀念》，頁二四六至二四八的分析。這時日本在東北所實施經濟政策引發的商業效應，見畢克斯（Herbert P. Bix），〈日本帝國主義與東北的經濟，一九〇〇至一九三一年〉（Japanese Imperialism and the Manchurian Economy, 1900-31），頁四三〇、四三三至四三六。日本人在中國的商業策略，舉例而言，一九二一至一九三七年的山東，見賴特（Tim Wright），〈在華的中日商業：魯大公司，一九二一至一九三七年〉（Sino-Japanese Business in China: The Luda Company, 1921-1937）的精闢分析；前引文，表一，顯示魯大公司在中國幾年的經營其實是虧本的。

18 田弘茂（Tien Hung-mao），《國民黨中國的政府和政治，一九二七至一九三七年》（*Government and Politics in Kuomintang China, 1927-1937*）是英語世界中對蔣介石政治鬥爭技巧最具啟發性分析的書。亦可參考錢端升（Ch'ien Tuan-sheng），《中國的政府與政治，一九一二至一九四九年》（*The Government and Politics of China, 1912-1949*），特別是第二十三、二十四章，論「政黨」和「政黨政治」。有關上海共產黨領導權的鬥爭，可參考史華慈，《中國共產主義與毛澤東的崛起》（*Chinese Communism and the Rise of Mao*），尤其是第十章「長沙與李立三路線」，以及桑頓（Richard Thornton），《第三國際與中國共產黨人，一九二八至一九三一年》（*The Comintern and the Chinese Communists, 1928-1931*）的細膩探討。有關江西蘇區的分析，見金日平，《中國共產主義的政治：蘇維埃統治下的江西》，以及魯約翰，《站在對立面的毛澤東，一九二七至一九三五年》。關於江西蘇區的有用資料（以及一九二九年鄧小平在江西蘇區的初期活動），可參考李友華，《地區與國家：中國政治中的桂系，一九二五至一九三七年》，頁一〇四至一〇七；有關湖南蘇區的領導人賀龍，見金介甫，〈沈從文眼中的中華民國〉，第四章，特別是頁一〇三至一〇四、一二〇、一四〇。流產的河北蘇區，見格羅夫

（Linda Grove），〈創立北方蘇維埃〉（Creating a Northern Soviet）。

19 老舍（這是舒慶春終其寫作生涯所使用的筆名）的背景，詳見周綏寧（音）（Prudence Sui-ning Chou），〈老舍：現代中國知識分子的角色和困境〉（Lao She: An Intellectual's Role and Dilemma in Modern China），以及沃赫拉（Ranbir Vohra），《老舍與中國革命》（*Lao She and the Chinese Revolution*），第一、二章。老舍在《正紅旗下》（於一九七九年老舍身後出版）以小說的形式描述他的滿族教養過程。亦可參考胡金（音）（King Hu），〈老舍在英國〉（Lao She in England），以及萊爾和巴迪（Paul Bady）在為其翻譯之《貓城記》、《老牛破車》所寫的導論。

20 見周綏寧（音），〈老舍：現代中國知識分子的角色和困境〉，第二、三章，論老舍的早期小說；亦可參考巴迪譯，《老牛破車》，頁三十七至四十二，以及沃赫拉，《老舍與中國革命》，頁六十。

21 轉引自萊爾譯，《貓城記》，導論，頁 xl。〈我怎樣寫《貓城記》〉由巴迪全文翻譯成法文，該文收錄在老舍，《老牛破車》，頁四十三至四十九。

22 老舍，《貓城記》，頁二，依據萊爾譯，頁三。

23 老舍，《貓城記》，頁三十七至三十八；萊爾譯，頁四十一至四十三。

24 萊爾譯，《貓城記》，第二十一章。

25 前引書，頁二九四。

26 巴迪，〈死亡與小說—老舍的自殺〉（Death and the Novel—Lao She's 'Suicide'），頁十一，註二十七，提出這些最早的批評；巴迪譯，《老牛破車》，頁四十五，指出老舍自己輕蔑性的評論。周綏寧（音），〈老舍：現代中國知識分子的角色和困境〉，頁六十三至七十，分析、辯護這本小說，認為這本小說是一部「成功的諷刺文學」。

27 有關「中國民權保障同盟」，見杜伊可，《蔡元培：現代中國的教育家》，頁九十四至九十五。魯迅對這場餐會的記述，見魯迅著，楊憲益、戴乃迭譯，《選集》，卷三，頁二一八至二二〇。

28 魯迅所寫的序言，見魯迅著，楊憲益、戴乃迭譯，《選集》，卷三，頁二二二至二二四；〈誰的矛盾〉一文，詳見《選集》，卷三，頁二一四至二一六。

29 這些小說的概述，見比嘉治，〈早期的丁玲〉，頁二一三至二四四。（彼得潘部分的演繹見頁二四二至二四四）；張潤梅，《丁玲：她的一生和作品》，頁六十五至六十七。丁玲，《母親》，頁二三九。

30 張潤梅，《丁玲：她的一生和作品》，頁六十至六十一。

31 包華德與霍華德合編，《中華民國傳記辭典》，卷四，頁六（「楊詮」條）。陳少校，《黑網錄》（感謝Michael Lestz提供這本參考資料），頁七十一至七十五，探討楊詮的背景和遇害。

32 皮克維茲，〈瞿秋白的「我們是誰？」導論與大眾文藝的問題〉，頁五十；李頓，《通往共產主義之路：一九一二年以來的中國》，頁一七三。

33 皮克維茲，〈瞿秋白的「我們是誰？」導論與大眾文藝的問題〉，頁五十。

34 有關這次圍剿過程的細節，以及德國軍官扮演的角色，見劉馥（F. F. Liu），《現代中國軍事史，一九二四至一九四九年》（*A Military History of Modern China, 1924-1949*），第七至十章。撤退保密的程度甚至連江西蘇區共產黨的高階領導幹部也被蒙在鼓裡；見陳志讓（Jerome Ch'en），〈遵義會議的決議〉（Resolutions of the Tsunyi Conference），頁二十九至三十。胡奇希（音），〈華夫，第五次圍剿與遵義會議〉（Hua Fu, the Fifth Encirclement Campaign and the Tsunyi Conference），探討共產國際的代表布勞恩（Otto Braun）（在中國化名「李德」、「華夫」）的角色；有關林彪的重要貢獻，見胡奇希，〈毛澤東、林彪與第五次圍剿〉，頁二六八至二六九。

35 李頓，《通往共產主義之路：一九一二年以來的中國》，頁一六三。這份遺言真實性的問題，見夏濟安，《黑暗的閘門：中國左翼文學運動研究》，頁四十四至五十二的細膩推敲；夏濟安與日後丁玲的觀點一致，認為這份遺言是真的。

36 李頓，《通往共產主義之路：一九一二年以來的中國》，頁一六三、一六九至一七〇。

37 前引書，頁一六五至一六七，引言見頁一六五。這些觀點似乎重覆了瞿秋白在一九二六年三月二十六日為

《新青年》所撰關於社會主義和階級的文章，見德利克，《革命與歷史：中國馬克思主義史料編纂的起源，一九一九至一九三七年》，頁六十。

38 李頓，《通往共產主義之路：一九一二年以來的中國》，頁一七四。

39 前引書，頁一七五至一七六；司馬璐，《瞿秋白傳》，頁一六〇至一六一。不到一個月後，陶希聖也生動表達了智性的趨弱；見德利克，《革命與歷史：中國馬克思主義史料編纂的起源，一九一九至一九三七年》，頁二二一。

40 有關瞿秋白分析和編輯魯迅的作品，見皮克維茲，〈瞿秋白眼中的魯迅〉，頁三四二至三五五。有關魯迅編輯校勘瞿秋白的作品，見夏濟安，《黑暗的閘門：中國左翼文學運動研究》，頁一二八，註七十二。

41 引言見夏濟安，《黑暗的閘門：中國左翼文學運動研究》，頁一一三、一一四；有關魯迅與胡風之間的通信，見楊儀芳（音）（Yang I-fan），《胡風案》（*The Case of Hu Feng*），頁二十八至二十九。

42 有關長征細節的描述，見嘉拉文特（Anthony Garavente），〈長征〉（The Long March），以及威爾遜（Dick Wilson），《一九三五年的長征：中國共產主義倖存的史詩》（*The Long March, 1935: The Epic of Chinese Communism's Survival*），第二部。遷移至保安，以及窮鄉僻壤和聯盟，見施拉姆，《毛澤東傳》，頁一九二至一九九。薛爾頓（Mark Selden），《革命中國的延安道路》（*The Yenan Way in Revolutionary China*），第一、二章，對山西的社會條件提出圖表式的說明，以及一九三〇年代山西各個共產主義集團的變化。

43 范力沛，《敵與友：中共黨史上的統一戰線》，第四章；有關十二月九日的示威，見伊斯雷爾（John Israel）和克萊恩（Donald W. Klein），《造反者與官僚，中國的一二．九運動》（*Rebels and Bureaucrats, China's December 9ers*），特別是頁五十七至五十九，記載被學生稱為新「聖女貞德」的陸璀。

44 轉引自夏濟安，《黑暗的閘門：中國左翼文學運動研究》，頁一二一、一三一；亦可見楊儀芳（音），《胡風案》，頁三十至三十二。

45 夏濟安，《黑暗的閘門：中國左翼文學運動研究》，頁一三五至一三六。

46 前引書，頁一三八至一四一。

47 見魯迅，《魯迅全集》，卷二，〈故事新編〉，頁四八五至五〇五，一九三五年十一月，「理水」；頁五〇六至五三二，一九三五年十二月，「采薇」；頁五六一至五七五，一九三五年十二月，「出關」；頁五九三至六〇八，一九三五年十二月，「起死」。包華德與霍華德合編，《中華民國傳記辭典》，卷二，頁二四六，論及魯迅曾在「理水」嘲諷顧頡剛。（譯按：魯迅在「理水」篇中有位「鳥頭先生」，即是暗諷史學家顧頡剛。事出顧頡剛在其所著《古史辨》書中，引《說文解字》解釋，說「鯀」是魚，「禹」是蜥蜴之類的蟲。於是魯迅也如法炮製，引《說文解字》解釋，「雇」是鳥名，「頁」本義是頭，以鳥頭先生諷刺「顧」頡剛。魯迅在「理水」故事中除奚落顧頡剛之外，也以「拿拄杖的學者」影射優生學家潘光旦。）

48 魯迅著，戴乃迭編譯，《無聲的中國》，頁八十一至八十二。

49 前引書，頁八十四至八十六。

50 魯迅著，楊憲益、戴乃迭譯，《選集》，卷四，頁二九五。

51 前引書，卷四，頁二九五至二九六。

52 《魯迅書信集》，頁七六九，給蕭紅的信。比嘉治，〈早期的丁玲〉，頁八十九至九十七，記述丁玲遭逮捕的細節。

53 張潤梅，《丁玲：她的一生和作品》，頁六十二。

54 前引書，頁六十九。

55 前引書，頁七十一。

56 張白雲編，《丁玲評傳》，頁二二七。

57 前引書，頁二三〇。

58 丁玲逸逃的過程，見張潤梅，《丁玲：她的一生和作品》，頁六十四、七十二。

39. 毛澤東的首任妻子楊開慧與兩人的兒子岸英（1921年生）、岸青（1922年生）。她在1930年被捕並遭槍決。

40. 孫中山與妻子宋慶齡在天津，1924年。

41. 蔣介石與宋美齡在上海舉行的婚禮，1927年12月。

42. 胡也頻，1930年前後。

43. 徐志摩與陸小曼，時為1931年，徐志摩遇難前不久。

44. 1931年春，丁玲與母親、孩子在湖南，當時胡也頻已遭處決。

45. 1930年代初的老舍。

46. 魯迅、蕭伯納與蔡元培（五四運動期間的北大校長），1933年2月17日於宋慶齡寓所的午餐之後。魯迅在六天後寫道：「併排一站，我就覺得自己的矮小了。雖然心裡想，假如再年青三十年，我得來做伸長身體的體操。」

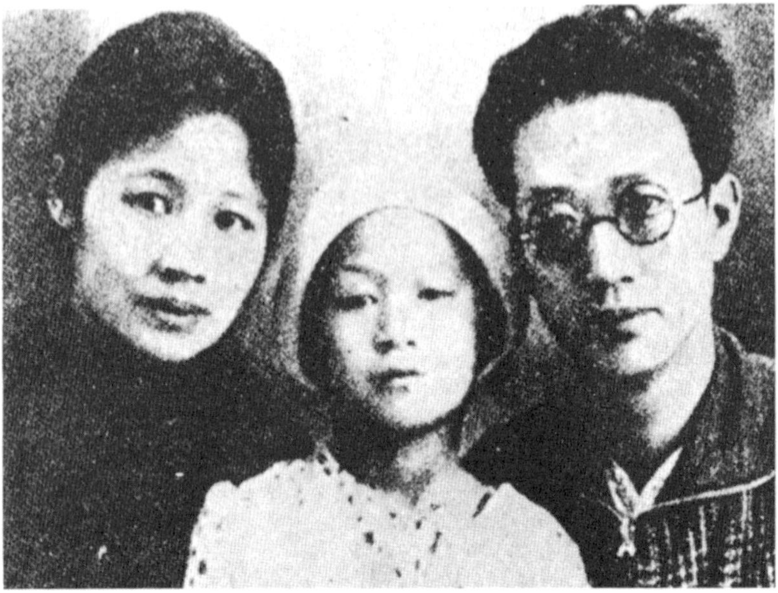

47. 1929年，瞿秋白與身為共產黨領導人的妻子楊之華及女兒，可能攝於莫斯科。

48. 1935年獄中的瞿秋白，剃了頭髮，
不久便遭處決。

49. 魯迅在上海，1935年。

50. 陳普之（陳蘭加）的版畫〈黃包車伕〉。

第十章　雛胞

一九三三年，老舍為《貓城記》寫了篇自我菲薄的序，其中虛擬了一段他與讀者的對話：「外甥問我是哪一派的寫家？屬於哪一階級？代表哪種人講話？是否脊椎動物？得了多少稿費？我給他買了十斤蘋果，堵上他的嘴。他不再問，我樂得去睡大覺。」老舍還說，他睡得很沉，醒來時，年月日不太記得，故不似平常的作家，在序言結尾註記日期。[1]

到了一九三六年初，由中國的生活經歷，老舍知道這些疑問不能再當笑話般擱下。一九三三與一九三四年盛暑，他在濟南教書利用長假餘暇所寫的兩部小說（《離婚》、《牛天賜傳》）裡，繼續探討了近代中國中產階級的世界，而這段時期的見聞也令他益發心灰意冷：中國舊時社會的價值觀已不再合用，面對新世局尚未找出新的道德原則來依循；他們雖感到自己的不幸，卻怯於動手扭轉自己的處境。不管是牛飲啤酒的偽馬克思信徒，足蹬緞面鞋的偽儒生，或是絕望的貧農，都莫名地捲進社會對立與軍事衝突，況且都還手無寸鐵。就像魯迅筆下辛亥年的男男女女，漫無目標從何墟湧向蕪市，老舍故事裡的主人翁「從不清楚內戰究竟是誰打誰，也不關心誰勝誰負。」但求上蒼讓戰事遠離他們生活之地，狐疑地在屋頂上升起日本旗，希望這面旗起碼能讓打算來犯的任一方軍隊打退堂鼓。[2]

一九三六年初，老舍欲在上海自力寫作為生之願落空，再次謀得教職返回山東，這次去了青島。老舍決定放下所有教務一年，專心寫一部成功、嚴謹的小說。

這部小說就是《駱駝祥子》，九月先在雜誌上連載，故事的主角是在北京謀生、綽號「駱駝」的年輕人力車伕祥子；《駱駝祥子》也是一部影射北伐之後十年期間中國命運的寓言。一開場，年輕力壯、沒念過書、滿懷希望的祥子，拉著租來的人力車在北京討生活；他四季無休、風雨無阻，腳步輕快、興致高昂地跑遍北京城；他熟悉每一處陡坡、胡同，每家餐館、每條水溝，牆上的每盞燈，每條街的風勢。祥子想著的，就是有一天能有自己的人力車，每天上油保養，擦得光鮮亮麗，討門賢慧的媳婦，為他生兒育女。祥子雖然身強力壯，夢想也如此單純，但隻身寡人的他也無法平靜過日子：祥子掙錢買來的人力車，卻被四處流竄的軍隊沒收，再也要不回來；第二次掙錢存錢更為辛苦，對需錢孔急的拉車伙伴也無動於衷，最後卻被謊稱在搜查亂黨的惡棍探子偷走；祥子娶了不中意的女人，期待能過過好日子，沒想到岳父卻沒給他老婆半點財產；妻子難產過世之後，他卻婉拒了另一個愛他、關心他的女孩子。最後，祥子又病又孤獨、未老先衰，行乞、舉債度日，靠著出賣工運分子情報，以及在送葬隊伍與遊行隊伍當人頭為生。[3]

老舍藉由《駱駝祥子》來答覆《貓城記》序言裡那段對話的五個問題。首先，從這最後一個問題說起，寫小說就為賣錢，市場賣價決定一切，寧寫長不寫短：「五千字也許比十萬字更好。文藝並非肥豬，塊兒越大越好。不過呢，十萬字可以得到三五百元，而這五千字只得了十九塊錢，這恐怕也就是不敢老和藝術親熱的原因吧！」第二，老舍的文風雖無門無派，但他文中的人物塑造與寫實主義風格明顯深受社會主義理論影響；小說裡，沒有那種照亮瞿秋白希望的耀眼光芒，只有更冷靜地體認到這世界就如其中某老者喃喃說的：「到底是哥兒們哪！」或如祥子老婆臨終前理解到，人生就是「才在東方遊蕩，太陽卻已西沉，遠方已是漆黑一片，眼前唯有一線夕陽，你還是要盡人事聽天命的往前走幾步。」[4]第三，老舍顯然自認屬中產階級，天賦橫溢之才與社會良知，又顧家（早時幾次不如意後，終在一九三四年結婚，現時有個孩子），但卻無力改變這個世界。在《駱駝祥子》裡有個性格敦厚的角色曹先生，曾雇祥子拉了一陣子車，他恍若作者的化身：

其實呢，曹先生並不怎麼高明。他只是個有時教點書，有時候也作些別的事的一個中等人物。他自居為「社會主義者」，同時也是唯美主義者，很受了維廉．莫利司（William Morris）一點兒影響。在政治上、藝術上，他都沒有高深的見解，不過他有一點好處：他所信仰的那一點點，都能在生活中的小事件上實行出來。他似乎看出來，自己並沒有驚人的財力，能夠作出些驚天動地的事業，所以就按著自己的理想來佈置自己的工作與家庭；雖然無補於社會，可是至少也願言行一致，不落個假冒偽善。[5]

第四，老舍用北京街頭的方言來為窮人及當時所有的中國人發聲。窮人在一個艱苦、難以逆料的社會裡單打獨鬥是不管用的，而當時的中國人對自己和國家似乎也無能採取明智的集體行動。在小說的結尾，滔滔講出的政治觀點，想必會令瞿秋白大為激賞：

穿紅衣服的鑼夫，與拿著綢旗的催押執事，幾乎把所有的村話都向他罵去：

「孫子！我說你呢，駱駝！你他媽的看齊！」

他似乎還沒有聽見。打鑼的過去給了他一鑼錘，他翻了翻眼，朦朧的向四外看了一下。沒管打鑼的說了什麼，他留神的在地上找，看有沒有值得拾起來的煙頭兒。

體面的、要強的、好夢想的、利己的、個人的、健壯的、偉大的，祥子，不知陪著人家送了多少回殯；不知道何時何地會埋起他自己來，埋起這墮落的、自私的、不幸的，社會的病胎裡的產兒，個人主義的末路鬼。[6]

第五，最諷刺的問題，即問他是不是脊椎動物，此時的老舍已有答案。若說「直立之姿」將人類和其他脊椎動物區分開來，讓人類得享某種自稱的尊嚴，那棄直立之姿就勢同否定此區分，也抹煞了此種尊嚴。正因如此，祥子乖舛一生的關鍵，就在他彎下了當初挺直的腰桿，當初秉持年輕人的尊嚴，即使拉車也要挺直身體。他的經歷代價慘重；命運的捉弄不僅打消他的骨氣，還讓他「肩頭故意的往前鬆著些」。但這樣的苦頭彷彿還嫌不夠，他與雇主的姘頭有染，而得了性病，發病的疼痛讓他的背更彎了。祥子不曉得有療效驚人的性病靈藥「六零六」，在二十年前魯迅就向國人推薦過；莎菲女士也在報紙上看過這藥的分類廣告；然而，即便祥子知道此藥，也買不起：「他臨時服些藥，或硬挺過去，全不拿它當作一回事。」[7]

一九三六年，老舍寫著祥子的灰暗人生，共產黨軍隊為鞏固西北根據地保安而窮於應付之時，左右一九二〇年代中國局勢發展的民族主義與愛國情緒又再復燃。三月，來自十六個城市的代表聚集上海，再次組織了全國學生聯盟。四月，北京學生成立了救國聯盟；七月，他們向國民黨中執委請願，要求結束國共對峙，釋放政治犯，並宣示堅決抗日。共產黨起初未積極介入，鼓動這種有利於自身利益的民族主義情緒，到了八月才公開表示支持，並邀請他們派代表蒞臨西北蘇區。十一月，日軍進駐綏遠之後，共產黨人開始公開呼籲組成「統一戰線」一致抗日，同時在北京、上海、西安發動大規模遊行（統一戰線的策略與同年蘇聯利用西班牙內戰的策略方針如出一轍；有些中國共產黨人甚至強調他們在延安的行動可與占據馬德里的忠誠派相提並論。）十一月底，國民黨在上海逮捕了救國聯盟的七位領導人之後，緊張的局勢急遽升高。到了十二月四日，因為蔣介石軍隊從甘肅發動的大規模攻勢慘敗，另一支駐西安的部隊又按兵不動拒絕再戰，西北區剿共的行動因而停頓；於是蔣介石親臨西安坐鎮指揮剿共行動。八天後，蔣遭到叛變的下屬部隊逮捕。歷經兩週驚濤駭浪的折衝樽俎，國民黨將領、共產黨、各派系軍事首領等各方人馬加入談判，而蔣介石在答應停止剿共，並由他統率全國組成抗日統一戰線的條件下獲得釋放。[8]

丁玲在這次倒蔣政變的兩個月前離開西安，十月抵達共產黨據點保安，受到共黨領導人的熱烈歡迎；丁玲是作家，又是從國民黨手裡逃出的政治犯，他們樂於利用她這雙重的名氣。丁玲曾與毛澤東有過一番長談，毛是她湖南同鄉，毛的妻子楊開慧又是她同窗；她也和鄧穎超長談過，鄧是五卅運動時天津學生間的協調人，周恩來的髮妻。一年前魯迅極力反對的「中國文藝家協會」，其中一個分會就是以丁玲為核心。隨後她自動請纓前往陝甘邊界觀察前線戰區，整個十二月都待在那裡。一九三七年一月丁玲返回時，中國共產黨已經遷往較大的市鎮延安，往後十年中共就一直以此為根據地。在延安，丁玲被指派主持政治教育工作，承命編撰長征的歷史紀錄，並在一所師範學校教授文學。[9]

洋溢熱情又樸實無華的延安生活，讓丁玲不得不感動。經西安事變後，長征的倖存者一夕間從竄逃的叛亂分子，搖身變成愛國者；此刻正加強自身防衛能力，廣納新血，為可能持久的抗日戰爭秣馬厲兵。相較她人生經歷的前三個階段——幾乎身無分文的北京輟學生，在上海受景仰的青年作家，以及遭追捕、軟禁的共黨陰謀分子，其對比十分鮮明、強烈；現在丁玲扮演的是領導、宣傳者與教師的角色，甚至還要發表演講，丁玲告訴來自上海的友人，她變壯，也變胖了。她漸漸習慣長時赤腳跋涉；她學會不搭火車、走公路，甚至走崎嶇地勢時也不騎騾；到最後就連數天不洗臉、不刷牙也不覺不妥，她身著簡樸軍裝，頭上戴著無邊帽。[10]

一九三七年春，丁玲已融入延安的生活節奏；而共黨領導人此刻正反覆琢磨與國民黨協商之細節。最後同意作出四點讓步，以交換國民黨休兵：停止一切顛覆國民政府的行動；願意把近三萬紅軍的指揮權交由國民黨「指導」，在延安地區及此地統制的百萬人民之間停用「蘇維埃」之名；建立以普選為基礎的民主程序，讓符合資格的非共黨人士也可服公職；停止沒收地主財產。共產黨人不斷向其追隨者保證這是「讓步」而非「投降」，是面對日軍漸次升高的攻勢之必要行動，他們全面實施這四項政策，在一九三七年夏與國民黨達成最後協議。[11]

國共雙方的協議因七月七日蘆溝橋事變而加快步伐。當天屯駐天津的日軍決定攻占位於北京西南的蘆溝橋，這是聯絡武漢及華中的交通要衝；相較過去二十年每逢接戰不是乞和就是投降，這回中國軍隊居然英勇抵抗日軍。為此，東北的日本陸軍司令部又增調三萬大軍馳援天津日軍，另一支日軍則是大舉猛攻上海。到了八月，中國與日本已是公開交戰狀態。[12]

在延安，因抗日戰爭爆發而一片歡欣鼓舞。共產黨人視蘆溝橋抗日行動為中國人民新精神的象徵，丁玲則形容此役開啟了英雄式純真的新時代，延安精神將於全國發揚光大。在丁玲屈指可數的詩作中，有一首寫在蘆溝橋事變三天後，直接以〈七月的延安〉為題；她在詩裡側重延安與她出走的舊世界之別，那個世界自然就是日軍現正攻打之地：

這是什麼地方？
這是樂園。
我們才到這裡半年，
說不上偉大建設，但
街衢清潔，植滿槐桑；
沒有乞丐，也沒有賣笑的女郎；
不見煙館，找不到賭場。
百事樂業，
耕者有田。
八小時工作，有各種保險。
那些躞蹀在街頭的
年輕的工人，全來自
武漢、西安、滬上。
四面八方來了
學生幾千，活潑、聰明，
全是黃帝的優秀子孫。[13]

五年前，沈從文與懷憂喪志、衣衫襤褸、精疲力竭的丁玲有過一番消沉的長談，沈在對話結束時半開玩笑說：「一切記憶還很年輕，人也不應當比印象老得太早！」他還記得丁玲苦笑著回答：「我什麼時候年輕過？」[14]如今，儘管她不得不橫越大半個中國，割捨愛人與兩個孩子，卻已恢復了青春活力；她身處來自中國各地的女青年中，一起生活、一起旅行、一起學習。她們共同的奮鬥目標是丁玲母親三十年來所追求的：掃除文盲，消滅貧窮，廢纏足陋習。丁玲從寫詩再往表演與劇本創作發展。她銜命主持「西北戰地服務團」後，一九三七年底帶領三十餘名藝工與作家，在山西、陝西為當地農民表演和勞軍，她們時而即興演出，時而依劇本表演。這段期間，丁玲寫了兩齣劇，不消說，全是以抗日為題材：其中之一，描述有個反抗組織成員，故意成了漢奸為虎作倀，以掩護他愛人的地下工作；另一齣劇，描述被俘的日本兵受到開導，逐漸瞭解自己國家的侵略本質，反倒同情起中國人的抗日。[15]

說來諷刺，中日之戰帶給丁玲某種程度的滿足感和人身安全；但對華東人民而言就不是如此了，蘆溝橋事變後，這裡就陷入水深火熱之中，民不聊生。該年夏天，日軍攻克北京、天津；十一月，上海在歷經激戰後亦告淪陷，十二月南京隨之失守。至一九三八年秋，日本已牢牢控制中國東北的各大城市，更往長江流域進逼，奪取武漢，並占領廣州。戰爭爆發後的前十六個月，中國軍隊傷亡慘重：決心守住華東、華中重要據點的蔣介石，遣精銳之師扼守上海與南京，且下令守軍須戰至最後一兵一卒。結果這些戰役中，中國軍隊折損三十五萬人，一九三八年的武漢保衛戰損失更高達七十萬人。平民傷亡不計其數。蔣介石每作出軍事決定，往往就是以數萬老百姓喪生為代價。例如，炸毀黃河河堤，水漫華北平原，以遏阻日軍攻勢；又如，火焚長沙全城，以防物資盡落敵人之手。然而，這些手段遠不及日軍野蠻的獸行。僅南京城一地，在一九三七年十二月的十天內，日軍恣肆燒殺擄掠，估計有三十萬人遇害，幾萬名婦女遭強暴。[16]

日軍取勝神速，迫使幾百萬還能逃離的中國人必須倉促決定落腳何處以苟全性命。當時有四種可能的選擇：華北的日本占領區，已在北京建立表面上由中國人統治的傀儡政權；華中的長江流域，在南京還有另一個傀儡政權（一九四〇年後由前國民黨領導人汪精衛主政），包括上海在內，中國泰半富饒地區皆在轄下；中國西北，中共根據地的陝西延安，此時中共已捨蘇維埃之名而自立邊區政府，勢力逐步伸至甘肅與寧夏，並進入山西與河北；或者是南方和西南部，政治權力中樞位於蔣介石的戰時首都重慶。

當然，對許多人而言，選擇去處是受親屬關係或思想認同的左右：魯迅的弟弟周作人在日本念書並娶日本人為妻，他選擇留在北京，抗戰期間繼續寫作和治學；南京雖被洗劫一空，上海當然還是作家、藝術家的天堂，也是那些在此有財務投資的資本家、地主的避風港，即使至一九四二年公共租界淪陷後，這裡仍是蓬勃的知識中心，住著一批才華橫溢的作家為熱情讀者創作。

對左翼或共黨作家而言，無論是魯迅的朋友或敵人，離開上海投奔延安算是合理選擇，延安也可能張臂歡迎並大肆宣揚；然而，周揚在此被奉為上賓，甚至當上「魯迅藝術學院」院長，可能促使與魯迅交好的左翼作家有所顧忌，遠離延安，往重慶或其他國民黨控制區域尋找機會。馮雪峰就是一例（他是助丁玲逃脫國民黨掌控的共黨詩人）；共產黨創黨元老、長年被同志醜詆為托派的陳獨秀，無論如何動之以情、說之以理，毛澤東甚至派說客邀他到西北，他就是不為所動。儘管他兩個兒子都遭國民黨處決，自己也在國民黨獄中度過五年，他卻寧可住在重慶上游偏遠的內陸城鎮。[17]

聞一多與老舍都得面臨類似的抉擇，只不過兩人在職業與志趣間的抉擇上走了完全相反的路：聞一多為了全心教書而放棄了寫作，老舍則為了全心寫作，在《駱駝祥子》大獲成功之後放棄了教書。

至於聞一多，他曾嚴辭抨擊日本帝國主義，對共產黨也不假辭色；儘管對國民黨也同樣興趣缺缺，但他只能選擇到華中或西南地區。一九二八年之後，教授中國古典文學讓他生活歸於平靜，經濟上也不虞匱乏；他先後在武漢大學、青島任教，一九三二年後回到留學美國前的母校北京清華大學。現時的聞一多，傾全力鑽研早期道家經典及唐詩，和屈原晦澀難解的《離騷》。聞一多講課很受歡迎，但行徑又有些悖離常情：他總是一襲黑色長袍，髮鬚濃密，作風平易，在課堂上不僅自己抽菸，也邀學生分享，他從傍晚開始講課，一直到深夜。若有學生問他何以沒有新的詩作，他先是喟然長嘆，然後答說他已不再寫詩了；

不過他倒寫了不少評舊體詩的文章。聞一多變得對政治十分冷漠，對「一二九運動」亦無動於衷；一九三六年，他勸學生專心課業，不要把精力浪擲在政治上。[18]

一直到一九三七年七月，聞一多的態度皆是如此。蘆溝橋事變後，日軍揮師北京，聞一多這才火速將妻子與五名孩子送到武漢附近的老家安置，自己則是留下來收拾書籍手稿，然後再關閉讓他平靜生活幾年的房子。送走妻子後不久的七月十六日，他寫了封信給妻子（高孝貞），信中流露出此刻心中的淒苦：

這時他們都出去了，我一人在屋裡，靜極了，靜極了，我在想妳，我親愛的妻子。我不曉得我是這樣無用的人，妳一去了，我就如同落了魂一樣。我什麼也不能做。前回我罵一個學生為戀愛問題讀書不努力，今天才知道我自己也一樣。這幾天憂國憂家，然而心裡最不快的，是妳不在身邊。親愛的，我不怕死，只要我倆死在一起。我的心肝，我親愛的妹妹，妳在那裡？從此我再不放妳離開我一天。我的肉，我的心肝！妳一哥在想妳，想得要死！[19]

是月稍後，聞一多離開北京，回老家與家人重聚，但即刻又與家人道別，南下長沙——他任教的清華大學及北京另兩所大學的流亡學生在此地併校復課。

隨著日軍步步進逼，迫使這所學校又再遷徙，清大與北京、南開兩所大學在雲南昆明併成西南聯合大學（簡稱「聯大」）。依指示，男學生只能徒步從長沙跋涉到昆明，女學生與教職員則可搭火車；火車南下到越南海防後，可以轉乘滇緬鐵路折返雲南，便可抵達昆明。聞一多雖是教職員，卻捨搭車而與學生徒步跋涉。這對聞一多而言是一次重大的抉擇，成為扭轉他一生的關鍵，就如一九三七至一九三八年間，跋山涉水橫越國土的眾多中國人一樣；他們在途中見識到祖國的雄偉壯麗與遼闊幅員，路途的危險程度雖不能與共產黨的長征相提並論，但過程之苦卻不下於長征。聞一多一行走了六十八天，因沿途必須翻山越嶺、涉水渡河，原本直線距離七百哩的路程，總共跋涉了一千兩百哩。聞一多在路途中再次看到他早在一九二七年就體認到的頹唐國勢。

聞一多和學生穿越湘西，途經沈從文家鄉沅陵。沈從文為了躲避華東戰禍，此時正巧也回到沅陵，他招待聞一多和隨行學生，幫他們打點了幾天份的糧食和遮風避雨的地方。和沈從文一樣，聞一多學會了欣賞與瞭解當地苗族的文化。這些年以來，聞一多首度提筆作畫，得閒也會即興向學生詳細解說他們沿途地方的神話與歷史。一九二〇年代，沈從文曾將軍中友人蒐集的六百首苗族歌謠篩選集結成冊，將苗族民謠蘊含生活習俗的優雅、機鋒與原始推介至北京文化界。聞一多有位學生也如法炮製，從湘西、甚至更遠的貴州和雲南採集了兩千多首歌謠，並打算出版。[20]

聞一多及其學生學會如何分配有限的食物，如何在食糧不足的村子裡生存，還學會控制脾氣。他發現，途經之處遠比一九二七年他親眼目睹、戰亂下的湖南與湖北更貧窮保守：

女人窮到衣不蔽體；男人則像牲畜一樣被沉重的貨物壓彎了身子；山腰遍植罌粟，不時有土匪往來巡視；孩子幾乎得不到現代化教育，還得面向孔子牌位磕頭背誦四書五經。[21]

在昆明的前幾個月，各種問題多得讓他窮於應付。成千上萬的難民湧進昆明市，房租攀升，基本民生物資日漸匱乏。平時以白開水解渴，喝茶僅能偶一為之；先前菸不離手的聞一多，此時也發現香菸一根難求。隨著糧食價格飛漲，他的薪餉日漸不敷開銷，且學校經常移作軍事組織或其他設施之用。他們一度還得在荒蕪的墳地露宿，在茅舍的泥地，或蜷縮在地洞裡睡覺。有些人兼差當起挑水工或門房；有些則為了發財幹起走私勾當，令聞一多痛心。[22]不計代價地籌錢；迫不及待地看報紙，亟欲知道日軍往哪個方向推進，哪條鐵公路暢通，還有哪座機場容飛機起降載客，哪些城市還可以安居度日——聞一多在一九三八年間寫給妻子的信，裡頭幾乎都是這類情事。[23]

聞一多顯然與妻子情深意厚，雖然他們是由雙方家長安排決定而成親的，顯見舊中國某些重要傳統在新時代仍有其價值。同時，他們的典範也讓人想到在這革命時代感情受創的其他人：蔣介石為了娶宋美齡而拋棄元配；正當許廣平為魯迅照料孩子、處理他的著作權時，魯迅的元配還與婆婆住在北京；徐志摩的前妻張幼儀拉拔帶大他們的獨子時，徐的第二任妻子陸小曼則在編輯徐志摩的日記；毛澤東的第二任妻子賀子珍，被迫把兩個孩子留在江西蘇區，懷著身孕隨毛澤東長征，結果到了延安，毛便拋棄賀子珍，娶了電影明星江青。至於聞一多，至少當他在昆明附近尋找仍有房間出租的村子，忖度下個可能遭襲淪陷之地時，最大的願望就是與妻子團聚，「一同吃苦」。[24]聞一多在寫給父親的信裡，語帶焦慮，懇請雙親重新考慮留在祖居頤養天年的決定，但是隨著戰情擴大，唯一的問題就是何處才是安全的棲身之所。該年九月，聞一多與妻子、五個孩子在貴陽重逢，隨後全家與他弟弟一家人同返昆明，兩家共十一個人搬到昆明西北方的村子，住在驛站樓上的兩個房間；他們同學生一般睡在地板上，餐具和傢俱全都是借來的。[25]

如同在延安的丁玲，聞一多在如此緊繃的氛圍下，更加投入工作，身體也健壯許多。他那一度沉寂的旺盛精力與愛國情操再度被喚醒。如今，戰亂中的昆明，暫時不會再有文人相輕的齟齬，唯能讓聞一多操心的，就只有如何填飽肚子，如何躲過幾乎讓他自學校接孩子返家途中喪命的日機轟炸，以及如何在因陋就簡的地方善盡他的教學責任。[26]聞一多雖然不再作詩，不過仍能將他對新中國的情感從治學上表達出來——而他的學生們採擷苗族歌謠出版後，給了他一個抒發的窗口。一九三九年三月，聞一多在為這本書所寫的序言裡論及：「你說這(歌謠)是原始的，是野蠻的。對了，如今我們需要的正是它。我們文明得太久了，如今人家逼得我們沒有路走，我們該拿出人性中最後、最神聖的一張牌來，讓我們那在人性的幽暗角落裡伏蟄了數千年的獸性跳出來反噬他一口。」他繼續說道，抗日戰爭給中國一個最終、最亟需的契機來自我證明。聞一多呼應了梁啟超在一九一九年寫給友人的信中所說的話，他呼籲：「如今是千載一時的機會，給我們試驗自己血中是否還存有著那隻猙獰的動物，如果沒有，只好自認是個精神上『天閹』的民族，休想在這個地面上混下去了。」[27]

老舍在思路轉變上也有著相同的歷程，唯其與聞一多的差別，是他最後投入機關組織來發揮愛國心。一九三七年夏末，老舍逃離山東的家，到西南方的武漢加入國民黨部隊。一九三八年春，老舍在武漢獲選為「中華全國文藝界抗敵協會」主席，並擔任協會刊物《抗戰文藝》的編輯。老舍所以得此職位，是因為儘管他嚴厲批判「大家夫司基主義」，但對窮黎受盡剝削之事也疾言厲色；所以國共雙方的支持者皆推崇他能以文藝工作者身分秉持良知說話，也樂見他對敵方陣營的抨擊，而不在乎他對己方的批評有多刺耳。在這些位置上，他的職責就是在為抗戰奮鬥的口號下，結合各年齡層的作家，而他也很盡心盡力。老舍剛開始在武漢工作，一九三八年夏日軍兵臨城下時，他就轉進重慶。老舍一方面不遺餘力維護文藝陣地的統一戰線，另一方面還親力親為，寫出一系列激勵民心士氣的愛國劇本與歌曲。但是這類帶有明顯宣傳意味的作品，已不復見他早期作品中的熱情與戲謔，當老舍試圖重操拿手的小說創作時，他獨樹一格的個人風味反而蕩然無存。一九四三年完成的小說《火葬》，顯然特意要貶損助紂為虐的漢奸，縱使這些人義正辭嚴，自稱通敵是為了救國人同胞性命，但最終只會成為越陷越深的叛徒；國家唯一希望就繫於效忠國民黨的游擊軍隊，他們百折不回，堅忍奮戰，不把侵略者趕出國土，誓不罷休。[28] 在《火葬》的序言裡，老舍表達出對此書的不安，直言說「要是在戰前，我一定會請它到字紙簍去的。」他承認對於戰爭的技術層面，如戰術、武器、運輸等一知半解，他也說自己對於現時居住的內陸境況也是懵懵懂懂，那「寫什麼呢？怎麼寫？」[29]

在這些浮光掠影的議論中，老舍凸顯了重慶生活、也就是自一九三八年以降之所謂「自由中國」的深層問題。歷經該年的血戰之後，中、日雙方已然兵疲馬困，雙方也正為下個階段的交鋒而重整旗鼓，兩軍於是進入緊繃膠著的狀態。這時的中方，飛機與軍事重裝備折損殆盡，根據地又處於窮山惡水的內陸，只有少量工業設施，所以僅能仰賴西方國家經滇緬公路補給的物資，根本無力發動大規模攻勢反擊日本。在此山雨欲來前的寧靜時刻，國共之間的昔日積怨復又因新仇而潰堤：各為其主的游擊部隊間，齟齬司空見慣，以延安為據點的共產黨人在日本的後方逐步擴張邊區政府的勢力，慫恿原本效忠蔣介石的北方軍隊變節，藉此壯大己方軍力並擴展勢力範圍。國共雙方皆派情報人員滲透到對方的組織系統。國民黨發言人聲稱，共產黨人激化、操弄統一戰線的口號以拓展地盤；而共產黨則堅稱得不到軍需物資，在中央政府裡的發言也顯得無足輕重。一九四一年一月，國民黨軍隊堅稱在皖南活動的共黨軍隊罔顧軍令，公然攻擊中共的新四軍，殺了數千名共軍；幾個月後，延安亦遭西北的中國穆斯林部隊襲擊，這次行動顯然出自國民黨授意。由第三勢力政治人物與知識分子組成廣泛基礎的團體，大聲疾呼重建某種形式的民族復興聯盟，並倡議重開國民參政會，以恢復中國國內的團結。三月，他們組成「中國民主政團同盟」，但他們的主動提議並未能彌合國共之間的隙罅。十二月，日本偷襲珍珠港，羅斯福總統命史迪威將軍（Joseph Stilwell）主持設於重慶的美軍指揮部，中國的統一戰線已有瓦解之象。[30]

這種局面造成西方人和中國人對重慶的觀感南轅北轍：西方的政治領袖與專欄作家普遍讚揚「自由中國」，認為蔣介石才是真正的國家領導人，他所帶領的國家是抗日戰爭的重要盟邦；但國內的批評聲浪卻抨擊重慶官僚駑鈍顢頇，軍隊指揮調度無方，蔣介石政府中飽私囊鉅額美援，惡名昭彰，國民黨恢復對疑似「左派」的人士進行審查和政治恫嚇。聞一多有位學生，在聞一多前往昆明時搬到重慶，時常與老師通信，在一首題為〈捉〉的詩裡，他（臧克家）以冷峻簡練的語言寫出當時的情景：

……，微弱的反抗
像一隻雀子
被捏在一隻大手中。
雜沓的步子
響過小院落，
火把在我的窗紙上
恐怖地一閃，
一個老太婆淒厲的哀號
像投在黑暗大海裡的一塊石子，
激起來的波紋，

漸漸遠，
漸漸渺茫。31

其他作家試圖藉詩歌勾勒戰時重慶那種揉雜狂熱、麻木、世衰道微，以及半西化道德風尚的景象。袁水拍的〈標題音樂〉是箇中翹楚；他以蒙太奇手法拼湊時下的政治口號、廣告辭彙與報紙標題，以紀念一九四一年夏天為躲避日機轟炸重慶市、爭相走避而被踐踏殉命的數百名難胞。可想而知，這首詩勢難見容於重慶，而是在香港發表：

七天七夜車頂上吃睡拉
隧道口掃下了一百三百
大火，大火，大火
屍體，屍體，屍體
壁上春光半露
勇士攘臂直前
大腿，大腿，大腿
曲線，曲線，曲線
火光裡突出的眼睛

眼睛裡冒出的火燄
城市跟著城市，鐵路線
鄉鎮又鄉鎮，小徑和騎兵
快樂無疆，明月重圓夜
擠掉帽子者大有人在
如遇警報，全部五彩
頭獎硬是在此，發財請早
吃緊，吃緊，吃緊
看漲，看漲，看漲
四十萬萬元在金潮裡打滾
變，不變，莫談國事
支支宏壯悠揚
場場歌舞美妙
為慰勞從軍同學而歌
為救濟後方難胞而舞。[32]

延安顯然因為與重慶景象大不相同而得利；掌控當地共產世界的延安，將生活的千頭萬緒化約得更簡潔、更清晰，這樣動人的景象，不僅對丁玲這類投奔延安的知識分子，對於挖空心思想進入此地的西方記者和軍事人員都極富吸引力。這多少是因為在此地見不到奢侈品——丁玲曾因擁有一罐咖啡就引發議論，由此可見一斑。另外是因為中共自接受抗日統一戰線政策之後，其意識型態日漸靈活、實事求是。再者，縱使延安經濟凋敝，但只要是中國盟友，無論階級出身，都歡迎加入抗戰行列。[33]毛澤東在一九三〇年代末的著作，特別強調不斷從實踐中學習，並認清任何既有處境的內在矛盾，並稱頌清末以來國民黨三十年帶領下的開創性成就。毛澤東強調需要「馬克思主義的中國化，使之在其每一表現中帶著中國的特性，」但他同時堅持對於各種力量要進行廣泛的研究：中國人若不想成為「一個西班牙的唐．吉訶德，再加一個中國的阿Q」[34]，這就是最基本的要求。從丁玲寫於一九三九年的小說，透過中共根據地兩名婦女的簡短對話，可以窺知她當時的感受：

劉素說：「因為妳是那麼愉快，使人摸不清，薇底，一切生活的困惱，似乎從沒有影響到妳似的，妳是在什麼地方養成這一種心情的？」

「妳以為我都是這樣的嗎？我從前憂愁得很呢，是一個不快樂的人呢。自從來到這裡，精神上得到解放，學習工作都能由我發展，我不怕什麼人，敢說敢為，集體的生活於我很相宜。我雖很渺小，卻感到我的存在。我還能不快樂嗎？」[35]

然而，到了一九四〇年，這樣的樂觀情緒就很難繼續了。新四軍與國民黨軍隊在一九四一年的兵戎相見，使中共軍隊嚴重折損；而共產黨這次的挫敗，重蹈了一九四一年共產黨人在華北發動「百團大戰」之後遭日軍野蠻反擊的覆轍。日軍這次反擊有個猙獰的名稱「三光」（意指燒光、搶光、殺光），他們採取恐怖手段企圖根絕中國人在華北的反抗勢力。數以萬計的村莊遭摧毀殆盡，平民百姓不是被槍殺，就是被送進滿洲國的日本工廠做工。雖然因此使得更多新血輪絡繹於途，投奔中共，但接踵而至的時局發展，迫使共黨領導人不得不改變戰略。特別是國民黨對中共根據地進行經濟封鎖，並斷絕對共產黨的財政支援，導致中共根據地嚴重通貨膨脹以及物資短缺；於是強化黨的紀律便成為當務之急；共黨領導人開始重申「群眾路線」的重要性，強調必須團結服膺共產主義的知識分子隊伍。[36]

丁玲與其他人都感受到黨內的這股壓力，一九四〇年後她就不再寫大快人心的抗戰故事，而這正是兩年來她日夜孜孜寫作的主題。說來算機緣巧合——或許也有助說明她心境之轉折——那時丁玲與幾名友人拿著瞿秋白那份自我解嘲的遺言〈多餘的話〉，論辯此文的寓意。儘管其他幹部都否定其真實性，但瞭解瞿秋白頗深的丁玲，確信這篇文章是瞿的原作。[37]在一九四〇及四一年期間寫的四篇小說裡，丁玲開始刨根究底，探究隱藏在延安高昂士氣表象的背後，種種粗鄙、偽善、幻滅的問題。其中有篇故事（〈入伍〉）敘述一名嚮往生活條件較佳的國民黨控制區的記者，最後面對真正的磨難、需要展現勇氣時，卻捨棄夢寐以求的歷練不就，只是寫成繪聲繪影的報導，並對自己的角色大吹大擂。在另一篇故事〈我在霞村的時候〉，丁玲描寫被日本人挾持、慘遭輪姦的女孩，飽受凌虐成傷，且染患性病而體弱；共產黨人說服她繼續與日本人私通，掩護共黨地下人員取得重要情報；這名女孩不能公開為自己的行為辯解，自然遭到同村村人的毀謗與懷疑，然而她堅信黨的醫生最後必能治癒她的病。第三篇故事（〈夜〉）則是描述一個農村幹部，但他並不想要這份突然得來的工作，而膝下猶虛也讓他對年紀較長的妻子不滿，他老是擔心對房事力不從心，在政治工作上力有未逮。當他老婆受盡冷落而發怒，猛力敲打床沿時，他一心只怕她會敲破撐著床板的水缸，而這個水缸是家裡用來孵他最喜歡吃的豆芽菜。[38]

在丁玲的第四篇故事，亦即〈在醫院中〉，我們或許可以發現它的諷刺性結尾與瞿秋白〈多餘的話〉有某種異曲同工的呼應，而這樣的呼應是會受到譴責的。這篇是她寫得最直率、最細膩的寫實小說，最後對黨的形象傷害也最大。故事說的是一心嚮往革命工作的年輕女孩，奉派到延安一家小診所服務。丁玲筆下世界的共產黨人鐵石心腸又庸庸碌碌，照理來看，這種狀況其實與資本主義社會幾無二致。丁玲坦承，戰時的延安根據地，每家診所都缺乏醫療器材與醫護人員，既無煤炭可生火，也無潔淨的被褥，全單位僅有一個皮下注射的針頭，幾乎沒有麻醉劑和藥品；但丁玲添枝加葉的是，因為幹部及工作人員的特殊態度，使這樣惡劣的條件更為雪上加霜。盡忠職守者漸漸萬念俱灰、沉默以對，要不就是情緒失控，抱怨連連、自我摧殘。結局是，故事的主角——年輕護士陸萍，獲准中調到其他單位。

陸萍當初入黨的動機本就模稜兩可，黨紀觀念也較淡薄；這從她剛到醫院後的一段內心獨白便可窺知一二。此時的陸萍回想起當初黨命她放棄成為高官的希望，中斷大學學業，前往內陸擔任護士的作法：

> 她申辯過，說她的性格不合，她可以從事更重要的或更不重要的。甚至她流淚了。但這些理由不能動搖那主任的決心，不能推翻決議，除了服從沒有旁的辦法。支部書記來找她談話，小組長成天盯著她談。她討厭那一套，那些理由她全懂。事實是她要割斷這一年來她所憧憬的光明前途，又重覆回到舊有的生活。她很明白，她絕不會成為一個了不起的醫生，她不過是一個很普通的助產婆，或者有沒有都沒有什麼關係。她是一個富於幻想的人，而且有能耐去打開她生活的局面。可是「黨」、「黨的需要」的鐵箍套在頭上，她能違抗黨的命令麼？能不顧這鐵箍麼，這由她自願套上來的？[39]

丁玲將陸萍藏在想法深處的困惑與恐懼刻畫得絲絲入扣：在協助完一次耗時的手術後，醫療小組所處的洞窟瀰漫著煤炭盆冒出的煤煙，陸萍因耐不住煤煙味而暈倒；她躺在床上，發著高燒，嚎啕大哭，只想再回到母親身邊，躺在母親懷裡放聲大哭：

現實生活使她感到太可怕。她想為什麼那晚有很多人在她身旁走過，卻沒有一個人援助她。她想院長為節省幾十塊錢，寧肯把病人、醫生、看護來冒險。她回省她日常的生活，到底於革命有什麼用？革命既然是為著廣大的人類，為什麼連親近的同志卻這樣缺少愛。她躊躇著，她問她自己，是不是我對革命有了動搖呢？舊有的神經衰弱症又來纏著她了，她每晚都失眠。

支部裡有人在批評她，小資產階級意識、知識分子的英雄主義、自由主義等等的帽子都往她頭上戴，總歸就是說黨性不強。院長把她叫去說了一頓。

病員們也對她冷淡了，說她浪漫。

是的，應該鬥爭呀！她該同誰鬥爭呢？同所有的人嗎？[40]

在此時此地，縱然是藉小說中的角色，丁玲都不該提出此類敏感問題；若問題的答案是肯定的，像小說裡意有所指，那就形同在挑戰黨的路線，黨是不可能對此置若罔聞的。

註釋

1 老舍，《貓城記》，前言，頁二。

2 有關《牛天賜傳》、《離婚》兩部小說的概述和分析，可參考沃赫拉，《老舍與中國革命》，頁七十至七十九（引言出自頁八十六），以及夏志清，《中國現代小說史，一九一七至一九五七年》，頁一七六至一八一。

3 詹姆斯（Jean James）英譯之《駱駝祥子》是較佳的新譯作。老舍在〈我怎樣寫《駱駝祥子》〉一文自己解釋他創作這部小說的心路歷程，這篇文章就收錄在老舍的孀妻胡絜青編，《老舍生活與創作自述》一書。在這篇文章中，老舍提到這部小說的創作靈感來自與一位朋友跟他的閑談：這位友人在北京雇過一個車夫，這個車夫自己買了車，又賣掉，如此反覆三次，最後還是受窮。這個友人又說，有個車夫被軍隊抓走，但趁軍隊移防之際，偷偷牽了三匹駱駝溜走。（這解釋了小說名稱的由來，以及駱駝的插曲和其餘情節難以整合。）老舍也提到，早在完成這部小說之前就開始在雜誌上長篇連載了。亦可參考周綏寧（音），〈老舍：現代中國知識分子的角色和困境〉，頁八十至九十三，剖析這部小說的結構與衝擊力。

4 回憶寫作過程，見老舍著，巴迪譯，《老牛破車》，頁五，以及沃赫拉，《老舍與中國革命》，頁九十八；老人和妻子的段落，見老舍著，巴迪譯，《老牛破車》頁九十三、一六四。夏志清，《中國現代小說史，一九一七至一九五七年》，頁一八一至一八八，給予這部小說的寫作技巧、完整性、內容極高的評價。亦可參考沃赫拉，《老舍與中國革命》，第五章，以及白之，〈老舍：其幽默作品中的幽默作家〉（Lao She: The Humourist in His Humour），頁五十至五十四。

5 老舍著，詹姆斯譯，《駱駝祥子》，頁六十；這段情節亦可參考沃赫拉，《老舍與中國革命》，頁一一三的轉引和探討；周綏寧（音），〈老舍：現代中國知識分子的角色和困境〉，頁九十一至九十二。

6 老舍著，詹姆斯譯，《駱駝祥子》，頁六十二。（這部是在美國最暢銷的《駱駝祥子》譯品，但未經老舍的同意改動原本的悲劇尾聲，取而代之是「男孩終究還是得到女孩」的快樂結局。）

7 前引書，頁二一一。

8 吳天威，《西安事變：現代中國史上的轉捩點》(*The Sian Incident: A Pivotal Point in Modern Chinese History*) 細膩解析整個挾持的過程。有關救國聯盟組織與西安方面的逮捕行動的細節，見范力沛，《敵與友：中共黨史上的統一戰線》，頁六十八至九十一。學生運動的細節，見伊斯雷爾(John Israel)，《中國學生的民族主義，一九二七至一九三七年》(*Student Nationalism in China, 1927-1937*)，特別是頁一二九至一九三八。共產主義青年團在一九三六、一九三七年解放運動的角色，見普因森(Klaus H. Pringsheim)，〈中國共產主義青年團的功能(一九二〇至一九四九年)〉(The Functions of the Chinese Communist Youth Leagues [1920-1949])，頁八十二至八十四。有關延安和馬德里，見多瑞斯(Carl E. Dorris)，〈華北農民動員與延安共產主義的根源〉(Peasant Mobilization in North China and the Origins of Yenan Communism)，頁七〇二。

9 張潤梅，《丁玲：她的一生和作品》，頁七十三。

10 《丁玲在西北》，頁七十四，以及前引書編著者石天行(音)撰寫的導論，頁i。

11 范力沛，《敵與友：中共黨史上的統一戰線》，頁九十至九十三。有關毛澤東試圖尋求與祕密會社哥老會結盟的可能性，見施拉姆，〈毛澤東與祕密會社〉。

12 有關蘆溝橋事變的原因，見克勞利(James B. Crowley)，《追求自主的日本：一九三〇至一九八三年的國家安全和外交政策》(*Japan's Quest for Autonomy: National Security and Foreign Policy, 1930-1938*)，頁三二四至三四二。日本占領軍的各種目標，見李林肯(Lincoln Li)，《日軍在華北，一九三七至一九四一年：政治和經濟控制的問題》(*The Japanese Army in North China, 1937-1941: Problems of Political and Economic Control*)，第二、六章。

13 《丁玲在西北》，頁四十四至四十五。比嘉治，〈早期的丁玲〉，頁十九，指出丁玲一九一九年在湖南期間已出版過兩本詩集。

14 沈從文，《記丁玲續集》，頁一八五。

15 張潤梅，《丁玲：她的一生和作品》，頁七十五至七十六。丁玲創作的第一個劇本《重逢》，收錄在《丁玲在陝西》，第二個劇本，《河內一郎》，一九三八年獨立為一本書出版。亦可參考比嘉治，〈早期的丁玲〉，頁九十八至一〇五。

16 見李頓，《通往共產主義之路：一九一二年以來的中國》，頁二〇七至二一五，轉引之「日本戰犯審判」之資料。劉馥，《現代中國軍事史，一九二四至一九四九年》，頁一四五、一九八記載之傷亡人數；包華德與霍華德合編，《中華民國傳記辭典》，卷一，頁二四七；耿德華（Edward M. Gunn），《被冷落的繆斯：上海和北京的中國文學（一九三七至一九四五年）》（*Unwelcome Muse:Chinese Literature in Shanghai and Peking, 1937-1945*），頁一一〇至一一五，論上海的戲劇，第四章則論日軍占領下周作人和北京的文壇。

17 主要人物的相關傳記，見包華德與霍華德合編，《中華民國傳記辭典》。戰時北京和上海淪陷區作家的生活，可參考耿德華，《被冷落的繆斯：上海和北京的中國文學（一九三七至一九四五年）》的精采分析。此外，亦可參考胡志德（Theodore D. Huters）在其博士論文〈傳統的創新：錢鍾書與中國現代文學〉（Traditional Innovation: Qian Zhongshu and Modern Chinese Letters），頁一五十至一五二，以及第四、五章，對錢鍾書的出色研究。卡根，〈中國托洛斯基主義運動與陳獨秀〉，頁九十七、一五五至一六一，探討陳獨秀的決定。

18 許芥昱，〈一位現代詩人的知識傳記：聞一多（一八九九至一九四六年）〉，頁一一一至一二五。

19 聞一多，《聞一多全集》，「庚」集，頁五十九，一九三七年七月十六日的信。

20 武漢一事，西南之行，以及與沈從文的碰面，細節詳見聞一多，《聞一多全集》，「年譜」，頁六十至六十三。沈從文對苗族文化的興趣，見金介甫，〈沈從文眼中的中華民國〉，第八章。

21 許芥昱，〈一位現代詩人的知識傳記：聞一多（一八九九至一九四六年）〉，頁一二六至一二七。

22 前引書，頁一三〇至一三一、一五〇。聞一多，《聞一多全集》，「庚」集，頁六十至六十五收錄的信函。

23 聞一多，《聞一多全集》，「庚」集，頁五十九，一九三七年七月十六日的信。

24 前引書，頁六十二至六十三，一九三八年六月二十二、二十七日的信。（其餘人物的生平資料，可參考包華德與霍華德合編，《中華民國傳記辭典》；萊爾，《魯迅的現實觀》；譚若思，《毛澤東傳》；梁佳蘿，〈徐志摩：

文學傳記〉。）

25 許芥昱，〈一位現代詩人的知識傳記：聞一多（一八九九至一九四六年）〉，頁一三〇。聞一多，《聞一多全集》，「年譜」，頁六十五，以及前引書，「庚」集，頁七十九，一九三八年六月十三日的信。

26 聞一多，《聞一多全集》，「年譜」，頁六十五，記日機一九三八年九月空襲昆明。

27 前引書，「丁」集，頁二二九；部分翻譯見許芥昱，〈一位現代詩人的知識傳記：聞一多（一八九九至一九四六年）〉，頁一二八。

28 有關老舍生平，見周綏寧（音），〈老舍：現代中國知識分子的角色和困境〉，第五章。《火葬》情節的概述與分析，亦可參考。白之，〈老舍：其幽默作品中的幽默作家〉，頁五十五，以及包華德與霍華德合編，《中華民國傳記辭典》，卷三，頁一三四。沃赫拉，《老舍與中國革命》，頁一三一至一三八，探討了老舍在戰時創作的劇本。

29 轉引自夏志清，《中國現代小說史，一九一七至一九五七年》，頁三六七。

30 有關共產主義的擴張和國共之間的相互滲透，見范力沛，《敵與友：中共黨史上的統一戰線》，頁一三五至一四二、一六二至一六四；有關新四軍與穆斯林的襲擊，見劉馥，《現代中國軍事史，一九二四至一九四九年》，頁二〇六；包華德與霍華德合編，《中華民國傳記辭典》，卷四，頁三十八（「葉挺」條）。中國民盟與第三勢力的活動，范力沛，《敵與友：中共黨史上的統一戰線》，頁一七〇至一七七。

31 譯文見許芥昱，《二十世紀中國詩集》，頁二八八。聞一多與詩人臧克家的通信，見聞一多，《聞一多全集》，「丁」集，頁五十三至五十七。

32 許芥昱，《二十世紀中國詩集》，頁四〇二至四〇三。

33 張潤梅，《丁玲：她的一生和作品》，頁七十四。對於西方人的衝擊，詳見索馬克爾（Kenneth Shewmaker），《美國人與中國共產主義者（一九二七至一九四五年）》（*Americans and Chinese Communists 1927-1945*），尤其是該書的第八章記一九三九至一九四四年間的歷史。

34 施拉姆，《毛澤東的政治思想》，頁一九〇至二〇一，論矛盾；頁二二八，關於國民黨；頁一七二至一七三論阿Q與馬克思主義的中國化。

35 張潤梅，《丁玲：她的一生和作品》，頁七十八。

36 薛爾頓，《革命中國的延安道路》，第五章；詹鶽（Chalmers A. Johnson），《農民民族主義與共產主義的力量：革命中國的起源，一九三七至一九四五年》（*Peasant Nationalism and Communist Power: The Emergence of Revolutionary China, 1937-1945*），頁五十五至五十六論「三光」運動。

37 見丁玲寫於一九八〇年的文章，〈我所認識的瞿秋白同志〉，頁一六二。

38 這三篇故事依序是〈入伍〉、〈我在霞村的時候〉、〈夜〉，而這三篇故事的概述，可參考張潤梅，《丁玲：她的一生和作品》，頁七十九至八十一。〈我在霞村的時候〉已由康樸生（音）（Kung Pu-sheng）英譯，梅儀慈評論。有關丁玲在延安時期的小說，見比嘉治，〈早期的丁玲〉，頁二五三至二五六。

39 丁玲，〈在醫院中〉，頁十三。

40 丁玲，〈在醫院中〉，頁十六。關於這篇小說的分析，可參考比嘉治，〈早期的丁玲〉，頁一二六至一三四。

第十一章　整風

一九四二年，丁玲正一步步走向險境，延安的其他作家亦難置身事外。丁玲的友人，援引她的批判態度，為紀念魯迅而寫了一些雜文。這些精鍊、犀利的評論性隨筆，正是魯迅晚年慣見的文風，文中嘲諷共產黨的某些行事風格。延安其他知識分子群起效尤；一九四一年春奉派主持延安《解放日報》文藝副刊的丁玲，則是大力鼓吹這股風潮：

我們卻只說在這裡是不宜於寫雜文的，這裡只應反映民主的生活，偉大的建設。陶醉於小的成功，諱疾忌醫，雖也可以說是人之常情，但卻只是懶惰和怯弱。魯迅先生死了，我們大家常常說紀念他要如何如何，可是我們卻缺乏學習他的不怕麻煩的勇氣。今天我們以為最好學習他的堅定的永遠面向著真理；為真理而敢說，不怕一切。我們這時代還需要雜文，我不要放棄這一武器。舉起它，雜文是不會死的。[1]

幾位作家發出迴響，聲稱延安的黑暗面比之重慶不遑多讓，延安的幹部正磨刀霍霍揮向他們欲嚴加痛擊的對象：魯迅的「匕首」深埋地下已經鏽蝕，必須挖出來重新磨利。也有人寫道，黨並未徹底根絕貪腐與冷漠，黨內領導脫離廣大群眾與青年，獨享各種特權。[2]蕭軍這位滿族作家是魯迅學生輩中的佼佼者，一九四〇年抵達延安，把這種批判精神進一步發揚光大，指稱「同志友愛的醇酒」在延安正逐漸被「沖淡」，而某些熱心過頭的幹部，其行徑好比穿釘鞋賽跑時「猛踩」對手的臉。[3]及至一九四二年一月，蕭軍開始重彈「個人英雄主義」（徐志摩也曾全心擁護）的老調，提倡「強化自身，力爭第一」的宗旨；蕭軍雖把馬克思、列寧供在他個人英雄主義的萬神殿，他寫道馬克思、列寧之所以值得景仰，就在於他們「稱得上是真正的詩人」，視之與荷馬、蘇格拉底、拜倫、貝多芬與羅丹（Rodin）為同類人。[4]

更具洞見、更為敏銳的文章，是丁玲作於一九四二年的〈三八節有感〉。文中從國際婦女節的總體脈絡來反思延安的女性處境。（國際婦女節創始於一九一〇年，中國則在一九二四年三月八日明令定此節日，以為慶祝。）黨中央委員會頒布指示，國際婦女節的慶祝重點應置於宏揚反法西斯主義的統一戰線，促進中國的團結，頌揚女性在革命中的積極角色。丁玲卻自有定見，不理會這些指示。[5]她寫道，女性在延安的處境或許真的好過中國其他地方，但也毋須過度羨慕。事實上，女性仍舊過著艱難的生活，因為周遭的男性持雙重標準。

女同志的結婚永遠使人注意，而不會使人滿意。她們不能同一個男同志比較接近，更不能同幾個都接近。她們被畫家們諷刺：「一個科長也嫁了麼？」詩人們也說：「延安只有騎馬的首長，沒有藝術家的首長，藝術家在延安是找不到漂亮的情人的。」然而她們也在某種場合聆聽著這樣的訓詞：「他媽的，瞧不起我們老幹部，說是土包子，要不是我們土包子，妳想來延安吃小米！」但女人總是要結婚的。（不結婚更有罪惡，她將更多地被作為制造謠言的對象，永遠被誣蔑。）不是騎馬的就是穿草鞋的，不是藝術家就是總務科長。

丁玲繼續寫道，特別諷刺的是在延安的社會，女性在各種壓力下被迫放棄黨務工作，去結婚、生兒育女，還被諷刺是「回到家裡的娜拉」；假使她們每週一次把嬰兒托給臨時保母，出去跳舞，全世界的人就開始說長道短。有些已婚女性不想有小孩而去墮胎，或者聘雇全職保母以便能重返政治崗位；她們若真如此做，就會被斥為「落伍」。離婚也行不通：男性要離婚輕而易舉，換作女性提出離婚之請，總是遭到非議。根據丁玲的說法，女人的命運，無論她是否「落伍」，生活的自然鐵律牢不可破，只是換個說法以表明她們活在現代：「她們的皮膚在開始有褶皺，頭髮在稀少，生活的疲憊奪取她們最後一點愛嬌。她們處於這樣的悲運，似乎是很自然的，但在舊社會裡，她們或許會被稱為可憐、薄命，然而在今天，卻是自作孽，活該。」在文章的中段，丁玲呼籲黨對女性問題採取寬容的態度：

我自己是女人，我會比別人更懂得女人的缺點，但我卻更懂得女人的痛苦。她們不會是超時代的，不會是理想的，她們不是鐵打的。她們抵抗不了社會一切的誘惑，和無聲的壓迫，她們每人都有一部血淚史，都有過崇高的感情（不管是升起的或沉落的，不管有幸與不幸，不管仍在孤苦奮鬥或捲入庸俗），這對於來到延安的女同志說來更不冤枉，所以我是拿著很大的寬容來看一切被淪為女犯的人的。而且我更希望男子們尤其是有地位的男子，和女人本身都把這些女人的過錯看得與社會聯繫些。[6]

幾個月後，據說毛澤東取消丁玲拍團體照時的榮譽席位，撂下一句雙關語：「我們不要在三月八日那天又被指責了。」[7] 然而，這時共產黨首度發動的大規模「整風」運動已接近尾聲，隨著事態的發展，丁玲有幾近四十年的時間下筆不再如此直言無隱。

一九四二年整風運動的預定目標是改善黨的組織，同時當難民潮湧入延安導致黨員人數急遽膨脹，日本人與國民黨又對延安施加更大壓力的期間，共產黨也有必要強化黨紀。整風運動的根本策略，植基於一九二〇年代後期毛澤東在江西蘇區初次實驗的理論，亦即捨棄清洗或酷刑，而透過小組壓力和強化學習來化解黨內衝突；在一九三九與四〇年間，這套方法用在延安的四千名學生與幹部身上。他們透過指導閱讀了馬克思、列寧、史達林的理論以及毛澤東、劉少奇的著作。一九四二年初，毛澤東宣布發起一項新運動以解決兩大問題：一是官僚作風，目的在克服「主觀主義、宗派主義和命令主義」；文化領域方面，則是要糾正「寫實主義、感情主義和諷刺主義」的風格。[8]毛澤東在一九四二年二月發表的演講為這次整風運動定了調：整風運動有其模糊地帶，既可針對蕭軍與丁玲所抨擊的幹部，也可以指向蕭軍與丁玲本人，或實則針對只會生吞活剝書本，不會耕種、打仗或不懂革命理論真諦的人。毛澤東說：「我們學習馬克思列寧主義不是為著好看，也不是因為它有什麼神祕。馬克思列寧主義既不漂亮，也不神祕，但它極為有用。」毛澤東繼續說道，馬列主義與中國革命的關係就好比「矢」（馬列主義）與「的」（中國革命）。無的放矢沒有任何意義，「僅僅把箭拿在手裡搓來搓去，連聲贊曰：『好箭！好箭！』」卻老是不願意放出去，也同樣毫無意義。然而毛澤東宣稱，以現階段的中國經驗，不應責備弓箭手學藝不精，或是對箭的真正功能欠缺瞭解：「我們揭發錯誤、批判缺點的目的，好像醫生治病一樣，完全是為了救人，而不是為了把人整死。」[9]

毛澤東對延安知識分子缺失的批評，激起他們的強烈反彈。丁玲的〈三八節有感〉可以如是觀之——共產黨幹部宣稱女性主義的關懷必須臣服於無產階級的整體利益。在這樣的世界裡，丁玲仍不為所動地重申女性主義論述的需要；但還有其他人的回應，丁玲也在《解放日報》的文藝副刊上登了不少。其中言辭最激烈的，或許要屬王實味了。王實味是共產黨的活動分子，一九二〇年代曾在莫斯科留學，後因翻譯馬克思主義的著作而小有名氣，這時在延安的中央政治研究室擔任共產主義理論指導教員。丁玲分兩次將王實味寫的〈野百合花〉刊登在一九四二年中旬的《文藝》副刊。王實味在這篇文章中悼念一九二八年遭國民黨處決的年輕女友（李芬）。王實味將女友富政治熱忱、積極進取的世界與延安幹部的安於現狀作了對照，延安的幹部們早就脫離了現實中國處處存在的「血泊」。王實味自述他把文章題名為「野百合花」有兩層含義：首先，這種美麗的野花開遍延安的山野，最適宜用來獻給女友那「聖潔的影子」；其次，據說這種花的球莖嚐起來略苦。王實味說，吃過的人聲稱這球莖有藥用價值（顯然是參照毛澤東在一個月前強調馬列主義應用價值的演講內容），只不過「未知確否」。王實味坦承，即便整體而言，延安是一片漆黑之中難得的光亮處，也存在著黑暗面，更重要的是「在認識這必然性（指延安的黑暗面必然是存在的）以後，我們就須要以戰鬥的布爾什維克能動性，去防止黑暗底產生……。」[10]

這股批判風潮在四月底告終，丁玲的編輯職務被撤；五月二日，毛澤東發表演講，要求延安知識分子反省他們對待共產黨的態度以及寫作的訴求對象，隨後無論作家或者幹部，都被迫參加一連串的會議，有小組形式，也有大型的公開集會。[11] 歷經三週的辯論，毛澤東二度發表演講，更鉅細靡遺地表達他對文藝功能的看法。（毛澤東這兩次的重要演講內容收錄在《毛澤東選集》第三卷，〈在延安文藝座談會上的講話〉。）毛澤東的立論，得自本身對「人民大眾」文化形式旺盛生命力的認識，以及蘇聯的理論家和瞿秋白的晚期作品。毛提出今後在共產黨控制下的邊區，作家從事創作必須依循的基本原則：文學與藝術必須面向廣大人民大眾，必須堅持無產階級的階級立場，而不能倒向小資產階級。為達此一目標，作家、藝術家必須向工人、農民、兵士學習，只能普及化工農兵群眾的需求和他們易於接受的文藝作品。儘管古代或者外國文藝作品有足堪師法之處，但絕不能毫無批判反省地硬搬模仿。人民生活提供「一切文學藝術的取之不盡、用之不竭的唯一的源泉」；所以，不可能存在超脫階級之外的「人性論」，而某些作家所宣稱超越階級立場的真正人性，實質上只不過是一種資產階級的個人主義。毛澤東說道，假使延安的知識分子要避免淪為「魯迅在遺囑中叮囑他的兒子不要做的那種無用的作家或藝術家」，就必須「決定地要破壞那些封建的、資產階級的、小資產階級的、自由主義的、個人主義的、虛無主義的、為藝術而藝術的、貴族式的、頹廢的、悲觀的以及其他種種非人民大眾非無產階級的創作情緒。」[12] 在另一段講詞中，針對丁玲在一九四一年提到需要維繫魯迅的雜文風格以及魯迅雜文所激發的精神，毛澤東又特別提出自己的看法：

「還是雜文時代，還要魯迅筆法。」魯迅處在黑暗勢力統治下面，沒有言論自由，所以用冷嘲熱諷的雜文形式作戰，魯迅是完全正確的。我們也需要尖銳地嘲笑法西斯主義、中國的反動派和一切危害人民的事物，但在給革命文藝家以充份民主自由，僅僅不給反革命分子以民主自由的陝甘寧邊區和敵後的各抗日根據地，雜文形式就不應該簡單地和魯迅的一樣。我們可以大聲疾呼，而不要隱晦曲折，使人民大眾不易看懂。如果不是對於人民的敵人，而是對於人民自己，那麼，「雜文時代」的魯迅，也不曾嘲笑和攻擊革命人民和革命政黨，雜文的寫法也和對於敵人的完全兩樣。對於人民的缺點是需要批評的，我們在前面已經說過了，但必須是真正站在人民的立場上，用保護人民、教育人民的滿腔熱情來說話。如果把同志當作敵人來對待，就是使自己站在敵人的立場上去了。[13]

五月二十七日起，亦即毛澤東發表第二次演講的四天後，中央政治研究室召開連串會議，特別針對王實味的〈野百合花〉等作品進行批判。到了六月初，會議的性質愈來愈像是群眾大會，常常有上千人出席。王實味被控犯了「政治跟隨藝術」的謬誤，並錯誤主張文學能夠彰顯人性的普遍面向。他提出退黨的要求，但拒絕修改他的理論主張，縱然牆上的大字報已點名他是托派分子，也在所不惜。因為有黨員不喜歡短篇小說〈在醫院中〉，並對丁玲施加龐大的壓力，這時丁玲也加入了批判王實味的行列；六月十日，中央政治研究室責備王實味是個「隱性的托派分子」，並開除王的黨籍。從此之後王實味不再公開露面，據說他「專心致力於研究政治問題」。（二十年後，毛澤東透露王實味在一九四七年時已被處決。）[14]

丁玲並未因加入批判王實味的行列而逃過一劫。對丁玲的抨擊漸趨露骨，其中有些文章甚至刊登在《解放日報》，譴責丁玲就像是她筆下〈在醫院中〉主角陸萍的化身；這篇小說被認為漠視廣大人民群眾，並採用了陳腐的寫實主義技巧。批評者呼應毛澤東在五月二十三日所強調的，認為丁玲不當運用批判的工具來反對共產黨員。就在宣布王實味確定罪名後的翌日，丁玲屈服了：承認一切對她的指控都確鑿無誤，還附帶說道〈三八節有感〉中關於女性的觀點都是錯誤的；雖然她在文章中流露出「血淚的傾訴」，但她的態度在延安代表一種落伍的女性主義。在延安這個面對階級鬥爭的世界裡，眾志成城必須超越性別的差異。

丁玲早期引發爭論的女性主義立場，及至這時讓步認錯的轉折，激發許多有關「娜拉」當代角色的看法。至少有位作家主張，秋瑾才是真正的娜拉，她為了前途難料的革命行動拋棄家庭；還有人指陳，延安的娜拉至少要體認到對群眾的責任是實現她本然個性的根本前提。丁玲一案未有底定的判決：六月底，丁玲奉命離開延安，前往農村地區向農民學習。途中，共軍總司令朱德鼓勵她創作以紅軍士兵英勇事蹟為題材的長篇小說；朱德邀請丁玲到他位於桃林的司令部，讓她翻閱戰況報告。丁玲謹守本份創作的小說題為〈十八個〉，發表在一九四二年七月九日的《解放日報》。幾天後，丁玲離開桃林前往農村工作，在那裡一待就是兩個年頭。[15]

就在丁玲被迫淡出延安政治舞台和文學界的兩年間，國民黨與共產黨在中國的均勢也開始出現劇烈的轉變。美國加入東亞戰局（根據中國人的說法，第二次世界大戰始於一九三七年抗日戰爭爆發，而非濫觴於一九三九年希特勒入侵捷克或一九四一年日本偷襲珍珠港），並未帶給蔣介石他所期待的好處，而且相去甚遠。儘管美國貸款大筆金額給國民政府，派遣史迪威將軍率軍事顧問團進駐重慶，同時承諾透過租借法案提供中國大量戰略物資，但一九四二年春日軍攻陷新加坡，英軍在馬來半島意外大敗，人們得重新評估日軍在東南亞地區推進的速度；一九四二年夏，蔣介石的軍隊無法遏止日軍在緬甸的攻勢，導致緬甸公路關閉，中國失去碩果僅存的出海通道，令史迪威將軍火冒三丈。自此之後，蔣介石僅能仰賴飛越喜馬拉雅山脈、人稱「駝峰」（the Hump）的危險航線，自印度運送少量補給品到中國的西南方。邱吉爾與史達林自然優先關注對德戰事，將焦點放在德國隆美爾（Rommel）將軍領兵的北非戰場以及史達林格勒（Stalingrad）的防衛戰，而不是中國局勢。同時美國總統羅斯福本人的注意力也擺在西歐，於是同意邱吉爾的請求，將原本要供應中國的作戰物資轉運到歐洲。蔣介石認定史迪威將軍個人必須為美國的言而無信承擔責任，同時對史迪威有意大幅改造國民黨軍隊的戰術訓練和指揮系統也心生怨懟，遂轉而接納陳納德（Claire Chennault）將軍的建言，捨地面而就空中抗擊日軍。然而，中國耗費大量人力物力在西南部新建的幾座主要機場，戰機雖可起飛就近轟擊日軍的補給線，卻一如預期地引發日本在一九四四年間調動四十萬大軍反擊。日軍攻陷長沙、桂林以及戰略城市貴陽，直接威脅重慶的安危；蔣介石折損二十餘萬大軍，士氣一蹶不振。[16]

相形之下，從一九四三年下半年到一九四四年這段期間，延安的共產黨政府有長足的進展。延安領導人受到其他邊區政府游擊作戰經驗的啟發，逐漸擺脫統一戰線步步為營的束縛，採取所謂的「群眾路線」，大規模動員農民，在貧困地區鼓勵資源互助，透過小型工業與手工業不斷提升邊區的生產，在家庭、學校及青年團體之間宣揚社會主義理論，將抗日游擊作戰的網絡擴展到原國民黨統治區，鼓動農民反抗地主、要求減租。綜合這些成果，使得共產黨根據地的範圍擴及整個華北，共產黨控制的地區總人口數已有億餘。[17]

締造這些成就的共產黨幹部，無論丁玲如何臧否他們麻木不仁或剛愎自用，但在正直、能力與奉獻精神的程度上，比之國民黨控制區臭名在外、令人畏懼的行政官僚貪贓枉法與殘暴不仁的行徑，還是略勝一籌。歷經一九四一年的慘痛經驗，共產黨調控邊區物價的能力已大為改善，反之國民黨卻無力控制一九四四年重慶災難性的通貨膨脹。共產黨人充分理解這種對比的宣傳價值，所以竭盡所能凸顯他們與國民黨的差異。丁玲能在一九四四年自鄉下返回延安，或許是因為共產黨認為她接受外國記者採訪的宣傳作用難以估量：當外國記者看見丁玲在延安精力充沛、盈盈笑臉、心情舒暢，在自家窯洞外的小空地上栽種蔬菜，親手紡紗，正是延安路線正確的活生生見證。這段期間丁玲所創作的小說人物，大體上都是勤奮、謙遜、熱烈響應共產黨服務人群的號召，並傾其所有技能，動員農民群眾投入抗日行列，挖掘、延攬黨的可造人材。丁玲創作時採用陝北的民間方言，捨棄早期小說中較迂迴旋繞的句法（這種句法有部分採用了歐洲的語法）。毛澤東對丁玲的新作表示滿意，認為完全切合他向來針對共產黨文藝作品所提倡的概念。[18]

國民黨的低迷加上共產黨勢力的擴張，促使重慶與昆明兩地的中國民族主義者為另謀第三條的政治道路作出最後一搏，結果在一九四四年十月催生了中國民主同盟。中國民主同盟呼籲保障公民自由，籲請國共雙方停止鬩牆之爭，主張中國的軍隊國家化，敦促召開有代表性的國民會議。諸如此類的綱領，似乎較康有為在一八九〇年代的主張更有條理，但對於主戰派的國民黨領導人而言太過極端，難表苟同，所以中國民主同盟自創立之初，即遭受種種騷擾、監視、警察干預以及零星的暴力恫嚇。[19]

縱使中國民主同盟在昆明十分活躍，誰也不曾料想聞一多會對這組織推動的工作感興趣。一九四四年，聞一多四十五歲，學生時代的狂飆行動早已是二十年前的前塵往事了。出奇成功的聞一多，似乎有意為自己營造一個遠離戰爭、遠離政治的生活空間。聞一多含辛茹苦養育小孩，夫妻倆鶼鰈情深（友人注意到他們安排時間的方式：因大學教職生活的律動而聚散時，會儘量在一起，也總會設法向對方示愛），與學生打成一片，此外也全然浸淫在學術生活之中，學術產量旺盛。聞一多持續發表以他最愛的《楚辭》為主題的文章，探索諸如《詩經》、《易經》等儒家典籍的社會脈絡，品評唐詩，編纂一部近代中國詩的詩集。周遭盡是意氣相投的同僚：他在昆明的弟弟教授法國文學；沈從文（這時已對公元六世紀的世界萌生學術興趣）自湖南南遷，寓居在聞一多家附近；有位友人正潛心研究與講授魏爾蘭（Verlaine）、馬拉美（Mallarm）的作品；還有一位友人講授里爾克（Rilke）與歌德。至於聞一多本人，儘管確已不再寫詩，但他發現一條新的出路，可藉由文字的重新編排作為屈原詩作的補遺，於是他展開新計畫，重建屈原身處的世界；他深信這些詩歌在兩千兩百年前備受喜愛，傳唱一時：

山坡上黝黝的竹林裡，歇著一輛豹車，豹子是火赤色的，旁邊睡著一匹狐狸，身上卻有金錢斑點。

對面，從稀疏的竹子中間望去，像一座陡起的屏風，擋住我們的視線的，便是那永遠深藏在雲霧中的女神峰——巫山十二峰中最秀麗、也最妖羞的一個。

林中單調的蟲聲像是我們自己的耳鳴。

驀地一聲裂帛，撕破了寂靜，「若有人兮山之阿」，迴聲像數不完的波圈，向四面的山谷擴大——「山之阿，山之阿，山之阿……」[20]

聞一多在一九四三年十一月二十五日給知交的信裡說道，他治療中國積病的唯一良方是編纂一部鴻篇巨構的中國詩史，或者譜寫一首波瀾壯闊的長篇史詩，以撫慰許久之前他在《死水》中所召喚的魂靈：「我始終沒忘記除了我們今天之外，還有二三千年前的昨天。」[21]

聞一多日漸意識到國民黨軍隊的腐化墮落與專橫跋扈，似乎敲開了他的學術象牙塔，也讓他擱置手邊整理《楚辭》的工作。一九四四年，聞一多的三個兒子已是青少年，而隨著日軍在中國西南方連番奏捷，國民政府愈來愈有可能施行全國性的徵兵政策。如此一來，他擔心子女的生命安危可想而知。多年來，聞一多的學生有的投靠延安，有的奔赴重慶，聞一多揣想，中國青年未來終將被迫淪入自相殘殺的處境，而不是眾志成城抗衡共同的敵人日本。這時，聞一多開始留意昆明城外徵召而來的新兵。他們被鏈在一起，有時命若游絲倒臥路旁，得不到伙食、醫療，也拿不到薪餉，只能自生自滅。同時，聞一多的薪餉也因急遽惡化的通貨膨脹而左支右絀，每個月只能勉強維持幾天的家計開銷，不得不在一所中學兼課以貼補家用，還幫人雕刻賞玩的圖章，刻到三更半夜。[22]

聞一多任教的大學裡有個小詩社，其中有位社員有時會信步造訪聞一多位於昆明城外的鄉間小屋。他記錄了可能改變聞一多人生的轉捩點。時值一九四四年四月九日，晴空萬里；聞一多牽著八歲大的女兒，在一群學生的陪同下，席地而坐在林邊的草地上，師生閒話詩歌兩、三個小時。閒聊之後，聞一多與學生安步當車返家，來到鄰近大馬路的橋頭，過橋時遇到一群新兵。聞一多對學生說：「我們不能不管了，每一次我都跟受刑一樣，看見倒在馬路邊兒的那些餓死的『壯丁』。你們看那些綑著的、拉著的、押著槍的，一個個瘦成什麼樣子，腿桿兒只有這麼細。」聞一多舉起他的右手，用食指和拇指連成一個圈圈，以表示新兵手腳瘦削的可憐樣。「走著走著就倒下一個，走著走著就倒下一個。」[23]

隨後幾個星期，聞一多寫了一系列有政治傾向的文章，批判儒家「中庸」的價值觀，認為這種價值觀誘導尋常百姓甘於「瀕臨飢餓與死亡間的生活」而逆來順受，並痛斥中國人拘泥於家庭的價值，有礙培養愛國主義的精神。他力促採行進步的西方價值觀，摒除那些自以為是、漠視現實問題的「老古董」，全盤揚棄儒家的「剽竊」與道家的「逃避主義」。[24]七月，聞一多在一場學生的集會上發表談話，鼓舞學生提振一九一九年的五四精神與一九三五年的一二・九精神。八月，聞一多和同僚應幾位軍官之請，一道探討中國的前途。他告訴對方自己對中國軍隊的現狀感到心灰意冷，覺得或許「革命」才是解決中國種種弊端的唯一方法。那年秋天，當蔣介石終於成功阻止史迪威將軍改造國府軍隊指揮體系的意圖，促使羅斯福總統召回史迪威國，聞一多也加入不久前才在昆明成立的中國民主同盟分部，並在當地籌辦一次大型的集會，創辦一份新的政治週刊。聞一多沛然的學術能量開始轉向，轉而閱讀盧那察爾斯基和普列漢諾夫的作品、馬雅科夫斯基（Mayakovsky）的詩作、魯迅的批判性作品，以及一切可得有關毛澤東的材料。[25]

聞一多的悲憤情緒和挫折感，到了一九四五年間更形熾烈。對日作戰的地面戰再度陷入膠著狀態：一九四四年反擊中國西南地區之後，過度深入的日軍，這時必須集結全部的資源以抗衡太平洋上的美軍。蔣介石趁此良機，在接替史迪威將軍作為中國戰區司令、手腕圓融的魏德邁（Albert C. Wedemeyer）將軍襄贊之下，著手重組軍隊，並改善軍隊的訓練；華北的共產黨人亦透過群眾教育與游擊戰動員等活動，逐步拓展控制領域。身處如此緊繃的氛圍，聞一多以更多的心力投注在中國民主同盟的工作上，為文鼓吹國人戮力推動國家改革。

聞一多的作風帶有學生時代參與五四運動的遺緒，顯然當年五四運動高呼揚棄傳統文化與社會價值觀的所有目標並未一舉成功。聞一多對於自己多年來浸淫國學研究感到不安，有一回談及他研究古籍的動機就是在這時「擠出它們的毒汁，揭露它們的陰暗面。」友人提醒他先前對詩的高標準，以及對嚴謹形式的堅持，聞一多回道：「這是一個需要鼓手的時代……至於室內音樂的演奏家，對我們來說是次要的。」聞一多在此特別呼應師法蘇維埃詩人馬雅科夫斯基的中國青年詩派，馬雅科夫斯基的「鼓音風格」即鼓吹拿起武器行動。聞一多的同事提出忠告，說他的行事作風不恰當，會讓自己陷入險境，聞一多回答：「我不懂政治，可是到今天我們還要考慮到自己的安全嗎？我很感激。可是我還要做人，還有良心。」[26]

兩千兩百年前，詩人屈原被放逐西南時投江自盡，這段歷史強烈激起聞一多內心的共鳴，這時屈原的死似乎成為「人戮力追求榮耀生命的象徵」。人們必然認為，一九四五年夏天郭沫若造訪昆明時，聞一多曾就此議題與他有過一番長談。不久之前，郭沫若才完成以屈原一生為題材的歷史劇，並將屈原詰屈聱牙的詩作迻譯成白話文；除此之外，打從一九二〇年代中期流露出對泰戈爾詩作的心醉神迷，並離徐志摩的圈子而去，郭若沫就是堅貞的共產黨員。他曾經供職於重慶宣傳部，對重慶的情況瞭若指掌，必然強化了聞一多有關中國迫切需要政治改革的想法。[27]

國民黨軍隊會緩慢整頓，以及國民黨籌謀統一國家大計，都是以日軍可能在一九四六年間全面潰敗的預測為基礎；因為中國人對於原子彈的發展被蒙在鼓裡，沒有人逆料到日軍會提前俯首投降。所以當一九四五年八月中旬裕仁天皇在廣島、長崎遭到原子彈轟炸之後，命令在華日軍放下武器，國民黨尚未作好接受日軍投降的準備。如此一來，共產黨便趁虛而入，受降並收繳日軍的武器和裝備，武裝共軍並下令軍隊進駐東北。美國人調和鼎鼐不遺餘力，先後派遣赫爾利（Patrick Hurley）將軍與馬歇爾（George C. Marshall）將軍抵華充當國共的調人，終於成功說服毛澤東於一九四五年底飛往重慶與蔣介石會談。雙方同意於一九四六年一月召開政治協商會議，兼容共產黨、國民黨與各民主黨派所組成的第三勢力，共商中國的未來。聞一多在昆明辛勤工作，透過演講與寫作，確保即將召開的政治協商會議能對中國的未來產生實質的影響，但他的努力先是遭逢重重阻礙，之後則是漸趨危險，因為這時蔣介石決心拉下幾位戰區指揮官，以在政治上效忠蔣介石的人取而代之。被撤換的指揮官當中，有的至今仍贊同官方版的統一戰線政策，對政治異議抱持適度寬容的態度。蔣介石的決定在昆明立即激起劇烈的反應：學生的遊行示威如火如荼展開，暴徒作平民打扮或喬裝成苦力，衝進各大專院校，搗毀門窗和學校設備，毆打「聯大」學生，甚至還投擲手榴彈。結果造成三位學生和一位音樂學院的教師死於非命，有一名學生被手榴彈炸斷一條腿；為表挑戰政府的權威，學生將這四位「烈士」的靈柩停放在大學的圖書館內，周圍懸掛輓聯，焚香祭拜。一九四六年三月，就在為這四名烈士舉行遊行示威和追悼儀式期間，昆明學生宣布罷課工示威，旋即得到全國各大學的響應。[28]

一九四六年晚春，美國的進一步斡旋失敗，國共內戰再度爆發；聯大師生開始陸續動身返回北方的校園。聞一多則逗留在昆明繼續推動中國民主同盟的工作，並收拾整理大學裡的事務。體恤聞一多的友人擔心他在緊張的政治世界裡恐遭不測，替他在加州大學謀得一份教職。縱然妻子和同事都百般央求他接受這份差事，聞一多還是不為所動。七月十一日，聞一多在中國民主同盟的知交好友李公樸，在距他家幾條街之遙的地方當眾遭到槍殺。聞一多堅持為李公樸舉行追思會，儘管有人警告他此舉無非只是義氣用事的魯莽行徑。

聞一多的堅持己見令人回想起他一九二二年時的心理狀態，當時他得知年輕同胞好友（王朝梅，清華大學畢業生）在科羅拉多州車禍身故：「這兩件死底消息（王朝梅和王來）令我想到更大的問題——生與死底意義——宇宙底大謎題！我這幾天神經錯亂，如有所失；他們說我要瘋了。但是不能因這些大問題以致瘋的人，可也真太麻木不仁了啊！」[29] 李公樸的追悼儀式在一九四六年七月十五日舉行，聞一多本人親自蒞臨會場發表演講，他稱許李公樸的風範，並挑釁槍殺李公樸的特務，乾脆連他也一起殺了罷。是日傍晚五時，當聞一多與前來陪他一同步行回家的十九歲兒子剛踏出中國民主同盟的報社，有一群人走過街來向他們開槍。聞一多頭部中了三槍，倒臥血泊之中當場斃命。（聞一多的兒子胸部與腿部均遭重創，但僥倖逃過一劫。）[30]

他在昆明的友人雖然不敢像他於李公樸遭遇不測時慷慨激昂地表達抗議，但是聞一多的死旋即在全國掀起軒然大波。中國民主同盟在梁漱溟的主持之下，組織了一個調查委員會；梁漱溟在一九二〇年代是好辯論之人，這時已是舉國敬重的哲學家和政治活動家。委員會調查的結果認為昆明警備司令應對這起謀殺事件負責，儘管無法證明這件事與國民黨的高層有直接關係。從此之後，聞一多的名字在全中國成為一種象徵符號，代表為了追求學術與個人自由，挺身而出反抗國民黨的高壓手段。[31]

中國民主同盟的訴求之一，終止「外國干預」中國的內戰，在一九四六年的政治協商會議再次被強調，此說顯然是針對美國出手援助國民黨而來。美國在一九四五年底、四六年初對國民黨提供的援助，包括出動美國海軍巡弋華北重要港口，把蔣介石的大軍空運至東北以遏阻整個東北地區淪入共產黨手裡。中國民主同盟還抗議美國將大批剩餘的戰備物資售予蔣介石（迄至一九四六年夏天，總額達九億美元左右）。同年十二月，兩名美國海軍涉嫌強暴北京大學的女學生。這起事件激起剛從昆明返京學生群情憤慨，而使得抗議風潮餘波盪漾，又達到新的高潮，反觀愚蠢的政府，卻藉由詆毀女學生的私德質疑她的說辭，這適得其反的作法只是讓惡化的情勢雪上加霜。國民黨壓制異己，美國軍援蔣介石，美國人出入中國領土，再加上強暴事件本身，匯聚烙印在公眾的腦海之中。北京掀起的抗議聲浪及示威遊行蔓延全國各大城市：天津、上海、重慶、廣州，甚至遠及一九八五年被割讓而引發康有為慷慨陳詞、而今重歸中國主權的臺北。商會與女性團體也共襄盛舉。戰爭結束甫一年的時間，國民黨就像曩昔的軍閥政權，無力滿足中國百姓的需要，而美國人也取代了日本人，成為帝國主義侵略中國的頭號象徵。在負笈芝加哥的前夕，以優美的書法手書充滿英雄氣概的對聯，參與一九一九年五四運動的聞一多，這時想必也能聊表安慰了。[32]

戰爭結束，林彪將軍自共產黨的根據地統率十萬大軍揮師北進東北；林彪時年三十八歲，曾參與江西的蘇維埃運動及追隨共產黨長征。共軍在東北與蘇聯的部隊（已於一九四五年八月進軍東北）建立聯繫，接受日本關東軍及前滿洲國傀儡政權所屬部隊的投降；共軍憑藉從投降部隊取得的大量武裝，準備好迎擊國民黨派出的軍隊，固守東北地區，尤其是松花江以北。是年夏天，丁玲亦離開延安。她並未遠抵東北，而是落腳在北京西北百哩處的張家口。自古以來張家口即是衛戍長城的軍事重鎮，這時是共產黨華北根據地的防禦要塞。在張家口，丁玲與她在延安工作時結識的作家好友陳明，度過幾個月的寧靜生活；十年前她飛離上海時拋下的一兒一女這段期間也和她團圓。然後在一九四六年七月，亦即聞一多在昆明遭到暗殺的那個月，丁玲來到河北桑乾河畔的涿鹿縣，加入共產黨幹部及地方村民的土地改革行列。[33]

這時共產黨在農村地區施行的土地改革手段，顯示他們經過深思之後，戲劇性地捨棄了抗日統一戰線時期在共產黨根據地實施的溫和「減租」政策；共產黨這時的土改細節，記錄在一九四六年五月四日一份黨內的指示中，文件的目的在於確立華北地區諸如山東、河北與山西各省的土地改革政策，而國民黨在這幾個省份尚未能重建有效的統治權威。（在南方各省，國民黨的統治權威大致固若金湯；在東北，局勢就較為詭譎，因為美軍協助國民黨空運數以萬計的部隊，而蘇聯的部隊亦盤據不去，難以運籌整體性的復員計畫。）共產黨的指示方針特別著重在區分不同類型的地主，不同層級的農民，顧及共產黨人在特定區域內控制力強弱的程度。大地主與附庸日本的漢奸，若是罪大惡極，予以鞭打或處決；剝削程度較輕微者，則留予足夠謀生的土地，其餘土地悉數沒收充公。在共產黨人牢牢控制的區域，勸服小地主和富農採取「仲裁與協議」的方式，將他們的剩餘土地出售或捐贈給村裡的貧農，至於他們擁有的工商企業則不予干涉。擁有足夠土地維生、卻沒有能力雇用額外勞動力的中農階級，受到最大的關注，並設法將他們「吸收投入到這項運動」，同時也不「奪占」中農階級的土地。一切經由變賣、沒收充公及「捐贈」而來的土地，屆時將由共產黨組織的農民協會分配給無土地的農工、窮困的佃農、貧農及戰爭罹難者的遺族。對於戰爭期間逃離家鄉，但這時想要返家從事生產工作的知識分子與地主，則是採取「安撫的態度」。在共產黨控制力量薄弱的地區，土地改革運動仍停留在減租減息的層次，就如同當年在延安的作法，並不採取土地重分配。[34]

除了農民協會，還有其他群眾組織投入土地改革的運動：在縣的層級，有民兵單位保衛後勤補給線的通暢，防禦共產黨正規軍攻占的區域；在村這一級，則有自衛隊負責運輸糧食與軍需補給，並承擔村落的防衛任務，村裡舉凡十六歲到五十五歲的男性，一律投入這項工作；婦女協會負責站崗放哨，盤查往來行人，協助急救傷患，從事手工藝生產及當地婦女的教育工作。這份文件所披露的，自然只是一種理想的模式，遠非實情，而且每個村落所處的環境迥然有別，從地主的人數、剝削的程度到佃農的數量、可用幹部的能力，也都不盡相同；然而，總體的趨勢還是朝激進主義的方向發展，偶爾出現暴力或恐怖的手段；迄至一九四七年夏天，不分男女，村民一致主張土地全面重分配，儘管這意味著中農階級的土地也難逃重分配的命運。[35]

共產黨人提出的政策綱領，承諾給予數千萬貧無立錐之地的農戶擁有土地的權利，縱然所得土地面積微乎其微，但在村民內心造成的激動與興奮十分強烈。丁玲旋即注意到這戲劇性的變革，關注其中的意涵，並觀察貧農時而小心翼翼、時而恣意妄行的一舉一動。這時共產黨持續在東北和華北地區與國民黨短兵相接，難以確保土地改革運動能永續進行，然而投身土地改革過程中群眾討論與群眾運動的農民，卻永遠被這場運動改變了。丁玲受到與農民相處經驗的感染，也把這些經驗視為寫作素材：

我愛他們，不是因為他們有哪些優點或幾點優點才去愛他們，而是因為我老早就愛了他們，才發現他們特有的特點的。甚至對他們的缺點，我也帶著最大的寬容。於是不能安寧了，我不能睡，我吃不好，原來溶化在土地改革鬥爭熔爐裡的全心全意，現在又墮入另一種燃燒中，許多人許多人紛至沓來，擁擠盤據在我腦中，我要和他們商量，他們又要同我爭吵，我一會兒增加了我的聯想，一會兒又減去許多事物，有時覺得太膨脹，有時又覺得太單薄。總之，他們帶給我興奮、緊張、不安定，好像很不舒服，但我感到幸福。我在他們的宇宙裡生活著，編織著想像的雲彩，我盼望著勞動，我向我自己說：「動起來吧，不要等了！」[36]

丁玲在一九四七年初開始創作新小說，她有特權接觸共產黨幹部所作的田野調查，對於「太單薄」之處，便透過廣泛閱讀這些材料來彌補。一九四八年夏天，丁玲完成了《太陽照在桑乾河上》這部小說。（或者說得更精確些，如同十三年前的《母親》，她完成起初構想中三部曲的首部，但終究還是以自成一完整作品的面貌出版。[37]

小說的場景設定在鄰近桑乾河的農村，丁玲曾於一九四六年在該地生活過一段期間，故事發生的地點是虛構的「暖水屯」。丁玲可不想再重蹈一九四二年無謂批判共產黨幹部的錯誤；暖水屯那位名叫章品的老幹部，在土改運動最為棘手的時候，暫時被派去督導土改工作。小說中的章品被刻畫成一個非凡的英雄人物，具有「鷹的眼睛善於瞄準和鹿的腿跑得快」，他單靠吃生玉米或醃蕪菁，在嚴冬時節睡在地穴裡（他會間隔一段時間就醒來，起身跳一跳以避免凍傷），可以活上幾個月。章品的裁決總是公正不阿、精明幹練，又充滿悲天憫人的情懷。[38] 小說裡其他幹部顯然都只是肉身凡胎：有些年輕、精力旺盛，卻難以抗拒外界的誘惑；更多是臣服於恐懼與猜疑，輕易自甘墮落。有位幹部就如同丁玲本人，放棄在根據地圖書館與書為伍的工作，只因他深信「鄉村是一個巨大的活圖書館，在這裡能研究更現實的問題」；[39] 另一位名叫文采的人物，在他的身上無疑體現了丁玲於延安整風運動期間學到的「自我批評」教訓。丁玲筆下的文采儘管立意良善，但太拘泥於書本、理論，不知如何向群眾學習：

這次他用研究中國土地、農村經濟等問題的名義，參加土地改革的工作來了。組織上覺得讓他多下來學習鍛鍊是好的，便要他正式參加工作。可是到了區上之後，區上並不瞭解他，只覺得他談吐風生，學問淵博，對他非常客氣，也就相信了他，要他做個小組長，代表區委會，負責這個二百多人家的村子——暖水屯的土地改革了。[40]

可想而知，文采事後犯了許多錯誤，得由經驗豐富的幹部出面糾正。

暖水屯的地主與村民也有形形色色的面貌，陶醉在一股他們不甚明瞭的巨大力量中，為他們自認理所應得的東西而奮鬥。小說對暖水屯村婦的刻畫入木三分：鬱鬱寡歡的婦聯會主任，地主李之祥風韻迷人的老婆，地主錢文貴年輕貌美的姪女，以及羊倌的媳婦。她身子單薄、目中無人、個性潑辣，過去就只能衝著窮困潦倒但辛勤工作的丈夫撒潑，如今土改給了她發聲的機會和角色。丁玲不再沉迷於〈三八節有感〉文中的女性主義觀點，但她對女性角色的勾勒依然栩栩如生，譬如小說中有位老婦人，為長年的窮困生活所苦，以至於略帶瘋癲，如今卻因莫名其妙的天降好事在一隅震顫；時值幹部正在籌備批鬥首富地主的大會，他們無意間瞧見這位老婦人在地主被搜刮一空的屋裡，坐在炕上：

幾個人擠在一道了要商量一下，卻找不到地方，張裕民把大家帶進上邊側屋裡。房子裡還剩一個老太婆，她的牙缺了，耳聾了；腿不方便，卻把一個臉貼在玻璃窗上，望著外面的群眾憨憨的笑，眼淚鑲在眼角上。她看見這群闖入者，呆了一會，忽然好像明白了什麼，從炕那頭爬了過來。頭老是不斷搖著，她舉著手，嘴張開，卻什麼也沒有說出來。只是笑，笑著笑著，眼淚忽然像泉湧一樣的流出來。胡立功剛站在炕邊，便趕忙跑過去扶住她，她一下扶到了他肩上，像個孩子似的哼著哭起來了。胡立功也把她像個孩子似的拍著。她哭了一會，抬起頭來，望了望大家，一手去揩沒乾的眼淚，一手又扶著牆壁，爬回去了。仍舊用著那種憨態把臉貼到玻璃窗上去。[41]

根據許多有關土改活動的記述，從毛澤東親眼目擊並寫進一九二七年發表的〈湖南農民運動考察報告〉，到二十年後的紀錄，在在表明鑑別、懲處權傾一時的地主是每個村子至關重要的時刻——這時要讓地主們俯首貼耳，再也不敢作威作福，同時每位村民都參與集體暴力的行為，使他們無論在身體上或是情感上皆浸淫在革命改造的過程。丁玲在新小說的中段，描繪了村民批鬥他們深惡痛絕的地主錢文貴：

主席團念保狀的時候，人們又緊張起來，大家喊：

「要他自個念！」

錢文貴跪在臺的中央，掛著撕破了的綢夾衫，鞋也沒有，不敢向任何人看一眼。他念道：

「咱過去在村上為非作歹，欺壓良民……」

「不行，光寫上咱不行，要寫惡霸錢文貴。」

「對，要寫惡霸錢文貴！」

「從頭再念！」

錢文貴便重新念道：「惡霸錢文貴過去在村子上為非作歹，欺壓良民，本該萬死，蒙諸親好友恩典……」

「放你娘的屁，誰是你諸親好友？」有一個老頭衝上去唾了他一口。

「念下去呀！就是全村老百姓！」

「不對，咱是他的啥個老百姓！」

「說大爺也成。」

「說窮大爺，咱們不敢做財主大爺啊！大爺是有錢的人才做的。」

錢文貴只好又念道：「蒙全村窮大爺恩典……」

「不行，不能叫窮大爺，今天是咱們窮人翻身的時候，叫翻身大爺沒錯。」

「對，叫翻身大爺。」

「哈……咱們今天是翻身大爺，哈……」

「蒙翻身大爺恩典，留咱殘生。……」

「什麼，咱不懂，咱翻身大爺不准你來這一套文章，乾脆些留你狗命！」人叢裡又阻住錢文貴。

「對，留你狗命！」大家都附和著。

錢文貴只得念下去道：「留咱狗命，以後當痛改前非，如再有絲毫不法，反對大家，甘當處死。惡霸錢文貴立此保狀，當眾畫押。八月初三日。」[42]

《太陽照在桑乾河上》有一條簡潔的敘事主線，主要是依循時序來開展。然而，丁玲還是運用某些縈懷難忘的內心迴盪，設法豐富小說的美學結構。某些畫面可遠溯至童年記憶中母親剛上學校的那段日子，例如，丁玲刻畫暖水屯農婦苦於纏足而舉步維艱，或者坐在路旁按摩雙腳緩和疼痛，以及描述村民批鬥地主錢文貴的場景。小說中某些共鳴帶有文學性：烏鴉呱呱啼叫飛越老農顧湧頭頂的意象不再像魯迅於〈藥〉中所暗示的前景難料，而是象徵烏雲蔽日、充滿不確定性的社會主義未來，因為辛勤工作的顧湧原屬於中農階級，卻「輕率被畫歸為富農」；正當農民開始咆哮批鬥時，卻見一輪新月懸掛在地主站立的台上，令人回想起徐志摩時代的文學論戰。[43] 有些段落甚至暗藏對共產黨人施用暴力的批判：譬如，就在幹部們為暖水屯是否還有惡貫滿盈的惡棍需要打擊而爭論不休，這個鬧哄哄的場景卻為丁玲神來一筆所抵銷，丁玲穿插一段輕描淡寫，有個小男孩漫不經心地把玩一隻遭他折翼的蟬。小說的結尾既細膩又傷感。傳作義將軍率領的國民黨部隊正節節進逼延慶。

這時村民成群結隊目送新建的自衛隊興高采烈地開拔，前去參與延慶的防務。村民人人張大眼睛目送親朋好友的隊伍離去，直到他們通過一個轉彎處，從視線中消失。丁玲的讀者記得，同樣的描述手法也出現在羊倌那瘦弱的老婆身上，當她與羊倌大吵一架又和好如初之後，就在一個冷冽的破曉，目送羊倌和羊群步履蹣跚地走向道路的盡頭。[44]

傅作義的部隊是真實地存在，也使得小說的結尾別具張力；事實上，傅作義麾下一支部隊的確在一九四六年十月占領張家口及桑乾河畔泰半的涿鹿縣，國民黨另一位將領則是在一九四七年三月攻克延安，但共產黨人早一步安然逃脫。國民黨部隊必然會設法扭轉共產黨先前實施的土地改革，而且他們扭轉的手法往往殘暴不仁。尤其是在江蘇省，鄰近蔣介石首都（蔣政府這時又把首都遷回南京）的收復區，還有丁玲曾經工作過的北方，曾遭到毆打致死或公開羞辱的地主家屬又反過來以暴易暴，將先前強行霸占他們財產的農民關進牢裡、槍斃，或者如許多檔案資料所記載的，活埋。[45]

作為丁玲小說人物原型的許多桑乾河畔農民，也許都已命喪於冤冤相報，但丁玲本人卻因這部小說重新獲得賞識，在共產黨人的圈子裡青雲直上。這時的丁玲已改過自新，矯正她於一九四二年遭受非難的錯誤，同時黨也似乎表示接納丁玲的痛改前非，遴選她擔任中國共產黨的代表，出席一九四八年底在布達佩斯舉行的第二屆國際婦女民主聯盟大會（Democratic Women's Federation）；丁玲帶著幾本剛問市的新作，先抵達匈牙利，再轉往莫斯科。這是丁玲生平首次踏出中國國門。[46]

註釋

1 轉引自夏濟安，《黑暗的閘門：中國左翼文學運動研究》，頁二五一。丁玲關於編輯角色的假設，可參考張潤梅，《丁玲：她的一生和作品》，頁八十七。

2 谷梅（Merle Goldman），《共產黨中國的文學異端》（*Literary Dissent in Communist China*），頁二十四至二十六；汪學文，《中共延安時期之教育研究》，頁一九五。

3 谷梅，《共產黨中國的文學異端》，頁四十三。

4 李歐梵，《現代中國作家的浪漫主義世代》，頁二三八至二三九。

5 有關國際婦女節和中國共產黨的指示，見菲妮爾，〈女性與中國共產黨，一九二一至一九二五年〉，頁六十二，以及夏濟安，《黑暗的閘門：中國左翼文學運動研究》，頁二五一、註四十五。

6 丁玲，〈三八節有感〉，頁八。有關丁玲這篇文章的分析及節譯，見梅儀慈，〈文學與人生之間的變化關係〉，頁二九九；菲妮爾，〈女性與中國共產黨，一九二一至一九二五年〉，頁一〇五；以及汪學文，《中共延安時期之教育研究》，頁一九九。丁文的全文翻譯，見班頓（Gregor Benton），〈延安的文學對抗〉（The Yenan 'Literary Opposition'），頁一〇二至一〇五。對丁玲女性主義的分析，見比嘉治，〈早期的丁玲〉，頁一三六至一三七及第九章。

7 夏濟安，《黑暗的閘門：中國左翼文學運動研究》，頁二五五。

8 有關一九二九、一九三九年的政策，見薛爾頓，《革命中國的延安道路》，頁一九三至二〇〇；夏濟安，《黑暗的閘門：中國左翼文學運動研究》，頁二三八至二四一；谷梅，《共產黨中國的文學異端》，第二章；康普頓（Boyd Compton）編譯，《毛的中國：整黨文件（一九四二至一九四四年）》（*Mao's China: Party Reform Documents, 1942-1944*）。有關這時期的國際派「抗大」模式與軍隊整風的角色，見雷登（David Leroy Liden），〈黨的派系主義和革命願景：幹部訓練及毛澤東盡力鞏固對中國共產黨的控制（一九三六至一九四四年）〉

(Party Factionalism and Revolutionary Vision: Cadre Training and Mao Tse-tung's Effort to Consolidate His Control of the Chinese Communist Party, 1936-1944），第七章。

9 康普頓編譯，《毛的中國：整黨文件（一九四二至一九四四年）》，頁十五、二十一、三十一。

10 班頓，〈延安的文學對抗〉，全文翻譯〈野百合花〉；引文見前引文，頁九十六、一〇〇。張潤梅，《丁玲：她的一生和作品》，頁九十一至九十二；谷梅，《共產黨中國的文學異端》，頁二十五至二十七；福克瑪，《中國文學學說與蘇聯的影響：一九五六至一九六〇年》（*Literary Doctrine in China and Soviet Influence: 1956-1960*），頁十一至十九；以及比嘉治，〈早期的丁玲〉，頁一三八至一三九。

11 有關四月丁玲的去職，以及艾思奇的取而代之，見夏濟安，《黑暗的閘門：中國左翼文學運動研究》，頁二四七。

12 杜博妮在其注釋之《毛澤東的「在延安文藝座談會上的講話」》（*Mao Zedong's "talks at the Yan'an Conference on Literature and Art"*）作了細膩的導言，並翻譯毛澤東這篇重要演說的原始版本。有關魯迅兒子一事以及應該予以摧毀的創作情緒，見前引書，頁七十、八十三。

13 前引書，頁八十至八十一。

14 張潤梅，《丁玲：她的一生和作品》，頁九十五至九十六；谷梅，《共產黨中國的文學異端》，頁三十七至四十二；比嘉治，〈早期的丁玲〉，頁一三九至一五九。

15 谷梅，《共產黨中國的文學異端》，頁三十八至四十三；張潤梅，《丁玲：她的一生和作品》，頁九十七至九十八。有關一九四二年論及「娜拉」的論文（這也是郭沫若的主題），見威特克，〈近代中國五四運動時期對女性態度的轉變〉，頁一六六至一六七。有關〈十八個〉這篇小說的討論，見比嘉治，〈早期的丁玲〉，頁一六〇至一六三。

16 美中關係的故事，見史景遷，《改變中國》（*To Change China*），第九章。有關這場衝突最重要的新材料，見索恩（Christopher Thorne），《虛有其名的盟友：美國、英國及抗日戰爭，一九四一至一九四五年》（*Allies of*

a Kind: The United States, Britain, and the War against Japan, 1941-1945）。亦可參考劉馥，《現代中國軍事史，一九二四至一九四九年》，頁一四五、二二〇至二二二，記述傷亡人數和西南戰役。

17 薛爾頓，《革命中國的延安道路》，第六章，以及見多瑞斯，〈華北農民動員與延安共產主義的根源〉的不同觀點。亦可參考范力沛，《敵與友：中共黨史上的統一戰線》，頁一四四至一五三。有關這場教育運動（以及試行中文羅馬拼音化的失敗），見塞耶波特（Peter J. Seybolt），〈大眾教育的延安革命〉（The Yenan Revolution in Mass Education），頁六五三至六五五。

18 張潤梅，《丁玲：她的一生和作品》，頁九十八至一〇〇。一九四四年夏天的作品，見丁玲，《延安集》，頁一至十八、一六八至二三〇。丁玲本人的評價，見前引書，頁二三一至二三五。

19 范力沛，《敵與友：中共黨史上的統一戰線》，頁一七七至一八四；沙亨（Anthony Joseph Shaheen），〈中國民主同盟與中國政治，一九三九至一九四七年〉（The China Democratic League and Chinese Politics, 1939-1947），第六章，尤其見頁二一六探討中國民主同盟的西南分部。

20 轉引自許芥昱，〈一位現代詩人的知識傳記：聞一多（一八九九至一九四六年）〉，頁一三四；聞一多，《聞一多全集》，「甲」集，頁三二八。有關昆明的團體，見許芥昱，〈一位現代詩人的知識傳記：聞一多（一八九九至一九四六年）〉，頁一四〇、一六〇、二〇二、二二九。有關聞一多及妻子的部分，見聞一多，《聞一多全集》，「年譜」，頁六十八（一九四一年十月初）。

21 聞一多，《聞一多全集》，「年譜」，頁七十至七十一，轉引聞一多在「燈下」寫給詩人臧克家的信。亦可參考許芥昱，〈聞一多的生平與詩〉，頁一七一。

22 許芥昱，〈一位現代詩人的知識傳記：聞一多（一八九九至一九四六年）〉，頁一五〇。令人毛骨悚然的強徵兵源的作法，劉馥，《現代中國軍事史，一九二四至一九四九年》，頁一三七至一三九，亦可參考胡素珊（Suzanne Pepper），《中國的內戰：政治鬥爭（一九四五至一九四九年）》（*Civil War in China: The Political Struggle, 1945-1949*），頁一六三至一六七。

23 聞一多，《聞一多全集》，「年譜」，頁七十二；節譯譯文見許芥昱，〈一位現代詩人的知識傳記：聞一多（一八九九至一九四六年）〉，頁一五二。

24 內容概述，見許芥昱，〈一位現代詩人的知識傳記：聞一多（一八九九至一九四六年）〉，頁一六五至一六九；四月份的日期，轉引自前引書，註四十、五十一、五十二、五十四。

25 聞一多，《聞一多全集》，「年譜」，頁七十四至七十七，記幾場的會面；許芥昱，〈一位現代詩人的知識傳記：聞一多（一八九九至一九四六年）〉，頁一五三至一五四，論聞一多的政治活動，以及頁一五六至一五七，記聞一多的閱讀計畫。許芥昱，〈聞一多的生平與詩〉，頁一七七，轉引聞一多對魯迅批判性著作的改觀。

26 依序轉引自許芥昱，〈聞一多的生平與詩〉，頁一七三、一七〇，以及許芥昱，〈一位現代詩人的知識傳記：聞一多（一八九九至一九四六年）〉，頁一七五。

27 許芥昱，〈一位現代詩人的知識傳記：聞一多（一八九九至一九四六年）〉，頁一三五，論屈原。郭沫若的屈原劇本完成於一九四二年，一九五三年翻譯成英文。聞一多利用屈原作為中國民族主義的傳統，見施奈德，《狂人屈原：中國人忠與逆的神話》（*A Madman of Ch'u: The Chinese Myth of Loyalty and Dissent*），頁一二〇至一二四。

28 有關昆明學的活動，見胡素珊，《中國的內戰：政治鬥爭（一九四五至一九四九年）》，頁四十七至五十二。

29 轉引自許芥昱，〈聞一多的生平與詩〉，頁一四二。

30 轉引自許芥昱，〈一位現代詩人的知識傳記：聞一多（一八九九至一九四六年）〉，頁一七七至一七八。聞一多的孀妻日後口述，感人肺腑地記述他們兩人相互扶持的歲月及奮鬥到底的決心；這篇口述由她的女兒（聞銘）筆錄，並於一九七二年以母親閨名高孝貞名義、題為〈聞一多犧牲前後記實〉發表。

31 中國民主同盟的這篇調查報告於一九四六年出版，題為《李、聞案調查報告書》。

32 有關這場強暴案與示威抗議，見胡素珊，《中國的內戰：政治鬥爭（一九四五至一九四九年）》，頁五十二至五十七。

33 張潤梅，《丁玲：她的一生和作品》，頁一〇三至一〇四；劉馥，《現代中國軍事史，一九二四至一九四九年》，頁二四〇至二四五；包華德與霍華德合編，《中華民國傳記辭典》，卷二，頁三七六。

34 「五四指示」見胡素珊，《中國的內戰：政治鬥爭（一九四五至一九四九年）》，頁二四六至二四八。

35 前引書，頁二九二；一九四七年逐漸升高的激進主義，以及劉少奇和毛澤東之間的共識，見泰偉斯（Frederick C. Teiwes），〈整風的起源：解放前的黨內清洗和教育〉（The Origins of Rectification: Inner-Party Purges and Education before Liberation），頁三十三至四十六。

36 轉引自張潤梅，《丁玲：她的一生和作品》，頁一〇四。

37 丁玲，《太陽照在桑乾河上》，一九四〇年代末版本作者為這部小說寫的序言；這部小說的一九四〇年背景，見白之，〈延安時期的小說〉（Fiction of the Yenan Period），頁九至十一；白之在這篇文章中將像《太陽照在桑乾河上》這樣的小說歸類為「光輝的平凡」。

38 丁玲，《太陽照在桑乾河上》，頁二三二至二三五。

39 前引書，頁五十五。

40 前引書，頁六十六。

41 前引書，頁二七五。

42 前引書，頁二九二至二九三；可與韓丁（William Hinton），《翻身》（*Fanshen*），頁一三六至一三七，類似情節的比較。有關錢文貴情節的討論，以及對比於小說家張愛玲對土地改革主題的處理，見夏濟安，《黑暗的閘門：中國左翼文學運動研究》，頁四八六至四八七、四二七至四二九。諸如錢文貴遭到羞辱的場景，凸顯在評斷一九三〇年代、四〇年代地主對佃農剝削程度的困難。地主惡行惡狀的例子，見薩克斯頓（Ralph Thaxton），〈論農民革命與民族抵抗〉（On Peasant Revolution and National Resistance），頁二十八、四十一至四十二、五十二；與薩克斯頓相異的觀點，見馬若孟（Ramon H. Myers），〈民國時期的華北農村，社會經濟關係〉（North China Villages During the Republican Period, Socioeconomic Relationships）。

43 丁玲，《太陽照在桑乾河上》，頁二八四，記裏小腳；頁二九九、三〇二，記顧湧；頁二五二，記新月。

44 前引書，頁一〇四、一一一，記暴力和蟬；頁七十三、三三二，記羊倌的妻子和自衛隊。夏志清，《中國現代小說史，一九一七至一九五七年》，頁四八八至四九一，分析他們的關係。

45 胡素珊，《中國的內戰：政治鬥爭（一九四五至一九四九年）》，頁三〇〇至三〇五。

46 張潤梅，《丁玲：她的一生和作品》，頁一〇四至一〇五。張潤梅對這部小說的分析，見前引書，頁一〇五至一一一七。

51. 丁玲在延安的共產黨根據地，1938年。

52. 毛澤東（右）、朱德將軍（中）與周恩來在陝西，1936年末完成長征之後。

53. 蔡迪支的版畫〈桂林緊急疏散〉。

54. 1940年代初，蔣介石在重慶發表抗日演說。

55. 聞一多在昆明，1945年末。

56. 描寫要債的木刻版畫。

57. 丁玲速寫十來歲的女兒蔣祖慧，1954年在北京。

58. 嘲弄丁玲「一本書主義」的漫畫，1957年。

59. 老舍在北京，1960年代初。

60. 學生在天安門前周恩來的追思會上掩面哭泣，1976年4月5日。

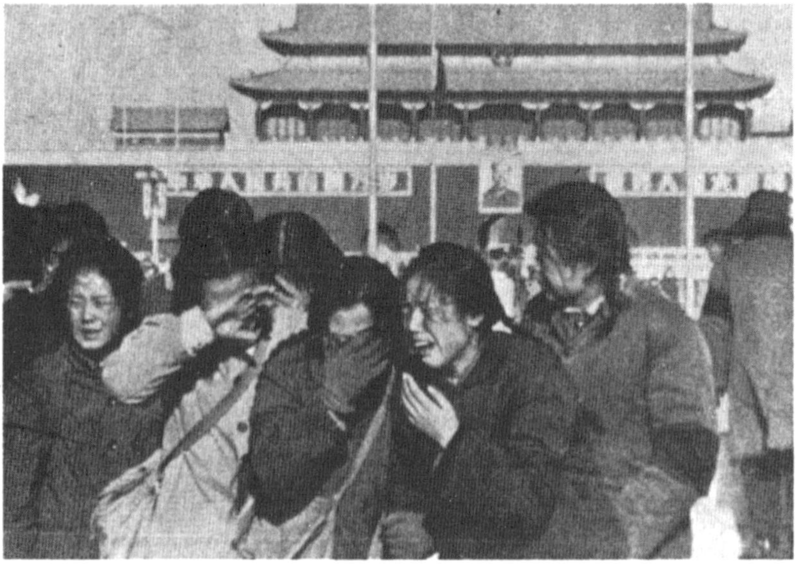

61. 在人民解放軍擔任士兵的魏京生，1973年。

62. 丁玲獲釋之後攝於北京，1979年12月。

第十二章　新秩序

丁玲的內戰經驗與蕭軍有著天壤之別。蕭軍是滿族作家，年紀很輕，一九三五年與魯迅交好，一九四二年加入丁玲一道批判延安幹部。一九四五年底，丁玲被派到張家口就近觀察土地改革的情形時，蕭軍取得黨的許可，同林彪的部隊回到了家鄉。從那時起，除了老舍，蕭軍無疑是最富盛名的滿族作家，成名作是一九三五年描述共黨游擊隊在東北抗日的小說《八月的鄉村》。蕭軍才歷經整風運動的洗禮，對共產黨來說是不可多得的宣傳資產，便指派他擔任新刊物《文化報》的編輯，利用該報收攏東北的激進派知識分子。這份工作別具意義，因為盤據松花江以北且散布南部鄉落的共產黨，與致力重建南京政權的國民黨，正在東北捉對廝殺；在這場決定中國未來的戰役，共產黨認為知識分子的角色並不遜於農民階級，或者新組建的東北民主同盟軍。[1]

經過近一年的籌備，蕭軍主持的《文化報》在一九四七年五月四日出了創刊號。選這個日子創刊，顯然是有意延續一九一九年五四運動開創的文化鬥爭香火。但認定這純粹是個象徵性選擇的人，過不了多久便要大失所望，因為幾乎創刊伊始，蕭軍便把《文化報》當成暢所欲言的論壇，發表的言論令建制中的共產文化體制深惡痛絕。一如他過去在延安的作為，這時的蕭軍又痛斥共黨幹部在東北麻木不仁和飛揚跋扈的作風，對待東北百姓的方式，彷彿馬戲團小丑戲弄觀眾，邊嘲弄邊催眠。蕭軍寫道，觀眾給小丑的表演鼓掌叫好，卻渾然不察自己被耍弄、羞辱。蕭軍明顯將矛頭指向毛澤東一九四二年的整風運動講話，以一連串「主義」指控共產黨，如「阿Q主義」、「堂・吉訶德主義」，還學五四知識分子與徐志摩，加上「馬馬虎虎主義」、「飽食終日無所事事主義」這些造出來的詞。[2]然而，蕭軍批判的力道遠超過一九四二年，他抨擊整個土地改革綱領是「冷血無情」、「空前絕後的強盜行徑」。他寫道，黨重新啟動群眾運動，欲將中國知識分子的腦袋「改造」成「機器」，扼殺了中國人的創新精神。蕭軍譴責進行中的國共內戰是場愚蠢的悲劇。他主張雙方應盡力化干戈為玉帛，共同為統一民主的中國奮鬥。此外，蕭軍也撻伐俄國人在東北的行徑，指責俄國人不僅行為乖張，還把中國亟需的大批工業設施運回蘇聯，彌補對德作戰的損失，嚴重妨礙中國的經濟復甦工作。[3]

當然，蕭軍提出批判，或許出於義憤之情，但也不乏自抬身價的動機。同一時期，蕭軍在《文化報》發表了個人傳記。這時蕭軍已三十九歲，長篇大論他的「大無畏」性格以及「不屈不撓」精神。另外，將魯迅在一九三五、三六年寫給他的信函詳盡評註、出版，同時開始創作舊體詩。蕭軍無意恪遵黨的嚴明紀律，顯而易見，他之所以能保住編輯職位，一方面多虧他在當地的聲譽，一方面黨的領導人也有意觀察他究竟能走多遠。到了一九四八年底，黨決定將蕭軍打成負面教材，發起新一波整風運動，批鬥矛頭指向尚未全然表態效忠、但已逐漸馴服的資產階級知識分子。這批人在國民黨氣數已盡，才千方百計加入共產黨。

蕭軍可說是理想的箭靶。他恣意批判黨的行徑，正足以證明黨有必要將曾經擁護抗日民族主義的人予以改造，接受社會主義階級鬥爭。於是，一九四八年底出現一系列攻訐蕭軍的文章。在這些文章的挑唆下，哈爾濱的學校、工廠和黨員組織紛紛開「批鬥大會」。這類批鬥大會從哈爾濱蔓延到整個東北。有影響力的人士也加入批判的行列，包括從布達佩斯返國的丁玲。在一份公開聲明中，丁玲呼籲蕭軍「糾正錯誤，向工農兵學習，追隨黨。」有的人指控蕭軍意圖「與敵為友」，並重新檢視他的小說《八月的鄉村》，論稱小說作者並未說明農民的力量是如何受到「黨和無產階級」的引導，略而不談敵人的「階級性格」。還有人指責蕭軍，誤把十七世紀舊沙俄的帝國主義與蘇聯的現今作為相提並論，並詰問蕭軍，蘇聯既然以馬列理論立國，怎會成為「壓迫被壓迫者的國家」？蕭軍拒絕公開認錯，《文化報》隨之關閉。蕭軍本人則是下放到南滿撫順的煤礦場，與煤礦工人一同勞動，竟無意間落實了瞿秋白一九二三年的主張——作家要想深入瞭解無產階級，就應下到煤礦區裡去。

共產黨之所以當機立斷整肅蕭軍，其實是在國共內戰逐漸占了上風、水到渠成的結果。一九四八年底，國民黨在東北節節敗退，一個個城市拱手讓給了共產黨；共產黨人還控制了山東省，攻克河南省數個城市；南京政權的垮台為期不遠。蔣介石領導的政府面臨勞工抗議，軍隊士氣一厥不振，官僚體系貪贓枉法，通貨膨脹惡化的情況無以復加，讓老百姓的儲蓄一夕間變成廢紙，最後連購物時都得扛著一麻袋一麻袋的銀行鈔券，猶如一九二三年德國社會的翻版。

通貨膨脹讓工人薪資化為烏有。對農民而言，土地問題引發的窘境也不遑多讓。這時的土地，又重新為戰時逃難離開或在土改第一階段被剝奪財產的地主把持。而仰賴政府薪餉過活的人，特別是國立中學和大學教師，生活境況也好不到哪裡去。一九四三年時，聞一多就曾抱怨，在昆明購買一蒲式耳（bushel）的米要花四千元法幣，他不得不在一所中學代課兼刻圖章，貼補家用。國民政府發行的法幣一度幾乎與美元等值，即便是二次世界大戰初期，法幣與美元的官方匯率大約是二十比一。到了一九四六年初，通貨膨脹造成法幣大幅貶值。舉例來說，大學教授月薪六萬，略高於成衣廠女工的工資，但只有上海老木工或機械工人月薪的三分之一。一九四七年春，通貨膨脹更形惡化，政府又不顧一切大量發行紙幣，公務人員的月薪攀升到了二十萬元。即便如此，公務人員也不足以支付房租和伙食費。一九四八年春，公務人員的月薪又調高為三百一十萬，但假使房東要求繳房租時以米代替現金，這些錢甚至連小茅屋都租不起。生活水準江河日下，對法幣的信心蕩然無存，共產黨勝利對人們不再是一種威脅，中產階級看待共產黨的根據地更抱以同情，因為他們自覺在各方面都已淪為「無產階級」。誠如某個大學教授協會的觀察，他們的所得還比不上苦力或鄉下種田的農夫。[5]

沈從文於一九四八年十二月寫信給一位曾經就教於他的青年學子。他在信裡扣緊當時知識分子的普遍情緒，連措辭也隨著時代需要有所調整：

目前這個政府，在各方面癱瘓腐朽了，積重難返。……我們這一代的文人，從「五四」時候起，握著一隻筆，抱著「科學」與「民主」精神，努力了二三十年，在文化工作上，也算盡了力量。以後的新社會，還待你們青年朋友努力開創。不管政治怎樣演變，新國家的建設，總要依靠你們誠懇踏實的青年人。你問起時局，是不是有走動的意思？照我看來，逃避也沒有用。不過既然留下，就得下決心把一切從頭學起，若還像從前一樣，作小書呆子，恐終不是辦法。[6]

沈從文在一九四六年返回北京，教授中國文學，自然有機會權衡時局，評估對自身的影響。他個人認為逃避於事無補，也感覺自己在共黨治下可安然無恙。箇中原因或許是他自認創作既未涉及政治，戰時某些作品還批評國民黨在湖南鄉下所謂的改革計畫。

一九四九年一月，沈從文寄出這封信的隔月，國民黨籍將領傅作義就將北京拱手獻給共產黨。共產黨人旋即籌備在北京立都的事宜，讓黨內長年遷徙的重要幹部在北京安頓下來，並建立局和部等官僚組織。丁玲是眾多加官晉爵的人士之一（丁玲對蕭軍的批評再次證明她對黨的忠誠）；二月，她被拔擢出任某委員會的委員，負責改造中國文化界。一九二七年時，俱為青年作家的沈從文與丁玲雖然都在北京，但沒有交集。丁玲與胡也頻同居，創作了〈莎菲女士的日記〉；沈從文則是忙著回溯在湖南與軍人共處的歲月，探索文學創作的可能性。[7] 如今，同處一九四九年動盪不安的中國，丁玲無能為力，或是有意回避，並未向沈從文伸出援手。二月一日，北京大學內出現攻擊沈從文的匿名大字報，引述昔日郭沫若及共產黨代言人批評沈從文的文字，將沈從文斥為反動分子、品行不端，是「妓女作家」。寄到沈從文家的黑函，包括人身威脅、畫了鎗頭的信等種種恫嚇。沈從文的處境與聞一多三年前在昆明的經歷如出一轍，愈感惴惴難安。他把大部分藏書分送給學生、好友，並告訴其中一人說：「我這個人也許該死，但是這些書並沒有罪過，不該與我同歸於盡。」沈從文終究難耐焦慮折磨，悄悄離開北大的學人宿舍，搬到清華園同幾個友人住，隨後家人也前來團聚。[8]

就在沈從文試圖避人耳目之際，丁玲持續出風頭，隨著共產黨在內戰大獲全勝，更是平步青雲。北京淪陷後，蔣介石在一月辭去中華民國總統的職位（這是他本人精挑細選的頭銜，維持不到一年）。丁玲所屬委員會於三月成立新的文化機構，名為「中華全國文學藝術界聯合會」；共黨軍隊已席捲華中地區，推進到長江沿岸，並於四月橫渡長江，攻克南京。當時丁玲人在捷克，代表中國出席保衛世界和平大會。七月返國後，她參加文聯的正式成立大會，毛澤東與周恩來兩人蒞臨發表演說，此時共軍拿下上海和武漢。隨後兩個月內，丁玲成為文聯二十一位藝術家、作家組成的常務委員會成員之一，並擔任共黨文藝機構新喉舌《文藝報》的編輯。這時共軍擊潰蔣介石在華南的最後勢力。一九四九年十月一日，毛澤東宣布中華人民共和國正式建立，兩週後共軍攻陷廣州。丁玲再度踏出國門，是以中國代表團團長的身分前往莫斯科，祝賀布爾什維克十月革命勝利三十二週年慶。至此，重慶、昆明先後落入共黨手中，國共內戰形同結束。[9]

幾乎沒人料得到共軍竟以如此摧枯拉朽之勢取得勝利，也沒人料得到國共內戰冗長的兵連禍結會在一夕間結束。縱使中國百廢待舉，面臨嚴峻的通貨膨脹壓力，百萬難民有待安頓，土地改革半途而廢，主掌國家大政方針的幹部又缺乏經驗，在國際社會孤立無援，長期的顛沛流離結束，還是讓中國人歡欣鼓舞。魯迅在一九三六年上海文學論戰的盟友及知交胡風，戰時人在重慶，此刻返回北京，也感染了這股雀躍的情緒。他一九四九年的詩作〈歡樂頌〉，言簡意賅傳達了無限的祝福與感恩：

我的戰友
我的同志
我的兄弟
我看見了你！
你在臭濕的工房裡凍餓過
你在黑暗的牢獄裡垂死過
你和窮苦的農民一道喂過蝨子

你和勇敢的戰友一道喝過雪水
你受過了千錘百煉
你征服了痛苦和死亡
這中間
多少年多少年了
但你的希望活到了今天這個日子
但你的意志活到了今天這個日子

今天
在激動著你的此刻
也許你忘記了過去的一切
但過去的一切
使你純真得像一個嬰兒
彷彿躺在溫暖的搖籃裡面
潔白的心房充溢著新生的恩惠。[10]

老舍就少了這份歡愉的興致。內戰期間，老舍在美國待了三年，時值一九四六年初，聞一多婉拒了加州大學的教職，老舍則應美國國務院文化交流計畫的邀請前往美國。老舍旅居美國這段期間風波不斷。有的事小，譬如剛抵達美國不久，老舍為了與當地人打成一片，在紐約塔夫脫旅館（Taft Hotel）被人騙走五十美元現金。有的則至關重大，源自他新近鵲起的聲譽。老舍的小說《駱駝祥子》英譯本於一九四五年在紐約問世，獲得「每月一書俱樂部」（Book-of-the-Month Club）的青睞，大為暢銷。然而，老舍仔細閱讀他從未授權出版的英譯本，熱銷的喜悅頓時煙消雲散：或許是為了迎合美國人與作戰同盟團結一致的需要，以及讀者渴望在歷經內心與社會糾葛之後能有快樂結局的心態，整部小說的結構被竄改得面目全非。老舍原作中的洋車伕祥子精神崩潰，飽受淋病的摧殘，彎腰駝背，女友自殺身亡，他本人則淪落到靠出賣異議分子名單給警察度日。英譯者刪減了祥子罹患性病的情節，讓祥子的女人起死回生，淨化祥子的行為，甚至添枝加葉，讓一個背叛的異議分子搖身一變，成為有影響力的官員。在老舍原作的結尾，祥子拖著蹣跚的步履，沿街尋找菸屁股。他原以為獨善其身能讓他出人頭地，結果卻淪為這種天真想法的犧牲者；美國英譯者在小說結尾則描述身強力壯的祥子，雙手抱起心愛的女人狂奔於鄉野間，迎接嶄新的破曉：「夏日時節略帶沁涼的向晚，懷抱中的女人輕輕靜靜地躺著，隨著祥子狂奔，女人也緊緊依偎在他懷裡。她還活著。他也還活著。他們自由了。」[11]

老舍與中國友人談及英譯本任意竄改，怒不可抑，不過他並未採取任何法律救濟；但他確實費盡心思為戰時出版的小說尋覓譯者，並與譯者通力合作。其中有兩部小說翻譯成英文出版，但並未像《駱駝祥子》那樣大受歡迎。旅居美國三年期間，老舍對美國和國民黨愈來愈不滿。他怒火中燒，或許是戰時為了替國民黨作文宣，在重慶生活過一段日子，把妻兒留在北京的緣故；說也奇怪，如今他家人寓居重慶（戰爭快結束時才搬去），他人卻遠在紐約。國內掀起新一波內戰，通貨膨脹一發不可收拾，老舍想必十分擔心家人。老舍在《貓城記》中對中國文化的千愁萬慮似乎再次浮現。論及五四世代傑出的中國知識分子公開支持國民黨、反對共產黨，他難掩憤恨之情；同時，他對美國意圖介入中國內戰的不快，也超越對共產主義的批評，尤其不滿魏德邁將軍在一九四七年造訪中國。一九四五年在重慶時，魏德邁便大力支持蔣介石；時隔兩年，魏德邁二度訪華，顯然有意擴大軍援國民黨，與共產黨在東北與華北作戰。

一九四九年，老舍對美國的一切愈看愈不順眼，舉凡艾倫．萊德（Alan Ladd）和貝蒂．菲爾德（Betty Field）擔綱主演的《大亨小傳》（*Great Gatsby*）電影，及冰淇淋、可口可樂都令他生厭。[12] 一九四九年秋，眼看共產黨勝利在望，老舍終於決定返國。然而，他下這個決定，也絕非易事，畢竟對一個曾經辛辣嘲諷大家夫司基主義，又相當清楚激進革命派翻雲覆雨手腕的人，肯定有番掙扎。據舊金山友人回憶，臨行前幾天，老舍坐在金門公園（Golden Gate Park）的草坡上靜默沉思，遠處動物園傳來的陣陣銅管樂聲宛如微風吹拂。[13] 老舍告訴這位友人，他回中國後要恪守「三不原則」——不討論政治、不參加會議、不發表演講，但是他即將返回一個高度政治化的國度，要奉行這三不原則談何容易。到了一九五〇年二月，老舍加入丁玲任職的文聯常務委員會，並在《人民文化》撰文分析美國已「墮落為法西斯主義」，海內外中國人必須在「兩大陣營」之中作一選擇。[14]

是月，毛澤東自蘇聯返國，結束與史達林九週的折衝談判，簽署了一紙條約，確保中、蘇雙邊的國家安全、貿易往來。除了承諾提供中國某些技術援助，這項條約沒有其他重大承諾。蘇聯對此等大國加入共產陣營，似乎並未流露欣喜的臉色。

這一年，中國人全神貫注於土地改革計畫。基於一九四〇年代在華北的經驗，共產黨動員成千上萬的幹部投身農村工作，建立農民協會組織，領導窮人與中農反抗地主。幹部往往先從「重點」村著手，進行土改，以便日後向鄰近村莊示範，教導貧農和無地的農工估算同村富人的等級，煽動他們盡情「訴苦」，傾吐過去經歷的種種委屈，並引導他們發動群眾示威，恍若丁玲生花妙筆在小說裡的刻畫。他們揪出地主，當眾羞辱，有時還活活打死。

土改的過程，困難重重，充滿血腥暴力，始料未及的問題俯拾可見：地主藏匿錢財糧食，分送土地，以隱瞞真實身分；宰殺牲畜、砍伐果樹，以降低帳面上的財產，或是散布國民黨軍隊將反攻並大舉報復的謠言來恫嚇貧民。無論如何，到了一九五一年底，昔日中國農村由富農與地主宰制的局面已徹底瓦解。超過基本生存所需的大量土地和財產，分配給上億貧苦家庭。儘管每個家庭所得微乎其微，在人口稠密區可能只有五分之一英畝，在人煙稀少或不毛之地可得一到兩英畝，也未根絕土地私有。這場由中國群眾參與、以激進手段重新分配私有財產的運動，還是有效顛覆了中國傳統的生活秩序。[15]

伴隨土地改革計畫而來的，還有一九五〇年的「婚姻法」。這部法律內容琳瑯滿目，旨在將中國女性自傳統強制婚姻的苛虐枷鎖解放出來，為她們開啟離婚的方便之門，並提供兒童法律上的保障，杜絕溺嬰、賣嬰歪風。雖有不少男性強烈反對，這部婚姻法還是付諸實施。特別是某些地區有相當高比例的男性參加內戰或是一九五〇年底爆發的韓戰，在男丁絀少的情況下，女性的土改角色顯得格外重要。正因為如此，丁玲在一九四二年提出的問題再度浮現：女性的性別認同是否能超越經濟革命的需要。婚姻法實施一年內，將近有一百萬名女性訴請離婚成功，大多數女性承受的心理壓抑可見一斑。[16]

這時，歷經二十八載的流離失所、轉戰各地的共產黨人，正夙夜匪懈構築一個可行又有效的政府體制，已沒有餘力再針對生活各個層面展開激進的改造工程。在工業領域，共產黨的政策步步為營，鼓勵重點企業的管理人員固守崗位，不論他們過去與國民黨或外國帝國主義的關係，所以中國的生產力能持續提高。共產黨這時的當務之急是穩定工資與物價，控制糧食分配，以遏止過去十年來如脫韁野馬飆漲的通貨膨脹。因此除了建立必要的官僚體系，還要建構服從共產黨領導的工會組織，以斷除黑社會分子寄生於運輸工人、苦力和碼頭工人之中，作姦犯科，同時掃蕩控制妓院、把持鴉片買賣的幫派分子。[17]

毛澤東對知識菁英採取的包容態度，以及多次在黨的會議以及全國人民政治協商會議（中華人民共和國建立後仍持續召開）上公開的政策顯示，中國目前已過渡到「成熟階段」，工人與農民將和「小資產階級及民族資產階級」共同組成「人民民主專政」的新統一陣線。

被剝奪權利者，只限於某些大地主及「官僚資產階級」。後者是指對內採取恐怖手段、對外勾結美帝之國民黨軍閥的代理人。發動了農村經濟改革，毛澤東接下來必然著手「思想改造」計畫；從一九四二年的延安運動及一九四八年整肅蕭軍運動擷取經驗，這項計畫的宗旨是糾正並形塑知識分子的思想，因為知識分子囿於根深柢固的階級立場，無法認清作為新社會成員必須犧牲小我。

新一波整風運動，首要目標是連根拔除中國文化中過度洋化的元素，它們不是輕忽斬斷象牙塔逃避主義的迫切性，就是陶醉在自我頹廢或無病呻吟。一九四九年，五四運動三十週年、中華人民共和國肇建前夕，曾經尖銳臧否徐志摩對泰戈爾的推崇的批評家茅盾，這時與丁玲、郭沫若在文聯共事。在一次演講中，他將上述態度概括統稱為「買辦文化」，意思是，在舊經濟體制下，中國商人為西方貿易公司效勞，無意間卻助長了帝國主義勢力：

> 買辦文化可以說是帝國主義文化的乾兒子，依大城市為據點而伸長其觸角。小資產階級是買辦文化最易蔓生的溫床。崇拜洋人，醉心歐美生活，「月亮也是外國亮些」，——總而言之一句話，在人民中間散播民族自卑心理，就是買辦文化的特長。尤其惡劣的，是專揀中國的一些封建性的頹風敝俗，用販賣假古董的姿態，寫成書本子，在博得洋主子一笑之餘，賺幾個賞錢，以滿足其物質慾。[18]

這些觀念成為一九五〇年共產黨政策的基調，這年茅盾獲選為文聯副主席、作家協會主席及文化部長；一九五〇年十月之後，緊張的局勢再起，中國決定出兵韓戰，美國與聯合國部隊逼臨鴨綠江，舉國上下又回復到對抗外敵的戰爭狀態，加速、強化了國內各種群眾運動，祕密警察與公安系統的規模與權力也隨之擴張。第一波運動，即鎮壓「反革命分子」的鎮反運動中，導致一九四九年前曾是國民黨員或為外國人做過事的一百萬人遭到審判、處決；除此之外，共產黨還發動「三反運動」，加速根除黨內的貪汙、浪費與官僚主義的作風，肅清國民黨習性；隨後的「五反運動」，則是針對一九四九年後留在中國協助經濟復甦的財經和管理人員而來。他們濫用權力，被控行賄、逃稅、詐騙、竊盜政府資產與國家經濟祕密。思想改造計畫的基本原則是，在黨的指導之下，進行自我檢查、坦白交待錯誤、加強學習毛澤東的著作，是經濟改革與內部「清洗」交疊運作不可避免的結果。[19]

老舍動身離開美國，雖滿心狐疑，這時卻能泰然自若面對新的壓力。他早期的短篇小說〈礦工的生活〉，透過一個北京警察的目光，冷眼旁觀二十世紀中國的腐敗與悲劇。原作改拍成電影時，奉黨的指示，加了一個快樂的結局，但老舍並未表達抗議。這種無中生有的作法，與美國翻譯者未經授權擅自竄改《駱駝祥子》的行徑如出一轍，但老舍若要在中華人民共和國內繼續維持作家盛名，就得忍氣吞聲。況且，他對社會主義寫實主義的新要求適應自如。在一九五〇年創作的新劇本《龍鬚溝》，老舍刻畫北京一條汙穢溝渠兩旁窮苦人家的悲慘生活。這個主題匠心獨運，呈現中國實施共產主義前後的鮮明對比：

溝渠兩旁人家在一九四九年前的生活恍若夢魘，疾病叢生，溺水意外頻仍，地痞流氓魚肉鄰里，貪婪的國民黨政府又苛捐雜稅，剝削貧窮老百姓；反觀共產黨人，疏濬溝渠，為窮人尋找工作機會，剷除地痞流氓，無論在實際上或象徵上，都清洗了溝渠兩旁居民的世界。[20] 一九五一年十月，中華人民共和國成立兩週年慶，老舍選擇堅定地與共產黨站在同一陣線，撰文表達他在批鬥大會、整肅異議知識分子時的興奮之情。這篇文章自然發表在《人民文化》：

> 開會了。臺上宣佈開會宗旨和惡霸們的罪狀。臺下，在適當的時機，一組跟著一組，前後左右，喊出「打倒惡霸」與「擁護人民政府」的口號；爾後全體齊喊，聲音像一片海潮。人民的聲音就是人民的力量，這力量足以使惡人顫抖。……老的少的男的女的，一一地上臺去控訴。控訴到最傷心的時候，臺下許多人喊「打」。我，和我旁邊的知識分子，也不知不覺地喊出來：「打！為什麼不打呢？！」警士攔住去打惡霸的人，我的嘴和幾百個嘴一齊喊：「該打！該打！」這一喊呢，教我變成了另一個人！我向來是個文文雅雅的人。不錯，我恨惡霸與壞人；可是，假若不是在控訴大會上，我怎肯狂呼「打！打！」呢？人民的憤怒，激動了我，我變成了大家中的一個。他們的仇恨，也是我的仇恨；我不能，不該「袖手旁觀」。[21]

隔年，老舍就在一份官式的「自我批評」聲明中寫道：「永遠跟隨毛主席的指示一步一步前進，糾正我所有思想與生活的錯誤。」[22]

與老舍相反，沈從文發覺新的壓力幾乎難以承受。儘管他在一九四九年獲准保住北大教職，但是批判箭頭還是對向他，由幹部與學生組成的特別委員會奉命「清洗」他的思想並進行「輔導」；一九五〇年，沈從文被解除教職，參加「革命學習課程」。沈從文有位友人後來離開中國。據他的說法，沈從文的妻子在政治上漸趨投入，兩個孩子在老師的慫恿下，撰文表達自己與母親正確的社會立場，惋惜父親的「反動」觀點，家庭氣氛日益緊繃。沈從文的么兒，在一篇類似的文章中，稱父親是「所謂」的作家，因為認識不清，解放以後心境不好，生了一場病，並宣稱他們其他三人在下班或下課後還要努力糾正他。[23]這位友人還說，在這段期間，沈從文甚至自殺未遂。他喝過煤油、割過喉，也割過腕。在醫院醒來時，他還誤以為被關進了監獄。出院後幾個禮拜，沈從文依然滿面慘狀，面目浮腫，鼻孔流血不止。被問及這段經歷，沈從文一吐心中悶氣：

叫我怎麼弄得懂？那些自幼養尊處優，在溫室中長大，並且出國留學的作家們，從前他們活動在社會的上層，今天為這個大官做壽，明天去參加那個要人的宴會。現在共產黨來了，他們仍活動在社會的上層，毫無問題。我這個當過多年小兵的鄉下人，就算過去認識不清，落在隊伍後面了吧，現在為什麼連個歸隊的機會也沒有？我究竟犯了什麼罪過？共產黨究竟要想怎樣處置我？只要他們明白地告訴我，我一定會遵命，死無怨言，為什麼老是不明不白地讓手下人對我冷嘲熱諷，謾罵恫嚇？共產黨裡面，有不少我的老朋友，比如丁玲，也有不少我的學生，比如何其芳……[24]

然而，丁玲並未向沈從文伸出援手。她必須證明她的黨性純正，極力避免任何有可能削弱她在《文藝報》地盤的行為。她證明自己的革命資歷不遺餘力，方法之一，就是盛讚前愛人胡也頻。胡也頻的革命烈士地位如今已得到共產黨的認可。他跟一九三一年二月遇難的共產黨人屍骨，都從龍華的亂葬崗挖出遷至上海郊外新建的革命烈士公墓。而且共產黨也下令編選胡也頻的作品集，由丁玲負責督導。[25] 一九五〇年十一月，丁玲在為胡也頻文集寫的序言中，批評自己過去的「小資產階級幻想」和「抑鬱傷感」、「百無聊賴」、「偏執」，接著沒來由地貶抑沈從文：

也頻有一點基本上與沈從文和我是不同的。就是他不像我是一個愛幻想的人，他是一個喜歡實際行動的人；不像沈從文是一個常處於動搖的人，既反對統治者，又希望自己也能在上流社會有些地位。也頻卻是一個堅定的人。……沈從文因為一貫與「新月社」、「現代評論」派有些友誼，所以他始終羨慕紳士階級，他已經不甘於一個清苦的作家的生活，也不大滿足於一個作家的地位，他很想能當一個教授。他到吳淞中國公學去教書了。奇怪的是他下意識地對左翼的文學運動者們不知為什麼總有些害怕。[26]

一九五一年，丁玲的聲望如日中天，這番針貶勢必很有份量；那年，丁玲一本在兩年前譯成俄文的小說《太陽照在桑乾河上》獲得史達林獎。此外，丁玲還獲准在北京籌組「中央文學研究所」（後更名為「中國作家協會文學講習所」），負責訓練青年作家。一時之間，丁玲成為新世代青年知識分子的精神導師，同時兼任共產黨黨宣傳機器的要職。當丁玲在一九五一年為自己主持的雜誌向沈從文邀稿時，沈從文相當不解。他告訴丁玲：「我和現在的文藝刊物已經脫了節，妳最好先找兩篇近來發表的像點樣子的文章給我看看，然後才好寫。」

沈從文這年寫的文章，顯然有意應對時下的文學教義，解釋他為何沒能成為革命分子。沈從文承認，他早年在軍閥部隊的從軍經驗，令他對「政治絕望」，所以在一九二〇和三〇年代，他才會「採取舊知識分子的自由態度，認為文學不可能也不需要與政治結合，並且認為這種結合是一種錯誤。」他的作品才「幫了舊國民黨封建統治的忙」，「被一小撮卑鄙的人慫恿」，尤其是蔣介石的姻親、臭名昭著的宋氏家族。沈從文概括總結了他早年的創作生涯：

一九二八年以後，我生活轉入了學校，和當時的英美系爭取民主自由的人發生深一層的關係，在工作態度上雖還照舊，生活方式卻逐漸變質，成了半個知識分子。一面是社會接觸面不出同事和同學，一面是讀書範圍越雜亂。寫作精力正旺盛，而新出版業方興起，讀者群展開到了學校以外的現代企業中，工作受刺激和鼓勵，我成了一個寫短篇的熱鬧人。二十年來大部分作品多產生於這個時間內。一部分作品，雖比較具進步性，另一部分作品，卻充份反映出一個游離知識分子的弱點，文字華麗而思想混亂，有風格而少生命。大部分是無助於人民革命，對年輕人前進意志，更容易形成痲痺和毒害效果的。特別是佛經故事改造的一些故事，見出是我的雜學的混合物。佛經的虛無主義，幻異情感，和文選諸子學等等的雜揉混合，再發展即成為後來的《七色魘》等極端病態的、邪僻的、不健康的格式。而促成這個發展的，還顯然有佛洛依德、喬依斯等作品支離破碎的反映。[27]

文中表露的情感，似乎令調查沈從文的幹部感到滿意，經過一段時期的意識型態教育後，他得到一份新職。彷彿為了凸顯他擅長回顧往事的思想特質，共產黨沒讓他從事教職或創作，而是派他到前清宮、當時的北京故宮博物院整理文物。

爾後幾年，沈從文成為中國古代服飾和唐宋青銅鏡的專家；老舍寫了幾齣劇本，隨同慰問團前往朝鮮半島，獲選為作家協會副主席；丁玲批鬥犯錯知識分子的經驗，則是愈來愈駕輕就熟。從一九五二年底到一九五五年這段期間，中國內部相對和緩、平靜無波：一九五三年，韓戰終於告一段落，中國政府得以心無旁騖地致力推動內政。一方面，美國第七艦隊繼續巡防臺灣海峽，共產黨苦無兩棲登陸作戰能力，臺灣問題必須暫時擱置，但另一方面，史達林同年過世，大大舒解蘇聯施加於中國的壓力。後史達林時代的蘇共領導人，同意歸還旅順和大連兩個港口。國際場合，中國人還充當調人的角色：周恩來介入斡旋一九五四年法國與越南的停戰協定；翌年不願加入「東南亞公約組織」（SEATO）的國家在印尼萬隆舉行亞非大會，周恩來長袖善舞左右各國有關遠東戰略的討論方向。在國內，攸關中國工業發展的第一個五年計畫，似乎大獲成功。在未經流血衝突的情況下，外國人在華擁有的資產漸次收歸國有。國內工業也以和平的手段實現國有化政策，並納入長期國家發展計畫。中國近代有史以來第一次的全國人口普查於一九五三年展開，普查結果是五億八千兩百六十萬。在蘇聯的技術援助下，幾項大型水力發電計畫開始動工，特別是黃河流域。為了避免韓戰期間中國士兵大量傷亡的錯誤歷史重演，軍隊重新整備換新，參謀系統也改組重建。戰爭及接踵而來的經濟重建，為中國的文學、戲劇和電影注入了活水源頭，並藉機強化當前「社會主義的愛國主義」。

農業領域的變化更是天翻地覆。共黨領導人引進國家信貸機構結合農村產銷合作社的複雜機制；這套機制配合鼓勵貧農合作生產的「互助組」制度，目的是使私人耕作的方式愈來愈無利可圖，進而為將來的農業集體化制度鋪路。[28] 然而農業改革並非一帆風順，中國農民根深柢固的傳統觀念認為，擁有土地才能讓自己和子孫幸福。在《太陽照在桑乾河上》裡，丁玲將農民這種心態刻畫得栩栩如生：佃農侯全忠過盡大半輩子的窮困生活，最後地主要把地契交給他時，習慣命苦的侯全忠起初還以為他該把地契還給地主。經過村裡農民協會人員與兒子百般勸說，才意識到土地屬於他了：

也有人讚嘆道：「這老頭可老實，一輩子就給他糟踐，如今算醒過來了！」侯清槐也笑道：「爹，菩薩不是咱們的，咱們年年燒香，他一點也不管咱們。毛主席的口令一來，就有給咱們送地的來了，毛主席就是咱們的菩薩，咱們往後要供就供毛主席，爹，你說是麼？」侯全忠誰的話也都不答覆，只痴痴的笑，最後有人問他：「這地要分給你了，你還退給人家麼？」他只是一個勁的搖著頭，答道：「不啦！不啦！昨天那麼大的會，還不能把我叫醒麼？哈……」[29]

不過到了一九五三年，經濟政策為之丕變，政府鼓勵過渡到農業生產合作社；合作社成立初期，由於農民仍按照貢獻給合作社的土地和牲畜比例分配所得，土地所有權跟種種社會經濟上的差別依然維持。但到了一九五五年中，一切為之改觀。那年夏天，毛澤東與中共領導階層驚覺，農業剩餘勞動力不足以支撐工業發展的進度（農民產量大，吃得也多），同時間，在多數農村地區，富農的所得再度遠遠超過貧農。毛澤東等人於是下令即刻全面實施農業集體化政策，廢除土地地契的效力，這意味每人或每個家庭只能保留一小塊土地種蔬菜或養豬養雞。過渡到農業集體化階段的速度超乎異常：截至一九五六年夏初，中國已有七千四百萬農戶（占全中國總農戶數的六一．八％）被納入農業集體化；到了夏末，數字攀升至九〇％。[30]

這是中國革命過程的嶄新階段。雖令人印象深刻，但筆墨難以言喻的程度更勝土地改革初期的狂暴（不論是政治修辭或者文學內容），包括丁玲在內，大部分作家都對農業集體化的議題保持緘默。政府的說法自然是粉飾太平，企圖掩飾這場劇烈轉型激起的內在衝突，況且舉國上下還有各種區域間與世代間的矛盾：例如北方幹部奉調到剛解放的南方，又如城市的幹部下放到農村，或者數百萬剛加入共產黨的新黨員，與一九四九年之前、四五年之前的老黨員，甚至一九三四年前就入黨、屬於菁英中的菁英的長征幹部競逐職位。中共黨內兩位權傾一時的要角遭到整肅，原因至今不明：其中高崗被控企圖在南滿重工業區建立自己的「獨立王國」及「從事陰謀活動」；另一位饒漱石，罪名是在抗戰期間的延安和解放後的上海進行「無恥的欺騙」，與高崗兩人任職國家計畫委員會期間，圖謀結成「反黨集團」。高崗於一九五四年自殺，同年饒漱石被解除一切職務，從此在公共場合銷聲匿跡。[31]

類似的衝突也發生在文化官僚體系上層，各派別之間更加水火不容，摩擦的記憶也更為持久鮮明。一九五〇年代初，丁玲的地位似乎已與周揚不分軒輊；周揚是魯迅一九三六年在上海的死對頭，一九四二年延安整風運動期間，還批判過丁玲。自一九五三年以降，丁玲的仕途每況愈下，陸續被迫辭去各種編輯與委員會委員的職務，她一手擘畫的中央文學研究所也拱手讓人。儘管丁玲痛加撻伐其他作家漠視群眾需要，連她之前的好友也遭到波及，她本人依然力求完美，標舉魯迅的故事與曹雪芹十八世紀的作品《紅樓夢》為文體典範，鼓勵作家創作出盡善盡美的作品，並呼籲黨內主管文藝政策的幹部，切勿對作家採取「家長式的權威」，以免扼殺了創造力。現在丁玲除了寫點新聞短評，無法再從事創作，只有藉著公開呼籲重視作家社會角色，尋求慰藉，過去主持的《文藝報》也被比作上海、東北那些「獨立王國」。終究，她還是被推向了政治火坑。[32]

在批判風潮吹向丁玲之前，共產黨的焦點放在胡風與馮雪峰身上。胡、馮二人都是頑固的革命派、魯迅生前的密友（馮雪峰也是丁玲的知交），抗戰期間主要在重慶度過，當時他們還撰文抨擊共產黨宰制文化領域，並創辦刊物對抗共產黨的作為。[33]一九五〇年代初，胡、馮兩人都被指控懷有資產階級思想。一九五四年底，共產黨從一開始對胡風文學觀點的批判，轉變為政治指控，到了一九五五年，胡風因為反革命、國民黨特務、反共地下工作頭子的罪名，遭到逮捕，鋃鐺入獄。丁玲料到對胡風恨之入骨的人也會對她不利，所以從一九五四年底開始，她在黨內一連串會議上進行自我批評。但這番自我批評並未得到諒解，也不為黨所接受。丁玲一度住進療養院休養；但不久，黨在一九五五年成立了特別調查小組調查丁玲的案子。於是，丁玲離開暫時提供庇護的療養院，打算脫離北京的文藝界和政治圈，選擇三十年前當苦學生時與胡也頻同居的北京西郊平靜度日。不過，丁玲歸隱的打算還是落空了：一九五六年，大權在握的文化事務領導人周揚對她展開批判，鉅細靡遺列舉她一生「反黨」的材料。[34]丁玲再度長篇累牘、自我批評，詳細內容不得而知，不過從她當時所寫的文章片斷（包括一篇紀念胡也頻的文章），可窺知她的思想傾向。丁玲寫道，有鑑於青年時代承受的酸苦，她的故事的確「充滿了對社會的卑視和個人孤獨靈魂的倔強。」她筆下的人物都「身受沉重的壓迫，而且處於無援的境地，感到十分孤獨，但他們仍然為了尋找一條出路而奮鬥。」可見得，五四運動那代人深刻形塑她的思想，進入她的作品。[35]

丁玲博取同情的訴求並未奏效，倒是一九五六年中，國家政策的轉向給了丁玲暫時喘息的餘地。那年五月，由於毛澤東擔心幹部的保守心態與根深柢固的「官僚主義」習性會使得雷厲風行的農村集體化運動中輟，亟望團結知識分子大力支持他，於是發起一場新的群眾運動，讓「百花齊放、百家爭鳴」。這場運動的目標是讓那些受到國家漠視、感到懷才不遇的人恢復信心，無論在藝術創作和人文社會科學（百花），或者科學研究和應用（百家）領域。[36]

可想而知，有許多人對這場運動採取觀望的態度，但還是有人寧可相信黨是真心想廣開批評言論的大門。誠如曾經翻譯羅曼．羅蘭（Romain Rolland）小說《約翰．克利斯朵夫》（*Jean-Christophe*）的黃秋耘在一九五六年秋寫道：

誰也不能否認，今天在我們的土地上，還有災荒，還有饑饉，還有失業，還有傳染病在流行，還有官僚主義在肆虐，還有各種各樣不愉快的事情和不合理的現象。作為一個有著正直良心和清明理智的藝術家，是不應該在現實生活面前，在人民的疾苦面前心安理得地閉上眼睛，保持緘默的。如果一個藝術家沒有膽量去揭露隱蔽的社會病症，沒有膽量去積極地參與解決人民生活中關鍵性的問題，沒有膽量去抨擊一切畸形的、病態的和黑暗的東西，他還算得上是什麼藝術家呢？[37]

老舍早已正面迎擊黃秋耘提及的挑戰。一九五六年初，老舍完成一部以真實故事為題材的劇本，主人翁是個騙徒，名叫李文明。他在一九五〇年代初佯裝成負傷的戰場英雄打進共產黨；許多幹部對李文明百般逢迎獻媚，甚至刻意攀附，撈得不少好處。李文明成為嘲諷共產黨的最佳襯托性人物。[38]到了一九五六年底，老舍跟其他中國作家一樣，也在試探新自由的可能限度。誠如他在給友人的信裡所說：「西廂房裡，年輕的周小姐正在聽廣播裡咬字清晰地讀一首詩。這能叫百花齊放嗎？」[39]「西廂」是個意味深長的文雅典故，既指十四世紀中國永垂不朽的浪漫愛情戲曲《西廂記》，也可指一九二〇、三〇年代在中國蔚然風行的親西方文學潮流。為了探索外面世界的變化對中國的衝擊，老舍著手創作家喻戶曉的戲劇《茶館》。

老舍以八年前翻拍成電影的小說〈礦工的生活〉的觀點為基礎，《茶館》主要焦點放在三個時期，大致涵蓋中國近代史上的大事。每一事件個別構成一幕劇，劇情隨著北京一處茶館的客人與店家的生活和議論展開，而茶館隨著時間推移雖有所改觀，仍可辨識出其形貌。第一幕設定在一八九八年初秋，百日維新功敗垂成，康有為出走海外，胞弟康廣仁、門徒譚嗣同遇難；第二幕發生在一九一七年夏天的某個午後，這年袁世凱業已作古，張勳密謀扶持前清遜帝溥儀復辟；第三幕設定在某個秋日，「抗日戰爭勝利後，國民黨特務和美國兵在北京橫行的時候。」但劇中並未明白交代是哪一年。老舍為這齣劇創造的角色來自社會各個階層。透過這齣劇，老舍讚揚他似乎情有獨鍾的北京城，並向中國人民的機智和勇氣致意，這是自創作《駱駝祥子》以來未嘗流露的情懷。同時，劇中傳達的況味頗複雜，反派的真正代表是政府，殘酷、遲鈍、無能，又無所不在，但幕與幕之間若是按照時間發展，從清朝到軍閥割據再到國民黨時代，那不難想像共產黨幹部同樣可能受到批判。[40]

黃秋耘與老舍都是是老一輩的作家，在五四運動期間受到西方文學的滋養，傳達的觀念卻能激勵一九三〇年代中期出生的世代。這批正值二十歲左右的年輕人，即將完成大學學業或者剛謀得共產黨統治下的第一份工作。青年作家王蒙的中篇小說《組織部新來的青年人》一九五六年九月發表在《人民文學》，算是年輕世代嶄露頭角的代表作。小說主人翁是個二十二歲的共產黨員（同現實生活中的王蒙），渴望為黨、為國效力；但他相當沮喪，因為他發覺他人生第一份工作的頂頭上司，盡是怠惰、庸庸碌碌、虛偽矯情、盛氣凌人之輩。在他們的世界裡，唯有等到有人汙了錢或者強姦女人，上級才會重視。工作單位彌漫百無聊賴與相互猜忌的氛圍，偶爾小憩片刻，與女同志閒話家常，聆聽柴可夫斯基

（Tchaikovsky）的《義大利狂想曲》，才能在起伏不定的心緒中找到一絲寧靜與情感滿足。[41]

毛澤東雖然百般呼籲大家公開批評，群眾依然靜默以對。毛澤東遂於一九五七年一月出版了自己的詩集，收錄的全是舊體詩，顯然是要安撫那些擔心會因「舊體」著作惹禍上身的作家。同時，為了平息黨內同志對百花齊放運動的質疑，毛澤東於一九五七年二月發表〈如何處理人民內部的矛盾〉的著名講話。他在演講中強力警告，唯有透過創造性的鬥爭與大無畏的勇氣，中國才能深化革命的成果，把政治與社會生活推向更高的境界。[42] 一九五七年暮春，知識分子終究相信了毛澤東保障言論自由的允諾。五、六月間，學生、作家、教員、畫家、醫療人員與宗教團體，試圖復興五四運動那份直言的率真與破除偶像的勇氣，喚醒幾乎湮沒的歷史人物與文化模式：大學裡開設羅素和凱恩斯（John Maynard Keynes）學說的課程；有名北大學生用拉丁文撰寫了一份宣言，爭取閱讀拜倫作品的權利，唾棄囫圇吞棗學習二流的蘇聯作家；還有人將一九五五年發生的胡風案與法國一八九四到一九〇六年的「德雷福斯案」（Dreyfus case）相提並論，並評論說法國人為自己的誤判翻案是值得喝采的。[43]

隨著新生世代的心聲響徹雲霄，年輕世代的領袖人物也躍上舞台。林希翎當年是北大法律系的學生，曾發表多篇論巴爾札克和托爾斯泰的文章，一度任職解放軍。一九五七年五月，年僅二十一歲的林希翎，在校園裡發表撼動人心的演講，名噪一時。她自稱「小鬼」（三十多年前，許廣平對老師魯迅也以小鬼自稱），並判斷毛澤東在一九四二年延安文藝座談會上的評述在當今的中國不再適用，因為知識分子已搖身一變成為工人、農民和士兵；知識分子有責任揭示中國至今仍是一個封建社會、尚未臻至民主國家的事實——林希翎本人曾在地方法院實習，看盡疑似反革命分子被虐待的慘狀。她估計革命之初，逾七十萬人因冤獄慘遭處決，公安單位強力作梗阻撓法庭紀錄曝光，妨礙全面性的冤獄平反。林希翎聲稱，全體中國人應堅持對社會表達不滿的權利，並以狄托主義式的社會主義民主為典範，認為這種模式有助於中國走出當前困境。[44]

彷彿上述種種猶不足以撫平心中鬱積的憤懣，牆上的大字報還明目張膽揭發更多令黨為之語塞的質疑：黨內兩大領導人高崗、饒漱石為何被整肅？丁玲的朋友、一九四二年回到延安發表〈野百合花〉一文的作者王實味下落何在？當農民忍飢挨餓時，毛澤東是不是還在大快朵頤？毛澤東自命為皇帝，是不是該尊稱他一聲「陛下」？埋怨的聲浪迅速蔓延。城市工人開始罷工，要求改善工作條件，故意怠工或謊稱生病請假來表達心中怨懟；農民退出農業集體化政策或者抗稅，宣稱黨對他們的壓榨更甚昔日的地主。[45]毛澤東帶頭倡導這場批判運動，陷入進退維谷的泥淖，決定在一九五七年六月底終結這場運動，另起爐灶重新發動「反右鬥爭」的群眾運動。他自圓其說：「牛鬼蛇神只有讓它們出籠，才好殲滅它們。毒草只有讓它們出土，才便於鋤掉。」[46]

風向逆轉的時機，讓丁玲前功盡棄，因為百花齊放運動初期是丁玲重返文化官僚體系、阻止對手周揚隻手遮天的契機。隨著反右鬥爭運動的聲勢銳不可擋，黨也在一九五七年夏天針對丁玲的錯誤召開一連串會議。丁玲極力否認有關她在一九三三和一九三六年背棄共產黨同志投靠國民黨，也否認在一九四二年三八婦女節為文詆毀共產黨。丁玲辯稱她對黨內同志的種種非議從未偏離黨的標準程序。她甚至以退為進，試圖退出作家協會來凸顯她的影響力和聲望，但她失敗了，對手的打擊力道轉趨激烈。整個七月，中國作家協會幾乎天天開會，與會者動輒高達兩百多人。丁玲與之前《文藝報》的同事陳企霞受到批鬥，兩人對黨的忠誠度遭到質疑。八月三日，陳企霞率先屈服，坦誠種種反黨「罪行」，交出他與丁玲前幾年的通信內容，並反過來指控丁玲圖謀爭奪文藝界的領導權。從共黨在北京的新聞喉舌於一九五七年八月七日發布的一則報導，不難判斷陳企霞這些指控造成的衝擊效應：

據《人民日報》報導，在中國作家協會黨組陸續舉行的擴大會議上，文藝界正在進行一場反對以丁玲、陳企霞為首的反黨集團的鬥爭，該反黨集團反對黨對文藝工作的領導權，極力實現個人權力慾望。

丁、陳反黨集團的主要活動包括：一、拒絕黨的領導和監督，違抗黨的方針、政策和指示；二、違反黨的原則，進行感情拉攏，以擴大反黨小集團的勢力；三、玩弄兩面派的手法，挑撥離間，破壞黨的團結；四、提供個人崇拜，散播資產階級個人主義思想。

會上還揭露，丁、陳反黨集團曾經密謀在今年十月準備舉行的第三次全國文藝界代表大會上向黨大舉進攻並公開分裂文藝界。她們還企圖利用她們的追隨者把中國作家協會的機關刊物《文藝報》變成她們的喉舌……

陳企霞在會上承認了她的反黨罪行，但丁玲仍然拒不認罪。[47]

丁玲拒不認罪，令黨內同志群情激憤，特別是蘇聯爆發赫魯雪夫（Khrushchev）公開鞭笞史達林，造成不少心理衝擊，而一九五六年匈牙利革命期間知識分子聚會反對國家（即所謂的「裴多斐俱樂部」〔Petőfi Circles〕）的作法，在在使中國共產黨更加強調對黨的忠心不貳。到了九月底，中共黨內又特別針對丁玲一案召開二十七次會議，文藝界知名人士紛紛出面批判丁玲：老舍譴責丁玲有某種的「優越感」，往往瞧不起其他作家；一九五二年遭到丁玲不留餘地批評的《子夜》作者茅盾，也譴責丁玲自以為是，耽溺於「資產階級的個人主義」；魯迅的愛人及學生許廣平貶損丁玲是「一本書主義」，一味追求創作一部完美的文學作品，漠視生活與黨的其他需求，算是一種複雜的知識犯罪。時任中國社科院院長的郭沫若也附和許廣平的批評。[48]這時中國流傳一幅漫畫，圖中是體態圓潤的丁玲懶洋洋地躺在一棵搖錢樹下，手撐在一本名為「一本書主義」的厚厚大書上。這類指責，對於一九四八年以來根本寫不出長篇作品的丁玲而言顯得格外諷刺。即便如此，黨內的批判矛頭還是指向一九四八年以前的丁玲，最後指控甚至演變為人身攻擊。看在不滿丁玲的同志眼裡，丁玲淪為自己昔日文采斐然所刻畫的人物。援引這種批判模式的代表性人物是黨的幹部姚文元（日後的四人幫之一）。他痛加撻伐丁玲的早期作品運用淫穢筆調描繪娼妓的生活，同時還在一篇辛辣的文章〈莎菲女士的自由王國〉中，將丁玲與莎菲女士、延安的護士陸萍打成一夥。[49]最後，一九八五年一月，《文藝報》還出版專刊，重新登載丁玲延安時期的文章〈三八節有感〉及短篇故事〈在醫院中〉，並予以批判。這期專刊附記編者的評論，指責丁玲為虎作倀，透過作品助長日本帝國主義與國民黨反動分子的氣焰，軟禁在南京時還淪為國民黨的特務。還有人寫了一篇題為〈莎菲女士在延安〉的文章，表示：「丁玲、莎菲、陸萍，其實是一個有著殘酷天性的女人的三個不同的名字。她們共同的特點是，拼命美化極端個人主義靈魂的毀滅本質。她仇恨的不是延安的某些事物，仇恨的是延安的一切。她不是同某些人鬥爭，而是同延安的『所有人』鬥爭。她否定的不是某些工農兵，否定的是工農兵的整體。」[50]

丁玲或許無緣親見日後這些指控，因為一九五七年九月，丁玲拒不向黨內文化幹部俯首認錯，被擠除僅有的職務、委員會委員的頭銜，逐出作家協會並開除黨籍，下放極北的黑龍江省，到松花江北畔湯原鎮外、靠近蘇聯邊境的一處農場進行勞改。

一九五八年，毛澤東在中國掀起「大躍進」運動。這項不切實際的計畫令人嘆為觀止，預計解散現存的七十萬個農業合作社，重新整編為兩萬四千個人民公社；原來每個合作社平均有一千名社員，最後每個公社將有至少三萬人口。人民公社這種新制度融合了農業、地方工業、教育、國防與衛生保健的功能，既要分散管理，又能自力更生，而且毛澤東宣稱，這可讓中國大步邁向共產社會。另外，城市也必須改造。公社化組織將摧毀傳統家庭結構及個人主義遺緒，將工人身心環境集中化、組織化，以增加產量。城裡每寸畸零土地都用來生產糧食，農村的自留地與炊具也全部上繳，每個生產隊都要建造小高爐，冶煉中國工業發展所需的鋼鐵。[51]

驅策大躍進政策的推動力有幾項：五年計畫全面成功，再加上農業合作化與工業國有化順利推展，某種程度上激發了對國內經濟條件的信心；蘇聯成功發射人造衛星「史潑尼克號」(Sputnik)，似乎象徵社會主義世界壓倒了西方資本主義世界；毛澤東與黨內高層領導人的芥蒂，已於一九五五年的農業集體化運動及一九五六、五七年的雙百運動浮現，促使毛澤東以更激進的政策打破黨內僵局。然而，這幾項推動力的負面效應，也標誌一九五九年及六〇年大躍進政策的潰敗：自然條件惡劣，勞動者負荷過重，統計數據波動不定，讓重大經濟目標遙不可及；蘇聯嚴厲抨擊這項計畫盲動躁進，引來中國反脣相譏；中共黨內互揭瘡疤、整肅不斷，使得領導階層離心離德，政策反覆無常。一九五九年春天，毛澤東辭去國家主席(仍保留中國共產黨黨主席的職位)，由劉少奇繼任；是年夏天，國防部長彭德懷主張將蘇聯的科技方法引進軍隊與行政部門，大肆撻伐大躍進政策。毛澤東計出萬全，聯合黨內同盟勢力，將彭德懷整肅出領導核心，下放勞改。

值此之際，丁玲下放到湯原的養雞場。她日後回憶，逐漸喜歡上飼養家禽的工作，還成為照顧病雞的專家。她曾把部分病雞帶回自家茅屋的炕上照料，直到病雞恢復健康。將近五十年前，丁玲親眼見識家僕養了上百隻雞貼補家用。她以逆來順受的幽默口吻說道，她自己經歷的橫逆，使她感同身受病雞的處境，於是開始鑽研起養雞良方。閒暇之餘，還利用舊牙膏盒或者任何找得到的材料製作理想的養雞場。此外，也致力投身地方上的教育，承擔大量的教學工作，包括教導公社老人讀書識字。[52]

一九六〇年，丁玲獲准出席在北京舉行的基層幹部會議，想必這時她已經得悉大躍進政策倒退後引發的政治效應。一連串糧食歉收，導致中國農村嚴重凋敝，人民公社數目陡增到七萬，但是每個公社的人數銳減；公共食堂制度後繼乏力；小高爐土法煉鋼生產的鋼鐵品質低劣，公社裡的小高爐紛紛拆除。隨著政策的挫敗，毛澤東在黨內地位滑落，劉少奇的權力漸趨牢固；赫魯雪夫於一九五九年造訪大衛營（Camp David）與美國總統艾森豪舉行會談，中蘇之間原本的嫌隙持續加深。然而這段期間的生活在丁玲筆下，只剩若干意味深長的細節。如一九六一、六二年間，湯原糧食短絀，農民既疲憊又饑餓，根本無法專心聽課，丁玲的教學計畫無法持續，她只好變通，單憑記憶向饑腸轆轆的農民講述她從延安及其他地方聽來的故事，為他們排遣滿腹憂愁。這段日子雖然貧苦，丁玲晚年回憶起來卻流露絲絲眷戀。自延安時代即與丁玲姘居的丈夫陳明，這時也獲准來湯原陪伴丁玲。儘管寓居北大荒，他們總能在生活中捕捉到些許「浪漫」：「那幾年的生活還頗有趣味。」丁玲日後寫道：「到河邊去洗衣服，冬日雪夜裡，看完電影和陳明走路回家，沒有別人，只有雪白的夜景。」她說，延安時期到抗日前線報導比這還苦；就算被戴上「右派」的帽子，要洗刷莫須有的罪名遙遙無期，湯原的農民對她還是十分友善的。[53]

註釋

1 胡素珊，《中國的內戰：政治鬥爭（一九四五至一九四九年）》，頁二〇二至二〇三，論該區域內的軍隊。

2 谷梅，《共產黨中國的文學異端》，頁七十六，以及李歐梵，《現代中國作家的浪漫主義世代》，頁二四一。

3 谷梅，《共產黨中國的文學異端》，頁七十四至七十八；李歐梵，《現代中國作家的浪漫主義世代》，頁二四一。

4 李歐梵，《現代中國作家的浪漫主義世代》，頁二四一至二四二，論蕭軍的性格；谷梅，《共產黨中國的文學異端》，頁七十九至八十五，記述這場運動的來龍去脈。

5 胡素珊，《中國的內戰：政治鬥爭（一九四五至一九四九年）》，頁一二六至一二九；聞一多，《聞一多全集》，「年譜」，頁七十。

6 轉引自聶華苓，《沈從文》，頁一一一。

7 關於沈從文對國民黨推行之新生活運動的批判，見金介甫，〈沈從文眼中的中華民國〉，頁三七二至三七九、三八九，以及夏志清，《中國現代小說史，一九一七至一九五七年》，頁三六一至三六五；關於丁玲，見張潤梅，《丁玲：她的一生和作品》，頁一二一。（沈從文與丁玲可能在一九三六年於北京有過短暫的會面，當時丁玲正準備飛往延安。）

8 馬逢華，〈懷念沈從文教授〉，頁十三至十四；聶華苓，《沈從文》，頁一一一至一一二。

9 張潤梅，《丁玲：她的一生和作品》，頁一二一至一二三；劉馥，《現代中國軍事史，一九二四至一九四九年》，頁二六六至二七〇；胡素珊，《中國的內戰：政治鬥爭（一九四五至一九四九年）》，頁三八五至三九〇。

10 許芥昱，《二十世紀中國詩集》，頁三八〇至三八一。

11 喬治高（George Kao），〈老舍在美國：抵達與離開〉（Lao She in America: Arrival and Departure）；這樣的「結論」，見伊文．金（Evan King）翻譯，《駱駝祥子》（*Rickshaw Boy*），頁三八四。其餘引文部分，見伊文．金翻譯，

頁三五九、三七五、三七八。

12 喬治高，〈老舍在美國：抵達與離開〉，頁七十一至七十二；沃赫拉，《老舍與中國革命》，頁一四〇至一四二。有關魏德邁使華的背景與結果，見史景遷，《改變中國》，頁二六五至二八〇。

13 喬治高，〈老舍在美國：抵達與離開〉，頁七十五。

14 白之，〈老舍：其幽默作品中的幽默作家〉，頁五十五至五十六；喬治高，〈老舍在美國：抵達與離開〉，頁七十四。

15 有關土地改革的第一階段和重點村的概念，見許慧文（Vivienne Shue），《轉型中的農民中國：向社會主義發展的動力，一九四九至一九五六年》（*Peasant China in Transition: The Dynamics of Development Toward Socialism, 1949-1956*），第一、二章以湖南為個案的細膩分析。亦可參考亞許（Robert Ash），〈江蘇土地改革的經濟面向，一九四九至一九五二年〉（Economic Aspects of Land Reform in Kiangsu, 1949-52），對江蘇省的分析；所有可耕地的估算，見前引文，頁五二一。有關土地改革的主要文件，見薛爾頓，《中華人民共和國：革命變遷的文件史》（*The People's Republic of China: A Documentary History of Revolutionary Change*），第一部A和B。

16 有關女性在土地改革過程中所扮演的角色，可參考菲妮爾，〈女性與中國共產黨，一九二一至一九二五年〉，第六章，尤其見頁二〇二、二一七、二二九。之前延安和內戰階段「婚姻法」的發展，以及女性在農業生產勞動中的角色問題，見何國真（音）（Kuo Cheng Ho），〈女性在中國共產主義運動中的地位和角色，一九四六至一九四九年〉（The Status and the Role of Women in the Chinese Communist Movement, 1946-1949），頁一一〇、一八一至一八三。根據戴恩，〈解放區的女性〉，頁八十六，紀錄中一九四八年死亡的四百六十四位女性，有百分之四十是因離婚爭執而自殺的。有關一九五〇年「婚姻法」的條文，見薛爾頓，《中華人民共和國：革命變遷的文件史》，頁一九三至二〇〇。根據一九五〇年代初的小說內容，顯示女性擁有土地所有權之後的作用，以及隨之而來男性的敵意，見伊愛蓮，〈近來中國小說中的女性形象：女人真能扛起半邊天？〉（Images of Women in Recent Chinese Fiction: Do Women Hold Up Half the Sky?），頁二十八至二十九、三十一至三十三。

17 邁斯納，《毛澤東的中國：中華人民共和國史》(*Mao's China: A History of the People's Republic*)，頁八十四至九十九，記述城市的一般性問題。李侃如(Kenneth Lieberthal)，〈解放後對天津祕密會社的掃蕩〉(The Suppression of Secret Societies in Post-Liberation Tientsin)，針對一九四九至一九五一年這段期間鎮壓祕密會社的過程提出圖表式的說明。白霖(Lynn T. White, III)，〈上海工人政治〉(Workers Politics in Shanghai)，頁一〇一至一〇六，分析上海轉型的問題；另外，廣東地區的轉型問題，可參考傅高義(Ezra F. Vogel)，《共產主義統治下的廣州：一個省城的計畫和政治(一九四九至一九六八年)》(*Canton under Communism: Programs and Politics in a Provincial Capital, 1949-1968*)，第二章。

18 許芥昱等編，《中華人民共和國的文學》，頁四十至四十一。

19 施拉姆，《毛澤東傳》，頁七十六至八十二，概述這些計畫。

20 根據三藩市中華文化基金會(Chinese Cultural Foundation)為這部電影所提供的簡介，共產黨對導演石揮施加壓力，要求他將電影劇本改編成快樂的結局，在老父臨終之前與他的兒子團圓，不過石揮拒絕了。有關《龍鬚溝》，可參考沃赫拉，《老舍與中國革命》，頁一五四至一五五；白之，〈老舍：其幽默作品中的幽默作家〉，頁五十八。

21 譯文見白之，〈老舍：其幽默作品中的幽默作家〉，頁五十六。

22 前引文，頁五十七。

23 馬逢華，〈懷念沈從文教授〉，頁十五。

24 前引文，頁十四；聶華苓，《沈從文》，頁一一二至一一三。

25 夏濟安，《黑暗的閘門：中國左翼文學運動研究》，頁一六五。

26 聶華苓，《沈從文》，頁五十九，以及夏濟安，《黑暗的閘門：中國左翼文學運動研究》，頁一八四。

27 轉引自聶華苓，《沈從文》，頁一一五至一一六。

28 許慧文，《轉型中的農民中國：向社會主義發展的動力，一九四九至一九五六年》，第五、六章。

29 丁玲，《太陽照在桑乾河上》，頁三〇五。

30 許慧文，《轉型中的農民中國：向社會主義發展的動力，一九四九至一九五六年》，第七章，頁二八七，統計數字顯示轉型的速度；沃克（Kenneth R. Walker），〈回顧集體化：一九五五年秋到一九五六年春的「社會主義高潮」〉（Collectivisation in Retrospect: The 'Socialist High Tide of Autumn 1955-Spring 1956），頁三十至三十一，分析加速農業集體化的決策過程，頁三十九至四十，探討幹部對於收入提高的分析。中共農業集體化政策與一九二九至一九三〇年蘇聯作法的對照，可參考伯恩斯坦（Thomas P. Bernstein），〈一九二九至三〇年時蘇聯與一九五五至五六年時中國之農業集體化運動中的領導階層和群眾動員〉（Leadership and Mass Mobilization in the Soviet and Chinese Collectivisation Campaigns of 1929-30 and 1955-56），頁十一，分析中國共產黨組織的擴張，以及頁二十八，中國共產黨向農民提出「三不變」的保證。

31 高崗、饒漱石的生平，見包華德與霍華德合編，《中華民國傳記辭典》，卷二，頁二一六和二三五，以及克萊恩與克拉克（Ann Clark），《中國共產主義傳記辭典，一九二一至一九六五年》（*Biographical Dictionary of Chinese Communism, 1921-1965*），頁四〇八至四一一、四三一至四三六。亦可參考伊斯雷爾和克萊恩，《造反者與官僚，中國的一二．九運動》，頁五十九、二六四至二八二。

32 谷梅，《共產黨中國的文學異端》，頁九十三至一〇〇；張潤梅，《丁玲：她的一生和作品》，頁一二八至一三一；梅儀慈，〈文學與人生之間的變化關係〉，頁三〇六。

33 谷梅，《共產黨中國的文學異端》，頁五十五至五十八，記馮雪峰、胡風與《希望》雜誌。

34 張潤梅，《丁玲：她的一生和作品》，頁一三〇至一三四；谷梅，《共產黨中國的文學異端》，頁一五〇、二〇八至二一〇。

35 見梅儀慈，〈文學與人生之間的變化關係〉，頁二九〇的概述。

36 這段期間的細節，詳見馬若德（Roderick MacFarquhar），《文化大革命的起源（卷一）：人民內部的矛盾，一九五六至一九五七年》（*The Origins of the Cultural Revolution, I: Contradictions among the People, 1956-1957*）。

亦可參考谷梅，《共產黨中國的文學異端》，頁一六〇至一六五；福克瑪，《中國文學學說與蘇聯的影響：一九五六至一九六〇年》，第二、三章；斯塔爾（John Bryan Starr），《繼續革命：毛澤東的政治思想》（*Continuing the Revolution: The Political Thought of Mao*），頁一九五至一九七。

37 轉引自谷梅，《共產黨中國的文學異端》，頁一六七至一六八。黃秋耘的文章收錄在聶華苓編，《百花齊放的文學》（*Literature of the Hundred Flowers*），卷一，頁七十二至七十四。

38 《西望長安》的分析，見沃赫拉，《老舍與中國革命》，頁一五五至一五六，以及石文森（Vincent C. Y. Shih），〈老舍是個順民嗎？〉（Lao She a Conformist?），頁三一四至三一五。

39 沃赫拉，《老舍與中國革命》，頁一五三。老舍寫於一九五七年一月一日的文章〈自由與作家〉，譯文見聶華苓編，《百花齊放的文學》，卷一，頁四十四至五十一。

40 老舍，《茶館》，劇幕和人物表。有關該劇的分析，見沃赫拉，《老舍與中國革命》，頁一五七至一六三；全劇劇本由英若誠（Ying Ruocheng）翻譯，收錄在一九七九年的《中國文學》（*Chinese Literature*）（許芥昱等編，《中華人民共和國的文學》，頁七四九至七六一，收錄了該劇的第一幕劇本。）

41 這篇小說、王蒙於一九五七年五月八日的自我批判，以及對王蒙公開批判的文選等的英譯，見聶華苓編，《百花齊放的文學》，卷二，頁四七三至五一一、五一一至五一七、五一八至五六三。這篇小說的摘譯，見許芥昱等編，《中華人民共和國的文學》，頁二二九至二四一；亦可參考谷梅，《共產黨中國的文學異端》，頁一七八至一八〇，以及福克瑪，《中國文學學說與蘇聯的影響：一九五六至一九六〇年》，頁九十九至一〇三。

42 馬若德，《文化大革命的起源（卷一）：人民內部的矛盾，一九五六至一九五七年》，頁一七九至一八〇，記出版毛澤東詩集的決定。

43 哥德曼（Rene Goldman），〈北大的整風運動〉（The Rectification Campaign at Peking University），頁一四四；馬若德，《百花齊放運動》（*The Hundred Flowers*），頁一一九；杜林（Dennis J. Doolin），《共產黨中國：學生對立的政治》（*Communist China: The Politics of Student Opposition*），頁五十五。有關北大教授與學生特質的轉變，

見格林波拉特（Sidney Leonard Greenblatt），〈北大的組織型菁英和社會變遷〉（Organizational Elites and Social Change at Peking University），頁四六七至四七〇的分析；關於共產黨試圖影響學生，可參考湯森（James R. Townsend），〈中國青年的革命化〉（Revolutionizing Chinese Youth），頁四五三至四五八。

44 杜林，《共產黨中國：學生對立的政治》，頁十四、二十四至二十八、三十七至四十一。

45 馬若德，《百花齊放運動》，第十三章，論農民與工人；杜林，《共產黨中國：學生對立的政治》，頁六十至六十四，討論其他嚴酷的問題。

46 有關毛澤東的困境，見馬若德，《文化大革命的起源（卷一）：人民內部的矛盾，一九五六至一九五七年》，頁二七八至二八一，引文見二七九。

47 一九五七年八月八日新華社的報導；亦可參考馬若德，《百花齊放運動》，頁一八八；《丁玲資料集》，頁九至十五，以及福克瑪，《中國文學學說與蘇聯的影響：一九五六至一九六〇年》，頁一五四至一六二，記述這場批判丁玲和陳企霞的運動。

48 張潤梅，《丁玲：她的一生和作品》，頁一四二；谷梅，《共產黨中國的文學異端》，頁十八至二十。批判丁玲的幾篇文章，譯文見聶華苓編，《百花齊放的文學》，卷二，頁二六六至二七二。

49 張潤梅，《丁玲：她的一生和作品》，頁一四三至一四四；亦可見梅儀慈，〈探討〉（Discussion），頁二七〇至二七九。這幅漫畫收錄在《丁玲史料》，頁一。

50 張光年，〈莎菲女士在延安〉，頁十一；《文藝報》，一九五八年，第二號，頁二，社論；以及《文藝報》，一九五八年，第三號，頁二十二至二十四，對〈我在霞村的時候〉的批判。

51 見邁斯納，《毛澤東的中國：中華人民共和史》，頁二三〇至二四一的出色概述；亦可參考安炳炯（Byung-joon Ahn），〈中國人民公社的政治經濟：變與常〉（The Political Economy of the People's Commune in China: Change and Continuities），頁六二三至六三七。

52 白杰明（Geremie Barme），〈丁玲：漫話二十年遺際〉，頁九十至九十一。

53 前引文，頁九十一；劉文勇，〈傳奇的文學女強人——訪丁玲〉，頁七十六。

第十三章　變節者的喧嘩

在百花齊放與大躍進運動平息的那段期間，中國共產黨不得不適度妥協，放鬆對知識分子和農民的箝制：作家、文藝界以往被迫只能走社會主義寫實派的路線，唯有革命與階級鬥爭這類的題材能被接受，以階級背景的「好」或「壞」來形塑角色，非正即反；而現在他們開始試圖探索大躍進時期的某些模糊地帶。至於陷身集體化狂熱兩年的農民，過去政府雷厲風行管制農產品私有化的作法也逐漸放寬，還賦予人民公社的領導較多的自主性。共產黨企圖讓城鄉工人回歸可行的生產目標，使得全國瀰漫一股實用主義的氛圍，中共總書記鄧小平以一句名言巧妙概括了這種實用主義的精神：不管黑貓白貓，只要會抓耗子的就是好貓。

隨著經濟退卻而來的是官僚組織的重整，而步步為營的經濟計畫，取代了毛澤東原本滿心期待透過中國人的集體意志來改造自我與社會的英雄主義作為。及至一九六一年，擁有約一千七百萬黨員的共產黨開始出現嚴重的分裂：一方是地方上的幹部，大多屬於社會貧窮階層，較為認同毛澤東所主張的激進改革；教育程度高、學有專精的幹部，則是在區域性計畫官僚體系位居要津。毛澤東憂心這種經濟計畫模式固步自封、因循苟且，遂於一九六二年發動大規模的「社會主義教育運動」，挑唆貧農再次認清昔日的地主、富農是他們的階級敵人，重申階級鬥爭的價值，同時還強制農村幹部每年都要親自下田勞動一段時日。[1]

深入基層的工作組是這波新運動的主要推手；工作組由經驗豐富的共黨幹部組成，派赴各地農村，在農民群眾間「紮根」，以博取農民的信任，然後揭發地方領導瀆職、腐敗的醜行。然而，打從運動伊始，這樣的過程即引發層出不窮的問題：工作組濫權時有所聞，往往誣良為奸，將忠心幹部打成極端分子，同時仗著人多勢眾，擴大插手農村原有的運作型態。不過，至少毛澤東相信弊端確實存在，鄧小平、劉少奇（毛澤東欽定的接班人、中國國家主席）重新擬定基本方針以作為幹部下鄉調查的操作準繩，新公布的方針不僅不再凸顯階級鬥爭，似乎還有意壓迫農民的過激行為，同時保護僵化的上級幹部。劉少奇的妻子王光美私下帶領一隊工作組到河北某個縣蹲點調查，結果更令毛澤東觸目驚心。王光美總結，百分之八十五的地方幹部不是貪腐，就是帶有「自發性資本主義」的傾向。她報告說，整個地方組織「基本上不屬於黨」，而是「兩面派的反革命政權」，她建議黨務必全面調動地方的領導階層。[2]

毛澤東唯恐王光美的判斷會瓦解農民革命者的信念，形同昭告他費心區別「人民內部矛盾」（要用溫和手段處理）與「敵我矛盾」（必須採取暴力手段）作法的徹底失敗，於是傾力發動新聞媒體和宣傳機器，廣為宣傳毛認定績效卓著的生產大隊，例如位處山西窮鄉僻壤的大寨大隊。大寨在一九四〇年代後期便率先組建互助組，隨後又在一九五〇年代初迅速過渡到農業集體化階段；然而，儘管毛澤東發起全國學習大寨典範的運動，但派往該地的清查小組卻發現，大寨的成就其實是虛有其表，當地幹部吹噓耕地面積與糧食生產的數字。[3]

一九六四年底，毛澤東親自接見大寨隊長（陳永貴），此後毛澤東似乎認定黨內同志公然與他樹立的典範唱反調，不過還是指示新聞媒體宣傳出身貧困農村、卻勇於犧牲奉獻的動人楷模，以深化大寨的形象。毛澤東在一九六三年號召「向雷鋒同志學習」，即是這種策略的一環：雷鋒是個年輕戰士，一九三九年出生於湖南貧農家庭，先後當過牽引機駕駛、煉鋼工人，後來加入人民解放軍行列，在一九六二年的意外事故中喪生。雷鋒平凡無奇的一生，彰顯了毛澤東向來推崇中國貧苦老百姓的光輝；而雷鋒人民解放軍戰士的身分，暗示毛澤東決心借重軍隊及效忠他的國防部長林彪，作為打擊黨內「右派分子」的利器。據說雷鋒還勤讀毛澤東的著作，也為後續更高漲的毛澤東個人崇拜運動埋下伏筆。[4]

一九六六年，這場造神運動臻至高峰，林彪領銜在軍中傳播、歌頌毛澤東的語錄，集結成所謂的「紅寶書」，吹捧毛澤東是「偉大的舵手」、「最最最偉大的領袖」、「我們心中最最紅的紅太陽」。其間只有少數像老舍這樣的知識分子能預見箝制將起，最好靜觀時局的發展，而像邵荃麟這樣的幹部，便在一九六二年大聲疾呼，應該解除加諸知識分子身上的社會主義寫實派束縛，接納他所謂「中間人物」的類型——也就是介於道德無瑕的解放軍、大無畏的農民，以及邪惡地主、國民黨同路人這兩大極端之間的人物。邵荃麟曾在大連舉行的一場會議上這麼論及他的觀點：

「兩頭小，中間大」，英雄人物與落後人物是兩頭，中間狀態的人物是大多數，文藝主要教育的對象是中間人物，寫英雄是樹立典範，但也應該注意中間狀態的人物。創造人物主要依靠人物的行動，言行反映出他的心理狀態，行動表現出矛盾的具體化的東西。寫人物，應該注意寫出人物的心理狀態——心理就是靈魂——這是靈魂工程師的任務。[5]

邵荃麟的觀點未獲採納，而右派分子丁玲昔日的作品又被挖出來引用，以證明邵荃麟的路線大謬不然，儘管邵荃麟本人曾尖銳反對過丁玲。[6]

然而，像老舍這樣的人，作品《龍鬚溝》的內容雖然表現「正確」，但他絕非邵荃麟所謂漠視人物的內在需求，而片面分析他「自己的行動與心理以反映他或她的矛盾」的作家。早在一九五七年，老舍的作品《茶館》付梓問市之後，讀者想必能從中領略他筆鋒的機敏與辛辣，讓人聯想到《貓城記》、《駱駝祥子》。在《茶館》第一幕行將落幕時，有位茶客聽聞譚嗣同因身為一八九八年維新派黨羽而遭清廷問斬，便問道：「譚嗣同是誰？」友人回答說：「好像聽說過！反正犯了大罪，要不，怎麼會問斬呀！」[7] 老舍通過這類日常對答，畫龍點睛地道出國家再三濫用權力，而市井小民就只能默默逆來順受。自百花齊放運動時期回首康有為時代這段歷史，老舍時而迂迴稱頌秋瑾這位活動分子的詩作反映出內心蓄積的哀痛；亦推崇魯迅，認為魯迅著述立說警醒世人，凡人在面對不公不義時總是選擇沉默；甚至對於蕭軍、丁玲，也不因他們困頓的政治處境而減損對他們的敬意。老舍有些評論，其實是以文學評論為幌子，在狂歡氣氛的表面下暗藏嚴肅的課題——至少對於嫻熟老舍在《貓城記》中詩作「英雄」典範的讀者而言，應該會作如是觀。老舍曾在一篇文章中寫道：

「東方紅，
太陽升，
中國出了個毛澤東！」

這也用了快板的形式，可還是極好的詩！詩要簡練，這一句極簡練。詩人並不多說什麼：

「天明了半天，
東方已經發了紅，
太陽就要出來了；
啊！毛澤東就好比是
中國的太陽啊！」

> 他只簡練經濟地寫出那麼一句，可是氣魄有多麼大，句子有多大份量，感情有多麼深厚，聲音有多麼響亮，唸出好聽，唱出也好聽！[8]

玩笑若開得過火恐會惹禍上身，但老舍把這段文字穿插在長篇大論的文集裡，多數讀者很容易忽略；老舍也不似一九六〇年代的學者，透過報刊文章或歷史劇的形式，借古諷今來臧否黨內領導階層，《海瑞罷官》即是典型之作。根據中共幹部的理解，後來毛澤東也認同幹部的解釋，吳的《海瑞罷官》一劇，暗諷毛澤東一手擘畫的大躍進政策，也是對遭毛罷黜的彭德懷元帥的無言歌頌，成為把社會主義教育運動推向沸騰的導火線。這波新政治運動始於一九六六年，名之為「無產階級文化大革命」，驅使全中國幾百萬激進青年湧向北京，雲集於天安門前的廣場上接受毛澤東的校閱。

這群年輕人年方十七，甚至更年輕，出生於共產黨建政之後。對他們而言，這是他們再造一九三五年長征經驗的契機。儘管毛澤東期待這群「紅衛兵」能對中國的教育、黨的官僚機器施加更大的壓力，但年輕紅小將們卻各有各的動機，如脫韁野馬般追求個人的目標：工農階級出身的人，認定盤據在黨機器內的保守勢力剝奪了他們公平接受教育、出人頭地的機會；「右派」子弟覺得受父母犯錯的牽連，同樣無法享有以上的機會；從城市下放到農村勞動的青年，趁文革之便重返家鄉；懷抱烏托邦理想的青年，被一心只想鞏固權力的野心幹部蠱惑，千里迢迢跋涉到北京。在農村人民公社、大學校園、工廠，自稱「根正苗紅」

的人大量湧現，身分難以分辨與證實；有些人「打著紅旗反紅旗」，有些人則是藉疾風暴雨的革命狂瀾來彌補先前的政治冷漠。紅衛兵火燒英國駐北京大使館，出拳痛毆舊資本家，要求提高工資，搗毀藝術作品，更改「反動的」街道名稱，綁架中央委員會委員，在別的陣營的學校放置炸彈，成立由工人管理的新公社，同聲高呼毛澤東是「我們心中最紅最紅的紅太陽」。[9]

一九六六、六七年這段時日的騷動憤怒難以言喻，不共戴天的仇敵要株除殆盡，中國傳統的文化、政治、經濟制度都得打破。日、美、英、法、西德等國的青年，得知中國青年竟能恣肆攻擊長者，無不心生嚮往，著實讓各國領導人膽顫心驚；在中國境內，文革的後續效應更是撲天蓋地，因為毛澤東本人也支持這場運動，又有正規部隊坐視不理或者從旁鼓動，上海崛起的紅朝新貴也出面慫恿年輕人。鄧小平、劉少奇、劉的妻子王光美，以及黨內一群資深幹部均遭公開羞辱，權力盡失。周恩來一度還身陷險境，甚至連毛澤東本人也因試圖緩和文革勢頭而遭非議。昔日聞人不是被人改頭換面，就是一筆抹煞：有學生組織「魯迅兵團」，專挑當紅權貴和高幹子弟尋釁；有人則把矛頭轉向已故的瞿秋白，惟因他寫過灰心喪氣的自白〈多餘的話〉，其中言論貶損黨的士氣，結果北京革命烈士公墓裡的瞿秋白墓碑遭人搗毀，墳墓也被破壞。[10] 值此之際，各紅衛兵集團亦同室操戈；出身工農家庭的紅衛兵，為了謀求在黨內官僚體系青雲直上，高喊打倒把持大學入學考試門檻、壟斷黨職肥缺的紅衛兵；奚落權貴黨員，「癡心妄想小汽車、小洋房、白大褂和實驗室」，用語神似鄒容在一九〇三年對滿人的嘲諷，高喊打倒人民共和國的「老爺、少爺」：「先前你們坐享特權，騎到我們頭上來，拉屎撒尿，誇示你們高人一等。今天，輪到你們被專政、有罪受。」權貴學生也不甘示弱，為求自保並維護家門聲譽而群起反擊；他們與長期遭黨排擠的地主階級、國民黨同路人同聲相應，並時常闖進政府機關辦公室，盜取記載他們祖宗八代背景、可能危及他們未來前途的檔案資料。[11]

老舍如何或者為何成為攻擊箭靶，至今難有定論。老舍新近完成的劇本自然家喻戶曉，但紅衛兵或許還年輕，不曾看過《礦工的生活》這部電影。紅小將是否知道老舍酷愛狄更斯的小說？有人閱讀過《貓城記》，領略「大家夫司基主義」一詞暗含的貶義？年輕人能否認同老舍對新詩創作的冷嘲熱諷？或許，就像這時期飽受創傷的千千萬萬人，老舍年歲大，知名度高，且放過洋喝過洋墨水，被認定是西化的人物，就足以構成批鬥老舍的罪名。至今仍有人認為老舍的挨整非關意識型態，誠如老舍於一九六六年五月告訴一對西方訪問者所說的：「我能理解為什麼毛澤東希望能摧毀舊的資產階級生活方式，但我不是馬克思主義者，所以我無法描寫這一鬥爭。我也無法和一九六六年的北京學生一樣思維或感受世界……我們這些老人不必再為我們的行為道歉，我們能做的就是解釋一下我們為什麼會這樣，為那些尋找自己未來的青年人揚手送行。」[12]一九六六年夏，老舍又遁入曩昔的生活型態，潛心創作一部自傳體小說，內容主要刻畫清末旗人的家族生活。老舍鮮活的記憶讓他的筆觸趣味橫生，放眼當年，最時髦的盡是一些洋玩意兒：老舍在小說初稿末段寫道，一群人在裝有玻璃窗戶

的滿人暖閣裡聚會，閣內一切擺設全都是西洋風——桌上陳設洋瓷人兒，地上鋪有洋地毯，天花板上懸掛著洋燈……[13]

一九六六年八月間，老舍奉命與北京革命委員會委員一道出席一系列的「學習班」，但他的健康每況愈下——這時老舍六十七歲了，腿疾令他疼痛難耐，支氣管也有出血的現象，所以中途還曾在家休養幾天，與妻子、四名子女（其中有個女兒是物理學家、一個兒子是木匠）團聚，好讓身體復原。在家靜養這段期間，老舍與詩人好友臧克家通過電話，談到自己的處境。臧克家自一九三五年即與老舍結識，也是聞一多生前的知音，抗戰期間在重慶出版《逮捕》一書，想必能體會老舍的遭遇。老舍憤憤不平地向臧克家說，他正在「受受教育！」八月二十三日，老舍奉命出席一場會議，是個不折不扣的「批鬥大會」，出席者是一群中學生組成的紅衛兵；會上老舍被迫高舉標牌在台上站立幾個小時，牌上寫道他是個反革命分子，是個罪人。據說老舍還被強迫頭戴圓錐型紙帽，遭紅衛兵手拿演戲用的道具木棒捶打；老舍出門挨鬥之際，家裡遭人洗劫一空，藏書與蒐藏品悉數被毀。翌日，老舍出席另一場批鬥大會，照例又飽嚐一頓毒打。當晚，前清舊城西南隅的太平湖發現老舍的屍體。有人說老舍自己投湖自盡，有人說紅衛兵把老舍打得不醒人事後扔進湖裡。地方職司下令即刻將老舍的屍體火化，自然無法勘驗遺體。[14]

這時丁玲遠在黑龍江的北大荒，因禍得福躲過一劫，雖避開老舍等人在城市遭逢的劫難，但還是歷經一段淒苦的歲月。早在一九六四年文革爆發之前，丁玲與陳明從湯原被轉到更北方的蘿北，她在集體農場相對輕鬆的日子即告結束。在蘿北，丁玲得從事粗活，與陳明分隔兩地，同時也沒有寫作的文具。來自湯原與蘿北公社的敵對人馬，輪番召開批鬥大會鬥爭丁玲，讓她神經緊繃，飽受皮肉之苦。她日後告訴來訪者，她相信湯原的朋友是為了保護她而對她疾言厲色，以免她受到蘿北激進派的虐待；[15] 但一九六六年夏天之後，丁玲就完全被蘿北激進派看管了。丁玲在小組鬥爭會上嚐盡屈辱，不僅遭到拳打腳踢，還以酸痛難捱的「坐飛機」姿勢（雙腿打直，上身前傾九十度，雙臂向後平伸）長時間站立。激進派抄沒、銷毀丁玲在湯原創作不懈的長篇小說手稿。這部小說風格近似《太陽照在桑乾河上》的續集，描述一九四六年傅作義部隊占領張家口後當地農民革命分子的命運。丁玲接受指令離開棲身的宿舍，孑然睡在牛棚裡。即使遭逢如此橫逆，丁玲日後說，她還是堅信這些折磨其實是為了保護她免遭更慘無人道的虐待。這種兼具勇氣與謊言的作法，讓她心存感激。

然而，在這段漫長、惶惶不安的歲月，唯一能令丁玲稍感慰藉的是收到陳明寫在紙片上、火柴盒上、香菸盒上，甚至是曬乾玉米葉上的隻字片語，在大伙路過時陳明偷偷丟在地上或者設法夾帶給丁玲。儘管後來紅衛兵沒收、燒毀這些字條，丁玲並未氣餒。為防東窗事發，她早就強迫自己一字不漏記下字條內容。陳明曾寫過這樣的書簡：「他們能奪去你的身體健康，卻不能搶走健康的胸懷。你是海洋上遠去的白帆，希望在於與波濤搏鬥。我注視著妳啊！人們也同我一起祈求。」又如：「黑夜過去，曙光來臨。嚴寒將化為春風，狂風暴雨打不倒柔嫩的小草，何況是挺拔的大樹？」還有：「我們不是孤獨的，多少有功之臣、有才之士都在遭難受罪。我們只是滄海一粟，不值得哀怨！振起翅膀，積蓄精力，為將來的大好時機而有所作為吧！千萬不能悲觀！」[16]

文化大革命雖然製造成千上萬像丁玲、老舍這樣的悲劇，但並未連根拔除舊的政治秩序；毛澤東面對排山倒海而來的脫序現象，也不得不召集軍隊冷卻學生騷動的情緒，壓制紅衛兵各派系的鬩牆相爭，勒令農民和城市居民返回工作崗位。但歷經十年的風波，昔日知識界的生態為之丕變，隨著毛夫人江青掌握文化界的生殺大權，並大破大立崇尚純然中國式的社會主義藝術，既要破除西風東漸的斧鑿，又要滌盡「封建」社會的菁英主義殘餘。地方藝術與舞蹈、農民間流傳的鄉野趣譚、人民解放軍的凱旋、共產黨的英雄史詩，各種元素熔冶一爐，鍛造出新型態的民族文化，以作為強行向人民灌輸的精神食糧。天安門，一九六六年底毛澤東就站在這城樓上，接連幾個星期校閱紅衛兵隊伍，許久之後依然是這群重返田間、工廠的青年心目中的革命象徵。昔日，聞一多曾以白話詩的新技巧道出洋車伕的悚懼，哀悼軍閥槍下的學生亡靈；如今，成千上萬的青年工人運用他們粗淺的書寫能力，在同一個地方向黨表達敬意：

乾杯，千山萬水今解放，
熾烈五星紅旗迎風揚

天安門上毛主席頻揮手；
瞬霎之間歷史轉動世紀。

天安門，你莊嚴又雄偉，
你度過百年戰爭的風風雨雨
化身七千萬人的狂喜
東方大地，你屹立，挺拔又驕傲

你散發的是黨的光輝，
絕世無雙，呼喊著根本的秩序
迎面相向，太平洋的邪惡風暴
且飲西伯利亞的寒霜

瞧，花兒萬紫千紅塗大門，瞧——
輝映三面紅旗的搖曳
透露春風
門前踏步聲，永遠向前走，命令

我們服從——
聽，呀，聽，就要淹沒變節者的喧囂。[17]

據說這首詩的作者是紡織廠的年輕女工陸萍，適巧與丁玲〈在醫院中〉那位鬱鬱寡歡的女主角同名。這位女工雖對丁玲這樣知名的作家一無所悉，但她走筆寫道要淹沒變節者的喧嘩，恰是丁玲眼前處境的寫照，彷彿預見丁玲乖舛的命運。江青自延安時代即與一批知識分子結怨，此刻文革狂潮似乎有趨緩之勢，但在文革期間竄升為中國文化界旗手的江青，對知識分子的積怨卻是愈演愈烈。江青對知識分子咬牙切齒，又有姚文元從旁煽風點火。反右鬥爭期間，姚文元向丁玲發動惡毒的攻擊。這時的姚文元已貴為「四人幫」之一，極力拉攏文革期間大權在握的江青。一九七〇年四月，當中央文革小組要將丁玲自蘿北召回北京，丁玲原以為「救命來了」。但丁玲的樂觀期待旋即化為泡影。她被拘禁在北京城郊戒備森嚴的監獄（秦城監獄），關進一間斗室。日後她追憶說，她「吃飯、大小便、睡覺」全在這間小小的牢房裡，只能閱讀指定的書籍：第一年是四卷本的《毛澤東選集》；第二年是由黨審批的六卷本馬克思、列寧著作選集；隨後，閱讀的範圍就較為廣泛，還包括恩格斯、史達林的著作，以及共產黨的機關刊物《紅旗》雜誌和《人民日報》。[18] 每個月可出牢房活動筋骨一次，但無法與陳明等人互通音訊。「想寫點什麼東西吧。」丁玲日後描述這段時期的經歷：

沒有筆，也沒有紙。有些什麼話要對別人說吧，房子裡，除了自己之外，沒有任何一個人了，孤寂，無窮無盡的孤寂，我有生以來，從沒有嚐過這種孤寂的滋味。過去，即使在文化大革命中，受到衝擊，毆打、折磨之後，白天受難晚上回到那個破茅棚裡，還可以和陳明在一起，互相抒發一下心境，在精神上，也可以互相安慰，互相支持，苦水也可以倒出來，心胸沒有積鬱。可是，一個人被關在斗室中，從白天到黑夜，又從黑夜到白天，不是面壁而坐，就是面壁徘徊。孤寂，就像毒蟲一樣，啃嚙著人的心。[19]

魯迅亦曾以毒蛇纏繞心靈的類似隱喻，來抒發五四運動前他處在軍閥世界的寂寥情懷。當時他無處可歸、衷腸無人可訴，看不到一絲絲的希望，只能抓緊若隱若現的機會，宛如新生的戰士，「在寂寞裡奔馳」；但丁玲連這點卑微的機會都難以奢望，唯一能回味的，是在南京遭受長期軟禁的記憶。那時的獄卒待她還頗有人情味，誠如丁玲談到一九七〇年代二度服監的景象：

說來好笑，那個時候，我竟有一種十分天真的想法，有一個羅蔓蒂克的幻想：我期盼著，有一天，一位好心的看守員，就像過去看古典戲時，看到的那種好心的獄卒一樣，對我孤單的處境，抱著同情，好心地替我的丈夫送一張紙條給我，陳明在條子上，寫上幾句安慰和鼓勵的話……可是，我一天一天地盼望著，一天一天地懷著希望等待下去，一直盼了一千八百多天，還是盼不到這樣一張條子。[20]

丁玲提及入獄服刑這五年間沒有任何友人來探望，但或許是丁玲的友人根本無從得知她的下落，而不是人情冷暖或唯恐惹禍上身的緣故。一九七三年五月，沈從文在北京就告訴以前的學生，「像她這樣的人物不會有問題的，你不須為她操心。」雖然沈從文與丁玲已有九年時間不曾謀面，但他相信丁玲人一定還在黑龍江，「身心都健康」。這時沈從文的處境相對舒適，所以他的誤判特別令人神傷。來看他的學生發覺沈從文心情舒暢、精力旺盛，在北京故宮歷史博物館研究古代紡織品的收藏。一九六二年，沈從文奉黨之命前往毛澤東在井崗山創立的游擊根據地（這時井崗山已是紀念當年革命奮鬥的聖地），賦寫幾首小詩，從此之後便封筆不再從事文學創作，但他似乎樂見故宮的歷史材料付梓問世。此外，沈從文還提及兩個兒子都從事機械操作，工作穩定，家人也頗受禮遇，即使在文革期間，他也能在湖北鄉間小屋度假。[21]

拜訪沈從文的人之一也曾受業於聞一多。一九七一年中國重返聯合國、一九七二年尼克森總統造訪中國之後，中、美恢復邦誼，此君是首批訪華的美籍華裔訪問團成員之一。儘管中美關係重修舊好，中國還是因林彪殞命（傳聞林彪圖謀暗殺毛澤東未遂）再起波瀾；再者，中國又得面臨與蘇聯軍事對峙及美國對越南施壓的威脅。更有甚者，大學研究機構在歷經幾年的癱瘓之後，未見復原跡象；大批城市青年下放到農村，舒緩城市的就業壓力；中國總人口數一舉超過九億大關的警戒線，造成人口危機。四人幫集團趁毛澤東的健康江河日下，文革形勢一片混沌之際順勢坐大。一九六六年遭整肅的鄧小平，此刻雖在罹患癌症的周恩來總理奧援下復出掌權，也未能穩住政局。

一九七四年，中共發起一場令人費解的「批林批孔運動」。共產黨辯稱林彪的反動行為與孔子不分軒輊：林彪反對毛澤東，就好比孔子反對公元前五世紀新興封建制度的政治集權化和先進經濟政策。作為以古鑑今的歷史進程，毛澤東的蓋世功勳可媲美公元前三世紀一統中國的秦始皇。如此蘊含殺伐之氣又僵滯的論述，也難掩毛澤東已然病入膏肓、幾年前猶如脫序的百萬革命青年如今對大政方針已茫然無緒的事實。不過，中國革命青年可是心知肚明，拔擢幹部的方法明顯偏袒，不利於受過西式教育或者父母出身解放前上流社會的人，而且黨鼓勵城市青年上山下鄉的大遷徙政策更是後患無窮。[22]

時局的紛擾更因廣州三位紅衛兵驚人之舉的推波助瀾更形惡化，而廣州本身即是文革期間暴力氾濫的城市之一。一九六六年，這三位青年（李正天、王希哲、陳一陽）都擁有絕佳的個人條件，其中一位剛從廣東藝術學院畢業，另外兩位高幹子弟正在中學就讀。他們三人都沒能找到合意的職業，這些年來空有滿腹文革「激情」，卻無所事事。一九七三、七四年間，三人聯手草擬一份宣言，最後在一九七四年十一月七日將宣言張貼在廣州街頭，從三人名字各取一字署名「李一哲」。這份歷史性文件就寫在六十七張連成一條的新聞用紙上，伸展開來將近一百碼。「李一哲」聲稱，他們正是基於馬克思主義的信念，反對「林彪體系」及鄧小平的復辟政策；黨曾一度鼓勵的革命大字報，這時卻藉由「在生產資料社會主義所有制的條件下，化公為私」，遂行「新的資產階級占有方式」。換言之，少數幹部壟斷稀有資源以權謀私，而讓其餘老百姓跳「不倫不類的忠字舞」，工作收入與勞動時間不成比例，還要被迫「早祈禱、晚贖罪」。林彪的「封建性半法西斯專制」，單就廣東一省就殘害了四萬條生命，被趕進「渣滓洞式的牛棚」的人不計其數；如此乖張的行為，與外國帝國主義、軍閥、國民黨的昭彰敗行又有何差別？[23]

這三位作者繼續說道，文革期間，中國法制規範蕩然無存，人民「獲得的只是新的枷鎖」（這是模仿馬克思在《共產黨宣言》中最後一段話〔「無產者在這個革命中失去的只是鎖鏈，他們獲得的將是整個世界」〕的譏諷反語）。中國青年被要求勇往直前，敢於「反潮流」，但他們不可能具備像魯迅那般大無畏的精神，因為絕望時的魯迅起碼還有日本人伸出援手幫他出書，對於一九七〇年代的中國青年，黨若是禁止他們發表文章，便求告無門，無計可施。中國人民「正如一個南方水鄉的客人來到沙漠中才覺得水的可惜一樣」；「李一哲」呼籲即將召開的第四屆全國人民代表大會（最近一次的第三屆全國人大在一九六四年召開），為人民恢復某種程度的社會主義民主權利。[24]

關於此事，終於在一九七五年一月召開的第四屆全國人民代表大會讓「李一哲」三人大失所望。這屆全國人大頒布一部新憲法，取代一九五四年的舊憲法。新憲法儘管鄭重其事宣布，這時中國已從「人民民主國家」（一九五四年憲法的提法）過渡到「無產階級專政的社會主義國家」，而「馬列主義毛澤東思想」是「指導我國思想的理論基礎」，人民公社是中國政經組織的基本形式，但這屆全國人大卻刪除了舊憲法賦予人民的諸多自由權利，如從事科學研究和文藝創作的自由，居住與遷徙的自由等。唯新增的第十三款，亦即「大鳴、大放、大辯論、大字報是實現由人民群眾創造社會主義革命的新形式」，看似順應民情，但黨的第一個動作，卻是把「李一哲」大字報的三位作者投入監獄。[25]

第四屆全國人大落幕後幾個月，丁玲獲釋出獄。這事就像是五年前她被捕一般突然。丁玲與陳明仍背著「反革命」的罪名。他們前往山西長治市安家落戶，協助照料當地老人。在長治，丁玲獲准寫作，重起爐灶構思那部毀於一旦、題為《在嚴寒的日子裡》的小說初稿；丁玲對長治人拘謹但友善的態度感到欣慰，當地氣氛與蘿北有著天淵之別。然而，丁玲的安定只是浮雲朝露。丁玲自認一直是周恩來總理在保護她豁免於江青的魔爪，這時卻傳來周恩來於一九七六年一月病逝的噩耗，丁玲感到悲痛。隨著周恩來撒手人寰，丁玲覺得自己生死難卜。她日後說道，她在家裡為周總理設立一個小小的靈堂，並抄錄鄧小平的悼念辭，貼在牆上；一切就緒，丁玲便惴惴不安地端坐家裡等待。[26]

中國人對周恩來之死的哀慟真情流露、如喪考妣，超乎政府的預期。政府本打算低調處理，然而到了四月清明掃墓時節，成千上萬人雲集在天安門廣場的人民英雄紀念碑，獻上詩篇與花圈悼念周總理。深沉哀痛轉為公然騷亂，抗議聲浪瀕臨失控，宛如一九二〇、三〇年代遊行示威的歷史重演。動員軍、警,政府當局逮捕許多參與者;棍棒齊飛,財物付之一炬,血肉模糊。鄧小平成為眾矢之的,被摘除所有職務。[27]

中國政治光怪陸離的現象俯拾皆是,不禁令人聯想到歷代王朝興替時的分崩離析。這種帝王時代朝代更迭的景象(至少可以公元前三世紀的無道昏君秦始皇為例)與毛澤東晚年幾分神似。從毛澤東身邊大將朱德辭世到毛本人也在一九七六年九月(九日)病逝這幾週之間,頗似王朝衰敗的寫照:一場中國歷史上罕見的大地震將華北大城唐山市夷為平地,奪走七十五萬條人命。依據中國傳統說法,這彷彿是政治天翻地覆的先兆。毛澤東的遺命,或者至少是中共黨中央釋放出的說辭,強烈譴責長眠地下的瞿秋白與下落不明的鄧小平等人的背叛行為,圖謀摧毀中國共產黨。然而才短短幾週,咸信是毛澤東「遺囑」偽造者的四人幫,即遭到敵對派系的整肅,盡罷其職;毛澤東追悼大會所拍攝的照片全動了手腳,透過現代科技處理,舉凡四人幫向他們口中這位偉人表達敬意的畫面,悉數被消除。[28]

中國近來遭受誣陷的人士,不論健在與否,一一昭雪冤屈:活著的人恢復官職,死者則追悼哀思,還其清譽。這時,黨將中國的種種悖亂全歸咎於四人幫,復出的鄧小平敦促全體中國人返回「四個現代化」——工業、科技、農業、國防的正途,並寄望四個現代化政策的實施能將中國帶向一個嶄新的時代。在一九七七年八月召開的共產黨大會上,正式宣布文化大革命終結,大團結新時代降臨。若說這段時期令人聯想到康有為年輕時的鴻鵠之志,四個現代化政策不也呼應了康有為引西方科技實現自強目標的根本公式:這次大會提出一項為期十年的計畫，預計完成一百二十個項目，以推動國民經濟的成長；其中包括十座鋼鐵廠、九座有色金屬處理廠、八座煤礦、十座石油與天然氣廠、六條鐵路幹線、五座港口、三十座發電廠。這項計畫的前八年，每年平均預計提高百分之四到五的農業產出，工業產出年成長率超過百分之十。在這段發展週期結束之時，中國將擁有十四個工業區，每個工業區均能自成一格、各有專擅。[29]

新憲法（一九七八年三月第五屆全國人民代表大會公布）中接連三項條文，大幅提高科學家的地位：第十二條提及國家將「大力發展科學，擴大科學研究，推動技術進步與技術革命」；第十三條宣稱要提高「全民族的文化和科學水平」；第十四條論說「百花齊放、百家爭鳴」的原則是國家的基本政策，儘管這條雙百原則還說道，「一切文化活動」必須以服務社會主義事業為依歸。[30]

一九七八年三月十八日，鄧小平在全國科學大會發表演說，明確保證不再以傳統的「體力」與「腦力」區分（毛澤東經常如此做）、歧視科學技術人員：

在社會主義的社會裡，工人階級自己培養的腦力勞動者，與歷史上的剝削社會中的知識分子不同了……總的說來，他們的絕大多數已經是工人階級和勞動人民自己的知識分子，因此也可以說，已經是工人階級自己的一部分。他們與體力勞動者的區別，只是社會分工的不同。從事體力勞動的，都是社會主義社會的勞動者。隨著現代科學技術的發展，隨著四個現代化的進展，大量繁重的體力勞動將逐步被機器所代替，直接從事生產的勞動者，體力勞動會不斷減少，腦力勞動會不斷增加，並且，越來越要求有更多的人從事科學研究工作，造就更宏大的科學技術隊伍。四人幫把今天我們社會裡的腦力勞動與體力勞動的分工歪曲成為階級對立，正是為了打擊迫害知識分子，破壞工人、農民和知識分子的聯盟，破壞社會生產力，破壞我們的社會主義革命和社會主義建設。[31]

鄧小平的一席話，再加上黨在新憲法的序言裡承諾要創造一種「既有集中又有民主，既有紀律又有自由，既有統一意志又有個人心情舒暢的政治局面」，立即引發知識界的熱烈迴響。事實上，這段時期風格新穎的文章、詩歌、研究社群、雜誌爭奇鬥豔，已非二十一年前百花齊放運動時期所能比擬，反倒類似一九一九年五四運動時代，或者晚清學生雲集上海、日本時的盛況。[32]然而，這時的大環境還是不利於對人權的追求；儘管事態較「李一哲」時代好轉（這三位當年的學生出乎意料地在一九七八年獲釋），還是買不到大量的紙張、足夠的墨水，編輯部門辦公空間狹窄，例行庶務纏身，編輯業務難以順利推展。年輕作家籲請鄧小平莫忘自己當年曾有「油印博士」的稱號——意指鄧小平於一九二〇年代留法期間，曾負責編輯、油印共產黨發行的週刊《赤光》。這並非只是在發思古之幽情。[33]

一九七八年十一月，在紫禁城附近、日後聞名遐邇的「西單民主牆」，群聚高談闊論蔚然流行，討論往往異常熱烈坦率。十二月十五日，昔日紅衛兵魏京生時年二十九歲，是北京動物園的電工。他在民主牆上張貼題為「第五個現代化」的大字報，內容洋洋灑灑，並在大字報上署名、詳載住址，廣邀志同道合之士到宿舍找他；各派異議分子紛紛響應魏京生的大字報行動。這群男女年紀近三十歲，大多屬於紅衛兵世代，他們的生涯規畫及教育機會嘎然斲喪，渴望尋找生命的出口和靈魂的感召。[34] 魏京生宣稱，若無「民主」這第五個現代化作為根基，鄧小平大力倡議的四個現代化即淪為空談。有些激進青年開始詬罵鄧小平徒將毛澤東的歷史功過留待後世評斷，更語帶誇張地問道，難道要將中國青年應該討論的議題，局限在十八世紀康、乾兩朝的政策上？[35]

這時對毛澤東的批判，在各類討論會和期刊上早已司空見慣。誠如有位曾是讀書人的工人論及毛澤東說道：「他越來越自我隔絕，再加上他的小生產者成長背景，舉目所見盡是古書，阿諛奉承之聲不絕於耳，無視國外科學進展神速，無法傾聽人民哀號心聲。」結果，整個世代的青年人被「愚弄、誑騙」，[36] 還有青年作家拾起魯迅書中的牙慧和隱喻。儘管歷經四人幫的推波助瀾，魯迅早已是家喻戶曉的文化偶像；同時，在一九七〇年代初，書店櫥窗裡側身毛主席選集之旁的中國作家似乎就只有魯迅一人，但經鄧小平黨人巧手改頭換面，魯迅又搖身一變成為批判四人幫圖謀不軌的先知！[37] 而一九七九年的青年，拋開對魯迅的溢美之辭與過度詮釋，重拾魯迅作品中「藥」的這層隱喻，聲稱「輸入科技這帖藥」不足以拯救中國，因為整個國家的「病根」還是在意識型態方面。唯有通過「國家上層建築」來改造意識（作者附帶說這正如一八九〇年代康有為與梁啟超的作為），才能讓中國擺脫痲木不仁，避免再度淪為「東亞病夫」的命運。[38]

魯迅悲天憫人的一面並未消失。他哀悼三一八事件槍下學生亡魂的語彙，又見諸中國青年在一九七九年四月憑弔學生遇羅克的字裡行間。遇羅克堅稱，在黨「血統論」作祟下，整個世代的青年都因父母親的罪孽而屈服於黨的淫威，進而使黨墮落腐化。遇羅克因言賈禍，於一九七〇年遭政府處決：「一九七〇年三月五日，一顆原本應瞄準敵人的子彈，貫穿揭櫫真理、英勇卓絕、不屈不撓的戰士的身軀。他的身軀，軟弱無力的身軀雖然倒下，而他的英雄形象，追求真理、捍衛真理，卻是莊嚴地屹立在人民的心中。」[39] 一九七九年，抗議者的遣辭用語，呼應了青年學生魯迅在目睹幻燈片中行刑畫面時觸動的心境：「設若我們眼睜睜看著別人被處決而無動於衷，那我們就不配稱作文明人。」[40]

追尋意象與啟示不是中國近來才有的現象。如同清代的青年民族主義者，這些作家重新發現了伏爾泰、盧梭，將伏爾泰、盧梭比作擁護人權和平等價值觀，撻伐宗教迫害、經濟剝削及精神奴役的先知先覺者。在一九七九年一月二十九日的一篇文章裡，作者借用傳統中國裹小腳的意象，強調中國必須師法十八世紀的法國，追求中國獨有的啟蒙運動：

> 在這小小的星球，人類發展至目前的階段，世界各國在不同時刻進入現代化、電子化的時代，而我們國家卻仍在存續幾千年的封建囚籠裡呻吟。人民還在被封建觀念所愚弄，受封建枷鎖的禁錮，向封建專制的迫害屈服。共和國已推翻了一個舊政權，但三十年的發

展，就像穿著一雙小鞋，受制於封建專制獨裁和蒙昧主義的束縛。他們覺得還生活在黃帝時代、封建主義時代。他們因穿著小小、緊緊的鞋子而感到彆扭，他們也知道鞋匠對於他們究竟承受什麼樣的苦楚一無所知。共和國的發展趨緩，終至完全停滯。中國若想要實現四個現代化，首先就必須要脫掉封建專制的小鞋。人民因擁有民主與人權而能當家作主。屆時民智大開，蒙昧主義這第二雙鞋子自會脫去。這是確保四個現代化得以實現的不二法門。若無這一步驟，四個現代化就只是空中樓閣。[41]

魏京生與友人（物理學家楊光）合編一本非官方的刊物《探索》，並在西單民主牆附近兜售。在一九七九年三月十一日出刊的《探索》上，魏京生本人撰文探討秦城囚犯的生活百態。魏京生透過第一手資料（魏的資料可能來自女友的父親。他被關押在秦城監獄近十年之久），描述了這座中國「二十世紀的巴士底獄」的與世隔絕、粗糙的食物、狹窄的囚室，以及犯人難得出囚室活動筋骨的生活。魏京生還論稱囚犯時常遭到虐待；自殺未遂和遭受嚴刑拷打時有所聞。蕭瑟悲涼的行文筆調，魏京生突然神來一筆提及受害者：「這些優秀分子為爭取中國和人類的自由、幸福與和平而參加了共產黨，為這個黨爭取和保持政權付出了一生大部分的精力。」魏京生的結語主張，黨必須有所作為，讓犯人慢慢適應社會的生活（這或許能解釋何以丁玲要長期蟄居在山西），並對中國總體政治生活作了一番省思：

七五年鄧小平提出要釋放「秦城監獄」的政治犯，隨著當時的「翻案風」，許多老幹部被從這裡釋放出來了。對於這些有幸生還的人，簡直是意料之外的大喜事。如前所述，其意料之外的程度強烈到有時會奪去人的生命。所以黨中央就規定了一些「保障安全與健康」的流放措施。七五年後釋放的人需要在醫院先住一段時間，緩和一下強烈的刺激，再將你本人送到外地去。七七年以後，醫院已經沒有必要了，直接送到遙遠荒僻的小城市，據說在那裡安靜的環境也能起到緩和強烈刺激的作用……

釋放時也不是痛痛快快地放。臨走前還要加給你許多莫須有的罪名，硬給你安上一個「結論」，以證明關押你十多年是完全應該的……

必須永遠廢除「秦城監獄」，必須永遠廢除以政治為藉口的監禁和迫害。因為這關係到的不僅是被監禁和迫害的少數人，而是關係到全體人民的政治權利，關係到作為「人」的基本條件。你承認每個人都有對國家政治發表意見的權利嗎？……當你們用政治藉口迫害別人時，你們是否想到自己也要受同樣的迫害呢？[42]

魏京生本人於一九七九年五月二十九日遭到逮捕，政府對他提出多項罪名的指控，其中包括向外國記者提供中國入侵越南的軍事情報，光這條叛國罪名就能讓魏京生判處極刑。十月，魏京生在北京中級人民法院接受審訊。政府檢察員控訴魏京生是「越南的走狗」、「民族的敗類」。同時，魏京生在標榜他的第五個現代化主張時，還「極力誹謗馬列主義、毛澤東思想是比江湖騙子賣的膏藥更高明一些的膏藥。」魏京生甚至醜詆中國的政治制度是「披著社會主義外衣的封建君主制」。政府的檢察員總結魏京生的罪行說：

我國憲法中明確規定廣泛的民主權利，但我們的民主必須是法律保障下的民主，而絕不是無法無天，誰想怎麼樣就怎麼樣。……每個公民的言論自由，必須在堅持社會主義道路、堅持無產階級專政、堅持黨的領導、堅持馬列主義毛澤東思想這四項基本原則上的自由，只有維護它的自由，沒有破壞它的自由……被告魏京生打著民主的幌子，實際要達到推翻無產階級專政的政權和改變社會主義制度，這樣一個罪惡的目的。如果讓他這樣極少數人的自由任意氾濫，絕大多數人就會失去自由，人民就要遭殃，國家就要滅亡。[43]

魏京生放棄聘請律師的權力，由自己來辯護。他引述一九七八年憲法第四十五條賦予中國公民擁有言論、集會、出版、結社的權利，以及張貼大字報的自由。否認他接觸過任何中越戰爭的軍機情報，宣稱他主張的第五個現代化觀念並無煽動反革命之意。並提到編印《探索》期刊的唯一目的，在於「探索中國，使中國走向繁榮富強的道路。我們認為只有自由的、無約束的、實事求是的探討才有可能達到這一目的。」駁斥檢察院起訴他誹謗毛澤東思想的指控時，他心平氣和地說道，任何理論都有可能改變，馬克思主義自然也不例外。經過歷史的發展，馬克思主義也衍生出不同流派，如考斯基主義（Kautskyism）、列寧主義、托洛斯基主義、史達林主義、毛澤東主義與歐洲共產主義等等。蘇聯、越南、「四人幫」時代的中國，無一例外都墮落成為「少數領導階級對廣大勞動人民實行專政的法西斯政府」。綜觀人類歷史，「馬克思主義的命運和歷史上的許多宗教一樣，在它的第二、第三代以後，它的革命實質便被抽去，它的學說的理想部分被統治者利用來作為奴役人民的藉口和蒙蔽人民的工具……這難道不是比江湖騙子賣的膏藥更高明一些的膏藥嗎？」[44]

魏京生以捍衛他的基本權利來總結辯護：

起訴書說我「打著所謂言論自由，要民主、要人權的旗號煽動推翻無產階級專政。」首先我要指出，言論自由絕不是什麼所謂的，而憲法明文規定是每一個公民都應該享有的權利。檢察員用這樣的口吻談論憲法賦予公民的權利，不但說明了檢察員在進行思考中抱有偏見，而且說明了檢察員忘記了他的保護公民民主權利的責任……

起訴書指控我意圖推翻社會主義制度……我們的刊物《探索》在編輯過程從未參與過陰謀組織或暴力組織的活動。《探索》雜誌是公開出售的理論探討性刊物，它從未把推翻政權作為自己的目的。……

檢察員用斷章取義的方法羅列的罪狀，我看沒有逐條反駁的必要。我只想指出一點，憲法賦予公民批評領導人的權力，是因為領導人是人不是神，他們只有在人民的批評監督下才可以少犯錯……

批評不可能美妙動聽，也不可能全部正確。如果強求批評的詞句，要求批評必須完全正確，否則就治罪，就等於不准許批評，等於不准許改革，也就等於把領導者擺上神化的地位。難道我們還要重新走「四人幫」搞現代迷信的老路嗎？[45]

魏京生被判處十五年徒刑，最高法院在一九七九年十一月六日駁回他的上訴。然而，北京另一本非官方刊物《四五論壇》（該刊刊名是紀念北京市民悼念周恩來的日子）的編輯，取得了魏京生在庭上抗辯的抄本，印製了近六百份，拿到西單民主牆附近兜售；他們理直氣壯地捍衛此舉的正當性，說道共產黨全面封鎖審判魏京生的消息，比之當年清廷箝制鄒容及《蘇報》案的新聞報導更為縝密。結果《四五論壇》的編輯、販售者同樣難逃被捕的命運。十二月八日，中國政府明令撤銷在西單民主牆張貼大字報的權利，僅留三哩之外的月壇公園一處可張貼，但發表的內容須經政府審查，並向政府當局登記姓名及住址。一九八〇年一月十七日，中國政府發布消息，鄧小平的兒子（幼子鄧質方）將離開中國前往美國羅徹斯特大學（University of Rochester）攻讀高等物理學。鄧小平本人則宣布，待時機成熟，將取消憲法賦予張貼大字報的權利，只因這項特殊權利遭到「極端個人主義者的濫用」。[46]

魏京生遭逮捕、審判的同時，丁玲獲得釋放。大約就在一九七八年憲法公布時，人還在山西勞動改造的丁玲，就已摘除「右派」的帽子；一九七九年二月，丁玲奉召返回北京；是年七月，丁玲在一九五七、五八年遭受的所有指控全獲平反。儘管她時而身體違和，還是答應在一九七九年十月底、十一月初舉行的全國作家藝術家大會上發表演講。丁玲並沒有因她的不幸遭遇而牽怒任何人。她說沒有人是壞人，這是社會的病象，與整體社會有關。這樣的觀點，貫穿丁玲的整個演講內容，而她字斟句酌的措辭尤其精采絕倫：

我一九二七年開始寫小說，前前後後寫了五十二年，當然，五八年以後中斷了二十年。三十年代，國民黨禁止我的書，五八年後，我們自己也禁止我的書……

文化大革命裡打倒的大都是好人，不是壞人，現在可證實嘛！……被四人幫打過的，這些人都是好人，大家心裡清楚，有的人雖說被打倒了，可是是香的。但五七年被打倒的人呢？是臭的！是被我們自己人畫的……但這些人真的應該被批倒批臭嗎？我反覆地問自己，是不是應該講講這些事情。我已經七十多歲了，我坐過國民黨的牢，在文化大革命中也坐過四人幫的牢，所以，一些好心的朋友們勸我不要再過問這些事了，不要再提他們了。難道我是一個渾渾噩噩，沒有思想，吃了飯就睡覺的人嗎？我就一點感觸都沒有嗎？我是一個沒有靈魂的人嗎？所以我想一想，不管怎樣，我也要來講兩句話。看破紅塵的人，是世界上最自私的人。[47]

丁玲似乎同意中國社會仍殘餘「封建」的元素；但她還是個十五歲小女孩時就開始大力抨擊中國的封建主義病灶，這番言論或許並不是那麼認真。丁玲說，恰恰相反，中國人應該認清弊端在於制度縱容少數人以權謀私、把持權力，並反覆重申對中國青年的信心。她對於二十年來她的書一直被查禁表示遺憾，使得三十歲左右的這一代人無緣讀到她的作品。[48]

共產黨的機關刊物《紅旗》刊登丁玲對中國文化、政治領導的委婉批評；這意味全國讀者都能讀到、摘錄丁玲的評論。丁玲的政治勇氣令人動容，但演講內容卻隻字未提她身為女人的一生這個主題，早在三十七年前，延安文藝座談會召開前夕的三八婦女節，丁玲就曾專文討論。丁玲避而不談這個主題不足為奇，這時中國女性尚無挺身而出呼籲黨重視女性議題的自覺，仍被禁錮在傳統職業與家庭模式之中，聽任她們在工廠、軍隊、政界服務的另一半隨意擺布。[49]然而，丁玲的疏漏也有其諷刺的一面；就在她向座無虛席的達官顯要發表演講時，傅月華這位與魏京生同屬失落世代的女青年，採取了令人議論紛紛、甚至讓當局左右為難的行動。

傅月華相當早婚，婚後生活愜意，直到一九七一年國家計畫吃緊，不得不和先生勞燕分飛：傅月華被分配到河北工作，任職北京宣武區一家建設公司。翌年，單位領導仗勢垂涎她的美色，遭她拒絕，便以指控她是反革命分子要脅她。根據傅月華的供辭，最後單位領導強暴了她。傅月華被迫離職，沒有人願意為她的新職作保，從此過著朝不保夕的生活，甚至一度精神崩潰。為此，傅月華狀告單位領導的獸行，但訴狀進了法院便石沉大海。爾後，她挺身串連農民，抗議他們在北京的生活無以為繼。一九七九年一月，鄧小平前往華盛頓呼籲美國協助中國實踐四個現代化時，傅月華組織農民走上北京街頭遊行示威。十天後，傅月華遭到逮捕，歷經一整年連番調查審訊，依誹謗單位領導、破壞社會秩序的罪名，被判處一年徒刑。審判時，當局抨擊傅月華「道德墮落」，用語如同三十七年前丁玲小說〈我在霞村的時候〉中村民對被糟蹋女子的指指點點。[50]

除了傅月華的家人表達關心，還有倖存的非官方刊物出面仗義直言。然而，為刊物撰稿的許多作者也都因魏京生等人的株連而身陷囹圄。官方喉舌《人民日報》在一九七九年十月發表磨刀霍霍的社論，撻伐傅月華引發示威行動：「我們要警告所有的反革命分子，無論你們的旗幟多麼時髦，無論你們的手段如何狡猾，你們終究還是難逃人民審判的羅網。」[51]

然而，這張羅網真是「人民的審判」嗎？黨時時朝令夕改，鄧小平三起三落，江青及其黨羽提交公審，黨內高級知識分子（包括丁玲在內）競相撰寫矯情文章恢復瞿秋白死後的英名。青年在這般世界裡為生存而掙扎，這樣的世界不就是青年的羅網？多年來苦心鑽研帝國主義和封建傳統的弊端，人民如何看待中國處心積慮要與美、日發展貿易關係？人民對於諸多傑出學者奉派研究康有為早期著作、光緒的性格、近百年前中國為追求現代化而推動戊戌變法的教訓，又會作何感想？[52] 當黨面臨中國人口即將衝破十億大關而著手在全國實施一胎化政策，透過各種經濟與教育的制裁手段，強行介入個人的私生活領域時，對男歡女愛之情又會造成什麼衝擊？[53] 藝術與詩歌是否已經擺脫黨的箝制，若是如此，又該螫居何處？若選擇棲身西方立體派、象徵主義、浪漫主義的一片荒蕪，那新生代的「徐志摩」又當如何適得其所？中國漫長的革命真讓他們得以安身立命，或者他們必須重新釐清革命的奧義，試著為自己和這個國家實現近百年前迴盪在耳、但鮮能掌握的許諾？

至少丁玲自由了。百花齊放運動期間對黨口誅筆伐、在新疆度過二十年歲月的王蒙，也重獲自由。沈從文的境況差強人意，他取得出國簽證，造訪在耶魯大學教書法的妻妹。老舍的《茶館》恢復公演，博得熱情觀眾的滿堂喝采。然而，這就能抵銷傅月華、魏京生從此暗無天日的禁錮歲月？有位筆名「北島」的中國詩人，為非官方刊物《今天》寫了一首詩，給了他想得到最貼切的答案。[54] 這首詩題為〈太陽城札記〉：

生命
太陽也上升了

愛情
恬靜，雁群飛過
荒蕪的處女地
老樹倒下了，嘎然一聲
空中飄落著鹹澀的雨

自由
飄
撕碎的紙屑

孩子
容納整個海洋的圖畫
疊成了一隻白鶴

姑娘
顫動的虹
採集飛鳥的花翎

青春
紅波浪
浸透孤獨的槳

藝術
億萬個輝煌的太陽
顯現在打碎的鏡子上

人民
月亮被撕成閃光的麥粒
插在誠實的天空和土地

勞動
手，圍攏地球

命運
孩子隨意敲打著欄杆
欄杆隨意敲打著夜晚

信仰
羊群溢出綠色的窪地

牧童吹起單調的短笛

和平
在帝王死去的地方
那支老槍抽枝、發芽
成了殘廢者的拐杖

祖國
她被鑄在青銅的盾牌上
靠著博物館發黑的板牆

生活
網

註釋

1 見鮑瑞嘉（Richard Baum），《革命的序曲：毛澤東、共產黨和農民問題（一九六二至一九六六年）》（*Prelude to Revolution: Mao, the Party, and the Peasant Question, 1962-1966*）一書對一九六〇年代初中國政治的出色概述。有關毛澤東思想中的唯意志論色彩，詳見魏斐德，《歷史與意志：毛澤東思想的哲學透視》，頁二〇二至二〇五。毛澤東的繼續革命論，可參考斯塔爾，《繼續革命：毛澤東的政治思想》，頁三〇〇至三〇八。

2 鮑瑞嘉，《革命的序曲：毛澤東、共產黨和農民問題（一九六二至一九六六年）》，頁五十六至五十七，以及第四章，「桃園經驗」。

3 前引書，頁一一七至一二一。有關大寨早期的歷史及其書記陳永貴所扮演的角色，見邁斯納，〈大寨：實踐中的群眾路線〉（Dazhai: The Mass Line in Practice），頁三十至四十五，以及安炳炯，〈中國人民公社的政治經濟：變與常〉，頁六四七。

4 有關雷鋒精神的崇拜，詳見謝蕾頓（Mary Sheridan），〈仿效英雄〉（The Emulation of Heroes），頁四十八至五十一，以及柯麥科茲恩斯嘉（Ewa Chomczynska），〈六〇年代中國青年人物的楷模〉（Chinese Youth Personality Models in the Sixties），頁一〇三至一〇七。毛澤東在一九六四年時蓄勢待發的革命風格，見毛澤東，《毛主席對人民的講話》（*Chairman Mao Talks to the People*），頁一九七至二一一。

5 轉引自許芥昱等編，《中華人民共和國的文學》，頁六四五。有關邵荃麟，見福克瑪，〈中國對人文主義的批判：反知識分子的運動（一九六四至一九六六年）〉（Chinese Criticism of Humanism: Campaign against the Intellectuals, 1964-1966），頁六十九至七十，以及〈一九六二至一九六四年中國共產黨的文化大革命〉（The Chinese Communist Party's 'Cultural Revolution of 1962-1964'），頁二四六至二五一。

6 邵荃麟早年對丁玲的批判，見谷梅，《共產黨中國的文學異端》，頁二二六、二三九；亦可見許芥昱等編，《中華人民共和國的文學》，頁六五一。

7 轉引自許芥昱等編，《中華人民共和國的文學》，頁七五九。

8 老舍，《福星集》，頁三十二，譯文見石文森，〈老舍是個順民嗎？〉，頁三一八。前引文，頁三一二至三一三，舉出幾個老舍攻擊同僚的例子。這在分析上是個高度困難的問題，況且老舍在中國的代言人想當然爾宣稱老舍是一貫忠於毛主席。老舍的妻子便聲稱國家對他們照顧有加；見胡絜青編，《老舍生活與創作自述》，頁五五七。

9 可參考李鴻永（Lee Hong Yung）《中國文化大革命的政治》（*The Politics of the Chinese Cultural Revolution*）對文化大革命頭一年的細膩分析。有關文革研究的相關論文，見羅賓遜（Thomas W. Robinson）編，《中國的文化大革命》（*The Cultural Revolution in China*）（尤其是羅賓遜本人那篇分析周恩來在文革的角色的文章）。有關紅衛兵鬥爭及青年人家庭出身背景之間的關聯性，見拉道克（David Raddock），〈世代之間：在「三反」運動及文化大革命期間追尋政治角色之中國的青年積極分子〉（Between Generations: Activist Chinese Youths in Pursuit of a Political Role in the San-fan and in the Cultural Revolution），頁五二三至五二四；以新成員為後盾的共產黨，見白霖，〈上海工人政治〉，頁一一四。後雷鋒世代的新文革英雄，他們的階級背景、軍事歷練及戲劇性的死亡，見柯麥科茲恩斯嘉，〈六〇年代中國青年人物的楷模〉，頁一一二至一一三。謝蕾頓，〈中國的青年女性領導人〉（Young Women Leaders in China），頁七十六至八十三。

10 李鴻永，《中國文化大革命的政治》，頁一七三、註一二七，記「魯迅兵團」；有關瞿秋白墳墓一事，見丁玲，〈我所認識的瞿秋白同志〉，頁一六二，以及李又寧，〈中共黨史的物換星移〉（The Vicissitudes of Chinese Communist Historiography），頁二五三至二五六。

11 伊斯雷爾，〈歷史視野中的紅衛兵〉（The Red Guards in Historical Perspective），頁十，以及《中國新聞分析》（*China News Analysis*），第六三六號（一九六六年十一月十一日），頁三至四。有關個人檔案的重要性，見李鴻永，《中國文化大革命的政治》，頁五十至五十一。魏昂德（Andrew G. Walder），《張春橋與上海一月革命》（*Chang Ch'un-ch'iao and Shanghai's January Revolution*）一書分析了上海的矛盾。

12 這段訪問，見沃赫拉，《老舍與中國革命》，頁一六四，以及巴迪，〈死亡與小說——老舍的自殺〉，頁十三。

13 見老舍，《正紅旗下》的最後一段，收錄在胡絜青編，《老舍生活與創作自述》，頁三五〇。巴迪，〈死亡與小說——老舍的自殺〉，頁九，指出老舍知道北京市長彭真與軍事將領羅瑞卿遭整肅的事，以及對吳的支持。

14 老舍死因的眾說紛紜，見巴迪，〈死亡與小說——老舍的自殺〉，頁八、十七至二十；巴迪指出，各種講法仍難以證實。前引文，頁十九，巴迪摘譯之臧克家的回憶文章〈老舍永在〉，敘述了老舍與臧克家兩人的友誼；在〈老舍永在〉一文裡，臧克家記載了與老舍的臨別通話。老舍的妻子胡絜青，在其編著《老舍生活與創作自述》，頁五五八至五六一，感人肺腑地描述他們夫妻最後幾天的生活，以及接獲匿名電話後發現老舍的屍體一事。

15 白杰明，〈丁玲：漫話二十年遭際〉，頁九十一。文革時期的黑龍江省，見沙均特（Margie Sargent），〈黑龍江省的文化大革命〉（The Cultural Revolution in Heilungkiang），頁二十七至二十八、四十五至四十六。

16 詳見劉文勇，〈傳奇的文學女強人——訪丁玲〉，頁七十，對丁玲的訪問（劉文勇引述幾則一九七九年第三期《十月》摘錄陳明祕密寫給丁玲的書簡）；以及丁玲個人的回憶文章〈關於杜晚香〉，動人心弦地提及蘿北的勞動女英雄和杜晚香遭受的不公平待遇。

17 轉引自許芥昱，《中國的文壇風貌》（*The Chinese Literary Scene*），頁二五九至二六〇。有關文革期間的視覺藝術，見克羅茲埃爾（Ralph Croizier），〈江青時期的中國藝術〉（Chinese Art in the Chiang Ch'ing Era）；江青本人的文藝觀點，見維特克（Roxane Witke），《江青同志》（*Comrade Chiang Ch'ing*）。

18 劉文勇，〈傳奇的文學女強人——訪丁玲〉，頁七十七，以及白杰明，〈丁玲：漫話二十年遭際〉，頁九十一。

19 前引文，頁六十七至六十八。

20 前引文，頁六十八，以及白杰明，〈丁玲：漫話二十年遭際〉，頁九十一。

21 一九六三年五月十一日的訪問，收錄在許芥昱，《中國的文壇風貌》，頁一三二至一三九。聶華苓，《沈從文》，轉引沈從文一九六二年的詩。

22 谷梅，〈中國的批孔運動，一九七三至一九七四年〉(China's Anti-Confucian Campaign, 1973-74)；中國史學上的秦始皇，見李又寧，《中國的始皇帝》(*The First Emperor of China*)，尤其見頁一八〇至一九〇。有關青年下鄉運動，見懷特(D. Gordon White)，〈下鄉青年的政治〉(The Politics of Hsia-hsiang Youth)，以及伯恩斯坦，《上山下鄉：中國青年從城市到農村的遷徙》(*Up to the Mountains and Down to the Villages: The Transfer of Youth from Urban to Rural China*)，頁九十六至一一二，論不公平的遴選過程。

23 李一哲，〈關於社會主義的民主與法制〉，頁一一四至一二〇。有關大字報的作者，見前引文，頁一一〇至一一一，以及汪學文，〈革命青年與李一哲大字報〉(Revolutionary Youth and the Li I-che Poster)，頁八十。有關「李一哲」三人的廣東背景，見羅森(Stanley Rosen)，〈文化大革命期間廣東的激進學生〉(The Radical Students in Kwangtung During the Cultural Revolution)，頁三九三至三九五，分析了「特殊管道」這個重要的問題，可與魏斐德，〈當代中國研究的意識型態運用與濫用〉(The Use and Abuse of Ideology in the Study of Contemporary China)，頁一四五、註二所提的階級現象對照；有關階級問題的討論，詳見斯塔爾，《繼續革命：毛澤東的政治思想》，頁一一六至一二八。

24 李一哲，〈關於社會主義的民主與法制〉，頁一三四、一四〇、一四八。黨駁斥李一哲大字報的立場，見「宣集文」(Xuan Jiwen)(意指「宣傳部論文集」)譯，〈批判「關於社會主義的民主與法制」〉(Criticizing 'Concerning Socialist Democracy and Legal System')。

25 邁斯納，《毛澤東的中國：中華人民共和國史》，頁三七四至三七九；一九七四年憲法條文，見薛爾頓，《中華人民共和國：革命變遷的文件史》，頁五七一至五七五。

26 白杰明，〈丁玲：漫話二十年遭際〉，頁九十一至九十二，以及劉文勇，〈傳奇的文學女強人——訪丁玲〉，頁七十五。

27 見《丙辰清明詩抄》一書收錄近四百首悼念周恩來的對聯和詩歌及典禮的照片。有關北京學生的反應，見崔大偉(David S. Zweig)，〈北大的教育爭論和鄧小平的失勢〉(The Peita Debate on Education and the Fall of Teng

Hsiao-p'ing），頁一四六、一五五至一五八。

28 中共中央委員會對毛澤東「遺囑」的評斷，見《中國季刊》（*The China Quarterly*），第六十八期（一九七六年十二月）。四人幫人員的畫面在十月公布的喪禮照片中，連同他們早期的新聞照片，全都被消去了；維特克，《江青同志》，摘錄了反江青的大字報。有關唐山大地震傷亡的大約人數，見蘇利文（Walter Sullivan）在一九七九年六月十一日《紐約時報》頁二的報導。

29 薛爾頓，《中華人民共和國：革命變遷的文件史》，頁六八八、六九九。鮑瑞嘉主編，《中國的四個現代化：新技術革命》（*China's Four Modernizations: The New Technological Revolution*），分析預計中的改革範圍，尤其見該書頁六十一至一〇一，芬嘉（Thomas Fingar）所寫的那篇文章。

30 前引書，頁六九四。

31 《北京評論》（*Peking Review*），第十二期（一九七八年三月二十四日），頁十一至十二；亦可參見薛爾頓，《中華人民共和國：革命變遷的文件史》，頁七〇三。

32 司馬晉（James D. Seymour）編，《第五個現代化：中國人權運動（一九七八至一九七九年）》（*The Fifth Modernization: China's Human Rights Movement, 1978-1979*），羅列三十個諸如此類的組織和期刊。古德曼（David S. G. Goodman）編譯，《北京街頭之聲》（*Beijing Street Voices*），收錄了大量的譯作；一九七八年底、七九年初的地下刊物複本，連同目錄和節錄內容，收錄在《中國人》，第一卷，第五期的專號；戈德巴拉特（Howard Goldblatt）在其〈當代中國地下文學〉（Underground Literature in Contemporary China）一文針對這些材料作了引介。其餘理論性文章的作者（除魏京生之外），可參見《北京非官方期刊的翻譯》（*Translations from Beijing Unofficial Journals*），例如「海浪花」的論文，見該書頁六十七至七十三、七十四至八十五以及八十六至一〇五。這部憲法的序言，見薛爾頓，《中華人民共和國：革命變遷的文件史》，頁六九一。

33 司馬晉編，《第五個現代化：中國人權運動（一九七八至一九七九年）》，頁二五一，轉引自《北京之春》，一九七九年一月二十七日。

34 有關一九七八年十一月西單民主牆的論壇，以及魏京生大字報的衝擊，見陸玲（音）（Lu Lin），〈探索雜誌的故事〉（The Story of Exploration Magazine）文章生動的第一手報告。陸玲（音）在其〈群眾與刑法〉（The Masses and the Criminal Law）詳細記述魏京生的生平背景，該文收錄在《北京非官方期刊的翻譯》，頁三十至三十四。李大林和米麗安・倫敦（Miriam London），〈一位異議分子在毛澤東中國的漂泊之旅〉（A Dissenter's Odyssey Through Mao's China），公開魏京生自述他狂飆的紅衛兵歲月。

35 陸玲（音）在其〈群眾與刑法〉，頁三十八。魏京生的〈第五個現代化：民主及其他〉英譯全文，收錄在司馬晉編，《第五個現代化：中國人權運動（一九七八至一九七九年）》，頁四十七至六十九。近來中國人的世代概念，見雅胡達（Michael Yahuda），〈中國的政治世代〉（Political Generations in China），頁八〇二至八〇三，以及拉道克，〈世代之間：在「三反」運動及文化大革命期間追尋政治角色之中國的青年積極分子〉。

36 轉引自〈東亞人權保護會社研究通訊〉（Bulletin of the Society for the Protection of East Asians Human Rights），第六／七號，頁三十六至三十七。

37 一九七四年「批林批孔」運動期間，作者對北京、上海書店的觀察；利用魯迅的形象批判四人幫，可參考魏斐德，〈粉碎四人幫之後的中國史學〉（Historiography in China after 'Smashing the "Gang of Four"'），頁八九九至九〇〇，分析魯迅、張春橋、姚文元的父親（即姚蓬子）。

38 見〈東亞人權保護會社研究通訊〉，第六／七號，頁四十四至四十五，摘引自一九七九年三月，《民主與現代性》。

39 前引文，第六／七號，頁三十七，摘引自一九七九年四月一日，《四五論壇》。

40 見《北京非官方期刊的翻譯》（摘引自一九七九年九月九日《探索》），頁二十三。

41 見〈東亞人權保護會社研究通訊〉，第六／七號，頁三十三，摘引自一九七九年一月二十九日，《啟蒙》。

42 英譯見司馬晉編，《第五個現代化：中國人權運動（一九七八至一九七九年）》，頁二一九至二二一。中文見魏京生等，《肯定自由，肯定民主》，頁三十五至四十。關於魏京生的藏人女友平妮和她關押獄中的父親平措汪階，見莊梅（音）（Zhuang Mei），〈魏京生的女友〉一文。

43 判決書的抄本，見《北京非官方期刊的翻譯》，頁四十五至四十六。中文全文，見魏京生等，《北京之春詩文選》，頁一八八至二五三。

44 《北京非官方期刊的翻譯》，頁五十至五十一。

45 前引書，頁五十一至五十三。

46 新聞消息載於《紐約時報》，一九七九年十一月十二、十三日、十二月十九日，以及一九八〇年一月十八日。對比《蘇報》案，出自《北京非官方期刊的翻譯》，頁五十五。

47 丁玲，〈講一點心裡話〉，頁五十一至五十二。關於第四屆全國作家藝術家大會，見《中國季刊》，第八十一期（一九八〇年三月），頁一六六至一六七。丁玲談話的英文節譯，見聶華苓為其所編《百花齊放的文學》撰寫的導論，卷一，頁xliv-xlv。

48 丁玲，〈講一點心裡話〉，頁五十二。

49 有關女性地位演變的停滯不前，見約翰遜（Kay Ann Johnson），〈中國女性：性別歧視與社會經濟的變遷〉（Women in China: Problems of Sex Inequality and Socioeconomic Change），尤其是頁二九七，論一九五七至五八年的處境，以及頁三〇八，探討一九七〇年代的境況。謝蕾頓，〈中國青年女性領導〉（Young Women Leaders in China）一文探討在一九六〇年代對於提升女性地位有所貢獻的人物；安多思（Phyllis Andors），〈中國發展的政治〉（Politics of Chinese Development），頁一〇五至一一〇，顯示女性性別歧視的現象有增無減。在《中國女性主義與社會主義》（*Feminism and Socialism in China*）一書的第十章，卡蘿（Elisabeth Croll）探討文革期間女性面臨的問題，而在一九七七年的文章〈近來重新定位女性角色和地位的運動〉（A Recent Movement to Redefine the Role and Status of Women），卡蘿分析一九七〇年代中期對女性問題的觀點。有關農村家庭女性地位的低落，見白威廉（William L. Parish），〈社會主義與中國農村家庭〉（Socialism and the Chinese Peasant Family），頁六二〇。

50 有關傅月華的背景（這個案子的性別意義並未像其他面向被彰顯），見拉狄桂（Arlette Laduguie），〈人權運動〉（The Human Rights Movement），頁十九至二十。判決內容，見《紐約時報》，一九七九年十一月八日、一九八〇年一月八日。另可參考鞏之陽（音）（Gong Zhiyan），〈傅月華案〉一文的出色分析；非官方刊物抗議傅月華案的聲浪，可見司馬晉編，《第五個現代化：中國人權運動（一九七八至一九七九年）》，頁一〇二至一〇四、二五六至二五九。亦可參考魏京生等，《肯定自由，肯定民主》，頁一二五至一三九。

51 轉引自拉狄桂，〈人權運動〉，頁二十六。

52 有關中日甲午戰爭、現代化的問題、戊戌變法的討論，見「外國廣播資訊中心」（Foreign Broadcast Information Service）（FBIS）：FBIS（PRC-80），第一四八號（一九八〇年七月三十日）（L11-L17），論中日甲午戰爭；第一三二號（一九八〇年七月八日）（L4-L8）以及第一四一號（一九八〇年七月二十一日）（L7-L9），論戊戌變法；第一五七號（L13）和第一六二號（L13），論西化、邊防、與明治維新的對比。

53 有關近來生育控制政策的探討，吳佩卓（音）（Pedro Pak-tao Ng），〈廣東省的計畫生育和生育的社會化〉（Planned Fertility and Fertility Socialization in Kwangtung Province），論「晚、稀、少」計畫。近來中國對晚婚、有效生育控制和一胎化家庭提出種種的誘因（包括積極與消極）。有關生育計畫背景的研究，見沙拉夫（Janet Salaff），〈生育控制的制度性誘因〉（Institutionalized Motivation for Fertility Limitation）。

54 譯文見古德曼，〈民主運動詩集〉（Poems of the Democracy Movement），頁二十九。出自同一本雜誌即《今天》的其餘詩作，可參見魏京生等，《北京之春》，頁三四六至三五六。

參考書目

Ahn, Byung-joon. "The Political Economy of the People's Commune in China: Changes and Continuities," *Journal of Asian Studies* 34 (May 1975): 631-58.

Alitto, Guy S. *The Last Confucian; Liang Shu-ming and the Chinese Di-lemma of Modernity*. Berkeley, 1979.

Andors, Phyllis. "Politics of Chinese Development: The Case of Women, 1960-1966." *Signs: Journal of Women in Culture and Society* 2:1 (1976), pp. 84-119.

Armentrout-Ma, Eve M. B. "Chinese Politics in the Western Hemisphere, 1893-1911: Rivalry Between Reformers and Revolutionaries in the Americas." Ph.D. dissertation, University of California at Davis, 1977.

Ash, Robert. "Economic Aspects of Land Reform in Kiangsu, 1949-52. Part 1, *China Quarterly 66* (June 1976): 261-92; part 2, *China Quarterly 67* (September 1976): 519-45.

Bady, Paul. "Death and the Novel—on Lao She's 'Suicide,'" and "Rehabilitation: A Chronological Postscript." Both in *Renditions*, no. 10 (Autumn 1978), pp. 5-20.

____. See also Lao She, *Lao niu po che*.

Bai Jieming (Geremie Barmé). "Ding Ling: Manhua ershinian zaoji" [Ding Ling: A Discussion of Twenty Difficult Years]. *Qishi niandai*, no. 8 (1979), pp. 90-92.

Bauer, Wolfgang. *China and the Search for Happiness: Recurring Themes in four Thousand Years of Chinese Cultural History*. Translated by Michael Shaw. New York, 1976.

Baum, Richard. *Prelude to Revolution: Mao, the Party, and the Peasant Question*, 1962-66. New York, 1975.

____, ed. *China's Four Modernizations: The New Technological Revolution*. Boulder, Colo., 1980.

BDRC: *Biographical Dictionary of Republican China*. Edited by Howard Boorman and Richard Howard. 4 vols. New York, 1967. Vol. 5 *A Personal Name Index*, compiled by Janet Krompart. New York, 1979.

Beahan, Charlotte L. "Feminism and Nationalism in the Chinese Women's Press, 1902-1911." *Modern China* 1 (1975): 379-416.

____.'The Women's Movement and Nationalism in Late Ch'ing China." Ph.D. dissertation, Columbia University, 1976.

Bedeski, Robert E., "The Tutelary State and National Revolution in Kuomintang Ideology, 1928-31." *China Quarterly* 46 (April-June 1971): 308-30.

Benton, Gregor. "The Yenan 'Literary Opposition.'" *New Left Review* 92 (July-August 1975): 93-106.

Berkley, Gerald W. "The Canton Peasant Movement Training Institute." *Modern China* 1 (1975): 161-79.

Bemal, Martin. *Chinese Socialism to 1907*. Ithaca, N.Y., 1976.

Bernstein, Thomas P. "Leadership and Mass Mobilization in the Soviet and Chinese Collectivisation Campaigns of 1929-30 and 1955-56: A Comparison." *China Quarterly* 31 (July-September 1967):1-47.

____.*Up to the Mountains and Down to the Villages, The Transfer of Youth from Urban to Rural China*. New Haven, 1977.

Bingchen Qingming shichao [Poems from the Qingming Festival in 1976] Hong Kong, 1978.

Birch, Cyril. "English and Chinese Metres in Hsü Chih-mo" *Asia Major*, N.S. 8:2 (1961), pp. 258-93.

____."Fiction of the Yenan Period." *China Quarterly* 4 (October-December I960): 1-11.

____."Lao She: The Humourist in His Humour." *China Quarterly* 8 (October-December 1961): 45-62.

____, ed. *Anthology of Chinese Literature*. Vol. 2, *From the Fourteenth Century to the Present Day*. New York, 1972.

Bix, Herbert P. "Japanese Imperialism and the Manchurian Economy, 1900-31." *China Quarterly* 51 (July-September 1972): 425-43

Bjorge, Gary John. "Ting Ling's Early Years: Her Life and Literature Through 1942." Ph.D. dissertation. University of Wisconsin, 1977.

Broido, Vera. *Apostles into Terrorists: Women and the Revolutionary Movement in the Russia of Alexander II*. New York, 1977.

Buxbaum, David C., and Frederick Mote, eds. *Transition and Permanence: Chinese History and Culture. A Festschrift in Honor of Dr. Hsiao Kung-ch'üan*. Hong Kong, 1972.

Chan, F. Gilbert, and Thomas H. Etzold, eds. *China in the 1920s: Nationalism and Revolution*. New York, 1976.
Chang Hao. *Liang Ch'i-ch'ao and Intellectual Transition in China 1890-1907*. Cambridge, Mass., 1971.
Chang Jun-mei. *Ting Ling: Her Life and Work*. Taipei, 1978.
Chen Dongyuan. *Zhongguo funü shenghuo shi* [History of Women in China]. Shanghai, 1937.
Ch'en, Jerome. "Resolutions of the Tsunyi Conference." *China Quarterly* 40 (October-December 1969): 1-38.
Chen, Joseph T. *The May Fourth Movement in Shanghai: The Making of a Social Movement in Modem China*. Leiden, 1971.
Chen Shaoxiao. *Heigang lu* [History of Guomindang Secret Operations]. Hong Kong, 1966.
Ch'eng I-fan. "*Kung* as an Ethos in Late Nineteenth-Century China: The Case of Wang Hsien-ch'ien (1842-1918)." In Cohen and Schrecker, eds., *Reform in Nineteenth-Century China*, pp. 170-80.
Chesneaux, Jean. *The Chinese Labor Movement, 1919-1927*. Translated by H. M. Wright. Stanford, 1968.
_____, ed. *Popular Movements and Secret Societies in China, 1840-1950*. Stanford, 1972.
Ch'i Hsi-sheng. *Warlord Politics in China, 1916-1928*. Stanford, 1976.
Chi, Madeleine. "Bureaucratic Capitalists in Operation: Ts'ao Ju-lin and His New Communications Clique, 1916-1919." *Journal of Asian Studies* 34 (May 1975): 675-88.
Ch'ien Tuan-sheng. *The Government and Politics of China, 1912-1949*. Stanford, 1970.
Chomczyńska, Ewa. "Chinese Youth Personality Models in the Sixties." *Asian and African Studies* (Bratislava) 15 (1979): 101-116.
Chou, Prudence Sui-ning. "Lao She: An Intellectual's Role and Dilemma in Modern China." Ph.D. dissertation. University of California at Berkeley, 1976.
Chow Tse-tsung. *The May Fourth Movement: Intellectual Revolution in Modern China*. Cambridge, Mass., 1960.
Chung, Sue Fawn. "The Image of the Empress Dowager Tz'u-Hsi." In Cohen and Schrecker, eds., *Reform in Nineteenth-Century China*, pp. 101-110.
Clifford, Nicholas R. *Shanghai, 1925: Urban Nationalism and the Defense of Foreign Privilege*. Michigan Papers in Chinese Studies, no. 37. Ann Arbor, 1979.
Coble, Parks M., Jr. "The Kuomintang Regime and the Shanghai Capitalists, 1927-1929." *China Quarterly* 77 (March

1979): 1-24.
Cochran, Sherman. *Big Business in China: Sino-Foreign Rivalry in the Cigarette Industry, 1890-1930*. Cambridge, Mass., 1980.
Cohen, Paul A., and John E. Schrecker, eds. *Reform in Nineteenth-Century China*. Cambridge, Mass., 1976.
Cole, James H. "The Shaoxing Connection: A Vertical Administrative Clique in Late Qing China." *Modern China* 6 (July 1980): 317-26.
Compton, Boyd, ed. and trans. *Mao's China: Party Reform Documents, 1942-44*. Seattle, 1966.
Croizier, Ralph. "Chinese Art in the Chiang Ch'ing Era." *Journal of Asian Studies* 38 (February 1979): 303-11.
Croll, Elisabeth. *Feminism and Socialism in China*. London, 1978.
____. "A Recent Movement to Redefine the Role and Status of Women." *China Quarterly* 71 (September 1977): 591-97.
Crowley, James B. *Japan's Quest for Autonomy: National Security and Foreign Policy, 1930-1938*. Princeton, 1966.

Davin, Delia. "Women in the Liberated Areas." In Marilyn Young ed., *Women in China*, pp. 73-91.
Davis, Fei-ling. *Primitive Revolutionaries of China: A Study of Secret Societies in the Late Nineteenth Century*. Honolulu, 1977.
Day, M. Henri. *Mao Zedong 1917-1927. Documents*. Orientaliska Studier, no. 14. Stockholm, 1975.
Ding Ling. "Guanyu Du Wanxiang" [On the Life of Du Wanxiangi] *Beifang wenxue* 3 (1980): 49-52.
____. "In the Hospital." Translated by Susan M. Vacca. *Renditions*, no. 8 (Autumn 1977), pp. 123-35.
____. "Jiang yidian xinli hua" [Some Words from the Heart]. *Honggi (Red Flag)* 12(1979):51-52.
____. *Muqin* [Mother]. Shanghai, 1933.
____. "Sanbajie yougan" [Thoughts on March 8]. *Wenyi bao*, no. 2 (1958), pp. 8-10.
____. (Ting Ling). *The Sun Shines over the Sangkan River*. Translated by Yang Hsien-yi and Gladys Yang. Beijing, 1954.
____. "When I Was in Xia Village." Translated by Kung Pu-sheng as "When I Was in Sha Chuan (Cloud Village)." Reprinted in *Signs: Journal of Women in Culture and Society* 2:1 (1976), pp. 270-79.
____. "Wo dui 'Duoyu de hua' de lijie" [My Interpretation of "Superfluous Words"]. *Guangming Ribao*, March 21, 1980.
____. "Wo suo renshide Qu Qiubai tongzhi" [The Qu Qiubai That I Remember]. *Xinhua yuebao* [Literary Supplement],

no. 5 (1980), pp. 155-63.
____. "Xiang Jingyu tongzhi liugei wo de yingxiang" [Xiang Jingyu's Lasting Influence on Me]. *Shouhu*, no. 1 (1980), pp. 184-86, 232.
____. *Yanan ji* [Records from Yanan], Beijing, 1954.
____. *Yige xiaohongjun de gushi* [The Story of a Little Red Soldier]. Shanghai, 1956.
____. *Zai yanhan de rizi li* [In the Bitter Cold Days]. Part 1, *Qingming* 1:1 (1979), pp. 4-92.
____. "Zai yiyuan zhong" [In the Hospital]. *Wenyi bao*, no. 2 (1958), pp. 11-16.
Ding Ling pingzhuan [Essays by and About Ding Ling]. Edited by Zhang Baiyun. Shanghai, 1934.
Ding Ling shiliao [Historical Materials on Ding Ling]. Hong Kong, 1976.
Ding Ling xuanji [Selected Stories of Ding Ling]. Beijing, 1951.
Ding Ling zai xibei [Ding Ling in Northwest China]. Edited by Shi Tianxing. Hankou, 1938.
Ding Ling ziliao ji [Collected Materials on Ding Ling]. Collection 1. Hong Kong, June 1971.
Dirlik, Arif. "The Ideological Foundations of the New Life Movement: A Study in Counterrevolution." *Journal of Asian Studies* 34 (August 1975): 945-80.
____. *Revolution and History: The Origins of Marxist Historiography in China, 1919-1937*. Berkeley, 1978.
Doleželová-Velingerová, Milena. "Lu Xun's 'Medicine.'" In Merle Goldman, ed., *Modern Chinese Literature*, pp. 221-31.
Doolin, Dennis J. *Communist China: The Politics of Student Opposition* [a translation of "Look, What Kind of Talk Is This?" dated June 14, 1957]. Hoover Institution, Stanford University, 1964.
Dorris, Carl E. "Peasant Mobilization in North China and the Origins of Yenan Communism." *China Quarterly* 68 (December 1976): 697-719.
Duiker, William J. *Ts'ai Yüan-p'ei: Educator of Modern China*, University Park, Pa., 1977.
Dutt, Vidya Prakash. "The First Week of Revolution: The Wuchang Uprising." In Mary C. Wright, ed., *China in Revolution*, pp. 383-416.

Eastman, Lloyd E. *The Abortive Revolution: China Under Nationalist Rule, 1927-1937*. Cambridge, Mass., 1974.
Eber, Irene. "Images of Oppressed Peoples and Modern Chinese Literature." In Merle Goldman, ed., *Modern Chinese*

Literature, pp. 127-41.

____. "Images of Women in Recent Chinese Fiction: Do Women Hold Up Half the Sky?" *Signs: Journal of Women in Culture and Society* 2:1 (1976), pp. 24-34.

____. *Voices from Afar: Modern Chinese Writers on Oppressed People and Their Literature*. Michigan Papers in Chinese Studies, no. 38. Ann Arbor, 1980.

ECCP: Eminent Chinese of the Ch'ing Period [1644-1912]. Edited by Arthur W. Hummel. 2 vols. Washington, D.C., 1943.

Eide, Elisabeth. "Ibsen's Nora and Chinese Interpretations of Female Emancipation." In *Modern Chinese Literature and Its Social Context*, edited by Göran Malmqvist, pp. 140-51. Nobel Symposium, no. 32. Stockholm,1977.

Esherick, Joseph. *Reform and Revolution in China: The 1911 Revolution in Hunan and Hubei*. Berkeley, 1976.

Eto Shinkichi. "Hai-lu-feng——the First Chinese Soviet Government." Part 1, *China Quarterly* 8 (October-December 1961): 161-83; part 2, *China Quarterly* 9 (January-March 1962): 149-81.

Fairbank, John K., ed. *The Cambridge History of China*. Vol. 10, *Late Ch'ing, 1800-1911*, part I. New York, 1978.

Feng Zikai. *Zikai manhua quanji* [Collected Drawings]. 6 vols. Vol. 2, *Ertong xiang*: vol. 4, *Minjian xiang*: vol. 5, *Dushi xiang*. Shanghai, 1948.

Feuerwerker, Albert. *China's Early Industrialization: Sheng Hsuan-huai (1844-1916) and Mandarin Enterprise*. Cambridge, Mass., 1958.

____. *Economic Trends in the Republic of China*, 1912-1949. Michigan Papers in Chinese Studies, no. 31. Ann Arbor, 1977.

Feuerwerker, Albert, Rhoads Murphey, and Mary C. Wright, eds. *Approaches to Modern Chinese History*. Berkeley, 1967.

Feuerwerker, Yi-tsi M. "The Changing Relationship Between Literature and Life: Aspects of the Writer's Role in Ding Ling." In Merle Goldman, ed., *Modern Chinese Literature*, pp. 281-307.

____. "Discussion" (accompanying the translation of Ding Ling's "When I Was in Xia Village"). *Signs: Journal of Women in Culture and Society* 2:1 (1976), pp. 270-79.

____. "Women as Writers in the 1920's and 1930's." In Wolf and Witke, eds., *Women in Chinese Society*, pp. 143-68.

Fogel, Joshua A. "Race and Class in Chinese Historiography: Divergent Interpretations of Zhang Binglin and Anti-

Manchuism in the 1911 Revolution." *Modern China* 3 (1977): 346-75.

Fogel, Joshua A., and William T. Rowe, eds. *Perspectives on a Changing China: Essays in Honor of Professor C. Martin Wilbur on the Occasion of His Retirement*. Boulder, Colo., 1979.

Fokkema, D. W. "Chinese Criticism of Humanism: Campaigns Against the Intellectuals, 1964-1965." *China Quarterly* 26 (April-June 1966): 68-81.

____. *Literary Doctrine in China and Soviet Influence* [1956-60]. The Hague, 1965.

____. "Lu Xun: The Impact of Russian Literature." In Merle Goldman, ed., *Modern Chinese Literature*, pp. 89-101.

Fountain, Kevin, ed. "Ch'en Tu-hsiu: Lifetime Oppositionist." *Chinese Law and Government* 12:3 (Fall 1979).

Frenier, Mariam Darce. "Women and the Chinese Communist Party, 1921 to 1952: Changes in Party Policy and Mobilization Techniques." Ph.D. dissertation. University of Iowa, 1978.

Friedman, Edward. *Backward Toward Revolution: The Chinese Revolutionary Party*. Berkeley, 1974.

Fujii Shozo. "The Origins of Lu Xun's Literature and Philosophy: Watts' and Petofi's 'Hope.'" *Modern Chinese Literature Newsletter* 5:1-2 (Spring-Fall 1979), pp. 8-16.

Furth, Charlotte, ed. *The Limits of Change: Essays on Conservative Alternatives in Republican China*. Cambridge, Mass., 1976.

Galik, Marián. *Mao Tun and Modern Literary Criticism*. Wiesbaden 1969.

____. "On the Literature Written by Chinese Women Prior to 1917." *Asian and African Studies* (Bratislava) 15 (1979): 65-97.

____. "Studies in Modem Chinese Intellectual History: II, Young Ch'ü Ch'iu-pai (1915-1922)." *Asian and African Studies* (Bratislava) 12 (1976): 85-121.

____. "Studies in Modern Chinese Literary Criticism: VII, Liang Shih-ch'iu and New Humanism." *Asian and African Studies* (Bratislava) 9 (1973): 29-51.

Gao Zhen. "Yiduo xisheng qianhou jishi" [A Record of Events Around the Time of Wen Yiduo's Death]. *Xinwenxue shiliao,* no. 2 (1972), pp. 55-69.

Garavente, Anthony. "The Long March." *China Quarterly* 22 (April-June 1965): 89-124.

Garrett, Shirley. *Social Reformers in Urban China: The Chinese Y.M.C.A., 1895-1926*. Cambridge, Mass., 1970.

Gasster, Michael. *Chinese Intellectuals and the Revolution of 1911*. Seattle, 1969.

Godley, Michael R. "The Late Ch'ing Courtship of the Chinese in Southeast Asia." *Journal of Asian Studies* 34 (February 1975): 361-85.

____. "Overseas Chinese Entrepreneurs as Reformers: The Case of Chang Pi-shih." In Cohen and Schrecker, eds. *Reform in Nineteenth-Century China,* pp. 49-59.

Goldblatt, Howard. "Underground Literature in Contemporary China." *Modern Chinese Literature Newsletter* 5:1-2 (Spring-Fall 1979), pp.1-7.

Goldman, Merle. "China's Anti-Confucian Campaign, 1973-74." *China Quarterly* 63 (September 1975): 435-62.

____. "The Chinese Communist Party's 'Cultural Revolution' of 1962-1964." In Chalmers Johnson, ed., *Ideology and Politics in Contemporary China*, pp. 219-54.

____. *Literary Dissent in Communist China.* Cambridge, Mass., 1967.

____. "The Unique 'Blooming and Contending' of 1961-62." *China Quarterly* 37 (January-March 1969): 54-83.

____, ed. *Modern Chinese Literature in the May Fourth Era*. Cambridge, Mass., 1977.

Goldman, René. "The Rectification Campaign at Peking University: May-June 1957." *China Quarterly* 12 (October-December 1962): 138-53.

Gong Zhiyan. "Fu Yuehua anjian" [The Case of Fu Yuehua]. *Qishi niandai* 122 (March 1980): 64-66.

Goodman, David S. G., ed. and trans. *Beijing Street Voices*. London, 1981.

____, ed. and trans. "Poems of the Democracy Movement." *Index on Censorship* 9 (February 1980): 27-31.

Greenblatt, Sidney Leonard. "Organizational Elites and Social Change at Peking University." In *Elites in the People's Republic of China*, edited by Robert A. Scalapino, pp. 451-97. Seattle, 1972.

Gregor, A. James, and Maria Hsia Chang. "*Nazionalfascismo* and the Revolutionary Nationalism of Sun Yat-sen." *Journal of Asian Studies* 39 (November 1979): 21-37.

Grieder, Jerome. *Hu Shih and the Chinese Renaissance: Liberalism in the Chinese Revolution, 1917-1937*. Cambridge, Mass., 1970.

Grove, Linda. "Creating a Northern Soviet." *Modern China* 1 (July 1975): 243-70.

Guangxu Shilu [The Veritable Records of Dezong, The Emperor Guangxu]. Tokyo, 1937.

Guillermaz, J. "The Nanchang Uprising." *China Quarterly* 11 (July-September 1962): 161-68.

Gunn, Edward M. *Unwelcome Muse: Chinese Literature in Shanghai and Peking, 1937-1945*. New York, 1980.

Guo Moruo. *The Goddesses*. Translated by John Lester and A. C. Barnes. Beijing, 1978.

Hanan, Patrick. "The Technique of Lu Hün's Fiction," *Harvard Journal of Asiatic Studies* 34 (1974): 53-96.

Harrison, James P. "The Li Li-san Line and the CCP in 1930." Part 1, *China Quarterly* 14 (April-June 1963): 178-94; part 2, *China Quarterly* 15 (July-September 1963): 140-59.

Hay, Stephen. *Asian Ideas of East and West: Tagore and His Critics in Japan, China and India*. Cambridge, Mass., 1970.

Hinton, William. *Fanshen: A Documentary of Revolution in a Chinese Village*. New York, 1967.

Ho, Kuo Cheng. "The Status and the Role of Women in the Chinese Communist Movement, 1946-1949.' Ph.D. dissertation, Indiana University, 1973.

Hofheinz, Roy. *The Broken Wave: The Chinese Communist Peasant Movement, 1922-1928*. Cambridge, Mass., 1977.

Hsia, C. T. *A History of Modern Chinese Fiction, 1917-1957*. New Haven, 1961.

____. "Yen Fu and Liang Ch'i-ch'ao as Advocates of New Fiction." *In Chinese Approaches to Literature from Confucius to Liang Ch'i-ch'ao*, edited by Adele Rickett, pp. 221-57. Princeton, 1978.

Hsia, C. T., and Joseph S. Lau, eds. *Twentieth Century Chinese Stories*. New York, 1972.

Hsia Tsi-an. *The Gate of Darkness, Studies on the Leftist Literary Movement in China. Seattle,* 1968.

Hsiao Kung-chuan. *A History of Chinese Political Thought. Vol. 1, From the Beginnings to the Sixth Century A.D.* Translated by F. W. Mote Princeton, 1979.

____. "K'ang Yu-wei's Excursion into Science: *Lectures on the Heavens*. " In Lo Jung-pang, ed., *Symposium*, pp. 375-407.

____. A Modern China and a New World: K'ang Yu-wei, Reformer and Utopian, 1858-1927. Seattle, 1975.

Hsieh, Winston. "Triads, Salt Smugglers, and Local Uprisings: Observations on the Social and Economic Background of the Waichow Revolution of 1911." In Jean Chesneaux, ed., *Popular Movements*, pp. 145-64.

Hsu Kai-yu. *The Chinese Literary Scene: A Writer's Visit to the People's Republic*. New York, 1975.

____. "The Intellectual Biography of a Modern Chinese Poet: Wen I-to (1899-1946)." Ph.D. dissertation, Stanford

University, 1959.
_____. "The Life and Poetry of Wen I-to." *Harvard Journal of Asiatic Studies* 21 (1958): 134-79.
_____. *Wen I-to*. Boston, 1980.
_____, ed. and trans. *Twentieth Century Chinese Poetry: An Anthology*. Ithaca, N.Y., 1970.
Hsu Kai-yu and Ting Wang, eds. *Literature of the People's Republic of China*. Bloomington, Ind., 1980.
Hu Chi-hsi. "Hua Fu, the Fifth Encirclement Campaign and the Tsunyi Conference." *China Quarterly* 43 (July-September 1970): 31-46.
_____. "Mao, Lin Biao and the Fifth Encirclement Campaign." *China Quarterly* 82 (June 1980): 250-80.
_____. "The Sexual Revolution in the Kiangsi Soviet." *China Quarterly* 59 (July-September 1974): 477-90.
Hu, King. "Lao She in England." Translated by Cecilia Tsim. *Renditions*, no. 10 (Autumn 1978), pp. 46-51.
Hu Xieqing, ed. *Lao She shenghuo yu chuangzuo zishu* [Lao She on His Life and Writings]. Hong Kong, 1980.
Hu Yepin. *Yepin shixuan* [Selected Poems of Hu Yepin]. Introduced by Ding Ling. Shanghai, 1929.
Huang Chang-chien. "On the Hundred Days Reform." In Cohen and Schrecker, eds., *Reform in Nineteenth-Century China*, pp. 306-309.
Huang Hsin-chyu, trans. and annotator. *Poems of Lu Hsun*. Hong Kong, 1979.
Huang, Philip. "Liang Ch'i-ch'ao: The Idea of the New Citizen and the Influence of Meiji Japan." In Buxbaum and Mote, eds., *Transition and Permanence*, pp. 71-102.
_____. "Mao Tse-tung and the Middle Peasants, 1925-1928." *Modern China* 1 (1975): 271-96.
Huang Zunxian. *Renjinglu shicao jianzhu* [Annotated Edition of Huang's Collected Poems]. Shanghai, 1957.
Hummel, Arthur, ed. and trans. *The Autobiography of a Chinese Historian, Being the Preface to a Symposium on Ancient Chinese History*. Taipei, 1972.
Huters, Theodore David. "Traditional Innovation: Qian Zhong-shu and Modern Chinese Letters." Ph.D. dissertation, Stanford University, 1977.

Ichiko Chūzō. "The Role of the Gentry: An Hypothesis." In Mary Wright, ed., *China in Revolution*, pp. 297-317.
Iriye, Akira. "Public Opinion and Foreign Policy: The Case of Late Ch'ing China." In Albert Feuerwerker et al., eds..

Approaches to Modern Chinese History, pp. 216-38.
Isaacs, Harold. *The Tragedy of the Chinese Revolution*. 2d rev. ed. Stanford, 1961.
____, ed. *Straw Sandals: Chinese Short Stories 1918-1933*. Cambridge, Mass., 1974.
Israel, John. "The Red Guards in Historical Perspective: Continuity and Change in the Chinese Youth Movement." China *Quarterly* 30 (April-June 1967): 1-32.
____. *Student Nationalism in China* [1927-37]. Stanford, 1966.
Israel, John, and Donald W. Klein. *Rebels and Bureaucrats, China's December* 9ers. Berkeley, 1976.

Jinian Xiang Jingyu tongzhi yingyong jiuyi wushizhounian [Fiftieth Anniversary Memorial of the Courageous Comrade Xiang Jingyu]. Beijing, 1978.
Johnson, Chalmers A. *Peasant Nationalism and Communist Power: The Emergence of Revolutionary China*. Stanford, 1962.
____, ed. *Ideology and Politics in Contemporary China*. Seattle, 1973.
Johnson Kay Ann. "Women in China: Problems of Sex Inequality and Socioeconomic Change." In *Beyond Intellectual Sexism*, edited by Joan I. Roberts, pp. 286-319. New York, 1976.
Jordan, Donald A. *The Northern Expedition: China's National Revolution of 1926-1928*. Honolulu, 1976.

Kagan, Richard Clark. "The Chinese Trotskyist Movement and Ch'en Tu-hsiu: Culture, Revolution and Polity, with an Appended Translation of Ch'en Tu-hsiu's Autobiography." Ph.D. dissertation. University of Pennsylvania, 1969.
Kang Youwei. *Datongshu* [Book of the Great Community]. Shanghai, 1935. (See also Thompson, *Ta T'ung Shu*.)
____. *Wanmu caotang yigao waibian* [Supplementary Materials by Kang Youwei, 2d Collection]. Compiled and edited by Jiang Guilin. 2 vols. Taipei, 1978.
Kang, *Memorial*: see Kang Youwei, "Shang Qingdi dier shu" [Kang's Memorial of Guangxu 21/4/8]. In *Wuxu bianfa*, vol. 2, pp. 131-66.
Kang, *Nianpu*: Kang Youwei, *Kang Nanhai zibian nianpu* [Kang's Autobiography up to 1898]. In *Wuxu bianfa*, vol. 4, pp. 107-169.
Kang, *Shiji*: Kang Youwei, *Kang Nanhai xiansheng shiji* [The Collected Poems of Kang Youwei]. 15 zhuan (1927), Wenhai chubanshe reprint. Taiwan, n.d.

Kang Nanhai xiansheng moji [Calligraphy of Kang Youwei]. In *Qingji mingren shouzha*, pp. 811-1150.
Kang Nanhai zhutian jiang [Kang Youwei's Lectures on the Heavens]. 15 zhuan. Shanghai, 1930.
Kangzhan banian muke xuanji [Selected Woodcuts from the Eight-Year Anti-Japanese War], Shanghai, 1949.
Kao, George. "Lao She in America——Arrival and Departure." *Renditions*, no. 10 (Autumn 1978): 68-75.
Kapp, Robert A. *Szechwan and the Chinese Republic: Provincial Militarism and Central Power, 1911-1938*. New Haven, 1973.
Keenan, Barry. *The Dewey Experiment in China: Educational Reform and Political Power in the Early Republic*. Cambridge, Mass., 1977.
Kennedy, Thomas L. "Mausers and the Opium Trade: The Hupeh Arsenal, 1895-1911." In Fogel and Rowe, eds., *Perspectives on a Changing China*, pp. 113-35.
Kim, Ilpyong J. *The Politics of Chinese Communism: Kiangsi under the Soviets*. Berkeley, 1973.
King, Evan (pseudonym), trans. *Rickshaw Boy* by Lau Shaw [*sic*]. New York, 1945.
Kinkley, Jeffrey C. "Shen Ts'ung-wen's Vision of Republican China." Ph.D. dissertation. Harvard University, 1977.
Klein, Donald, and Ann dark, eds. *Biographical Dictionary of Chinese Communism, 1921-1965*. Cambridge, Mass., 1971.
Kuhn, Philip A. "Local Self-government under the Republic: Problems of Control, Autonomy and Mobilization." In Wakeman and Grant, eds., *Conflict and Control*, pp. 257-98.
Kwong, Luke S. K. "Reflections on an Aspect of Modern China in Transition: T'an Ssu-t'ung (1865-1898) as a Reformer." In Cohen and Schrecker, eds., *Reform in Nineteenth-Century China*, pp. 184-93.

Lach, Donald. *The Preface to Leibniz' Novissima Sinica*. Honolulu, 1957.
Laduguie, Arlette. "The Human Rights Movement." *Index on Censorship* 9 (February 1980); 18-26.
Lao She. *Cat Country, A Satirical Novel of China in the 1930's*. Translated by William A. Lyell, Jr. Columbus, Ohio, 1970.
____. *Fuxing ji* [Collected Essays]. Beijing, 1958.
____. *Lao niu po che*. Edited and translated by Paul Bady. "Essai autocritique sur Ie roman et 1'humour." *Bulletin de la Maison Franco-Japonaise*, n.s. 9, nos. 3-4, Paris, 1974.
____. *Lao She juzuo xuan* [Selected Plays of Lao She]. Beijing, 1978.

_____. *Maocheng ji* [*Cat City*]. Xiandai shuzhu. Shanghai, 1933.
_____. *Rickshaw. The Novel Lo-t'o Hsiang Tzu*. Translated by Jean M. James. Honolulu, 1979.
_____. *Teahouse* (A Play in Three Acts). Translated by Ying Ruo-cheng. *Chinese Literature*, no. 12 (1979), pp. 16-96.
_____. *Zheng hongqi xia* [In the Plain Red Banner]. In Hu Xieqing, ed., *Lao She shenghuo*, pp. 179-350.
Lao Sheh [*sic*]. "How I Came to Write the Novel 'Camel Hsiang-tzu.' " Translated in *Chinese Literature*, no. 11 (1978), pp. 59-64.
Lary, Diana. *Region and Nation: The Kwangsi Clique in Chinese Politics, 1925-1937*. New York, 1974.
_____. "Warlord Studies." *Modern China* 6 (October 1980): 439-70.
Lee Hong Yung. *The Politics of the Chinese Cultural Revolution: A Case Study*. Berkeley, 1978.
Lee, Leo Ou-fan. "Genesis of a Writer: Notes on Lu Xun's Educational Experience, 1881-1909." In Merle Goldman, ed., *Modern Chinese Literature*, pp. 161-88.
_____. "Literature on the Eve of Revolution: Reflections on Lu Xun's Leftist Years, 1927-1936." *Modern China* 2 (1976): 277-326.
_____. *The Romantic Generation of Chinese Writers*. Cambridge, Mass., 1973.
Lee Ta-ling and Miriam London. "A Dissenter's Odyssey Through Mao's China." *New York Times Magazine*, Nov. 16, 1980, pp. 134-43.
Leith, Suzanne. "Chinese Women in the Early Communist Movement." In Marilyn Young, ed., *Women in China*, pp. 47-71.
Leung, Gaylord Kai-loh. "Hsü Chih-mo: A Literary Biography." Ph.D. dissertation, London University, School of Oriental and African Studies, 1972.
Levenson, Joseph R. *Liang Ch'i-ch'ao and the Mind of Modern China*. Cambridge, Mass., 1959.
Lewis, Charlton M. *Prologue to the Chinese Revolution: The Transformation of Ideas and Institutions in Hunan Province, 1891-1907*. Cambridge, Mass., 1976.
Li, Dun J. *The Road to Communism: China since 1912*. New York, 1969.
Li, Lincoln. *The Japanese Army in North China, 1937-1941: Problems of Political and Economic Control*. New York, 1975.
Li-Wen an diaocha baogao shu [Report of an Investigation of the Li Gongpu and Wen Yiduo Cases]. Compiled by Liang

Shuming and Zhou Xinmin. Minzhu chubanshe, n.p., 1946.
Li-Yi-Zhe. "Concerning Socialist Democracy and Legal System." Translated in *Issues and Studies* 12 (January 1976): 110-48.
Li Yunguang. *Kang Youwei jiashu kaoshi* [A Study of Kang Youwei's Family Correspondence]. Hong Kong, 1979.
Li Yu-ning. "The Vicissitudes of Chinese Communist Historiography: Ch'ü Ch'ü-pai from Martyr to Traitor." In Fogel and Rowe, eds., *Perspectives on a Changing China*, pp. 237-58.
____, ed. *The First Emperor of China: The Politics of Historiography*. White Plains, N.Y., 1975.
Li Yu-ning and Chang Yü-fa, eds. *Jindai Zhongguo nüchuan yundong shiliao* [Documents on the Feminist Movement in Modern China, 1842-1911]. 2 vols. Taipei, 1975.
Li Yu-ning and Michael Gasster. "Ch'ü Ch'iu-pai's Journey to Russia, 1920-1922." *Monumenta Serica* 29 (1970-71): 537-56.
Liang Qichao. *Nianpu: Liang Rengong xiansheng nianpu changbian chugao* [Draft Chronological Biography of Liang Qichao]. Compiled by Ding Wenjiang. Taipei, 1959.
Liang Shiqiu. *Tan Xu Zhimo* [About Xu Zhimo]. Taipei, 1958.
Liden, David Leroy. "Party Factionalism and Revolutionary Vision: Cadre Training and Mao Tse-tung's Effort to Consolidate His Control of the Chinese Communist Party, 1936-1944." Ph.D. dissertation, University of Michigan, 1978.
Lieberthal, Kenneth. "The Suppression of Secret Societies in Post-Liberation Tientsin." *China Quarterly* 54 (April-June 1973): 242-66.
Liew, K. S. *Struggle for Democracy: Sung Chiao-jen and the 1911 Chinese Revolution*. Berkeley, 1971.
Lin, Julia C. *Modern Chinese Poetry: An Introduction.* Seattle, 1972.
Lin, Nancy T., trans. *In Quest, Poems of Chou En-lai.* Hong Kong and Cambridge, Mass., 1979.
Lin Yü-sheng. *The Crisis of Chinese Consciousness: Radical Antitraditionalism in the May Fourth Era*. Madison, Wis., 1979.
Link, Perry. "Traditional-style Popular Urban Fiction in the Teens and Twenties." In Merle Goldman, ed., *Modern Chinese Literature*, pp. 327-49.
Liu, F. F. *A Military History of Modern China, 1924-1949*. Princeton, 1956.

Liu Wenyong. "Chuanqi de wenxue nu qiangren: fang Ding Ling, tan pihai" [The Drama of a Strong Woman Writer: An Interview with Ding Ling Concerning Her Hardships]. *Chung Pao Monthly*, no. 3 (March 1980), pp. 73-79.

Liu Xinhuang. *Xu Zhimo yu Lu Xiaoman* [Xu Zhimo and Lu Xiaoman]. Taipei, 1965.

Lo, *Symposium*: Lo Jung-pang, ed. *K'ang Yu-wei, a Biography and a Symposium*. Tucson, 1967.

Loh, Pichon P. Y. *The Early Chiang Kai-shek: A Study of His Personality and Politics, 1887-1924*. New York, 1971.

Lu Lin. "The Story of Exploration Magazine." Translated by Joint Publications Research Service, report no. 4764. Reprinted in *SPEAHR-head*, no. 6/7 (1980), pp. 38-40.

Lu Xun (Lu Hsün). *Selected Works*. Translated by Yang Hsien-yi and Gladys Yang. 4 vols. Beijing, 1957.

____. *Silent China*. Selected writings edited and translated by Gladys Yang. New York, 1973.

Lu Xun, 1881-1936 [Photographic Studies of Lu Xun]. Beijing, 1976.

Lu Xun Quanji [The Collected Works of Lu Xun]. 20 vols. Shanghai, 1973.

Lu Xun shoucang zhongguo xiandai muke xuanji, 1931-1936 [A Selection from Lu Xun's Collection of Modern Chinese Woodcuts]. Beijing, 1963.

Lu Xun shuxin ji [The Collected Letters of Lu Xun]. 2 vols. Beijing, 1976.

Lust, John. "Secret Societies, Popular Movements, and the 1911 Revolution." In Chesneaux, ed., *Popular Movements*, pp. 165-200.

____. "The Su-pao Case: An Episode in the Early Chinese Nationalist Movement." *Bulletin of the School of Oriental and African Studies 27:2* (1964), pp. 408-429.

____,ed. *Tsou Jung*, The Revolutionary Army: A Chinese Nationalist Tract of 1903. The Hague, 1968.

Lyell, William A. *Lu Hsün's Vision of Reality*. Berkeley, 1976.

Ma Fenghua. "Huainian Shen Congwen jiaoshou" [Thinking of Professor Shen Congwen]. *Zhuanji wenxue* 2:1 (1957), pp. 6, 13-16.

McCormack, Gavan. *Chang Tso-lin in Northeast China, 1911-1928: China, Japan, and the Manchurian Idea*. Stanford, 1977.

McDonald, Angus W., Jr. "Mao Tse-tung and the Hunan Self-Government Movement, 1920: An Introduction and Five

Translations." *China Quarterly* 68 (December 1976): 751-77.
_____. *The Urban Origins of Rural Revolution: Elites and the Masses in Hunan Province, China, 1911-1927*. Berkeley, 1978.
McDougall, Bonnie S. *The Introduction of Western Literary Theories into Modern China, 1919-1925*. Tokyo, 1971.
_____. *Mao Zedong's "Talks at the Yan'an Conference on Literature and Art": A Translation of the 1943 Text with Commentary*. Michigan Papers in Chinese Studies, no. 39. Ann Arbor, 1980.
MacFarquhar, Roderick. *The Hundred Flowers*. London, 1960.
_____. *The Origins of the Cultural Revolution, I: Contradictions among the People, 1956-1957*. New York, 1974.
Mackinnon, Stephen R. "The Peiyang Army, Yüan Shih-k'ai, and the Origins of Modern Chinese Warlordism." *Journal of Asian Studies* 32 (May 1973): 405-423.
Mao Dun. "Huiyi Qu Qiubai." Transcribed from *Hongqi*, no. 6 (1980). *Dongxi fang* (*East and West*) 17 (May 10, 1980): 35-37.
Mao Zedong. *Chairman Mao Talks to the People: Talks and Letters, 1956-1971*. Edited by Stuart Schram. New York, 1974.
_____. *Selected Works*. 5 vols. Beijing, 1967-77.
Mao Zhuxi yijia liu lieshi [Six Martyred Heroes in Chairman Mao's Family]. Compiled by the "New Hunan" (Xinxiang) Study Group. Hunan, 1978.
Marks, Robert B. "The World Can Change! Guangdong Peasants in Revolution." *Modern China* 3 (January 1977): 65-100.
Mei, June. "Socioeconomic Origins of Emigration: Guangdong to California, 1850-1882." *Modern China* 5 (1979): 463-501.
Meisner, Maurice. *Li Ta-chao and the Origins of Chinese Marxism*. Cambridge, Mass., 1967.
_____. *Mao's China: A History of the People's Republic*. New York, 1977.
Meisner, Mitch. "Dazhai: The Mass Line in Practice." *Modern China* 4 (1978): 27-62.
Mills, Harriet. "Lu Hsün and the Communist Party." *China Quarterly* 4 (October-December 1960): 17-27.
_____. "Lu Xun: Literature and Revolution——From Mara to Marx." In Merle Goldman, ed. *Modern Chinese Literature*, pp. 189-220.
Myers, Ramon H. "North China Villages During the Republican Period. Socioeconomic Relationships." *Modern China*

(July 1980); 243-66.

Nathan, Andrew J. *Peking Politics 1918-1923: Factionalism and the Failure of Constitutionalism*. New York, 1976.

Ng, Pedro Pak-tao. "Planned Fertility and Fertility Socialization in Kwangtung Province." *China Quarterly* 78 (June 1979): 351-59.

Nieh Hua-ling. *Shen Ts'ung-wen*. New York, 1972.

____, ed. and co-trans. *Literature of the Hundred Flowers*, 2 vols. New York, 1981.

The North China Famine of 1920-1921, Report by the Peking United International Famine Relief Committee. Beijing, 1922.

O'Brien, Anita M. "Military Academies in China, 1885-1915." In Fogel and Rowe, eds., *Perspectives on a Changing China*, pp. 157-81.

Pang Yong-pil. "Peng Pai: From Landlord to Revolutionary." *Modern China* 1 (1975): 297-322.

Papers Respecting Labour Conditions in China. China, no. 1. H. M. Stationery Office, London, 1925.

Parish, William L "Socialism and the Chinese Peasant Family." *Journal of Asian Studies* 34 (May 1975): 613-30.

Peking Gazette [translations of *Jingbao*, published by the *North China Herald*]. Shanghai, 1872-1911.

Pepper, Suzanne. *Civil War in China: The Political Struggle, 1945-1949*. Berkeley, 1978.

Pickowicz, Paul G. "Ch'ü Ch'iu-pai and the Chinese Marxist Conception of Revolutionary Popular Literature and Art." *China Quarterly* 70 (June 1977): 296-314.

____. "Introduction to Qu Qiu-bai's 'Who's "We"?' and 'The Question of Popular Literature and Art'" [includes translation of these two essays]. *Bulletin of Concerned Asian Scholars*, January-March 1976, pp. 45-52.

____. "Lu Xun through the Eyes of Qu Qiu-bai: New Perspectives on Chinese Marxist Literary Polemics of the 1930s." *Modern China* 2 (1976): 327-68.

____. "Qu Qiubai's Critique of the May Fourth Generation: Early Chinese Marxist Literary Criticism." In Merle Goldman, ed., *Modern Chinese Literature*, pp. 351-84.

Price, Don C. *Russia and the Roots of the Chinese Revolution, 1896-1911*. Cambridge, Mass.,1974.

Pringsheim, Klaus H. "The Functions of the Chinese Communist Youth Leagues (1920-1949)." *China Quarterly* 12 (October-December 1962): 75-91.

Prusek, Jaroslav. "Lu Hsün's 'Huai-chiu': A Precursor of Modern Chinese Literature." *Harvard Journal of Asiatic Studies 29 (1969): 169-76.*

Qingji mingren shouzha [Calligraphy by Late Qing Notables]. 2 vols. Reprint. Taiwan, 1966.

Qiu Canzhi. *Qiu Jin geming zhuan* [The Revolutionary Biography of Qiu Jin]. Reprint. Taipei, 1955.

Qiu Jin ji [Collected Works of Qiu Jin]. Beijing, 1960.

Qiu Jin shiji [Historical Materials on Qiu Jin]. Shanghai, 1958.

Qu Qiubai. *Wenji* [Collected Literary Works]. 4 vols. Beijing, 1954.

Raddock, David M. "Between Generations: Activist Chinese Youths in Pursuit of a Political Role in the *San-fan* and in the Cultural Revolution." *China Quarterly* 79 (September 1979): 511-28.

Rankin, Mary Backus. *Early Chinese Revolutionaries: Radical Intellectuals in Shanghai and Chekiang, 1902-1911*. Cambridge, Mass., 1971.

____. 'The Emergence of Women at the End of the Ch'ing: The Case of Ch'iu Chin." In Wolf and Witke, eds., *Women in Chinese Society*, pp. 39-66.

____. "The Revolutionary Movement in Japan: A Study in the Tenacity of Tradition." In Mary Wright, ed., *China in Revolution*, pp. 319-61.

Reichwein, Adolf. *China and Europe: Intellectual and Artistic Contacts in the Eighteenth Century*. London, 1925.

Rhoads, Edward. *China's Republican Revolution: The Case of Kwangtung, 1895-1913*. Cambridge, Mass., 1975.

Robel, Ronald R. "T'an Ssu-t'ung on *Hsüeh Hui* or 'Study Associations.' " In *Nothing Concealed, Essays in Honor of Liu Yü-yün*, edited by Frederic Wakeman, Jr., pp. 161-76. Taipei, 1970.

Robinson, Thomas W., ed. *The Cultural Revolution in China*. Berkeley 1971.

Ropp, Paul S. "The Seeds of Change: Reflections on the Condition of Women in the Early and Mid Ch'ing." *Signs: Journal of Women in Culture and Society* 2:1 (1976), pp. 5-23.

Rosen, Stanley. "The Radical Students in Kwangtung During the Cultural Revolution." *China Quarterly* 70 (June 1977): 390-99.

Rosenbaum, Arthur L. "Gentry Power and the Changsha Rice Riot of 1910." *Journal of Asian Studies* 34 (May 1975): 689-715.

Roy, David. *Kuo Mo-jo: The Early Years*. Cambridge, Mass., 1971.

Rue, John E. *Mao Tse-tung in Opposition, 1927-1935*. Stanford, 1966.

Salaff, Janet. "Institutionalized Motivation for Fertility Limitation." In Marilyn Young, ed., *Women in China*, pp. 93-144.

Sargent, Margie. "The Cultural Revolution in Heilungkiang." In *The Cultural Revolution in the Provinces*, edited by M. Sargent et al., pp. 16-65. Cambridge, Mass., 1971.

Scalapino, Robert A. "Prelude to Marxism: The Chinese Student Movement in Japan, 1900-1910." In Albert Feuerwerker et al., eds., *Approaches to Modern Chinese History*, pp. 190-215.

Schiffrin, Harold. *Sun Yat-sen and the Origins of the Chinese Revolution*. Berkeley, 1968.

Schneider, Laurence A. *A Madman of Ch'u: The Chinese Myth of Loyalty and Dissent*. Berkeley, 1980.

Schoppa, R. Keith. "Local Self-Government in Zhejiang, 1909-1927." *Modern China* 2 (1976): 503-530.

____. "Province and Nation: The Chekiang Provincial Autonomy Movement, 1917-1927." *Journal of Asian Studies* 36 (August 1977): 661-74.

Schram, Stuart. *Mao Tse-tung*. London, 1966.

____. "Mao Tse-tung and Secret Societies." *China Quarterly* 27 (July-September 1966): 1-13.

____. *Mao Ze-dong: "Une Étude de l'éducation physique*. Paris, 1957.

____. *The Political Thought of Mao Tse-tung*. Rev. and enl. ed. New York, 1972.

Schwartz, Benjamin. *Chinese Communism and the Rise of Mao*. Cambridge, Mass., 1958.

____. *In Search of Wealth and Power: Yen Fu and the West*. Cambridge, Mass. 1964.

____, ed. *Reflections on the May Fourth Movement: A Symposium. Cambridge*. Mass., 1972.

Selden, Mark. *The People's Republic of China: A Documentary History of Revolutionary Change*. New York, 1979.

____. *The Yenan Way in Revolutionary China*. Cambridge, Mass., 1971.

Seybolt, Peter J. "The Yenan Revolution in Mass Education." China *Quarterly* 48 (October-December 1971): 641-69.

Seymour, James D., ed. *The Fifth Modernization: China's Human Rights Movement, 1978-1979*. Human Rights Publishing Group, Stanfordville, N.Y., 1980.

Shaffer (Womack), Lynda. "Anyuan: The Cradle of the Chinese Workers' Revolutionary Movement, 1921-1922." In *Columbia Essays in International Affairs*, edited by Andrew Cordier. Vol. 5, pp. 166-201. New York, 1970.

____. "Mao Ze-dong and the October 1922 Changsha Construction Workers' Strike: Marxism in Preindustrial China." *Modern China* 4 (1978); 379-418.

Shaheen, Anthony Joseph. "The China Democratic League and Chinese Politics, 1939-1947." Ph.D. dissertation. University of Michigan.1977.

Shek, Richard. "Some Western Influences on T'an Ssu-t'ung's Thought." In Cohen and Schrecker, eds., *Reform in Nineteenth-Century China*, pp. 194-203.

Shen Congwen. *Congwen zichuan* [Autobiography]. Kaiming shudian, 1943.

____. *Ji Ding Ling xuji* [Further Reminiscences Concerning Ding Ling]. Shanghai, 1939.

Shen Tseng-wen [*sic*]. *The Chinese Earth*. Translated by Ching Ti and Robert Payne. London, 1947.

Sheridan, James E. *Chinese Warlord: The Career of Feng Yü-hsiang*. Stanford, 1966.

Sheridan, Mary. "The Emulation of Heroes." *China Quarterly* 33 (January-March 1968): 47-72.

____. "Young Women Leaders in China." *Signs: Journal of Women in Culture and Society* 2:1 (1976), pp. 59-88.

Shewmaker, Kenneth. *Americans and Chinese Communists, 1927-1945: A Persuading Encounter*. Ithaca, N.Y., 1971.

Shih, Vincent C. Y. "Enthusiast and Escapist: Writers of the Older Generation." *China Quarterly* 13 (January-March 1963): 92-112.

____. "Lao-she a Conformist? An Anatomy of a Wit under Restraint." In Buxbaum and Mote, eds., *Transition and Permanence*, pp. 307-319.

Shue, Vivienne. *Peasant China in Transition: The Dynamics of Development Toward Socialism, 1949-1956*. Berkeley, 1980.

Sima Lu (Smarlo Ma). *Qu Qiubai zhuan* [Biography of Qu Qiubai] Hong Kong, 1962.

Siu, Bobby. *Fifty Years of Struggle: Development of the Women's Movements in China, 1900-1949*. Hong Kong, 1975.

Skinner, G. William, ed. *The City in Late Imperial China*. Stanford, 1977.

Snow, Edgar, ed. *Living China: Modern Chinese Short Stories*. New York 1936.

Snow, Helen. *Women in Modern China*. The Hague, 1967.

SPEAHRhead (Bulletin of the Society for the Protection of East Asians' Human Rights, P.O. Box 1212, Cathedral Sation, New York, N.Y. 10025). Double Issue, nos. 6 and 7 (Northern Summer-Autumn 1980).

Spence, Jonathan. "The Explorer Who Never Left Home——Arthur Waley." *Renditions*, no. 5 (Autumn 1975), pp. 32-37.

____. *To Change China: Western Advisers in China, 1620-1960*. New York, 1980.

Starr, John Bryan. *Continuing the Revolution: The Political Thought of Mao*. Princeton, 1979.

Strand, David, and Richard R. Weiner. "Social Movements and Political Discourse in 1920's Peking: An Analysis of the Tramway Riot of October 22, 1929." In *Select Papers from the Center for Far Eastern Studies*, no. 3, edited by Susan Mann Jones. Chicago, 1978-79.

Sullivan, Lawrence, and Richard H. Solomon. "The Formation of Chinese Communist Ideology in the May Fourth Era: A Content Analysis of *Hsin ch'ing nien*." In Chalmers Johnson, ed., *Ideology and Politics in Contemporary China*, pp. 117-60.

Sun, Shirley Hsiao-ling. "Lu Hsun and the Chinese Woodcut Movement: 1929-1936." Ph.D. dissertation, Stanford University, 1974.

Tagore, Rabindranath, and L. K. Elmhirst. *Rabindranalh Tagore, Pioneer in Education, Essays and Exchanges between Rabindranath Tagore and L. K. Elmhirst*. London, 1961.

Tanaka Kyoko. "Mao and Liu in the 1947 Land Reform: Allies or Disputants?" *China Quarterly* 75 (September 1978): 566-93.

Teiwes, Frederick C. "The Origins of Rectification: Inner-Party Purges and Education before Liberation." *China Quarterly* 65 (March 1976): 15-53.

Terrill, Ross. *Mao: A Biography.* New York, 1980.

Thaxton, Ralph. "On Peasant Revolution and National Resistance: Toward a Theory of Peasant Mobilization and Revolutionary War with Special Reference to Modern China." *World Politics* 30 (October 1977): 24-57.

Thompson, Laurence G., ed. and trans. *Ta T'ung Shu: The One World Philosophy of K'ang Yu-wei*. London, 1958.

Thorne, Christopher. *Allies of a Kind: The United States, Britain, and the War against Japan, 1941-1945*. New York, 1978.

Thornton, Richard. *The Comintern and the Chinese Communists, 1928-1931*. Seattle, 1969.

Tien Hung-mao. *Government and Politics in Kuomintang China: 1927-1937*. Stanford, 1972.

Ting, Lee-hsia Hsu. *Government Control of the Press in Modern China, 1900-1949*. Cambridge, Mass., 1974.

Townsend, James R. "Revolutionizing Chinese Youth: A Study of *Chung-kuo Ch'ing-nien*." In *Chinese Communist Politics in Action*, edited by A. Doak Barnett, pp. 447-76. Seattle, 1969.

Translations from Beijing Unofficial Journals. China Report, Political, Sociological and Military Affairs, no. 42. Joint Publications Research Service, report no. 74764. Arlington, Va., Dec. 13, 1979.

Van Boven, P. *Henri. Histoire de la littérature chinoise moderne*. Peiping [Beijing], 1946.

Van Slyke, Lyman P. *Enemies and Friends: The United Front in Chinese Communist History*. Stanford, 1967.

Vogel, Ezra F. *Canton under Communism: Programs and Politics in a Provincial Capital*, 1949-1968. Cambridge, Mass., 1969.

Vohra, Ranbir. *Lao She and the Chinese Revolution*. Cambridge, Mass., 1974.

Wakeman, Frederic, Jr. *The Fall of Imperial China*. New York, 1977.

____. "Historiography in China after 'Smashing the "Gang of Four." ' " *China Quarterly* 76 (December 1978): 891-911.

____. *History and Will: Philosophical Perspectives of Mao Tse-tung's Thought*. Berkeley, 1973.

____. "The Use and Abuse of Ideology in the Study of Contemporary China." *China Quarterly* 61 (March 1975); 127-52.

Wakeman, Frederic, Jr., and Carolyn Grant, eds. *Conflict and Control in Late Imperial China*. Berkeley, 1975.

Walder, Andrew G. *Chang Ch'un-ch'iao and Shanghai's January Revolution*. Michigan Papers in Chinese Studies, no. 32. Ann Arbor, 1977.

Walker, Kenneth R. "Collectivisation in Retrospect: The 'Socialist High Tide' of Autumn 1955-Spring 1956," *China Quarterly* 26 (April-June 1966): 1-43.

Wang Hsueh-wen. *Chinese Communist Education: The Yenan Period*. Taipei, 1975.

____. "Revolutionary Youth and the Li I-che Poster." *Issues and Studies* (February 1976): 80-93.

Wang, Y. C. "The Su-pao Case: A Study of Foreign Pressure, Intellectual Fermentation, and Dynastic Decline." *Monumenta Serica* 24 (1965): 84-129.

____. "Tu Yueh-sheng (1888-1951): A Tentative Political Biography." *Journal of Asian Studies* 26 (May 1967): 433-55.

Wei Jingsheng et al. *Beijing zhi chun shiwen xuan* [Selection of Poems and Essays from the Beijing Spring]. Hong Kong, 1980.

Wei Jingsheng et al. *Kending ziyou, kending minzhu* [Hope for Freedom and Democracy]. Taipei, 1979.

Wen Yiduo. *Quanji* [Collected Works]. 8 sections in 4 vols. Shanghai, 1948.

____. *Red Candle*. Translated by Tao Tao Sanders. London, 1972.

Whitbeck, Judith. "Three Images of the Cultural Hero in the Thought of Kung Tzu-chen." In Cohen and Schrecker, eds., *Reform in Nineteenth-Century China*, pp. 26-30.

White, D. Gordon. "The Politics of *Hsia-hsiang* Youth." *China Quarterly* 59 (July-September 1974): 491-517.

White, Lynn T., III. "Workers' Politics in Shanghai." *Journal of Asian Studies.* (November 1976): 99-116.

Wieger, Léon, S.J., ed. *Chine Moderne*. Vol. 5, *Nationalisme, Xénophobie, Antichristianisme*. Tianjin, 1924.

Wilbur, C. Martin. "The Ashes of Defeat: Accounts of the Nanchang Revolt and Southern Expedition, August 1-October 1, 1927, by Chinese Communists Who Took Part." *China Quarterly* 18 (April-June 1964): 3-54.

____. *Sun Yat-sen: Frustrated Patriot*. New York, 1976.

Wilbur, C. Martin, and Julie Lien-ying How, eds. *Documents on Communism, Nationalism, and Soviet Advisers in China, 1918-1927: Papers Seized in the 1927 Peking Raid*. New York, 1956.

Wilhelm, Hellmut. "The Poems from the Hall of Obscured Brightness." In Lo Jung-pang, ed., *Symposium*, pp. 319-40.

Wilson, Dick. *The Long March, 1935: The Epic of Chinese Communism's Survival*. New York, 1973.

Witke, Roxane. *Comrade Chiang Ch'ing*. Boston, 1977.

____. "Mao Tse-tung, Women and Suicide in the May Fourth Era." *China Quarterly* 31 (1967): 128-47.

____. "Transformation of Attitudes toward Women During the May Fourth Era of Modern China." Ph.D. dissertation. University of California at Berkeley, 1970.

Wolf, Margery, and Roxane Witke, eds. *Women in Chinese Society*. Stanford, 1975.

Wong Young-tsu. "The Ideal of Universality in Late Ch'ing Reformism." In Cohen and Schrecker, eds., *Reform in*

Nineteenth-Century China, pp. 150-59.

____. "The Significance of the Kuang Hsü Emperor to the Reform Movement of 1898." In Buxbaum and Mote, eds., *Transition and Permanence*, pp. 169-86.

Woon, Ramon L. Y., and Irving Y. Lo. "Poets and Poetry of China's Last Empire." *Literature East and West* 9:4 (1965), pp. 331-61.

Worden, Robert L. "K'ang Yu-wei, Sun Yat-sen, et. al. and the Bureau of Immigration." *Ch'ing-shih wen-t'i* 2:6 (June 1971), pp. 1-10.

Wou, Odoric Y. K. "The Military and Nationalism: The Political Thinking of Wu P'ei-fu." In Chan and Etzold, eds., *China in the 1920s*, pp.108-126.

Wright, Mary Clabaugh, ed. *China in Revolution: The First Phase, 1900-1913*. New Haven, 1968.

Wright, Tim. "Sino-Japanese Business in China: The Luda Company, 1921-1937." *Journal of Asian Studies* 39 (August 1980): 711-27.

Wu Tien-wei. "Chiang Kai-shek's April 12th Coup of 1927." In Chan and Etzold, eds., *China in the 1920s*, pp. 147-59.

____. *The Sian Incident: A Pivotal Point in Modern Chinese History*. Michigan Papers in Chinese Studies, no. 26. Ann Arbor, 1976.

Wuxu bianfa [The Reform Movement of 1898]. Edited by Qian Bocan et al. 4 vols. Shanghai, 1953.

Xu-Elmhirst Letters. Series of letters between Xu Zhimo and Leonard Elmhirst, covering the years 1925-1928, given to Professor Leo Ou-fan Lee by Leonard Elmhirst.

Xu Zhimo. *Xu Zhimo Quanji*. Edited by Jiang Fucong and Liang Shiqiu. 6 vols. Taipei, 1969.

"Xuan Jiwen" [Collected Propaganda Essays]. "Criticizing 'Concerning Socialist Democracy and Legal System.'" Translated in *Issues and Studies* 12 (February 1976): 109-135.

Yahuda, Michael. "Political Generations in China." *China Quarterly* 80 (December 1979): 793-805.

Yang, C. K. "Some Preliminary Statistical Patterns of Mass Actions in Nineteenth-Century China." In Wakeman and Grant, eds., *Conflict and Control*, pp. 174-210.

Yang I-fan. *The Case of Hu Feng*. Hong Kong, 1956.
Yang, Simon, and L. K. Tao. *A Study of the Standard of Living of Working Families in Shanghai*. Peiping [Beijing], 1931.
Yen Ching Hwang. *The Overseas Chinese and the 1911 Revolution, with Special Reference to Singapore and Malaya*. Kuala Lumpur, 1976.
Ying Ruocheng. "Lao She and His 'Teahouse.' " *Chinese Literature*, no. 12 (1979), pp. 3-11.
Yoshihashi, Takehiko. *Conspiracy at Mukden: The Rise of the Japanese Military*. New Haven, 1963.
Young, Ernest P. *The Presidency of Yuan Shih-k'ai: Liberalism and Dictatorship in Early Republican China*. Ann Arbor, 1977.
____. "The Reformer as a Conspirator: Liang Ch'i-ch'ao and the 1911 Revolution." In Albert Feuerwerker et al., eds., *Approaches to Modern Chinese History*, pp. 239-67.
____. "Yuan Shih-k'ai's Rise to the Presidency." In Mary Wright, ed., *China in Revolution*, pp. 419-42.
Young, Marilyn B., ed. *Women in China: Studies in Social Change and Feminism*. Michigan Papers in Chinese Studies, no. 15. Ann Arbor, 1973.

Zang Kejia. "Lao She yongzai" [Lao She Is Always with Us]. *Renmin wenxue* 228 (September 1978); 82-90.
Zhang Guangnian. "Shafei nüshi zai Yanan" [Miss Sophie in Yanan]. *Wenyi bao*, no. 2 (1958), pp. 9-11.
Zhou Shoujuan. "We Shall Meet Again." Translated by Perry Link. *Bulletin of Concerned Asian Scholars*, Special Issue (January-March 1976), pp. 15-19.
Zhou Zuoren. *Guatou ji* [Collected Essays]. Hong Kong, 1969.
Zhuang Mei. "Wei Jingsheng de nüyou" [Wei Jingsheng's Girl Friend]. *Dongxi fang* (*East and West*) 17 (May 10, 1980): 26-27.
Zong Chen and Shang Xia. "Ding Ling zaoqi di shenghuo he chuang-zuo" [The Life and Creative Work of Ding Ling in Her Early Years]. *Dongbeishida Xuebao* 3 (1980): 41-47, 130.
Zou Rong. *Gemingjun* [*The Revolutionary Army*]. See edition under Lust, ed., Tsou Jung.
Zweig, David S. "The Peita Debate on Education and the Fall of Teng Hsiao-p'ing." *China Quarterly* 73 (March 1978): 140-59.

歷史與現場236

天安門——中國的知識分子與革命

The Gate of Heavenly Peace: The Chinese and Their Revolution, 1895-1980

作者——史景遷（Jonathan D. Spence）
譯者——溫洽溢
副主編——鍾岳明
校對——羅杰宏
美術設計——Poulenc
行銷企畫——劉凱瑛

董事長——趙政岷
出版者——時報文化出版企業股份有限公司
108019臺北市和平西路三段二四〇號三樓
發行專線——（〇二）二三〇六—六八四二
讀者服務專線——〇八〇〇—二三一—七〇五、（〇二）二三〇四—七一〇三
讀者服務傳真——（〇二）二三〇四—六八五八
郵撥——一九三四四七二四時報文化出版公司
信箱——10899台北華江橋郵局第九十九信箱

時報閱讀網——http://www.readingtimes.com.tw
電子郵件信箱——books@readingtimes.com.tw
人文科學線臉書——http://www.facebook.com/jinbunkagaku
法律顧問——理律法律事務所 陳長文律師、李念祖律師
印刷——勁達印刷有限公司
二版一刷——二〇一六年五月二十日
二版六刷——二〇二四年三月十九日
定價——新臺幣五八〇元

時報文化出版公司成立於一九七五年，
並於一九九九年股票上櫃公開發行，於二〇〇八年脫離中時集團非屬旺中，
以「尊重智慧與創意的文化事業」為信念。

The Gate of Heavenly Peace
By Jonathan D. Spence

ISBN 978-957-13-6624-1
Printed in Taiwan

天安門：中國的知識分子與革命／史景遷（Jonathan D. Spence）著；溫洽溢譯. -- 二版. -- 臺北市：時報文化, 2016.05

面：　公分. --(歷史與現場;236)
參考書目:面

譯自：The Gate of Heavenly Peace : the Chinese and their revolution, 1895-1980

ISBN 978-957-13-6624-1(平裝)

1. 現代史　　2.中國

628　　105006629